权威·前沿·原创

皮书系列为
“十二五”“十三五”国家重点图书出版规划项目

智 库 成 果 出 版 与 传 播 平 台

世界侨情报告（2020）

ANNUAL REPORT ON OVERSEAS CHINESE (2020)

中国华侨华人研究所
主　编／张春旺　张秀明
副主编／胡修雷

社会科学文献出版社
SOCIAL SCIENCES ACADEMIC PRESS (CHINA)

图书在版编目(CIP)数据

世界侨情报告.2020 / 张春旺，张秀明主编.--北京：社会科学文献出版社，2020.12
（世界侨情蓝皮书）
ISBN 978-7-5201-7606-4

Ⅰ.①世… Ⅱ.①张… ②张… Ⅲ.①华侨状况-研究报告-世界-2020②华人-研究报告-世界-2020
Ⅳ.①D634.3

中国版本图书馆 CIP 数据核字（2020）第 224527 号

世界侨情蓝皮书
世界侨情报告（2020）

主　　编 / 张春旺　张秀明
副 主 编 / 胡修雷

出 版 人 / 王利民
组稿编辑 / 张晓莉
责任编辑 / 叶　娟

出　　版 / 社会科学文献出版社·国别区域分社（010）59367078
地址：北京市北三环中路甲 29 号院华龙大厦　邮编：100029
网址：www.ssap.com.cn
发　　行 / 市场营销中心（010）59367081　59367083
印　　装 / 天津千鹤文化传播有限公司

规　　格 / 开 本：787mm×1092mm　1/16
印 张：22.25　字 数：333 千字
版　　次 / 2020 年 12 月第 1 版　2020 年 12 月第 1 次印刷
书　　号 / ISBN 978-7-5201-7606-4
定　　价 / 158.00 元

主要编撰者简介

张春旺　中国华侨华人研究所所长、中国华侨历史学会副会长，主要研究方向为侨务理论政策、侨史侨情等，主持相关部门多项重大研究项目，主持和组织编写《习近平侨务工作论述摘编》《习近平论侨务》《“关于加强和改进新形势下侨联工作的意见”学习问答》《侨联学习“中共中央关于加强和改进党的群团工作的意见”百题思考》《中国侨联60年纵览》《华侨史概要》《中国侨联年鉴》等图书，作为全国侨联系统干部培训的重要参考教材。主持国家社科基金特别委托项目“侨批文书整理与研究”和“‘一带一路’战略视野下我国沿边地区侨情调研”等。

张秀明　中国华侨华人研究所副所长、中国华侨历史学会秘书长，《华侨华人历史研究》杂志主编。兼任北京大学华侨华人研究中心学术委员、江苏师范大学兼职教授、编修《广东华侨史》顾问等职务。主要研究方向为中国侨务政策、国际移民比较研究、新移民与留学生等。近年来发表了《国际移民的最新发展及其特点——兼析国际移民与华侨华人的概念》《21世纪以来华侨华人与中国关系的新变化》《华侨华人相关概念的界定与辨析》《中东地区华侨华人与“一带一路”建设》《华侨华人参与“一带一路”建设的优势与路径》等论文。主持国家社科基金特别委托项目“‘一带一路’战略视野下我国沿边地区侨情调研”等。

胡修雷　中国华侨华人研究所学术交流研究部主任，《中国侨联年鉴》

副主编，主要研究方向为华侨华人与国际移民、侨乡治理、华侨华人认同等。主要成果有《从“印尼村”现象看华侨农场归难侨的文化再适应》《21世纪初期海外中国新移民认同初探》《游神文化的传承与发展——以新山和潮汕地区为主的分析》等，参与撰写《华侨史概要》《中国侨联50年》等。

摘　要

《世界侨情报告（2020）》按照亚洲、欧洲、非洲、大洋洲、美洲五大洲和主要国家的地理空间划分，重点梳理分析 2019 年 1 月 1 日至 12 月 31 日期间多个国家和地区的华侨华人在拓展、融入、政策、生活等方面的大事要事，力争全面、系统、客观、真实地展现 2019 年侨情发展概况、重大事件、热点问题、政策变化及有关统计数据资料，以方便读者了解海外侨情最新发展趋势和变化特点。

近年来，随着欧洲难民危机的爆发，很多国家的民粹主义抬头，反对外来移民的风潮时有发生；特朗普当选美国总统后，也推出了一系列收紧移民政策的措施。在此大背景下，海外华侨华人或多或少地受到影响，但总体来看，2019 年海外华侨华人的数量依然有所增长。在西方主要国家，华侨华人的数量有一定增长，如美国华侨华人达 508 万人，中国高居美国外来移民来源国前三位；欧洲华侨华人成为颇具活力的社会群体；澳大利亚、新西兰等地的中国移民快速增长等。

2019 年，“一带一路”建设得到了越来越多国家和地区的欢迎，在新冠肺炎疫情暴发之下，世界经济恢复需要更多的经济交流与合作，国有、民间企业及社会组织对外投资项目将持续运行；在世界格局变化、国际移民数量不断增长的背景下，各国文明交流互鉴、构建人类命运共同体，显得尤为重要，国内文化机构、社会组织包括宗教界“请进来”“走出去”的对外文化交流将越来越多；随着人民生活水平的提高，每年出境旅游、购物的人员越来越多，他们的一言一行都影响着国外民众对中国的认知。

当今世界正经历百年未有之大变局，国际形势复杂多变，在经济全球化发展带来国际移民更加便利的同时，移民输入国也需要面对和解决一系列问题，如公共安全、文化认同、宗教冲突、社会矛盾等。特别是北美、欧洲等地，社会公众对移民的态度一直存在分歧，尤其是欧洲难民危机出现后，这种分歧愈加明显。如美国、加拿大民众对于移民的态度比较宽容，但党派之间差异较大；欧洲等地反移民情绪有所升温。尽管如此，海外华侨华人生存发展环境保持总体改善趋势，对当地经济社会发展的贡献逐步得到肯定。

关键词： 世界侨情　华侨华人　侨团侨社　移民政策

目　录

Ⅰ　总报告

Ⅱ　亚洲篇

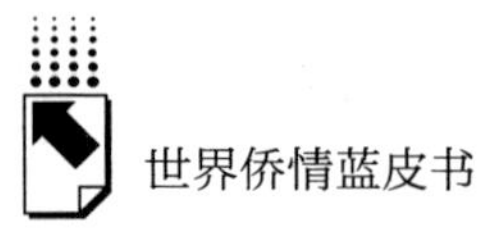

Ⅲ　欧洲篇

Ⅳ 非洲篇

Ⅴ 大洋洲篇

Ⅵ 美洲篇

皮书数据库阅读使用指南

总 报 告

General Report

B.1
2019年世界侨情总况

上官云尘*

摘　要： 近年来，欧洲一些国家的民粹主义抬头，特朗普当选美国总统后，推出了一系列收紧移民政策的措施，中国海外移民或多或少受到影响。但总体来看，2019年华侨华人的数量依然有所增长。针对世情、国情、侨情的变化，应切实加强对当前侨务工作面临的重大课题的研究。

关键词： 华侨华人　国际移民　侨务工作

* 上官云尘，中国华侨华人研究所兼职研究员，主要研究方向为侨务理论政策、华侨华人历史及侨情。

一　华侨华人与中国发展

（一）中华人民共和国成立70周年庆祝活动，华侨华人参与度空前

2019 年，在新中国迎来建立 70 周年之际，居住在世界各地的华侨华人通过各种方式和活动表达他们的喜悦之情，成为 2019 年侨情的“重头戏”。

1. 华侨华人开展庆祝活动谋划早、时间跨度长

不少海外侨团在 2018 年底 2019 年初就开始筹划，把举办庆祝活动作为年度工作的重中之重。进入 2019 年，海外华侨华人对将于 10 月到来的共和国 70 周年华诞充满了期待，自豪感越发浓烈，不少华侨华人都表达了对新一年的期盼，希望为祖（籍）国母亲送上生日大礼。纽约北京同乡会计划结合中美建交 40 周年筹备一场大型音乐会，邀请为中美友好做出贡献的卓越人士共同为新中国庆生。[①] 3 月，列席全国政协会议的海外侨胞代表纷纷表示，中国走过的是波澜壮阔的 70 年，也是不断奋进的 70 年，强大的祖（籍）国是全体海外华侨华人的坚强后盾，作为千千万万华侨华人中的一员，将不忘初心，尽己所能，在海外继续讲好中国故事，弘扬中国文化。[②] 4 月初，为全面展示华侨华人为中华人民共和国的成立和建设所做出的贡献，中国华侨历史博物馆面向海内外征集“华侨华人与新中国成立和建设”的相关藏品及线索，为 9 月举行“心手相连——华侨华人与新中国 70 年文博展”做准备，得到不少个人和组织的积极响应。很多侨团结合“五一国际劳动节”、中秋节等，突出了庆祝中华人民共和国成立 70 周年的主题。9 月至 10 月，世界各地华侨华人的相关庆祝活动进入高潮，一直到年底，很多侨团活动依然延续着庆祝的主题，反映了华侨华人深厚的爱国爱乡情怀和民族自豪感。

---

① 《己亥新春华侨华人祝福中国》，《人民日报》（海外版）2019 年 2 月 18 日。

② 《加深新生代侨胞对中华文化认同》，《人民日报》（海外版）2019 年 3 月 12 日。

2. 庆祝形式多样、内容丰富

中国驻世界各国使领馆普遍组织侨界召开了庆祝中华人民共和国成立70周年招待会、座谈会及相关活动，与侨界共话70年的发展成就，共同庆祝祖（籍）国繁荣昌盛。为庆祝中华人民共和国成立70周年，世界各地的华侨华人自发举办的活动不仅丰富多彩、形式多样，而且规模大、参与人数多，共同表达对祖（籍）国的祝福之情。比如，9月，美国南加州逾千位华侨华人会聚蒙特利公园市巴恩斯公园，在晴朗的天空中，一架飞机拉起巨幅标语表达祝福，芝加哥侨界举行了国庆花车游行活动；西班牙侨界组织了歌唱大赛，华人歌手们演唱了《映山红》等曲目；加拿大蒙特利尔华人社区的腰鼓队在唐人街中山公园前整装出发，参加蒙特利尔侨界举行的中华人民共和国国旗升旗仪式；巴黎华星艺术团、吉尔吉斯斯坦比什凯克华助中心、西班牙华星艺术团等侨团在当地地标建筑前拍摄“快闪”视频；由全日本华侨华人联合会等四家侨团主办的晚会“礼敬共和国”于9月22日举行，这“是有史以来规模最大的在日华人庆典”；澳大利亚侨界于当地时间9月8日在悉尼举行“海陆空”庆祝活动，与陆地舞台演出遥相辉映的还有海上庆典，在一艘长43米的游轮上，200多名表演者身着民族服饰，摆出“70”的图案，喷气式飞机喷出了“70CHINA”的字样；9月7日，中国驻多伦多总领馆和加拿大华人文化艺术团体联谊会举办的“多伦多龙文化节”开幕，多伦多市政厅广场竖起大型龙门，四层楼高的巨型龙头傲视八方，12米长、5米高的巨型龙灯光华夺目；[①] 在新西兰，当地时间10月1日凌晨，新西兰30多个侨团组织联合举办了“70年，70秒，全球首个‘十一’国庆祝福倒计时”活动；在巴西，当地侨胞的国庆活动开放全面、层次丰富、精彩纷呈，把国庆与传播中华文化结合起来，举行了多场音乐会、图片展、书画展、歌舞“快闪”等活动；在肯尼亚，当地华侨华人举办了以“唱响肯尼亚，为新中国成立七十周年献礼”的合唱比赛。[②]

---

① 《海外华侨华人多种形式庆祝新中国成立70周年》，中国新闻网，2019年9月20日。

② 《全球华侨华人热烈庆祝新中国成立70周年》，《人民日报》（海外版）2019年10月9日。

总体来看，世界各地华侨华人的庆祝活动呈现了以下特点。一是民间性非常突出，体现了人员参与的广泛性、群众性；二是侨团之间的团结合作紧密，组织协调比较顺畅，行动力比较强，进一步促进了侨团之间的团结；三是进一步展现了侨团的活力，内容丰富、形式多样的庆祝活动需要很强的创造力和策划能力，很多侨团发动大家围绕主题，征求活动创意，确保了各项庆祝活动的精彩纷呈。

3. 把国庆活动与庆祝所在国同中国建立外交关系结合起来，并邀请当地政要和民众参加

今天的中国，是开放的中国，是世界的中国，需要与世界各国人民广泛交流。庆祝中华人民共和国成立 70 周年，是广大华侨华人与世界各国民众增进了解、加强交流，特别是倡导构建人类命运共同体理念的重要契机。为此，无论中国驻世界各国使领馆举办的活动，还是侨团自发组织的活动，都力争吸引当地政要、当地民众共同参与。比如，9 月 8 日，中国驻米兰总领馆与米兰华人社团联合举办的“辉煌七十年”图片展开展，内容分为经济科技、人文艺术、政治外交、中意友好、自然风光五个单元，吸引了大批意大利民众和当地侨胞前来观看；新西兰百余家华人社团联合举办了庆祝中华人民共和国成立 70 周年文化交流活动，不少新西兰民众现场体验了书法、茶艺、民乐演奏等中国传统文化；当地时间 9 月 17 日，首尔侨界在首尔中国文化中心举办了“韩中友好歌咏比赛”“韩中名人围棋友谊赛”“韩中友好论坛”等系列庆祝活动，吸引了众多华侨华人和韩国民众踊跃参加；[①] 美东华人社团联合总会在纽约曼哈顿举行隆重庆祝活动，纪念中华人民共和国成立 70 周年和中美建交 40 周年，当地各界友好人士和 300 多个华人社团代表 5000 余人参加了活动；[②] 据老挝《中华时报》报道，9 月 12 日晚，老挝各大侨社及中资企业举办的“热烈庆祝中华人民共和国成立 70 周年暨中秋晚会”在老挝万象举行，中国驻老挝特命全权大使姜再冬，老挝建国阵线

① 《海外华侨华人多种形式庆祝新中国成立 70 周年》，中国新闻网，2019 年 9 月 20 日。

② 《美东华侨华人庆祝新中国成立 70 周年》，人民网，2019 年 9 月 16 日。

主席赛宋蓬·丰威汉、老挝国会副主席森暖·赛雅拉、老挝中宣部部长吉乔等老挝人民革命党中央政治局委员及多位中央委员、部长出席，中国驻老挝大使馆，各侨社、商会组织代表，华侨华人、中资企业代表等1300余人参加了晚会。

4. 庆祝中华人民共和国成立70周年观礼活动反响热烈

国庆期间，有关部门邀请了来自世界130多个国家和地区的约2000名海外侨胞代表参加观礼活动，包括参观“庆祝中华人民共和国成立70周年大型成就展”“新中国成立七十周年成果报告会”和在天安门广场举行的庆祝大会。

10月1日上午，盛大的阅兵仪式和群众游行在天安门广场隆重举行。中共中央总书记、国家主席、中央军委主席习近平在庆祝大会上发表重要讲话。在这一庄严时刻，身处不同时区的五大洲华侨华人，共同守候在电视机前、互联网上，密切关注中华人民共和国70华诞的盛大庆典，深情回顾新中国70年砥砺奋进的峥嵘岁月，用心触摸祖（籍）国强劲律动的发展脉搏。一位美国侨胞与全家一起收看电视直播，他心绪难平：“阅兵式向世界展示了中国人民解放军的正气、硬气、帅气和底气。身为华夏儿女，我们备感自豪。”① 一位加拿大侨胞说：“我含着泪水看完整个阅兵仪式和群众游行。当最后全场高唱《歌唱祖国》时，我泪奔了。”“这70年，中国一路走来很不容易。我们这代人是时代的宠儿，见证中国从贫穷走向富强，从站起来、富起来到强起来。我们坚信，任何力量也阻挡不了我们前进的步伐。”②可以说，这是众多华侨华人的共同心声。

参加天安门广场庆祝大会的海外侨胞代表普遍感到，这是一生巨大的荣耀：“习主席的讲话让我们充分感受到中国自信，一个强大的中国更有底气大声宣告，社会主义中国巍然屹立在世界东方。我们海外侨胞信心十足，更有动力为实现中华民族伟大复兴的中国梦而奋斗。”“特别激动，特别震撼，

① 《全球华侨华人热烈庆祝新中国成立70周年》，《人民日报》（海外版）2019年10月9日。

② 《美国华人注目70周年庆祝大会：“我从心底为中国感到骄傲”》，中新网，2019年10月1日。

特别振奋。习主席的话语铿锵有力，扬我国威！”“习主席的话说到我们海外侨胞的心坎上。”侨胞们深切感到，中国取得了举世瞩目的伟大成就，同时坚持和平发展道路，同世界各国人民一道推动构建人类命运共同体，“负责任，得人心”①。

（二）支持“一国两制”和香港特区政府止暴制乱成为海外华侨华人的主流

2019 年夏天，一场突如其来的风波席卷香港，使香港经历了回归以来最严峻的局面和考验。在中央人民政府坚定明确支持香港特区政府依法行政、支持香港警方严正执法的同时，海外华侨华人积极通过多种渠道广泛发声，旗帜鲜明地反对暴力行径，通过组织和参与爱国爱港力量大型集会、游行、发表声明等，坚定表达支持“一国两制”的态度。

1. 华侨华人纷纷对暴力行径进行谴责

看到香港暴力事件引发的动荡影响香港经济和社会生活，关心香港发展的海外华侨华人感到非常痛心，都希望香港的暴力事件尽快停止，让市民回归正常的生活轨道，希望香港能够尽快恢复繁荣稳定。侨胞们反对任何以表达诉求为名，实施逾越法律底线、损害他人利益的违法暴力行为。他们认为，发生在香港的违法暴力事件已经严重影响到普通市民的日常工作和生活，香港的法治环境和国际形象也受到了严重破坏。② 香港的稳定繁荣是华侨华人和全体中国人民的共同心愿，华侨华人对违法暴力行径表示最强烈的谴责和愤慨。③ 意大利的一位侨领说，繁荣稳定的香港是我们的骄傲，而现在一些激进暴力分子却肆意破坏香港的稳定，我们对此表示强烈谴责。④ 海外侨胞对极端激进分子的暴力行为感到十分震惊和愤慨，也看清了所谓“抗争”活动的本质，他们说，极端激进分子打着“民主”“自由”的幌

① 《新时代，向着中国梦昂首前进》，《人民日报》（海外版）2019 年 10 月 2 日。
② 《海外华侨华人期盼香港早日恢复社会秩序》，《人民日报》2019 年 9 月 1 日。
③ 《海外华侨华人期盼香港早日恢复社会秩序》，《人民日报》2019 年 9 月 1 日。
④ 《海外华侨华人期盼香港早日恢复社会秩序》，《人民日报》2019 年 9 月 1 日。

子，肆无忌惮地践踏香港法治，严重破坏香港社会秩序，是有组织、有预谋的暴力活动；暴力冲击香港特区立法会大楼的不法行为是对香港社会治安秩序的严重破坏，也是对民主的挑衅和践踏，更是对“一国两制”原则底线的公然挑战，对于这些危害社会安定和人民利益的暴力行径不能纵容姑息，对此恶劣行径表示强烈的谴责。① 爱国爱港是包括海外侨胞在内的全体中华儿女的共同心声，需要全世界的海外侨胞团结在一起，向世界表达中国人“反暴力、反‘港独’、爱中国、爱香港”的呼声。旅居美国的侨胞们表示，香港是中国的一部分，香港暴力分子的言行令人愤慨，不能容忍这种黑白不分、试图分裂中国的行径。在旧金山，数百名华侨华人在中心联合广场举行和平集会。他们手举中国国旗，高呼爱国口号，齐声高唱国歌以及《歌唱祖国》《我的中国心》等歌曲，抒发对中国强盛、繁荣的期盼。②

2. 旗帜鲜明地支持特区政府和香港警方止暴制乱

随着下半年香港乱局不止，特别是看到其中有外来势力干涉香港事务，教唆部分青年人充当“港独”分子、闹事工具，时刻关心祖（籍）国、关心香港发展的海外华人华侨感到事态的严重。香港激进暴力分子的所作所为，在任何国家和地区都是触犯法律的行为，海外华侨华人强烈呼吁严惩违法暴力行为，使香港社会得以正常运转，早日恢复“东方之珠”的风采。③ 特别是习近平主席发表止暴制乱的讲话后，香港特区政府和香港警方依法采取平息乱局、止暴制乱的行动，华侨华人给予了充分的理解与支持。他们表示，香港特区政府和警察一再忍让，非常克制地应对暴乱，海外华侨华人坚决支持中央政府和香港特区政府为了维护香港繁荣稳定而采取的各项措施。④ 来自温哥华、多伦多、渥太华、蒙特利尔、卡尔加里、埃德蒙顿、维多利亚等诸多城市，包括温哥华中华会馆、加拿大中国洪门民治党总支部、加国港人关注港情协会等在内的204个侨团发表联合声明，表示支持香港法

① 《海外华侨华人谴责暴力冲击香港特区立法会事件》，新华网，2019年7月4日。

② 《在美华侨华人和留学生发出反暴力、反“港独”呼声》，新华网，2019年8月21日。

③ 《海外华侨华人期盼香港早日恢复社会秩序》，《人民日报》2019年9月1日。

④ 《在美华侨华人和留学生发出反暴力、反“港独”呼声》，新华网，2019年8月21日。

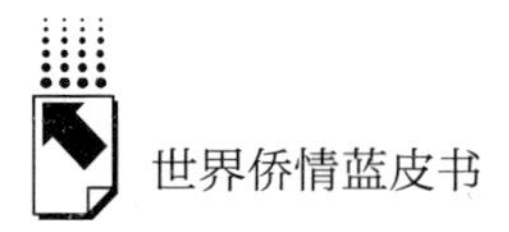

治稳定，反对少数激进分子的暴力行径，反对任何“港独”及分裂势力破坏香港的社会稳定，支持香港政府依法施政；声明表示，维持香港的和平、法治、稳定和繁荣发展是华侨华人的共同愿望。[①] 侨胞表示，香港暴乱分子公然挑衅国家安全和主权，打砸中联办、冲击警署等令人发指的暴力行为和辱国行径已令人忍无可忍，海外华侨华人坚决支持“一国两制，港人治港”的方针，坚决支持香港特区政府采取一切必要的措施，坚决支持香港警察依法执法，坚决反对破坏“一国两制”的任何言行，确保中央驻港机构的安全，确保香港安宁，维护香港法治，严惩犯罪分子，绝不能姑息严重践踏法治，扰乱社会、经济生活的暴徒。[②]

在处理事态发展过程中，香港特区政府和香港警方始终保持高度克制，保持解决问题的诚意和耐心，华侨华人对此给予了极大的理解，向香港警察表达敬意，为在处理暴行时保持极大冷静和克制的每一位香港警察点赞。[③] 他们表示，香港警察在处理事件中保持了克制，具有高度的专业性，他们冒着危险维护香港的法治，值得赞赏，坚决支持香港特别行政区、警察和司法机构果断执法、严正司法。[④]

对于那些被利用的香港青年，华侨华人表达了关爱和担心之情。他们说，希望那些被蒙蔽双眼的香港年轻人冷静下来认真思考，不要被外界的不良声音左右，不要被一些别有用心的幕后黑手误导和利用，要理性思考、看清事实。“我们坚决支持特区政府和香港警察，支持‘一国两制’，这为香港社会带来稳定、带来发展、带来繁荣。”“我们盼望香港社会能早日恢复稳定，一同携手为祖国的发展贡献力量。”[⑤] 华侨华人动之以情、晓之以理，希望香港市民和青年能够共同迎来香港更加美好的明天。加拿大华人同乡会联合总会发表题为《拥护“一国两制”，谴责暴力乱港》的声明指出，香港

---

① 《加拿大众多华人团体谴责暴力乱港行径　拥护“一国两制”》，中国新闻网，2019 年 8 月 6 日。

② 《海外华人华侨希望香港社会尽快恢复法治秩序》，《光明日报》2019 年 8 月 23 日。

③ 《我们坚决反对一切暴力乱港、分裂祖国的图谋》，人民网，2019 年 8 月 23 日。

④ 《海外华侨华人谴责暴力行径　支持香港警方严正执法》，新华网，2019 年 8 月 15 日。

⑤ 《我们要团结起来大声对发生在香港的暴力行为说不》，人民网，2019 年 8 月 20 日。

某些私欲至上的政客不惜勾结某些海外反华势力，不断破坏香港安宁，冲击香港法治，真心希望全香港市民看清激进示威者背后政客的真面目，在大是大非面前做护港爱家的良心市民。声明说，坚信香港一定会挺过眼前的困难，坚信有“狮子山精神”的香港广大爱国爱港市民一定会胜利，更坚信香港特区政府和香港警队一定会维护香港的法治和安宁，保护市民安全和所有旅游者的安全。①

3. 华侨华人在国际社会坚决反对美国、英国等西方势力干涉香港事务

香港事务是中国的内政，1997 年中国恢复行使香港主权，一雪中华民族百年之耻。今天，站起来的中国人民绝不会容忍任何外国势力对香港事务指手画脚、说三道四。香港“反修例”风波发生以来，始终有西方势力插手、操纵；一些西方媒体不断进行歪曲事实的报道，颠倒是非、混淆黑白，在香港与中央政府之间、香港民众与内地民众之间、香港不同阶层和群体之间挑拨离间，华侨华人对此感到愤慨，并进行了揭露。他们表示，香港回归 20 多年来，一些外国势力在香港不断煽动、挑拨，制造矛盾和事端。那些使用暴力挑战法律的人，目的是在香港制造分裂与动乱，破坏“一国两制”原则，我们对某些外国势力，特别是部分西方国家恶意煽动极端激进分子情绪的做法表示强烈抗议，反对部分西方国家采用“双重标准”评论香港事件。②

香港企业家伍淑清始终坚持爱国爱港。改革开放之初，伍淑清创办了内地首家中外合资企业“001 号”——北京航空食品有限公司，因此被称作“001 小姐”。香港回归后，伍淑清致力于香港和内地的交流合作，积极增进香港青年对中华历史和文化的认识。在香港“修例风波”中，伍淑清多次公开发声，对香港出现的乱象表示担忧，耐心劝诫香港青年不要被反动势力蛊惑。2019 年 9 月 9 日，联合国人权理事会第 42 届会议在日内瓦开幕，伍淑清以非政府组织代表的身份为香港发声，向世界说明真实的香港。伍淑清

① 《加拿大众多华人团体谴责暴力乱港行径　拥护“一国两制”》，中国新闻网，2019 年 8 月 6 日。

② 《海外华侨华人谴责暴力冲击香港特区立法会事件》，新华网，2019 年 7 月 4 日。

在接受记者采访时表示，很多时候一些香港媒体和外国媒体关于香港的报道不够准确，影响了海内外公众对香港真实情况的理解，“去做这个澄清的事情，我们觉得义不容辞”①。

针对英国政府和官员干涉香港事务的言论，华侨华人据理力争，予以反驳。2019 年 7 月 5 日，英国 50 多家华侨华人社团代表发表致英国政府的公开信，反对英方涉及香港的错误言论，呼吁珍惜来之不易的中英友谊。作为中英两国交往的重要民间桥梁，英国的华侨华人内心十分希望两国关系更加友好。公开信表示，中英关系逐年有了巨大的改善，在英华侨华人和英国人民一样，高兴地见证了两国关系进入前所未有的“黄金时代”。但是，英方就香港问题发表了一些不公正的言论和观点，既无法理依据，也会对中英两国人民珍视和来之不易的中英友谊造成不应有的伤害，与目前中英关系的“黄金时代”极不协调，这是生活在英国的华侨华人所不愿意看到的，衷心希望两国都繁荣富强，更期盼中英友谊在平等互利、相互尊重主权的精神指引下日久天长。② 针对 2019 年 11 月美国国会将所谓“2019 年香港人权与民主法案”签署成法，海外华侨华人表示，美方此举严重干涉中国内政，严重违反国际法和国际关系基本准则，将对两国关系乃至世界和平稳定产生极大负面影响。一些侨领表示，该法案严重干涉中国内政，与香港人权无关，是非常虚伪、荒谬的，反映了美国一贯的强盗逻辑和霸凌行径，该法案将严重影响中美关系大局，损害两国共同利益，无助于世界和平与稳定。③

4. 倡导各种支持止暴制乱活动在合法理智的框架下进行

华侨华人表达对香港暴力行径的谴责，支持香港特区政府止暴制乱措施，是在住在国进行的，需要在住在国法律允许范围内进行。应该说，举行活动的侨团都十分注意法律许可，通过合法的途径表达诉求，得到了住在国民众的理解。不少住在国民众通过华侨华人的游行、集会、声明等活动，了

① 《把香港的情况如实带进联合国》，《人民日报》（海外版）2019 年 9 月 11 日；《“美心大小姐”伍淑清获感动中国年度人物提名》，人民日报海外网，2019 年 11 月 28 日。

② 《英国 50 家华人社团致公开信反对英方涉港错误言论》，中国新闻网，2019 年 7 月 6 日。

③ 《海外人士认为美方签署涉港法案严重干涉中国内政》，新华网，2019 年 11 月 28 日。

解了香港示威者的暴力真相，对华侨华人的活动表达了道义上的支持。同时，在总体理智、有序、规范、守法的情况下，也有一些华侨华人、留学生出于义愤，对当地一些举办“港独”活动的人采取了比较激烈的行为，引发了一些冲突，引起了一些媒体的关注。为此，8 月 19 日，外交部发言人耿爽针对有记者就如何看待中国公民在海外参加涉香港的游行一事提问回应称：“我们看到了媒体上有关的报道，我想说的是：第一，包括留学生在内的海外中国公民，他们对妄图分裂国家抹黑中国形象的言行表示愤慨和反对，这完全是理所应当，也是情理之中；第二，我们同时也希望海外的中国公民能够理性地表达爱国热情，能够注意保护自身的安全；第三，中国政府也一贯要求，海外中国公民要遵守当地的法律法规，同时我们也希望，有关国家能够尊重和理解海外中国公民的合法活动，保障和维护他们的合法权益。”① 外交部的有关表态，一方面表达了对海外中国公民开展相关活动的肯定，另一方面也再次表明了中国政府一贯要求华侨、留学生必须遵守当地法律的态度。一些侨领也发出呼吁，希望华侨华人举办“撑香港反暴力”活动应注意遵守当地法规，不要妨碍当地居民的生活和交通，言行口号要注意文明理性，不要被挑衅激怒。②

在有关方面和各侨团的共同努力下，反对香港暴力、支持“一国两制”的活动取得了较好效果。

（三）海外侨胞列席全国政协会议

每年举行的全国“两会”备受瞩目，是中国政治生活中的一件大事。对于与中国有着千丝万缕关系的海外华侨华人来讲，同样意义重大。《全国人民代表大会议事规则》和《全国政协全体会议工作规则》允许有关人士列席与旁听“两会”。自 2001 年以来，全国政协已连续 19 年邀请海外侨胞代表列席全国政协会议。一方面，全国政协会议为海外侨胞深入了解中国政

① 《外交部谈海外中国公民涉港游行：理所应当　情理之中》，人民网，2019 年 8 月 19 日。

② 《南加州华侨华人支持港府对暴力说“不”》，中评网，2019 年 8 月 20 日。

治体制与政治生活、国家经济社会发展情况等提供了重要渠道和平台；另一方面，列席全国政协会议的海外侨胞代表也可以结合海外工作、生活经历，以自身独特的视角为中国经济社会发展建言献策，反映侨胞呼声，发出侨界声音。

1. 海外侨胞代表推荐选定比较严格

推荐列席全国政协会议的海外侨胞代表，政策性、政治性、涉外性都很强，必须符合有关外交原则和国际惯例，必须有严格严谨的程序。海外侨胞列席代表一般由其所在国的中国大使馆与中国外交部、全国政协、国侨办等部门联合推荐，经有关各部门审议后，交由全国政协通过。[①] 人选推荐一般要提前几个月进行，经过协调程序，确定最终的名单。海外侨胞列席代表推荐人选要综合考虑各方面因素，包括受邀侨胞在当地侨界要有较高的声望和影响力等。

2. 海外侨胞代表的来源具有代表性、广泛性

每年列席全国政协会议的海外侨胞代表长期活跃于所在国的侨社，关心祖（籍）国发展，具有很强的建言献策能力，涵盖了不同地域、行业、年龄段等，既有知名侨领、知名侨商，也有资深报人、专家学者和科技精英；既有在当地侨界深得信赖的老侨领，又有观念新、活动能力强的华裔新生代；既有来自发达国家的侨民，也有来自发展中国家的侨民代表。

3. 每位海外侨胞一般只能当选一次列席全国政协会议的代表

根据不同情况，全国政协每年邀请的海外侨胞代表人数虽然不尽相同，但总的趋势是在增长，由 2001 年最初的 9 位，发展到目前每年 40 位左右（见表 1）。尽管如此，在邀请海外侨胞代表的过程中也形成了一个惯例，那就是通常不会重复邀请同一位侨胞列席全国政协会议，也就意味着如果一位侨胞被推荐邀请为列席全国政协会议的海外侨胞代表，以后的其他年度就不大可能再次被邀请。因此，不少被邀请为代表的侨胞将这次机会看作至高无上的荣誉，“一次列席，一生荣誉，终生难忘”是这些海外侨胞代表的共同心声。

① 《海外列席代表的“两会故事”：不是客人而是参与者》，人民网，2015 年 3 月 11 日。

表 1　2001～2019 年列席全国政协会议海外侨胞代表情况

年份	国家(个)	列席人数(人)
2001	8	9
2002	11	17
2003	13	20
2004	11	18
2005	16	28
2006	14	27
2007	14	28
2008	16	31
2009	18	33
2010	21	38
2011	21	39
2012	25	40
2013	24	39
2014	21	35
2015	27	38
2016	25	38
2017	30	39
2018	25	35
2019	31	40

资料来源：笔者根据历年“两会”报道统计。

4. 海外侨胞代表在“两会”期间的活动内容丰富

列席全国政协会议的海外侨胞代表与正式的委员相比，虽然没有表决权，但可以享受很多一样的待遇，可以全程参加政协的会议，列席全国人大的会议并参加小组讨论。海外侨胞列席代表虽然不能像正式委员那样提交提案，但具有建议权，他们的建议可以被吸纳进相关委员和机构的提案之中。同时，除参加全国政协会议正常议事日程外，全国政协、国务院侨办、外交部、中国侨联、致公党、中国和平统一促进会、北京市等单位的领导也会与他们会见或座谈，面对面听取他们的意见和建议。海外侨胞代表列席全国政协会议已经成为沟通祖（籍）国与海外侨胞的重要途径。

自 2005 年开始，为使海外侨胞列席代表更好地了解祖（籍）国改革开放的新发展、新变化、新成就，全国政协每年围绕不同专题，组织海外侨胞列席代表到全国各地进行参观和考察，使他们更加直接、更加具体地感受祖（籍）国的发展变化，同时结合他们在国外的各方面经历、经验，对考察地的经济社会发展提出意见建议，深受当地政府的欢迎。[①]

现在，多数省、自治区、直辖市政协每年会邀请海外侨胞列席代表参加本地“两会”，使海外侨胞为祖（籍）国经济社会发展建言献策有了更为直接、有效的渠道。

（四）涉侨机构改革后的侨务工作

党的十九大后，党和国家机构改革提上议事日程。海外华侨华人普遍关注的涉侨机构改革，始终牵动着大家的心。中共中央《深化党和国家机构改革方案》于2018年3月发布，将原国务院侨务办公室并入中央统战部，由中央统战部统一领导海外统战工作。[②] 按照《深化党和国家机构改革方案》要求，有关单位积极推进工作机构整合、人员编制到位和工作职能、工作项目交接，在新的侨务工作格局下进行各项工作磨合。2019年成为涉侨机构改革后侨务工作的开局之年。

1. 世界性华侨华人社团联谊有序推进

世界华侨华人社团联谊大会是由海外华侨华人主要社团负责人参与的联谊交流机制。国务院侨务办公室和中国海外交流协会自2001年开始每两年组织和主办一次，历届大会主题均紧紧围绕国家大局，服务侨社发展，得到了党和国家领导人的高度重视。2007年，胡锦涛总书记接见第四届大会代表，全国政协主席贾庆林曾接见过第三、第五届大会代表，分管侨务工作的领导同志出席了历届大会开幕式并讲话。2019年5月29日，由国务院侨务办公室、中华全国归国华侨联合会联合主办的第九届世界华侨华人社团联谊大会在北京举行。大会以“拥抱新时代　共圆中国梦”为

---

① 张春霞：《广阔的舞台　成功的实践——海外侨胞列席全国政协全体会议十周年侧记》，《中国政协》2010年第10期。

② 《深化党和国家机构改革方案》，新华网，2018年3月21日。

主题，来自世界90多个国家和地区的450余位华侨华人社团负责人与会。此次会议是涉侨机构改革后中国侨联首次作为主办单位参与。令与会人员激动不已的是，会议举办期间，中共中央总书记、国家主席习近平亲切会见了与会的全体代表。[①] 会议总结了国务院侨办、中国侨联自第八届世界华侨华人社团联谊大会以来为侨服务工作，发出了“树立新时代大国侨民形象”的倡议，交流了侨社建设的做法和经验。[②]

海外华侨华人始终是推动中国统一、反对和遏制“台独”势力的重要力量。在世界多个国家，华侨华人社团纷纷成立了“中国和平统一促进会”等组织。2019年6月22日，来自全球40多个国家和地区的300多个统促会及相关组织齐聚菲律宾首都马尼拉，参加第19次全球华侨华人促进中国和平统一大会。大会的主题是“推进中国和平统一，实现民族伟大复兴”。全国政协副主席、致公党中央主席、中国和平统一促进会副会长万钢出席开幕式并发表主旨演讲。大会发表了《全球华侨华人促进中国和平统一大会(2019·马尼拉)宣言》，指出海外华侨华人坚决拥护习近平在《告台湾同胞书》发表40周年纪念会上提出的“五项主张”，倡议海内外中华儿女团结一致，共同为中国和平统一伟大事业不懈奋斗，推动中华民族伟大复兴的中国梦早日实现。[③]

华商遍布世界各地，为了更好地促进全球华商和工商界紧密联系，搭建加强经济合作、促进相互了解的平台，1991年8月，来自30个国家和地区的800余名华商在新加坡召开了首届世界华商大会（简称“世华会”）。此后，两年一度的“世华会”以“在商言商、弘扬中华民族文化”为宗旨，每届都各具特色，不仅在壮大华商经济、助推华商事业发展、增强华商凝聚力和影响力等方面发挥了重要作用，同时也有效促进了华人华商服务当地，推动了所在国家和地区的经济社会发展，成为全世界最具规模、代表性和影

① 《习近平会见第九届世界华侨华人社团联谊大会和中华海外联谊会五届一次理事大会代表》，新华网，2019年5月28日。

② 《第九届世界华侨华人社团联谊大会举行》，《人民日报》2019年5月30日。

③ 《全球华侨华人促进中国和平统一大会在菲律宾召开》，人民网，2019年6月23日。

响力的华人商界盛典。[①] 在全球化深入发展、“一带一路”建设得到沿线国家积极响应的背景下，世界华商顺应时代潮流，共同探讨侨企发展，引人注目。2019 年 10 月 21 ~ 24 日，第十五届“世华会”在伦敦举办。大会以“世界新格局，华商新机遇”为主题，由英国中华总商会主办，是世界华商大会举办 28 年来，首次走入欧洲，从中华文化圈走入西方文明核心地带。来自 51 个国家和地区的近 2500 名华商与会，覆盖 100 多个行业，包括制造、商贸、餐饮、酒店、地产等传统华商优势产业，还有人工智能、互联网、环保、新农业、医疗等新兴产业，创世华会历史上国别数新高；同时，中国各省、自治区、直辖市、特别行政区均有代表参加，国内各地共计 726 名地方企业家也参加了会议，展示了众多具有地方特性的产业形态、企业形式和升级战略；会议举办地英国各地区共计 583 名代表参加大会，更使本次会议规模空前。本届世界华商大会签约成果引人瞩目，项目投资地包括中英两国及关联地区，涉及项目总金额超过 3 亿英镑，涵盖了教育、文化、区域经贸投资合作、创新孵化等领域。[②]

2. 原有侨界社会性团体进行有效整合

为了体现侨务工作的民间性、群众性，在长期的工作实践中，中央统战部曾主导成立了中华海外联谊会，国务院侨办组织成立了中国海外交流协会；在整合侨商、侨企资源方面，国侨办组织成立了中国侨商投资企业协会，中国侨联组织成立了中国侨商联合会。涉侨机构改革后，有效解决这些侨界社会组织功能重合、人员重叠等问题水到渠成。

（1）中华海外联谊会和中国海外交流协会各有渊源，顺利合并

在中央统战部领导下，1997 年 5 月 24 日中华海外联谊会成立。而中国海外交流协会受国侨办的业务指导，成立于 1990 年 11 月 20 日，以广泛联系海外及港澳台侨界人士及团体、增进友好情谊、开展合作交流为宗旨，致力于促进海内外经济贸易、科学技术、文化教育、新闻传播、旅游观光、体

① 《世界华商大会的前世今生》，《欧洲时报》2019 年 9 月 18 日。

② 《第 15 届世界华商大会成果瞩目》，中新网，2019 年 12 月 10 日。

育卫生、社会福利等领域的合作与交流。二者在宗旨、成员、职能等方面有很多相同之处。2019 年 5 月 28 日，中共中央书记处书记、中央统战部部长尤权出席中华海外联谊会五届一次理事大会并讲话。会议充分肯定了中华海外联谊会四届理事会取得的成绩，深刻分析了港澳台及海外联谊工作面临的机遇和挑战，号召广大海联会理事以习近平新时代中国特色社会主义思想为指导，团结一心、共同奋斗，为实现中华民族伟大复兴、深化新一轮对外开放、促进祖国和平统一、推进人类文明互鉴做出更大贡献。[①] 会议审议并通过了《关于中华海外联谊会与中国海外交流协会合并的决议》《中华海外联谊会章程》等文件，按照“统一名称、统一章程、统一标准、统一程序”的原则，平稳实现了中华海外联谊会和中国海外交流协会的合并。[②]

（2）中国侨商联合会和中国侨商投资企业协会实现融合

中国侨商联合会于 2003 年 8 月由中国侨联主导成立，主要是由在中国境内投资创业的归侨侨眷、华侨华人、港澳人士、留学归国人员及企事业单位等自愿组成的全国性非营利性社会团体。中国侨商投资企业协会于 2008 年 1 月 16 日由国侨办主导成立，是由华侨、外籍华人、香港澳门同胞在境内投资企业和地方侨商组织、知名侨资企业家组成的全国性非营利社会团体。多年来，这两个侨商组织在促进会员之间的联系与合作，为会员企业排忧解难，维护会员合法权益，帮助会员寻找商机，为国家经济建设和社会进步贡献力量等方面均发挥了各自的重要作用。在涉侨机构改革工作不断向纵深发展的背景下，经过不断协商、协调，2019 年 11 月 17 日，中国侨商联合会第五次会员代表大会在北京开幕，来自 63 个国家和地区的侨商代表和全国侨联、侨商组织代表 800 余人出席大会。按照组织融合、思想融合、工作融合和实现全国各级侨商社会组织大团结、大联合的要求，中国侨商投资企业协会正式整合融入中国侨商联合会。至此，中国侨商联合会的会员基本涵盖了在中国大陆投资较大、成就突出的知名侨商和侨资企业家，标志着中

① 《习近平会见第九届世界华侨华人社团联谊大会和中华海外联谊会五届一次理事大会代表》，新华网，2019 年 5 月 28 日。

② 《中华海外联谊会“扩容增员”》，《人民日报》（海外版）2019 年 5 月 29 日。

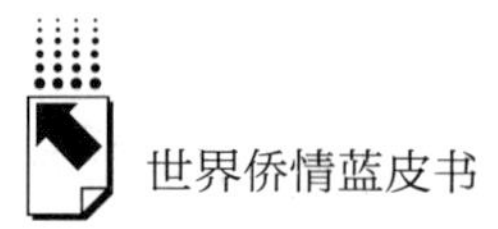

国侨商联合会成为规模最大、实力最强、联系面最广、海内外影响最大的侨商组织。[①] 会议期间，中共中央政治局常委、中央书记处书记王沪宁在北京会见了出席中国侨商联合会第五次会员代表大会的全体代表，充分显示了党和国家对侨务机构改革和侨商工作的重视。

3. 海外联谊工作有效开展

《深化党和国家机构改革方案》实施后，中央统战部（国侨办）与中国侨联加强沟通，积极协调，推动涉侨机构改革精神的贯彻落实，确保“四海同春”“文化中国”“中国寻根之旅”等项目的工作顺利转接和过渡。海外华裔青少年“中国寻根之旅”夏令营是华文教育工作的重要品牌活动，旨在通过邀请海外华裔青少年来祖（籍）国——中国寻根问祖、学习交流、参观访问，激发他们学习中国语言和中华文化的兴趣，加深他们对祖（籍）国的认知和了解，实现中外文化交流互鉴，促进中外友好人文交流，截至2019年已连续举办20年，来自113个国家和地区的约30万名（次）青少年从中受益。2019年，中国侨联正式承接主办“中国寻根之旅”夏令营工作，全国30个省级侨联和有关单位共举办夏令营近390个，海外参营组团数量近800个，来自75个国家和地区的22万名华裔青少年来华（回国）参加夏令营，冬令营的相关工作也有序推进。结合庆祝中华人民共和国成立70周年，中国侨联探索举办多项“文化中国”活动。中国侨联积极参与2019年“四海同春”慰侨访演活动，协同中央统战部（国侨办）制定2020年方案，以实现该活动的平稳过渡。

二　2019年国际移民与华侨华人

国际移民组织发布的《2020年世界移民报告》显示，2019年全球国际移民人数累计约为2.72亿人，占世界总人口的3.5%。在过去50年里，国际移民数量一直呈增长态势。国际移民往往是从低收入国家流向高收入国

① 《中国侨商联合会第五次会员代表大会举行》，《人民日报》2019年11月18日。

家，但就全球而言，移民来源国情况多样。一些移民来源国出于经济、政治、安全、贸易或文化等方面的原因，移出人口占总人口比重很高。比如，由于长期的冲突，叙利亚的移出人口比高于其他大多数国家。国际移民来源国的前十位依次是印度、墨西哥、中国、俄罗斯、叙利亚、孟加拉国、巴基斯坦、乌克兰、菲律宾、阿富汗。其中，2019 年中国的海外移民人数累计为 1070 万人。①

近年来，随着欧洲难民危机的爆发，很多国家民粹主义抬头，反对外来移民的风潮时有发生；特朗普当选美国总统后，推出了一系列收紧移民政策的措施，甚至不惜绕过国会在美国与墨西哥边境修建隔离墙。在此大背景下，中国海外移民或多或少受到影响，但总体来看，2019 年中国海外移民（包括华侨、移民入籍的第一代华人、留学生等）的数量依然有所增长。

把华侨华人作为研究对象，必须明晰华侨、华人、华裔、国际移民等几个概念。学者张秀明对相关概念进行了梳理和界定。简单地讲，华侨是指定居在国外、保留中国国籍的中国公民；外籍华人是指已加入外国国籍的原中国公民及其外国籍后裔，中国公民的外国籍后裔；外籍华人中包括华裔，但不宜用“华裔”指代“华人”；国际移民是指“跨越主权国家边界、以非官方身份在非本人出生国居住达一年以上的特定人群”，包括华侨、曾经拥有中国国籍的非出生在当地的华人、留学生和外派劳务人员（因其合同期限一般在两年以上，符合国际移民离开出生国一年的定义），在住在国出生的华裔虽然是华人的一部分，但不属于国际移民，不能将中国“国际移民”与“华侨华人”两个概念混为一谈。② 一些研究文章、新闻报道在使用相关概念时经常混用，比如，很多媒体使用“华裔”一词时，实际上包括第一代华人。③

① 中国华侨华人研究所：《〈2020 年世界移民报告〉摘要专报》未刊稿。

② 张秀明：《华侨华人相关概念的界定与辨析》，《华侨华人历史研究》2016 年第 2 期。

③ 本文引用各方面材料和信息时一般遵从原文使用的提法，不做修改，请读者在参阅本文时注意几个概念的区别。

（一）在西方主要国家，华侨华人的数量有一定增长

随着中国经济社会的发展和思想观念的多样、相关政策宽松等，国内居民追求美好生活的选择更加多元，不少人选择移民国外。[①] 2019 年包括新移民在内的华侨华人在世界各国的人数总量依然有所增长，主要有以下几点原因。一是随着“一带一路”建设的推进，各国逐步并主动参与其中，中资企业和民间资本在海外的投资增加，带动了国内包括劳务输出在内的移民增长；二是近年来国内选择投资移民的人数不断增加；三是赴国外留学的学生依然保持增长态势。

通过梳理2019 年世界各国官方公布的数据和相关研究机构统计研究结果，世界主要国家华侨华人人数如下。

1. 中国是美国外来移民居前三位的来源国，华侨华人达508万人

2019 年 3 月 14 日，美国移民专业智库移民政策研究所（MPI）发布截至 2017 年的最新数据显示，2017 年美国外来移民共有 4450 万人，占美国总人口的 13.7%。中国仅次于墨西哥、印度，是美国外来移民的第三大来源国，约占美国外来移民总数的近 6%。[②] 有意思的是，2019 年 6 月，美国智库皮尤研究中心（Pew Research Center）发布报告称，2017 年在美国出生的外国人口达到创纪录的 4440 万人，美国外来移民的人数超过世界上其他任何国家，占 2017 年世界移民人口总数的五分之一；墨西哥、中国和印度是美国外来移民的前三大来源地，其中来自中国的移民约 290 万人（6%），是第二大移民来源国。[③] 这两者之间有着细微的差别，但中国移民到美国的人口数量相对较大是比较一致的。

由于中国人移民美国的历史较长，华裔是亚裔在美国总人口中占比居第

---

① 中国华侨华人研究所：《世界侨情报告（2019）》，社会科学文献出版社，2019，第 12 ~ 18 页。

② 《MPI：美移民人数增长但增速放缓，中国为第三大来源国》，美国侨报网，2019 年 3 月 14 日。

③ 《皮尤研究中心：美国移民人口创纪录逾 4400 万》，美国中文网，2019 年 6 月 18 日。

一位的群体。美国联邦人口普查局2019年5月1日发布的最新数据显示，美国亚裔总人口已达2140万人，其中以华裔美国人最多，达5081682人；但在收入方面，华裔家庭收入中位数约72800美元，稍低于亚裔家庭收入中位数；在从业领域方面，华裔从事教育服务和社会援助的占比较高。[①]

从地域分布来看，华侨华人主要聚集在美国大城市，其影响力也逐步增强。以纽约为例，据2019年12月11日亚美联盟（Asian American Federation，AAF）在纽约曼哈顿召开记者会公布的最新调查报告，亚裔是纽约州发展最快的群体之一。2017年，纽约州亚裔人口数量达到188万人，占总人口的10%，占总移民数量的26%。其中，华裔居民是亚裔居民中最大的群体，在纽约州有近73.9万名华裔居民，中文是纽约州使用最为广泛的亚洲语言。在州参议院63个选区范围内，有45个选区亚裔居民大部分使用中文，有55个选区显示至少有1000人会讲中文；在州众议院150个选区范围内，有101个选区的亚裔居民大部分使用中文，有75个选区显示至少有1000人会讲中文。[②] 基于这种情况，近年来，纽约参议员、众议员及市长选举等，越来越重视亚裔的选票，华裔投票参与率逐步上升。

另据美国联邦疾病控制与预防中心（CDC）全国健康统计中心发布的报告，美国的生育率连续第四年下滑，2018年降到了30多年来的最低水平，登记的新生儿为3791712人，比2017年减少了2%，美国已经没有足够的婴儿来维持现有人口。[③] 美国人口普查局2019年6月20日公布的报告显示，2017年7月至2018年7月，一年内白人人口减少15.2万人，而西裔及非裔分别增加116万人和32万人。值得关注的是亚裔增加近48万人，增长率居各种族之首，达2.63%。[④] 民主党、共和党的传统支持人群主要是白人，而随着人口结构变化，少数族裔群体对大选也尤为关键，对民主党、共

---

① 《美国人口普查局：华人超过508万　系亚裔最大族群》，中国侨网，2018年5月2日。

② 《美国亚美联盟发布纽约州亚裔人口报告　华裔人数近74万》，美国中文网，2019年12月11日。

③ 《美国生育率连续四年下滑　亚裔降幅较大》，美国侨报网，2019年12月8日。

④ 《美国白人人口连降2年，亚裔成增长最高种族》，亚特兰大华人网，2019年6月24日。

和党两党的政治格局也影响深远。

2. 日本华侨华人突破100万人，更多人选择永久居留，保留中国国籍

20 世纪 70 年代末期以来，在日中国人人数开始呈增长趋势。80 年代后，更是增长迅速。1989 年，在日中国人的登记人口为 13.7 万人。2007 年，增长至 60.6 万人，是 1989 年的 4.4 倍。2008 年，包括中国台湾人在内的在日中国人总数，首次超过在日韩国人和朝鲜人数量，跃居外国人首位。①

根据日本法务省发布的数据，到 2019 年 6 月末，在日外国人（在日本居留期限超过 3 个月）数量达到 2829416 人。按照国籍和地区来分，中国大陆为 786241 人（保留中国国籍的人），中国台湾地区留日人数为 61960 人，中国人是在日本数量最多的外国人人群。中国人非法滞留日本的人数为 10822 人。1952 ~2018 年，加入日本国籍的华人人数超过 14.5 万人，另有 5000 多名文化意义上的中国人——中国残留孤儿归国者。合并计算，目前在日华人可统计人口已破百万人。②

随着中国经济的迅猛发展和国内生活水平的提高，在日工作、创业和留学的中国人中，更多的人计划回国定居或跨国生活，从而选择来去自由的永久居留资格，而申请加入日本籍的中国人呈现减少趋势。从统计看，中国籍人口中，永住者最多，达 26.96 万人，比上一年增加 4.9%；其次是留学人员，达 13.24 万人，比上一年增加 6.5%；技术、人文知识、国际业务人员为 8.17 万人，比上一年增加 9%；家族滞在为 7.84 万人，比上一年增加 4.6%；技能实习人员为 7.78 万人，比上一年增加 0.3%；等等。2016 ~2018 年，每年获得日本永住资格的中国籍人员都超过 3 万人，2019 年增长 2.15 万人。③

日本并不是一个典型的移民国家。目前，日本国内生育率降低，人口逐

---

① 《日本法务省：在日华人可统计人口逾 96 万》，〔日〕《中文导报》2019 年 4 月 4 日。

② 《在日屡创新高：华人人口突破百万》，〔日〕《中文导报》2019 年 10 月 30 日，《日中新闻》2019 年 11 月 12 日。

③ 《在日屡创新高：华人人口突破百万》，〔日〕《中文导报》2019 年 10 月 30 日，《日中新闻》2019 年 11 月 12 日。此处数据不包括中国台湾人员。

年减少，社会老龄化严重，而且这种趋势越来越严峻。为了应对这一局面，日本制定了优惠政策和措施，对包括留学生在内的外国人降低居留资格门槛。2019 年 3 月，日本政府为解决原实行的技能实习制度（又称研修生制度）普遍存在的工资和劳保等待遇过低、工作和劳动强度大等问题，发布了一系列旨在有效扩大招募外籍劳工数量的条例，规定雇主必须向外籍雇员提供与日籍雇员同等或更高水平的薪酬等。[①] 可以预见，在日中国人人数还将会继续增长。

3. 欧洲国家人口数量总体下降，华侨华人成为颇具活力的社会群体

改革开放以来，意大利华侨华人数量持续上升，尤以浙江省籍侨胞为多，大多从事服装、零售、批发、中餐等行业。意大利国家统计局数据显示，截至 2018 年 12 月 31 日，意大利籍人口降至 5510.4 万人，比 2017 年减少 23.5 万人（-0.4%），与 2014 年同期相比，居住在意大利本国的意大利籍人口减少了 67.7 万人；而与此相反，意大利移民人口数量不断增加，近 10 年来增长了 4 倍多，占人口总量的 8.5%。而在其他欧洲国家中，法国移民占其总人口的 7%，德国占 11.7%，奥地利占 15.7%，英国占 9.5%。截至 2018 年，意大利合法移民数量为 525 万人，其中华侨华人约 30 万人，在移民数量中排名第四位。[②]

与意大利人口数量下降相反，西班牙等国的人口数量呈上升趋势，主要是外来移民增多，但拥有西班牙国籍的公民人数减少了。根据西班牙国家统计局发布的统计数据，2018 年西班牙总人口约为 4690 万，其中华人为 19 万人，是西班牙第六大移民群体。[③]

德国在移民引进中高度重视技术移民特别是高尖端人才移民，2018 年发放了 2.7 万份欧盟“蓝卡”，是历年中发放“蓝卡”的最高纪录，也是欧盟中发放“蓝卡”数量最多的国家，在欧盟国家“蓝卡”发放总量中占 85%。中国是德国的第二大外籍人才来源国（第一位是印度），占到“蓝

① 《日本面向企业出台新条例　保障外籍劳工待遇》，新华网，2019 年 3 月 16 日。
② 《意大利合法移民数超 500 万　近年华人增长较多》，中国侨网，2019 年 9 月 23 日。
③ 《西班牙人口呈正增长态势：本国人减少，外来移民增多》，中国侨网，2019 年 6 月 2 日。

卡”发放总数的 25.9%。[①]

4. 澳大利亚、新西兰等国的中国移民快速增长

大洋洲近年来一直是中国移民增长较快的地区。澳大利亚统计局报告显示，截至 2018 年底，澳大利亚总人口达到 2518 万人，海外净移民推动澳大利亚人口持续高速增长，一年增加了 40.4 万人，人口年增长率为 1.6%，这个增幅大大高于过去 35 年的平均水平。其中自然增长占了 38.6%，海外净移民增加则占了 61.4%。与 2017 年相比，澳大利亚 2018 年的海外净移民有 24.85 万人，中国移民的数量则增加了 44390 人。[②]

2019 年 9 月 23 日，新西兰公布了 2018 年人口普查结果，新西兰人口总量达到 470 万人。数据显示，新西兰人口更趋多样化，欧裔人口占比下降，而亚裔人口占比持续上升，人口增长以少数族裔为主。在新增人口中，出生在中国的移民数量明显增加，占比达到 2.9%，换算下来，相当于增加了 8.9 万人。2020 年，新西兰总人口将突破 500 万人。[③]

（二）世界各国公众对移民态度不同，华侨华人融入当地需要积极应对

经济全球化的发展，使国际移民更加便利，但同时，移民输入国也因此需要面对和解决一系列问题，如公共安全、文化认同、宗教冲突、社会矛盾等。特别是北美、欧洲等地，社会公众对移民的态度一直存在分歧，尤其是在欧洲难民危机出现后，这种分歧愈加明显。

1. 美国、加拿大公众对于移民的态度比较宽容，但党派之间差异较大

从美国来看，虽然移民问题一直是全国政治辩论的重要话题，但美国毕竟是移民国家，观念比较开放，公众对居住在该国的移民是宽容的。美国智

---

① 《德国向高技术人才发放蓝卡数量创历史纪录　中国占 1/4》，《欧洲时报》德国版微信公众号，2019 年 6 月 6 日。

② 《最新报告：澳大利亚 2018 年增加逾 4.4 万名中国移民》，中国侨网，2019 年 6 月 25 日。

③ 《新西兰人口普查结果：中国移民明显增多》，中国侨网、新西兰天维网，2019 年 9 月 23 日。

库皮尤研究中心公布的调查认为，针对外来移民，大多数美国人持积极的态度，认为移民通过“努力工作和付出”使美国更加强大的美国人约占62%，认为移民在就业、住房和医疗补助方面使国家增加了负担的美国人大约占28%。然而，在美国两党政治格局下，不同政治立场的公众也会因政党不同而出现观点差异。在民主党人和有民主党倾向的独立人士中，认为移民通过辛勤工作使国家稳定的人占83%，认为移民是一种负担的人只占11%；在共和党人和有共和党倾向的独立人士中，持积极态度、认为移民增强了美国实力的人只占38%，认为移民增加了美国负担的约占49%。[①] 可以看出，在评价移民这个问题上，美国两党之间的差异还是相当大的，这也就无怪乎作为共和党人的总统特朗普为什么会极力收紧移民政策，不顾一切在美墨边境修建隔离墙。对于未来的移民政策，美国公众有着非常明显的分歧，认为应该减少来美移民数量的占24%，认为应该保持目前移民水平的约占38%，认为应该增加移民数量的占32%。[②]

同处北美的加拿大，则多数人肯定移民为当地经济发展所做的贡献。加拿大《星岛日报》报道，根据一项民意调查，针对“移民是否过多”的说法，有63%的受访者不同意这种观点，其中新民主党支持者最欢迎移民，有79%的人不同意“新移民太多”的说法，其他依次是自由党（74%）、绿党（69%）、魁人政团（64%）和保守党（45%）。针对“移民是否对经济有利”的问题，绝大多数受访者表示肯定，其中90%的自由党人同意这一说法，其他依次是新民主党（89%）、绿党（82%）、魁人政团（77%）和保守党（68%）。[③]

2. 欧洲等地反移民情绪有所升温

欧洲难民危机持续发酵，由此引发的一系列问题在欧洲各国依然阵痛未消，再加上欧盟各国不同党派就移民问题展开辩论，致使很多欧洲民众对于

---

① 《皮尤研究中心：美国移民人口创纪录逾4400万》，美国中文网，2019年6月18日；《皮尤发布移民报告：多数美国人对移民持积极态度》，http：//world. gmw. cn/。

② 《皮尤研究中心：美国移民人口创纪录逾4400万》，美国中文网，2019年6月18日。

③ 《多数加拿大人认同移民为经济所作的贡献》，中国侨网，2019年11月7日。

正规移民、非法移民和难民难以分辨清楚，社会分歧更加严重。国际互联网市场研究和数据分析公司（YouGov）对欧洲新闻联盟（LENA）成员国展开了一次民意调查，包括德国、法国、意大利、西班牙、波兰、瑞典和匈牙利等国，调查受访人数超过 8000 人。调查结果显示，相对于失业和经济问题，多数受访者对移民和环境的关注度明显要高很多，特别对移民问题将成为欧盟未来必须面对的最大挑战表示担忧；过半受访者认为国家不能继续接收来自冲突地区的难民了。①

从国别来看，各国公众对移民的态度如下。

意大利：2016 年和 2017 年两年，非法移民数量激增。53% 的受访者认为不能再接收移民了，仅有 5% 的人对移民持接纳的态度。而据意大利社会经济研究机构 Censis 发布的调查报告，63% 的意大利人对非欧盟国家的移民持负面印象，高于欧盟国家的平均水平（欧盟国家对非欧盟国家的移民持负面印象的平均值为 52%），也有 45% 的人对欧盟内其他国家的移民持负面印象；57% 的人认为，移民的到来抢走了意大利人的工作；63% 的人认为移民成为社会福利的负担，并且有 75% 的人认为移民增加了犯罪率；而只有 37% 的人认可移民所带来的经济影响力；关于对未来的展望，59. 3% 的意大利人认为，在 10 年之内不同民族及不同文化的融合度不会变好。② 意大利人之所以对移民的反对程度较高，主要是经济发展较慢。与欧盟其他国家相比，近年来意大利人均收入增长速度相对来讲落后于欧盟其他国家，而移民占用已有的社会保障等资源，不少移民如中国移民在收入上又高于当地普通民众，难免引起当地民众的不满。

匈牙利：超过 60% 的受访者认为，移民除了增加恐怖袭击风险外，永远不会对本国有任何好处。

波兰：被调查者认为，欧洲应该通过提供资金援助等方式，减少非法进入欧洲的移民数量。

---

① 《欧洲反移民情绪升温：分不清移民、非法移民和难民》，中国侨网，2019 年 6 月 27 日。

② 《越来越排外？意大利人视移民为“仇人” 抱怨其抢走工作》，《欧时大参》2018 年 12 月 12 日。

瑞典：由于瑞典政府接纳难民比例在欧洲比较高，大多数受访者表示，国家应拒绝继续批准难民申请。

德国：德国是 2015 年难民危机以来接收难民最多的国家，总数超过 100 万人，其中有不少是伪装为难民的经济移民。目前，对难民持欢迎态度的受访者不足 50%。

法国：由于受欧洲难民危机的影响较小，法国受访者态度较为平和，但不少人认为欧盟应加强有关移民和难民的立法与监管。[①] 据欧联社报道，法国政府于 2019 年 11 月 6 日宣布了一系列收紧移民政策的新措施，主要包括引入经济和技术移民配额、提高申请庇护者获得医疗救助的条件、加大打击非法移民力度等。法国警方从 2019 年 11 月 7 日开始清除巴黎北区的非法移民营地，并表示不会再容忍此地和在巴黎其他公共空间的路边非法搭建设施。[②]

值得注意的是，在大洋洲，澳大利亚作为传统移民国家，民众中反移民的思潮也有所抬头。澳大利亚国立大学（ANU）一项调查显示，澳大利亚民众对人口增长的支持率正在大幅下滑，受访者中仅有 30% 的人认为澳大利亚需要更多人口。而在 2010 年的类似民调中，则有 45% 的人支持增加人口，其中绝大多数男性选民支持打造“更大的澳大利亚”，但是现在男性选民中对此的支持率已降至 38.4%。在受访者中，90% 以上的人认为高房价是限制澳大利亚人口增长的一大原因，85% 的人认为澳大利亚城市拥挤不堪、车流量过多，90% 的人认为澳大利亚应当“培训我们自己的技能人才，而不是从他国引入”。[③]

3. 华侨华人生存发展环境保持总体改善趋势，对当地经济社会发展的贡献逐步得到肯定

在漫长的历史中，华侨华人既有与当地民众和睦相处、为当地发展做出贡献的历程，也有过各种苦难痛苦的记忆。发展到今天，华侨华人在世界各

① 《欧洲反移民情绪升温：分不清移民、非法移民和难民》，中国侨网，2019 年 6 月 27 日。

② 《法国宣布紧缩移民政策　警方清除巴黎非法移民营地》，中国新闻网，2019 年 11 月 8 日。

③ 《调查显示仅 3 成澳人支持人口增长》，中国侨网，2019 年 1 月 15 日。

地的生存发展环境呈现总体改善的趋势，但融入当地社会的路途依然不平坦。

历史上，美国《排华法案》对华侨华人的命运产生重大影响，加拿大、澳大利亚、新西兰等也效仿美国对华侨华人采取了排斥政策。2019 年，恰逢美国太平洋铁路竣工 150 周年，华工为太平洋铁路建成通车做出了巨大牺牲和贡献。但是当年在太平洋铁路竣工庆典上，却没有让华工出席，美国华人迎来的是充满歧视和敌意的《排华法案》。尽管《排华法案》在 1943 年就被废除，但华侨华人的贡献得到美国各界认可却经历了漫长的过程。2012 年 6 月 18 日，美国众议院以立法形式全票表决通过，就 1882 年的《排华法案》向美国华侨华人道歉，美国华侨华人的历史掀开了新的篇章。作为具有典型意义的美国太平洋铁路华工，在 2019 年更加引人注目。美国各界回顾历史，从 2019 年 5 月 8 日开始在美国犹他州举办了为期三天的纪念活动，活动内容包括邀请华工后裔参加“接轨仪式重演”、重走华工修建铁路遗址、举办研讨会和音乐会等。① 美国联邦运输部部长赵小兰代表联邦政府高度赞扬华工的历史贡献，肯定华工完成的工程壮举，“和联通当今世界的数字革命有着同等重要的影响”。同时，美国加利福尼亚州议会一致通过，确定将 10 月 23 日定为“美国华裔日”（Chinese American Day），加利福尼亚州这个当年第一个通过《排华法案》的州，成为全美第一个拥有华裔自己节日的州。② 在特朗普极力推行限制移民政策、美国国内不断出现“华人间谍论”的背景下，太平洋铁路建成 150 周年纪念活动和美国华裔日的设立，所蕴含的积极意义不言而喻。

长期以来，极少数华侨华人在当地偷税漏税成为影响华侨华人形象的毒瘤。近年来，欧洲的意大利、法国、西班牙等国，南美洲的阿根廷、哥伦比亚等国都曾开展针对华人的税收检查行动，也曾使一些合法经营和一些不熟悉当地法规的华人商店、工厂、餐馆等遭受损失，而更多的华侨华人从中吸

① 《太平洋铁路建成 150 周年，美国举办活动感谢华工贡献》，《环球时报》2019 年 5 月 10 日。

② 《2019 年，美国华人在艰难中更上层楼》，环球网、中国侨网，2020 年 1 月 2 日。

取教训，遵守当地法律、树立良好形象，成为华社主流。从 2019 年来看，华侨华人在世界各国普遍没有发生大的负面新闻，不少国家政要参加当地侨团春节活动，对华侨华人给予充分肯定。如法国总理府国务秘书兼政府发言人本杰明·格里沃（Ben jamin Griveaux）在 2019 年春节期间来到法国华侨华人中间，“想通过今晚我的在场来进一步展示华人群体与共和国的良好关系，更表明华人群体是共和国的一部分”，热情表示“没有华人的巴黎、没有年轻一代华人的巴黎就不是巴黎”，称将对华人关注的治安问题加大打击犯罪力度。①

宗教在西方国家社会中的影响很大，华侨华人对当地经济社会发展的贡献也得到宗教界的关注。2019 年 1 月 16 日，意大利米兰天主教大主教马里奥·德尔皮尼邀请当地 10 多名华人代表出席晚宴，表现出对旅意华人生存状态的高度兴趣，认为华人热情好客，在长期的交往中给其留下了深刻美好的印象，他将对华人提供力所能及的帮助，将在今后加强与华人群体的交流。②

华侨华人也始终努力融入当地社会。比如，西班牙媒体对于“融入”“认同感”等有关华侨华人的热门话题十分关注。媒体报道说，很多华侨华人非常愿意融入当地社会，“还是有很多西班牙人认为‘中国人不缴税’，这种说法非常可笑”；“我的孩子能和西班牙的同龄朋友打成一片，时间是解决融入问题的好办法”；融入住在国社会与保留中国传统文化并不矛盾，“东西兼容”体现了华侨华人的特点。③

在南美洲，华侨华人融入问题同样受到当地民众和媒体的关注，不少媒体对此进行了报道和探讨。阿根廷布省马德普拉塔市的媒体 ElMarplatense 通过对华人在当地生活、工作的描述，表达了华人移民寻求落地生根、追求美好未来的愿望。文章称，华人的勤奋众所周知，他们将绝大部分时间投入

① 《法国政府发言人格里沃：没有华人，巴黎就不是巴黎》，《欧洲时报》2019 年 2 月 20 日。

② 《天主教会米兰大主教特地设宴款待华人代表，大主教开始重视华人群体》，《新欧洲侨报》2019 年 1 月 18 日。

③ 《听西媒讲述旅西侨胞“融入”的故事》，《欧洲时报》微信公众号“西闻”，2019 年 2 月 13 日。

工作，在空闲时也会和同胞在教堂会面。同时表示，华人正考虑在该市成立一个文化机构，以追求一个更加美好的未来。①

（三）美国采取移民收紧政策和政治化操作，受到美国有识之士和华侨华人社团的批评

特朗普当选美国总统以来，在“美国优先”的理念下，对华裔科研人员、中国留学生的防范心理日益加重，打出了一系列“组合拳”。

1. 明确总体安全战略思路

从 2017 年底开始，美国出台了《国家安全战略报告》等一系列政策文件，视中国为美国最大“战略竞争对手”，以中美贸易摩擦为主战场，以打压华为等企业卡中国科技的脖子，控制、排斥华裔科研人员和中国留学生，企图通过这些举措全面遏制中国发展。

2. 对中国科技进行污名化

近年来，美国国内关于“华侨华人、中国留学生是中国间谍”的荒谬舆论不绝于耳。2019 年 4 月，美国联邦调查局局长克里斯托弗·雷公开对中国进行污蔑。② 特朗普政府不断煞有介事地制造舆论，宣称中国和其他外国政府企图窃取美国资助的研究成果。③

3. 加强对华人科研人员的监视控制

近年来，包括联邦调查局在内的美国政府机构向美国一些研究型大学提出制订监督来自中国的学生和学者协议的要求。据报道，美国联邦调查局敦促美国大学官员对在美中国学生和华人研究人员进行监督。随着越来越多的美国华人研究人员被列入监视名单、解雇甚至被逮捕，在美华人越来越担心遭遇不公平待遇。④

---

① 《阿媒关注华人移民：落地生根，正寻求更美好未来》，阿根廷华人网，2019 年 2 月 18 日。

② 《美国情报界充斥了市井的妄自尊大》，《环球时报》2019 年 4 月 28 日。

③ 《华裔科学家遭 FBI 调查被迫辞职　中方称美机构制造“冤假错案”》，美国侨报网，2019 年 7 月 9 日。

④ 《美国高等教育组织联合声明：谴责对华人学者的无理审查和监控》，澎湃新闻，2019 年 8 月 13 日。

4. 收紧有关签证签发和雇用许可

与限制美国企业向华为等中国科技企业供应芯片等产品相配合，美国开始限制中国 STEM 专业（科学、技术、工程、数学）留学生签证。目前，在美国的 36 万名中国留学生中，有科学、技术、工程和数学专业学术背景的约占 36%，自 2018 年夏季以来，他们面临着更严格的签证控制措施。[①]在一些敏感技术和项目上，近年来美国政府开始大量减少对本土企业雇用中国籍员工的许可审批。[②]

5. 罗织罪名调查和解雇华人科研人员

吴息凤是屡获殊荣的美籍华人流行病学家。2019 年 1 月，在经历国立卫生研究院（NIH）与美国联邦调查局为期 3 个月的调查后，被迫辞去得州大学安德森癌症中心主任的职务。除了吴息凤外，还有 3 名顶级华人科学家从安德森癌症中心离开。[③] 2019 年 5 月，美国埃默里大学以所谓中国“窃取机密”“违反 NIH 规定”为由，解雇华裔教授李晓江及其妻子李世华，并关闭其实验室。

6. 收紧中美学术交流

以美国为首的西方国家一贯标榜学术自由，反对学术与政治挂钩，中国学者赴美参加的学术交流等会议，从未与政治挂钩。但在中美贸易摩擦的大背景下，美方一步步将管制措施从商业、贸易领域，推进到学术界、产业界的高科技人员层面，不少赴美开会和访问学者的签证被无故延误或拒绝，中美学术交流以及全球学术交流都受到影响。据《纽约时报》报道，2018 年共有 30 名中国社科领域学者及政策研究专家的访美签证被吊销或进行行政复审。[④]

美国政府这一系列举动让许多相关学者和中国留学生惊愕、不解、

---

① 《在这一领域，中国专利激增，美国或“功不可没”》，参考消息网，2019 年 7 月 10 日。

② 《美放缓半导体公司聘用中国员工职位审批，专家：可能导致芯片人才回流中国》，环球网，2019 年 5 月 24 日。

③ 《华裔科学家遭 FBI 调查被迫辞职　中方称美机构制造“冤假错案”》，美国侨报网，2019 年 7 月 9 日。

④ 《打压华人学者，美国损人不利己》，《人民日报》（海外版）2019 年 9 月 4 日。

无奈以至愤怒，引发国际舆论强烈关注，美国越来越多的高校、智库和各界人士对美方的错误做法表示质疑、批评，发出呼吁，希望美国政府改变做法。

2019 年 4 月 7 日，美籍华人精英组织百人会（Committee of 100）发表声明，谴责正在美国不断蔓延的、针对美籍华人的带有种族偏见的刻板定性，表示将继续致力争取美国华裔的平等权利，并鼓励美籍华人公开发出正确和公正的声音。①

2019 年 6 月，倡导科学自由的美国非营利组织“关注科学家委员会”发表致总统特朗普的公开信，呼吁美国政府保证这些科学家作为美国社会成员得到平等对待，不要对华裔科学家进行政治迫害。② 2019 年 8 月 12 日，包括美国大学教授协会（AAUP）、美国大学协会（AAC&U）在内的 20 多个美国高等教育、公益维权组织联合发表声明，对当下美国华人科研群体的现状表示“不容乐观”；包括耶鲁大学、哥伦比亚大学、普林斯顿大学和斯坦福大学等高校在内的 15 所美国大学也发表声明，支持公平对待华人学者和研究人员，反对基于种族定性的歧视。③ 8 月 21 日，美国奥维德治疗公司首席执行官杰里米·莱文在“自然研究生物工程社区”网站上发表声明，大约 150 名美国科研领军人物在这份声明中署名，反对美国政府和一些高校近来排挤、打压中国科学家和华人科学家的行为。④

在经济全球化时代，世界各国之间的信息、技术交流与合作是时代潮流，美国对华人科技人员、中国留学生采取的打压措施，不符合全球科技合作的趋势。事实上，长期以来，美国华人科技人员是美国科技发展并领先世界的重要力量。对华人科技人员的打压，不仅有种族歧视的嫌疑，而且会损害美国科研环境，最终也不利于美国自身的科技发展。

---

① 《百人会声明：谴责对华人种族偏见，鼓励华人发声》，中国新闻网，2019 年 4 月 8 日。

② 《美组织致特朗普公开信：不要对华裔科学家政治迫害》，《环球时报》2019 年 6 月 12 日。

③ 《美国高等教育组织联合声明：谴责对华人学者的无理审查和监控》，澎湃新闻，2019 年 8 月 13 日。

④ 《打压华人学者，美国损人不利己》，《人民日报》（海外版）2019 年 9 月 4 日。

（四）美、德、英推出吸引专业人才措施，中国移民喜忧参半

随着经济全球化日益深化，各国的经济增长更加依靠科技进步与发展，在欧美各国普遍人口增长率下降、高新技术人才缺口较大的情况下，制定更加符合时代特点和自身需要的各种优惠措施，吸引世界各国科技人才就成为这些国家的重要选择。

1. 美国在既要确保世界科技领先地位又要防范所谓“专利被窃”的心态下推动《高技能移民公平法案》

2019 年，美国华侨华人、中国留学生十分关注和热议的一个话题就是新的移民改革提案。2019 年 2 月中旬，美国新一届国会议员向国会提交了《高技能移民公平法案》（Fairness for High-skilled Immigrants Act）的新提案，即 HR1044 提案。提案旨在取消职业移民绿卡基于国别的数量上限，提高亲属移民绿卡数量的上限，以解决目前排期过长的问题。7 月 10 日，美国联邦众议院以 365 票对 65 票的压倒性优势通过该提案。这一提案最受华人群体关注的有两点：一是将取消技术移民签证中各国 7% 的上限；二是每个国家的亲属移民的上限从每年可获得签证总数的 7%，将增加到 15%。同时，还废除了一项在 1992 年通过的涉及《中国学生保护法案》（CSPA）中每年扣除 1000 个名额的规定（原定共 53 年）。[①] 众议院通过该提案后，美国印度裔群体持欢迎态度，而华人群体则喜忧参半。有分析认为，该法案对申请投资移民 EB－5 的中国人来说比较有利，因为法案将以往每年被扣除 1000 个名额中的 700 个名额回归，会缓解投资移民的漫长的排期；同时，持 EB－3 签证的移民申请，也会有 300 个名额回归；然而，对于持有 H－1B 签证尤其是 EB－2 签证，且正在排队申请绿卡的留学生群体来说，则至少是近几年比较负面的消息，因为 3 年过渡期之后，以往积压的持 H－1B 签证的申请人总数中，印度人约占 74%，将会用掉每年绝大多数名额，导致

① 《美国新移民改革提案对华人有利有弊》，美国侨报网，2019 年 7 月 15 日。

这部分中国留学生的申请绿卡等待期从现在的平均 5 年，延长到 8 ~ 10 年。[①] 也正因为如此，该法案在华人群体中引起两极反应，既有人对法案举双手表示欢迎和肯定，也有人呼吁全美华人联合起来，抵制该法案通过。该提案未来还需要在参议院得到通过，最后经总统签署后生效。在美国国内，该提案获得了多方支持，其中，包括谷歌、苹果在内的很多高科技公司都表示欢迎。库克在自己的推文中敦促参议院迅速采取行动，以通过《高技能移民公平法案》，反映了美国高科技企业的心态。

2. 德国、英国等开始注重高层次人才以外的专业人才

在经历了 2015 年大规模的难民潮后，德国政界和舆论把“有序移民”作为紧迫议题，加紧推进新移民法的立法进程。2019 年 6 月，《专业人才移民法》先后在德国联邦众议院和联邦参议院审议通过。该法于 2020 年开始实施，旨在吸引专业人才，标志着德国就业市场不仅要吸引高学历人才，而且扩展到低于本科学历的技术人才。这意味着，比如中国的职业技术类高等院校（大专、高职以及职业技术学校）的毕业生，可能会成为被允许来德国就业的新的人群。[②]

英国脱欧，原因有很多，其中一个因素是近年来欧盟引入移民较多。据统计，自 2004 年至今，英国移民数量呈逐年增长的趋势，平均每年约 20 万人，公共服务和基础设施面临的压力增大。2018 年末，英国政府公布了新移民政策《白皮书》，将吸收移民的侧重点转移到高技术移民，取消了现行的每年 2.07 万名高技术移民的人数限制。同时，欧盟低技术工人将不再可以自动获得在英国工作的权利。[③] 英国脱欧后移民政策的改变，对于华侨华人的影响，现在还很难做出评估，尚待观察。

3. 华人科技人员面临去留选择困惑

经过改革开放 40 多年的发展，中国经济实力有了极大的提高，国内的创新创业条件，如科研条件、政策环境、社会保障等有了极大改善，医疗、

① 《美国新移民改革提案对华人有利有弊》，美国侨报网，2019 年 7 月 15 日。

② 《德国通过首部“专业人才”移民法将在 2020 年实施》，《欧洲时报》2019 年 7 月 8 日。

③ 《英国将取消高技术移民人数限制　控制净移民增量》，中国新闻网，2018 年 12 月 27 日。

养老、子女就学等有了更好的保障，中国国籍含金量提高，海外华侨华人回国（来华）创新创业完全可以大展宏图，这使一些海外华侨、留学生等在是回国发展，还是留在当地、入籍住在国问题上面临选择困境。美国《侨报》记者在采访中了解到，如今在美华裔科学家中间，愿意回中国发展的不乏其人；同时，不同行业也各具特色，愿意拿着中国投资款项在美国发展的人同样不少。有华人科研人员在美国遭遇发展瓶颈，此时中国大陆的投资平台会令在美科学家动心；现在特朗普政府对华人科研人员限制更多，“之前的郗小星、陈霞芬事件，也让一些华裔科学家没有安全感”。实际上，随着海外华人科研人员对中国的了解越来越多，更多人会选择回国（来华）。

（五）中国海外投资移民呈上升趋势，需要高度重视

近年来，中国富豪移民海外一直呈上升趋势。2019 年 4 月，亚非银行及其合作研究机构新世界财富组织（New World Wealth）发布《2019 年全球百万富翁移民报告》。该报告对过去十年中包括全球所有主要市场在内的 90 个国家、150 个城市的财富流动趋势进行了分析，并对未来十年的发展做出了预测。报告称，目前全世界私人财富总额约为 204 万亿美元，2017 年全球有 9.5 万名百万（美元）富翁移民；2018 年全球财富流动进一步加速，有 10.8 万名百万富翁移民。美国仍是世界上最大的财富市场，中国是百万富翁移民移出人数最多的国家，而澳大利亚是百万富翁移入数量最多的国家。

中国实行改革开放 40 多年，经济社会发展总体高速平稳，个人财富增长有一定的环境保障，但 2018 年仍有超过 1.5 万名中国百万富翁选择移民到其他国家，其中自然环境好、医疗和社会保障健全等是重要原因。相信随着国内经济向高质量发展转型、生态环境保护取得成效等，高净值人群移民将会有所减少。

除澳大利亚、美国之外，中国富翁移民欧洲国家也有很多。在西班牙，许多针对中国市场的房地产公司应运而生，它们提供的房源种类繁多，马德里 Vallecas、Usera、Carabanchel、Tetuán 等地区随处可见中国人找房源的小

纸片或传单,[①] 中国人在西班牙购买房产的火爆程度，从中介公司的数量与活跃程度可见一斑。2019 年 9 月初到 12 月初，希腊政府发放的“黄金签证”中，中国投资者占 90%。[②] 截至 2019 年 10 月，葡萄牙移民局已累计发放 7960 份黄金居留签证，其中有 4424 份发放给中国投资者，约占 55.6%，远超第二位巴西的 844 份。[③]

三　新时代侨情变化和侨务工作面临的课题

党的十九大报告宣告，中国特色社会主义进入新时代，提出了到本世纪中叶实现包括“成为综合国力和国际影响力领先的国家”在内的第二阶段目标，并指出“中国共产党是为中国人民谋幸福的政党，也是为人类进步事业而奋斗的政党。中国共产党始终把为人类作出新的更大的贡献作为自己的使命”。[④] 当今世界正经历百年未有之大变局，国际形势复杂多变，国内改革发展任务之繁重前所未有，中国面临的风险挑战之严峻前所未有，这些无不对侨务工作以及华侨华人的生存发展产生重要影响。华侨华人在中国发展和世界发展中的优势与作用，侨务工作面临哪些重大课题，需要我们认真思考和研究。

（一）如何在认识新时代华侨华人优势的基础上完善侨务工作主导方向

改革开放之初，在以经济建设为中心的指导思想下，各级侨务机构（包括侨办和侨联）在招商引资方面发挥了重要作用,[⑤] 各级党委和政府对

① 《中国人在西“购房热”催生中文中介》，《欧洲时报》2019 年 6 月 6 日。

② 《近 3 个月希腊“黄金签证”90% 发给中国投资者》，中国新闻网，2019 年 12 月 9 日。

③ 《外国人葡萄牙黄金居留卡大数据：中国投资者占主导地位》，中国侨网，2019 年 11 月 14 日。

④ 习近平：《决胜全面建成小康社会　夺取新时代中国特色社会主义伟大胜利——在中国共产党第十九次全国代表大会上的报告》，人民出版社，2017，第 57 ~58 页。

⑤ 张秀明：《改革开放以来侨务政策的演变及华侨华人与中国的互动》，《华侨华人历史研究》2008 年第 3 期。

侨务机构的工作也十分重视。但是，随着我国综合国力的增强，国内经济发展方式的转变，各地吸引外资的渠道增多，很多部门可以直接与侨商、外商联系沟通，高质量发展对外资投资的选择性增强，侨资的优势相对也不再突出。也就是说，各地一般只从本地区经济社会发展需要来考虑如何用好海外侨胞这个资源，以服务地方经济社会发展为主，很少考虑如何发挥华侨华人在对外友好交往中的桥梁纽带作用等非经济因素。当经济发展、投资驱动对侨资的需求减弱时，一些地区侨务部门、侨联组织在一定程度上就被边缘化，致使很多省区市的侨务部门被撤并到外侨办。总体来看，这是中国经济社会发展到一定阶段、一定水平之后，地方政府在工作布局、职能调整、机构设置等方面选择的必然结果。①

在党和国家领导机构改革过程中，国侨办并入中央统战部，各地机构改革基本参照这个方案，但这并不意味着否定侨办的工作（各级侨办在改革开放中的贡献不是任何机构、任何人可以抹杀的），而是党和国家侨务工作发展到一定阶段的选择，是要在更高层次、更广平台上做好新时代的侨务工作，切实加强党对侨务工作领导的需要。在目前党和国家领导机构改革取得明显成效的情况下，根据新时代党和国家发展大局的需要和华侨华人的优势，科学规划“大侨务”工作格局，十分必要。

习近平总书记提出了构建人类命运共同体的思想，得到了很多国家和国际组织的热烈响应和支持。华侨华人遍及世界各地，在推进构建人类命运共同体过程中的地位和作用不言而喻。习近平总书记对于侨务工作有着重要论述，提出了“推动构建人类命运共同体的新时代侨务工作重点”。② 在中国特色社会主义进入新时代的条件下，中国的国际地位、国际影响力有了极大提高，中国与世界的关系正在发生深刻变化，我国将实现从高速度发展向高质量发展转变，在世界上倡导构建人类命运共同体，这些变化对侨务工作提

① 张春旺：《关于人类命运共同体与国际移民、华侨华人的几点思考》，《华侨华人历史研究》2018 年第 1 期。

② 中共中国侨联党组：《新时代侨联工作改革创新的根本遵循——深入学习贯彻习近平总书记关于侨务工作的重要论述》，《求是》2018 年第 16 期。

出了新的要求。侨务工作如何定位、职能如何调整、机构如何改革和设置，需要放到构建人类命运共同体的大背景下来考量，需要从国家层面加强新时代侨务工作顶层设计、工作重点、工作布局、工作机制、工作方式和渠道等方面的研究，以大外交、大侨务的思路统筹谋划、协调推进，以更好地发挥华侨华人在公共外交、民间渠道中的作用。比如，随着时代发展，侨务工作的基础、面临的形势有哪些变化？侨务工作的目标任务、工作方向、方式方法要做哪些调整？侨务工作如何在原来主要注重招商引资，发挥海外侨胞在资金、管理、技术上优势的基础上更加充分发挥海外侨胞在融通中外、构建中外友好桥梁方面的优势，推动构建人类命运共同体？在推动构建人类命运共同体过程中应该树立怎样的侨务工作理念，把握怎样的政策界限、工作原则、工作方式与工作渠道？立足世界6000万名华侨华人中已经有90%是华人的实际，如何确立符合国际惯例和外交基本原则、符合住在国法规并为住在国所接受、有利于华人长远生存发展的联谊联系工作目标与途径？侨务工作机构在现有统战格局基础上如何适应推进构建人类命运共同体的需要而进一步加以改革？……这些都迫切需要我们认真加以研究，推出研究成果。

（二）如何在推进国家治理体系和治理能力现代化中进一步深化侨务工作

按照坚持和完善中国特色社会主义制度、推进国家治理体系和治理能力现代化的要求，侨务工作必须加强制度建设，形成一整套符合社会主义制度安排、体现中国特色、符合侨界特点的工作体系，特别是要在建立一支宏大的海外对我友好队伍，营造对我有利的良好国际环境等方面，形成比较成熟、完善的工作机制和工作体系。这就需要切实把握时代变化和时代要求，系统研究如何把中华人民共和国成立以来侨务工作实践经验、政策法律制定、理论研究发展的成果转化为制度安排，系统研究如何把习近平总书记关于侨务工作重要论述转化为制度安排，系统研究如何把新时代侨务工作原则、途径、手段、平台转化为制度安排，使新时代的侨务工作更加适应世情、国情、侨情变化的要求。

（三）如何更好地发挥华侨华人在“一带一路”建设中的重大作用

“一带一路”建设是推动构建人类命运共同体的生动实践。“一带一路”沿线国家和地区有4000多万名华侨华人，“政策沟通、设施联通、贸易畅通、资金融通、民心相通”的每一项都与华侨华人密切相关。这就需要我们一方面继续加强基础研究，比如，沿线国家和地区华侨华人的总体状况、阶层结构、行业分布、特点优势以及在各个国家和地区的融入程度、生存与发展面临的政策风险和突出问题等。另一方面，需要我们加强对策性研究。比如，如何发挥侨联组织民间性的特点，组织协调能够惠及当地民生、有利于华侨华人事业发展、符合当地实际的项目，实现中国、住在国、华侨华人“三赢”的局面。即在政策层面调动好、引导好、凝聚好华侨华人参与“一带一路”建设的积极性，提出切实可行的政策路径。改革开放40多年之所以能够吸引众多海外侨胞回国投资、工作，除了他们的爱国情怀或民族感情、家乡感情外，一个很重要的因素是他们通过回国（来华）投资，自身事业得到长足发展，他们不仅是改革开放的参与者、贡献者，更是获益者。如何将践行人类命运共同体理念、搭建友好桥梁、推进“一带一路”建设与广大海外侨胞的利益特别是个人利益紧密联系起来，让他们在其中获得实实在在的好处，是值得研究的重大课题。

（四）如何在国际移民格局中防范华侨华人生存发展风险

从目前来看，尽管华侨华人融入当地社会，还面临文化交流交融、宗教、生活习俗、文化传统、价值观念等方面的隔阂，西方国家甚至存在一定种族意识障碍，如“玻璃天花板”等现象，但总体来讲，像中华人民共和国成立前后，华侨在有些住在国被整体性排斥、歧视等现象已不复存在，华侨华人融入当地社会比较平稳。但欧洲民粹主义者不断制造针对移民的暴力事件，在当前西方政治制度已经成熟的情况下，是否还会发生大规模的排华事件，值得思考。经济全球化的迅猛发展不可避免地触及国家之间的利益调整，从而也引发了逆全球化思潮出现，有些国家甚至出台了贸易保护主义具体的政策措施。特朗普当选美国总统以来，美国不断制造与中国的贸易摩擦；欧美一些发达国家中民粹主义思潮抬头，政府和民间均出现了采取强硬措施和极端行为阻止国际移民流动的现象，欧洲难民危机使移民与当地居民在文化、宗教、社会安全、自身利益等方面的冲突不断加剧，在新冠肺炎疫情中针对华侨华人的过激行为也时有发生。这就需要我们加强国际移民、领事保护等相关国际通行规则、法律及各国相关法规的研究，在共赢理念的前提下，加强切实保护海外侨胞人身安全、财产安全的途径和方法的研究。

（五）如何防范海外侨务工作重大风险

海外侨务工作的政策性、复杂性很强，必须坚持积极稳妥、公开合法、把握分寸、倡导共赢的原则，不授人以柄、不强人所难。但是，国内有些地区和部门及媒体，不注重华侨华人的区别、不注重内外的区别，高调片面宣传华侨华人对中国的贡献，甚至把华人基于中华文化认同的文化交流、正常中外经贸往来的投资、寻根问祖的联谊等都作为“爱国主义”来宣传，引起华侨华人住在国媒体和民众的误解。随着中国国际地位和综合实力的提高，西方敌对势力和一些当地媒体习惯于以冷战思维来看待中国所有的对外方针政策，揣测中国侨务工作，在抹黑、诋毁中国海外统战工作与侨务工作方面推波助澜、兴风作浪，[①] 这些又与国外普通民众对我国相关工作不了解、不理解相交织，与历史上误解中国“输出革命”的恐惧心理尚未消除相交织，与当地民粹主义情绪抬头相交织，稍有不慎，就会引发重大风险。这就需要我们加强对侨胞住在国社会环境、人文历史、民众心态等相关问题的研究，深刻把握海外侨胞生存与发展以及我们开展海外侨务工作的风险点，推出具有前瞻性、警示性的研究成果。

（六）如何深化对新时代侨情重大变化的认识

我国海外移民的历史悠久，在不同历史时期，海外移民的群体、目的、

---

① 陈奕平、关亦佳、尹昭伊：《新“中国威胁论”对海外统战工作的影响及对策》，《统一战线学研究》2020 年第 1 期。

方式等体现出不同的特点。随着经济全球化的深入发展，交通的快捷性、通信的便利性等对海外侨胞事业选择、国籍选择、生活选择产生了重要影响，海外侨胞的群体结构、文化认同、政治倾向等发生重大变化，海外侨团、侨报、侨校等海外侨社传统“三宝”在宗旨职能、组成形态、运作方式、传播渠道等方面出现了转型。特别是改革开放之后，很多侨胞出于追求美好生活环境、投资盈利便利以及事业发展需要，选择加入当地国籍。但现在很多海外侨胞不以加入当地国籍为目的，而是以敏锐的市场洞察力选择在能够快速赚钱的地区和国家投资项目、开办企业，而他们的国籍始终留在中国。原来，海外侨胞求学、求职、发展事业基本选择发达国家，而现在侨胞的选择遍布发达国家和发展中国家，在非洲、南美、越柬老等经济落后地区出现迅猛发展态势。这就需要我们通过田野调查、文献信息综合、大数据分析等研究手段，认真研究当前侨情变化的主要特点、变化规律、发展趋势等，把握海外侨胞的所思、所愿、所想，为侨务工作做好针对性的服务提出建议。

（七）如何形成进一步推进大侨务工作格局、形成侨务工作合力

海外侨胞的生存与发展很重要的一个方面就是有赖于侨社的团结和谐，做好服务侨胞的工作有赖于涉侨部门之间的通力合作。早在1995年，习近平同志就在自己丰富的侨务工作实践中提出了构建大侨务工作格局的思想，[①] 直到今天，依然具有很强的现实针对性和指导意义。多年来，各涉侨工作部门从各自的定位、职能出发，在服务党和国家工作大局、服务侨胞方面都做了大量的工作，但也不可否认，在具体工作中，也存在着交叉重叠的现象。在党和国家机构改革过程中，为加强党对海外统战工作的集中统一领导，更加广泛地团结联系海外侨胞和归侨侨眷，更好地发挥群众团体作用，将国务院侨务办公室并入中央统战部，将国务院侨务办公室海外华人华侨社团联谊等职责划归中国侨联行使，发挥中国侨联作为党和政府联系广大归侨侨眷和海外侨胞的桥梁纽带作用，这项改革使侨务工作初步形成了新的格局。展望新

---

① 习近平：《“大侨务”观念的确立》，《战略与管理》1995年第2期。

时代的侨务工作，需要我们认真研究如何围绕“同圆共享中国梦”的新时代侨务工作主题和“根”“魂”“梦”的侨务工作主线，[①] 在中央的统一领导下，加强各涉侨部门的职能对接、工作磨合；深入研究侨务工作如何正视深层次体制机制问题，对侨务工作形成合力加强顶层设计，使侨务工作的系统性、整体性、协同性更强，形成系统完备、科学规范、运行高效的侨务工作职能体系。

四　几点启示和建议

（一）把握侨务工作规律，进一步明确新时代侨务工作导向

实现党的十九大提出的新时代目标任务，不仅需要广大华侨华人继续在国内建设中为“四个全面”战略布局、“五位一体”总体布局做出独特贡献，而且需要更加充分地在推动构建人类命运共同体、推进“一带一路”建设中发挥优势。特朗普当选美国总统后，奉行“美国优先”战略，中美贸易摩擦呈现长期性、复杂性的趋势，美国除在军事领域加大对中国封锁、施压力度之外，在经济、科技、外交等方面全方位对中国进行打压；加上新冠肺炎疫情的冲击，世界经济的恢复充满了不确定性，或将成为美国等对中国经济进行打压的又一个借口。在这种情况下，进一步加强侨务工作，显得尤为重要。

应对这种局面，我国一是需要在经济贸易上继续发展与世界各国的关系，推动构建人类命运共同体，继续推进“一带一路”建设；二是在外交上需要努力营造对我友好环境，打破西方国家基于意识形态对我国的敌视、对立与不信任；三是在疫情之后推动中国经济社会发展需要扩大内需，加强投资拉动，稳定外贸。做好这些，都需要遍布世界各地的华侨华人发挥优势

① 中共中国侨联党组：《新时代侨联工作改革创新的根本遵循——深入学习贯彻习近平总书记关于侨务工作的重要论述》，《求是》2018 年第 16 期。

和作用，需要我们构建外向型的侨务工作格局。

为此，在目前加强党对侨务工作领导的侨务工作格局基础上，按照习近平总书记关于建立“大侨务”工作格局的重要论述精神，坚持为党和国家大局服务的总方向，以推动构建人类命运共同体为重点，统筹国内资源与海外资源，统筹为国内建设服务、为全面走向世界服务、为侨服务，建立以服务中国特色大国外交为主要导向，融外交、统战、侨务为一体的复合型新时代侨务工作体系。在这个工作体系中，要建立以侨务机构为主干、以涉侨社团为手臂的资源共享、上下互动、联系紧密、运转高效的纵向工作网络；建立以各涉侨机构职能定位为基础，以外交、统战、侨务形成工作合力为目标的分工明确、各司其职、配合有力、协调顺畅的横向工作体系。

以服务中国特色大国外交为主要导向的复合型侨务工作体系，必须坚持党对侨务工作的领导，重大问题、重大决策应由中央研究决定；坚持在全方位、多层次、立体化的外交布局中寻找定位，注意政策界限，服从驻外使领馆的指导，突出群众性、民间性的特点开展海外联谊联络工作，讲好中国故事，为我国发展营造良好外部环境；坚持推动构建人类命运共同体的工作重点，把海外侨务工作与做好对外投资、对外援助及留学生工作结合起来，引导华侨华人积极参与“一带一路”建设，推进中外文明交流互鉴，传播好中国声音，展现中国形象；坚持以国内为基础，完善国内侨务工作机构和侨联组织建设，围绕“根”“魂”“梦”的新时代侨务工作主线，筑牢海外侨胞回国寻根问祖、传承中华文化的根基；坚持按照全国“一盘棋”的思路，统筹全国侨务资源，继续做好为经济、政治、文化、社会、生态文明建设服务的各项侨务工作，特别是引导华商和回国（来华）人才在经济高质量发展中展现作为。

（二）在具体工作中特别注意华侨与华人的区别

针对国外一些媒体和政客对我海外侨务工作、统战工作的诋毁、攻击，应坚持我国不承认双重国籍的政策，明确华侨工作与外籍华人工作方针的不同。

与中华人民共和国成立之初相比，现在已经具有当地国籍的华人特别是

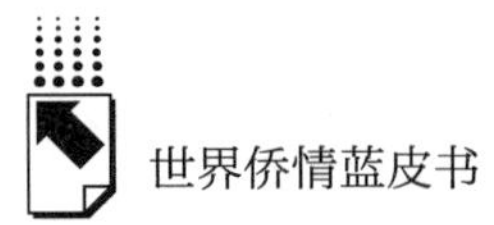

华裔，更强调其住在国的特性。随着中国综合国力的日益增强，华人建立在中华文化认同、民族情感认同基础上的自豪感增强。但在中国与住在国发生矛盾冲突时，他们的心理最为矛盾，从国家忠诚来讲，必须效忠于自己的国家；从文化感情来讲，他们不希望发生这种冲突。对此，我们必须予以充分理解，不能用是否“爱国”来指责他们。

加强与具有本国血统的外籍人士联系，是国际惯例。世界上有70多个国家都建立有针对本国血统的海外人员的侨务工作机构。[①] 海外华人有的在国内还有亲朋好友，与他们有着亲情往来；有的虽然是华裔，但还有着寻根问祖的愿望；有的虽然没有到过中国，但对中华文化有着天然的亲近感；等等。因此，我国侨务工作可在符合国际惯例和外交基本原则、住在国能够接受、符合华人自身利益的前提下，基于亲情、友情，开展联谊联络工作，增强他们对中国的了解和感情，带动更多的住在国民众了解中国，不断发展壮大对我友好队伍。同时，我们也应最大限度地促进住在国能够客观公正地看待华人，尊重和维护他们的正当合法权益，共同结成人类命运共同体。对于一些媒体和政客枉顾事实、别有用心的炒作，应该从人道主义出发，理直气壮地予以谴责。

（三）注重宣传和对话的方式方法，把最终效果作为衡量标准

在侨务工作中，西方势力抹黑、诋毁是常态；一些国外民众因为不了解情况，也有疑虑、不解，甚至由于受到舆论影响，对我采取敌视态度；国外一些媒体和研究者从自己的认识出发，对我侨务工作进行各种各样的解读，发出不同声音，包括对我一些具体措施进行指责。对于这些情况，一方面要根据具体情况，对一些言行予以理解；另一方面要通过我们长期、耐心的工作，通过对话、辩论，特别是通过民间舆论、专家对话等进行交流，来缓解、消除误解与认识偏差，包括化解部分敌视情绪。

---

① 丘立本：《国际移民趋势、学术前沿动向与华侨华人研究》，《华侨华人历史研究》2007年第3期；中国台湾“侨务委员会”编《侨务专题选粹丛书08——各国侨务机关概况》，第33~107页。

综观对中国侨务工作的非议、攻击等言论，可以得出一个结论：一些西方媒体、政界人士从冷战思维和意识形态敌意出发，认为凡是中国侨务工作中与外籍华人友好就是“渗透”，就是“干涉”，完全看不到中国愿意与世界各国人民友好交往的诚意和事实。对此，我们应该保持战略定力和冷静态度，对包括对中国不了解、心存疑虑的人，甚至包括那些现在对我进行诋毁、攻击的人，我们都欢迎他们来了解中国，以客观、公正的立场认识中国，与中国交往。

民间舆论、民间交流的亲和力和效果是不可替代的。在有利于增进中外交流、维护国家利益的大前提下，尊重自媒体和民间团体在对外交流中的方式方法和表达形式，避免官方媒体缺位或方式单一的现象，使国外民众能够从不同层面和角度及时了解事实情况，从民间角度获得理解和支持。

（四）在中外经济文化交流与合作中要坚持“两个为主”原则

无论是经济上的全面对外开放，还是文化上全面走向世界，都需要坚持“两个为主”，讲好中国故事。即“走出去”的活动和项目要摒弃大国心态，坚持以对方为主；摒弃政绩思维，坚持以民间为主。

1. 在经济、文化交流中一定要融入当地

推进“一带一路”建设，对外开展文化交流过程中，有的国家经济社会发展水平比较落后，在与当地政府、民间沟通、协调时，一些中资企业人员、社会组织和人员难免流露出优越感，甚至高高在上，引起当地民众反感。有的做了很多好事，但没有与当地民众融为一体，也不擅长宣传。比如，欧美国家开展的一些慈善项目和活动，有关人员特别是志愿者一般会穿上当地民族服装，按照当地习惯办事，与当地青少年交朋友，等等，然后通过媒体宣传、自媒体传播，展现举止活泼、情感自然、行为真诚、场景感人的画面，使其本来不大的活动扩大了影响。而我国不少企业、社会组织到国外开展了很多投资、扶贫慈善活动，一方面只注意与当地政府合作，忽略了与帮扶对象、与当地民众面对面交流沟通，即使与帮扶对象见面，也只是搞个简单的现场仪式，当地民众丝毫没有感受到亲近感；另一方面在报道上程式化严重，没有鲜活生动地

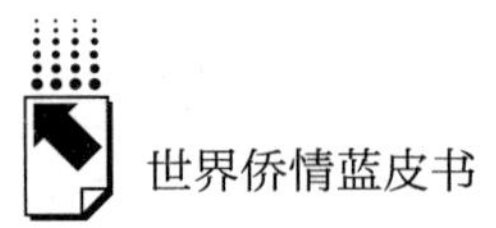

把感人的瞬间、故事呈现给当地公众、国际社会。因此，有关方面在推进对外投资项目、慈善活动、文化交流时，应在与当地政府沟通合作的基础上，切实加强与当地社会组织、民间团体的交流合作，服装服饰、饮食习惯、行为举止甚至宗教仪式等都要尽量当地化，与当地民众真正融为一体。

2. 尊重当地文化的主体地位，不强加于人

每个国家都有自己的人文历史，形成了自己的生活习俗、历史文化、宗教信仰、人文价值观等。现在国内很多由政府主导的对外文化交流项目往往坚持以我为主，认为必须按照中国观念甚至政治标准做才是对外文化交流，较少考虑对方公众出于传统、宗教等的接受程度。因此，在对外文化交流方面，对于“走出去”的项目，一定要摒弃行政思维、大国思维，要以服务当地为主，用平等的姿态，坚持入乡随俗，符合当地的风俗习惯、宗教信仰、人文历史等要求，让当地民众切实体会到中国的善意，看到中国的胸怀，从而愿意进一步与中国进行交流，使在海外投资的每一个项目成为讲好中国故事的平台，这也是讲好中国故事的最佳方式。否则，只能适得其反。当然，对于“请进来”的项目，在尊重对方的基础上，必须坚持符合我国的相关法律规定。

3. 把更多的项目交给民间组织

由于世界上很多国家奉行“小政府、大社会”的治理模式，中国政府与外国政府间达成的经济、文化交流协议，对方国家最终还将落到企业、社会机构、民间组织以至公众个体来完成。我们有些政府部门不考虑交流项目的效果，从工作总结、向上汇报出彩的政绩观出发，以政府的权威调动各种资金和资源，自己出面搞声势大但效果差的对外交流活动，甚至把国内“文化搭台、经济唱戏”的做法搬到国外，把文化交流项目变成经济投资项目。在今后对外交流中，政府应积极探索新的工作方法，在做好宏观指导、总体规划等工作后，可以把更多的具体活动交由民间机构和社会组织来完成，这样交流的效果往往更好，更能深入对方民心。

4. 把对外经济、文化交流与促进当地华侨华人融入结合起来

日本的海外侨民数量很多，日本政府在对外援助、日本企业对外投资

时，比较注重与促进当地日裔社会发展、支持日侨中小企业发展、发挥日裔人才的作用结合起来。[①] 我们应借鉴日本等国的海外侨务工作经验，一是发挥华侨华人熟悉当地情况的优势，向他们了解当地风俗和法律，投资项目决策多听取他们的建议，规避风险，减少不必要的失误。二是对外重大投资、援助项目应在有利于促进当地就业、补强当地发展短板的基础上，把支持当地华侨华人中小企业发展纳入规划，实现中国、华商、住在国三方共赢。三是重大投资、援助和文化交流项目应与支持当地华文教育发展结合起来，通过当地华文教育学校开展针对当地学生的技能培训，吸纳当地人才在中资项目中就业，不仅有利于解决中资项目在当地人才短缺的问题，也能更好地促进华侨华人与当地的融合及当地民众了解中国。

面对世情、国情、侨情的变化，更好地总结侨务工作经验，深刻分析面临的形势与课题，明确新时代侨务工作的方向和任务，侨务工作一定能够在实现中华民族伟大复兴中国梦、推动构建人类命运共同体中发挥应有的作用。

① 张应龙：《中外侨务研究》，暨南大学出版社，2019，第277~280页。

亚　洲　篇

Asia Reports

B.2
东亚侨情分析

朴美儒*

摘　要： 2019年6月末，在日中国籍人数达到117万人。日本华侨华人举办活动庆祝中华人民共和国成立70周年。截至2019年5月，赴日中国留学生超过10万人；截至2018年底，获得在日本就职资格的中国留学生约1.2万人。2019年在韩国居留的中国人超过110万人。韩国拟扩大引进外籍劳动力。韩国高校降低入学门槛积极招收留学生，吸引中国留学生赴韩攻读博士学位，但出现留学生语言能力较弱、课业质量难以保障等问题。

关键词： 日本侨情　韩国侨情　外籍劳动者　留学生　中国游客

* 朴美儒，中国华侨华人研究所实习研究员，主要研究方向为华侨华人与侨乡。

日本侨情

截至2019年6月末，在日中国籍人数达到了117万人。随着人口老龄化、少子化日益严重，日本国内适龄劳动人口减少，诸多行业面临“用工荒”难题，严重影响了日本的经济发展和基础设施建设进度。2019年是中华人民共和国成立70周年，日本华侨华人举办各种庆祝活动为祖国祝福。截至2019年5月，赴日本留学的中国籍学生超过10万人；截至2018年底，毕业后获得在日本就职资格的中国留学生共约1.2万人，创历史新高；由于中国整体经济水平提高，中国留学生的家庭资产情况相对良好，在日本政府收紧留学生签证的情况下，中国留学生的赴日申请并未受到影响。2019年，赴日本旅游的中国游客突破了900万人，赴日游客的消费内容发生了改变，体验当地民俗、享受特色人文服务成为新的旅游消费热点。

一 在日华侨华人概况

1. 在日中国籍人数突破百万

日本法务省统计数据显示，截至2019年6月末，在日本拥有居留资格（包括3个月以下的短期居留）的外国人数为346.36万人，创历史新高；其中，拥有3个月以上中长期居留资格的外国人有282.94万人。按照国籍和地区来分，有84.82万的中国人（其中有6.20万人来自中国台湾地区）获得了中长期居留资格，是留日外籍人数最多的群体，加上短期居留日本的中国人，在日中国籍人数达到了117万人。①

从20世纪70年代开始，在日中国人人数呈增长趋势，80年代后人数增

① 『統計で見る日本，在留外国人統計（旧登録外国人統計）/在留外国人統計』，https：//www. e－stat. go. jp/stat－search/files? page＝1&layout＝datalist&toukei＝00250012&tstat＝000001018034&cycle＝1&year＝20190&month＝12040606&tclass1＝000001060399&stat_ infid＝000031886380&result_ back＝1。

长迅猛。1989 年，在日中国人的入境人数达 13.7 万人，到 2007 年入境人数是 1989 年的 4.4 倍，达到 60.6 万人。从 2008 年起，中国成为在日外国人人数最多的国家，2016 年至 2018 年，每年增长超过 3 万人，2019 年增长 4.8 万人。①

拥有中长期居留资格的中国人（不含中国台湾地区）共有 786241 人，其在日本各地区的分布详情如表 1 所示。由于东京地区经济发达，工作机会、教育、医疗等社会资源集中，居住在东京的中国人最多，有 226319 人，占所有留日中国人总数的 29%。

表 1　2019 年日本各地区拥有中长期居留资格的中国人

单位：人

地区	人数	地区	人数	地区	人数
北海道	10460	石川	4636	冈山	7883
青森	1347	福井	3037	广岛	14480
岩手	1997	山梨	3713	山口	2956
宫城	5871	长野	9756	德岛	1968
秋田	1134	岐阜	11833	香川	3999
山形	2263	静冈	12000	爱媛	3942
福岛	3701	爱知	50049	高知	1133
茨城	13183	三重	8168	福冈	20511
枥木	6875	滋贺	5541	佐贺	1377
群马	7627	京都	15679	长崎	2476
埼玉	73288	大阪	65394	熊本	3814
千叶	54486	兵库	23983	大分	2824
东京	226319	奈良	3148	宫崎	1460
神奈川	72896	和歌山	1374	鹿儿岛	2252
新潟	5107	鸟取	929	冲绳	2741
富山	5134	岛根	1372	无法确定	125
总数			786241		

注：此表中数据不包括台湾地区。

资料来源：『統計で見る日本，都道府県別 - 在留資格別 - 在留外国人（その1　中国）』，https：//www.e - stat.go.jp/stat - search/files? page = 1&layout = datalist&toukei = 00250012&tstat = 000001018034&cycle = 1&year = 20190&month = 12040606&tclass1 = 000001060399&stat _ infid = 000031886387&result_ back = 1。

① 《在日华人的 2019：蓬勃发展与时代共舞》，http：//www.chinaqw.com/hqhr/2019/12 - 27/241292.shtml。

2. 高级外国人才中66.1%为中国人

为应对出生率下降和人口老龄化，日本内阁于2008年6月27日做出决定，把接纳更多高水平外国人才作为实现经济增长的一种具体手段。2012年日本法务省开始实行高级外国人才积分制度，给予高级外国人才特殊的签证待遇。① 根据日本法务省发布的《高级人力资源积分系统的认定数量变更》统计，截至2019年12月，符合高级人才认定资格的人数已经达到了21347人，日本政府预计2022年符合认定资格的高级外国人才将突破4万人。②

在日本总务省2019年6月25日公布的《接受高级外国人力资源政策的评估报告》中，日本政府着重分析了截至2017年12月的高级外国人才认定情况。在2017年底，有10572名外国人通过了高级外国人才认定，来自中国的高级人才占66.1%（共6983人）。在中国籍高级人才中，按年龄划分，35岁以下的人占85.7%，平均年龄为31.2岁；以性别进行划分，女性占36.5%；按所处的地区来看，有77.1%的中国人居留在东京都地区（包括东京、千叶、埼玉和神奈川县）；按从事的活动类别来看，从事高级专业技术工作的人占84.5%；按行业来划分，从事计算机相关行业和制造业的占57.7%；在转为高级人才签证前，82%的人持有的是“技术、人文和国际业务”方面的专业技术签证；从入境至被认定为高级人才，有52.6%的中国人用了5~10年时间。③

另外，日本政府从这10572名外籍高级人才中随机抽取了500人进行了详细调查，其中中国人有348人。这348名中国籍高级人才中，56.6%的人最高学历的专业方向是自然科学，62.9%的人是在日本高校完成了最高学历教育。对这500名高级人才的工作情况和在日本工作超5年的预期进行的回

① 『什麼是“高級人才”簽證?』，行政書上横山国際法務事務所，https：//lawoffice－yokoyama.com/info/170517－001tw/。

② 『高度人材ポイント制の認定件数の推移（令和元年12月末現在）』，法務省，http：//www.moj.go.jp/nyuukokukanri/kouhou/nyuukokukanri06_00088.html。

③ 総務省：『高度外国人材の受入れに関する政策評価』，https：//www.soumu.go.jp/menu_news/s－news/hyouka_r010625_02.html。

归分析显示，从事人文科学和社会科学，并且拥有三年到五年工作经验的中国人，更有可能在日本居留超过5年。但是，被调查对象是博士学位持有者或者是在大学工作的，其与在日本工作超5年的预期呈现负相关趋势，具有这些属性的高级外国人才表现出了难以在日本长期工作的倾向。

3. 日本华侨华人举办活动，庆祝中华人民共和国成立70周年

2019年是中华人民共和国成立70周年，为了表达对祖国的祝福和期盼，从8月起多个华侨华人社团组织开启了各种庆祝活动。①

8月31日，在日中国留学生和学者举行“庆祝新中国成立70周年交流会”。近30位留日学人结合自己的个人经历，畅谈70年来祖国在从站起来、富起来到强起来的过程中取得的伟大成就，纷纷表达了愿为中日交流做贡献的决心，愿为祖国发展奉献自己的力量。②

9月10日，由日本华文教育协会主办、全华联华文教育委员会协办的第二届东京华文教师节在中国驻日本大使馆举行。为在日华文教师点赞喝彩的同时，还举行了“中华人民共和国成立70周年‘我与华文教育’征文比赛”。③

9月12日，中国大学日本校友会会长中秋联谊会在日本举行，来自中国各大学校友会的40名会长和代表出席活动，共庆中秋并对中华人民共和国成立70周年表达美好的祝愿与期望。

9月16日，日本浙江侨团联合会、日本浙江总商会联合举办第七届“浙江之夜”中秋联欢会暨庆祝中华人民共和国成立70周年庆典，向中华人民共和国成立70周年表达祝贺和致礼。

9月21~22日，“2019中国节”在东京代代木公园活动广场举行。活动由中国驻日本大使馆和“2019中国节”执行委员会共同主办。通过美食

---

① 《华媒：在日华人举办丰富活动庆祝新中国70华诞》，http://www.chinaqw.com/hqhr/2019/09-03/230639.shtml。

② 《留日学者庆祝新中国成立70周年座谈会在东京召开》，http://www.chinanews.com/hr/2019/09-02/8944728.shtml。

③ 《第二届东京华文教师节举行》，http://world.people.com.cn/n1/2019/0911/c1002-31347754.html。

品尝、文艺演出、民俗文化展示、旅游推介等方式，寻找双方新的共同价值和情感共鸣。①

9 月 22 日晚，由全日本华侨华人社团联合会、日本华侨华人联合总会、日本中华总商会、在日中国企业协会联合举办的晚会《礼敬共和国》在东京举行。②

9 月 29 日 ~10 月 1 日，横滨华侨总会、横滨山手中华学校等组织联合举办了“凝聚侨心侨力齐贺七十华诞，携手爱国爱乡同圆中国之梦”国庆 70 周年系列活动，参加总人数超过 3000 人。③

在日华侨华人积极参与筹办中华人民共和国成立 70 周年庆祝活动，表达了对祖国的衷心祝福和美好祝愿，向日本民众展示了华人社会的风貌，向主流社会讲述中国故事、传播中国文化、演绎中国风格，为促进中日两国民间交往做出了贡献。

二 日本移民政策动态

1. 适龄劳动人口减少，外籍劳动力影响日益增强

长期以来，日本国内对于“移民”和“引入外国劳动力”等相关话题的讨论非常保守和谨慎。但是，随着人口老龄化、少子化的现象日益严重，国内适龄劳动人口日益减少。建筑业、农业、医护等行业面临的“用工荒”难题，严重影响了日本的经济发展和基础设施建设进度，从政府到民间对于接纳外籍劳动者的讨论开始增加。

日本总务省 2019 年 4 月 12 日公布的 2018 年 10 月 1 日的人口估算结果显示，日本包括外国人在内的总人口为 1. 26443 亿人，比上年减少 26. 3

---

① 《“2019 中国节”在日本东京举行》，http：//news. cri. cn/20190921/ee14c5b3 – 3880 – c772 – 7bd1 – a3b75b2997d2. html。

② 全日本华侨华人社团联合会：《〈礼敬共和国〉丨日本华侨华人送给祖国的献礼》，https：//www. ucrj. jp/20190922guoqing/。

③ 《横滨华侨总会举办庆祝新中国成立 70 周年联欢会》，https：//www. chinanews. com/hr/2019/09 – 30/8969524. shtml。

万人，已经呈现连续 8 年减少的趋势。其中，日本 15 岁至 64 岁的适龄劳动人口约 6600 万人，比上年减少 51.2 万人，预计到 2040 年将减少约 1500 万人。①

截至 2019 年 6 月，长期居留日本的外国人中有 84.31% 为 15 岁到 64 岁之间的青壮年，而 20 岁至 29 岁的外国人达 100.967 万人左右，占日本同年龄段总人口的 8%。可见，外国劳动力已成为支撑日本社会发展的重要群体。②

2. 日本政府实行新签证政策，扩大引进外籍劳动力

根据日本之前的规定，除了特例以外，外籍劳动者不允许就业于建筑业、造船业、海洋业、住宿业和餐饮业等行业。除了留学生和特定的工作签证，外籍劳动者也不允许从事兼职工作。厚生劳动省的一份报告显示，由于社会适龄劳动人口减少，有 94% 的企业在招聘时面临困难，超过 30% 的企业因人手不足影响了业务发展。③ 严重的劳动力短缺迫使日本不得不继续扩大引进外籍劳动力。日本国会于 2018 年 12 月通过了《出入国管理及难民认定法》修正案，于 2019 年 4 月正式实施。根据修正案，日本将实行新的签证制度，年满 18 岁且身体健康的外籍劳动者如果日语能力达标且具备特定的职业技能，可以向日本移民管理部门申请两类签证。

一是“特定技能 1 号”签证。该签证允许申请人从事 14 个行业的全职工作，包括建筑、船舶和海洋、汽车维修、航空、住宿、护理、建筑清洁、农业、渔业、食品加工、餐饮、特殊材料加工、机械制造、电子电气。该签证有效期最长为 5 年，但申请人不得携带配偶和子女赴日生活，在劳动合同

---

① 《共同社：日本外籍劳动者补充劳动力的趋势或加强》，http：//www. chinaqw. com/hqhr/2019/04 - 14/220292. shtml。

② 『統計で見る日本，在留外国人統計（旧登録外国人統計）』，https：//www. e - stat. go. jp/stat - search/files？ page = 1&layout = datalist&toukei = 00250012&tstat = 000001018034&cycle = 1&year = 20190&month = 12040606&tclass1 = 000001060399&result_ back = 1&cycle_ facet = tclass1%3Acycle。

③ Accustaff Asia Magazine，『やさしく解説！新在留資格“特定技能 1 号”のメリット・問題点とは』，http：//howdy - hr. jp/article/specific_ skills_ no - _ 1/。

或签证期限结束后将返回自己的国家。[①] 二是“特定技能 2 号”签证。申请人在通过特定考试之后，可以申请该签证。该签证的续签次数不受限制，允许携带配偶和子女赴日生活。但与“特定技能 1 号”签证涵盖的行业范围不同，“特定技能 2 号”签证的申请人目前只能从事建筑业和造船业，申请人不但要具有非常熟练的专业技能，还必须拥有管理层级别的身份，申请门槛较高。

日本政府估算，在新签证制度实施之后，2019 年度预计最多发放约 4.7 万个新签证，5 年内预计发放约 34.5 万个新签证，其中约有 6 万人将从事护理行业。[②] 此外，日本政府还出台了由技能实习生转为“特定技能”签证的政策。这些政策在大方向上将进一步鼓励外籍劳动者在日本居住工作，也为中国人移居日本提供了更多的选择。

3. 日本多方面解决外籍劳动力赴日工作的后顾之忧

由于人力资源不断向首都圈集中，日本一些地方面临着人口减少的困境。同时，入境日本的外籍劳动者人数不断增加，如何避免外籍人口向首都圈集中，引导其更好地融入日本主流生活，从中央到地方的各个城市出台了多项政策和措施，为定居日本的外国人提供优待，努力打造一个尊重多元文化的有活力的共生社会。

（1）日本拟设外国人共生中心，为外国人提供就业支持

考虑到赴日工作的外国人数将进一步增加，日本政府决定整合公共职业介绍所等机构，于 2020 年 7 月 6 日在新宿区设立新机构“外国人共生中心”。[③] 此外，为了防止外国人过度集中于工资水平较高的大城市，缓解地方劳动力短缺的问题，新签证制度也鼓励外籍劳工分散到日本各地方工作，日本政府还将与各地方政府及公共职业介绍所加强合作，为有意愿前往地方

① Accustaff Asia Magazine：『やさしく解説！新在留資格“特定技能 1 号”のメリット・問題点とは』，http：//howdy - hr. jp/article/specific_ skills_ no - _ 1/。

② 《日本施行新签证政策　放宽外籍劳动者赴日条件》，http：//www. xinhuanet. com/world/2019 - 04/03/c_ 1210097998. htm。

③ 法務省：『外国人在留支援センター（FRESC/フレスク）の開所について』，http：//www. moj. go. jp/nyuukokukanri/kouhou/nyuukokukanri01_ 00181. html。

中小企业工作的外国人提供更多帮助。①

（2）地方政府多举措吸引外籍劳动者定居

除了日本中央政府在核心政策上降低外籍劳工赴日工作的门槛，远离六大都市圈的地方政府也积极采取多种措施吸引更多的外国人在当地定居。紧邻北海道第二大城市旭川的东川町，拥有常住人口约8000人，受困于地理环境的限制，属于地处大山的农耕区域。当地政府认为其在争夺国内人才资源上无法拥有匹敌大都市的竞争力，所以将目光放到了外籍适龄人口的身上，积极创造适合外国年轻人的城镇发展特点。东川町地方政府和民间人士联手，通过设立町立日本语学校，积极推广各种留学项目，以及允许定居的外国人成为当地负责人、共同参与地方事务的管理工作等举措，创建出一种多文化、多种族和谐共生的社会模式，为其他苦于人口减少问题的地区提供了一种参考，引起全日本的关注。②

（3）重视在日外国人子女未就学问题

2019年9月，日本文部科学省公布了首次实施的关于外国人子女入学情况的全国普查结果，显示目前在日外籍中小学生约有12.4万人，其中约2万人未能就学。此外，需要去中小学学习日语的外籍学生约有5万人。③

从2009年起，日本政府便收到关于外国人子女因无法支付学费而退学的报告。作为应急措施，文部科学省曾要求日本的公立学校接收这部分外国人子女。但由于各地方政府处理方式差异较大，甚至出现了因学校满员等原因拒绝外国人子女就学的情况，这使得外籍学生入学难的问题被搁置至今。④

---

① 《日政府拟设外国人共生中心　为外国人提供就业支持》，http：//www.chinanews.com/gj/2019/06－20/8870329.shtml。

② 《日本北海道东川町多措并举　吸引外国人在当地定居》，http：//www.chinanews.com/hr/2019/04－26/8821156.shtml。

③ 《日本人才引进的同时，外籍儿童就学成问题》，https：//www.517japan.com/viewnews－109693.htm。

④ 《日本着重解决外国人子女未就学问题》，http：//edu.sina.com.cn/a/2019－04－08/doc－ihvhiewr3989261.shtml。

外国人子女入学难的问题不仅出现在政策层面上，外国人子女在日本学校就读也会面临两个主要障碍：一是语言，二是文化和生活习惯差异。这两个问题导致外国人子女难以正常跟上学习进度，也难以融入校园生活或融入较慢。他们的父母又大多从事体力劳动，文化水平和收入相对较低，整个家庭都处于经济上求生存、文化上被边缘化的艰难境地，很难融入日本的主流社会。①

目前，日本外籍人口没有拥有享受日本义务教育的权利，也没有相关法律规定其监护人有让孩子就学的义务，且相关的就学支持政策也不够完善，这也是导致外国人子女无法正常入学的主要原因。在加大引进外国劳动力的政策背景下，建立接纳外国人子女的体制，增加投入多语言化的教育资源，帮助解决其子女教育问题，是引进外国劳动力之后日本教育体系需要面对的问题。

（4）日本多地推行免费医疗翻译服务

根据日本厚生劳动省于 2017 年 8 月公布的全国范围内外国人就医状况的调查结果，2015 年，日本全国接纳在日外国人及外国游客患者门诊的医疗机构已经达到了全国医疗机构的 79.7%，接纳外国患者住院治疗的医疗机构也已经达到了全国医疗机构的 58.5%。由于赴日就医的外国游客人数及外籍劳动者增加，接纳外国患者已经成为日本医疗机构的“新常态”。②但是，如何应对外国患者就医，减少因语言不通而造成的医疗纠纷等问题成为日本医疗机构亟待解决的难题。

调查显示，有 65.3% 的医院表示曾经遇到过日语沟通困难的外国患者，但是只有 12.7% 的医院曾利用医疗翻译。为了高效接待外国患者，从 2017 年起，日本多地的医疗机构开始推广医疗翻译服务，效果显著。如兵库县加西市的医疗机构上线了人工智能自动翻译机器、增设多语言向导牌、鼓励医护工作人员学习用简单日语与外国患者对话等帮助外籍患者单独就医。由民

① 马晶、杨青：《日本的外国人子女教育政策研究》，《开封教育学院报》2019 年第 4 期。

② 《日本医疗机构接纳外国患者　医疗翻译不足成难题》，http：//www.chinanews.com/hr/2017/08－09/8300111.shtml。

间运营的福冈县亚洲医疗支援中心，设置了 24 小时均可提供电话翻译和医疗信息咨询的电话服务中心，可免费翻译的语言涵盖中文、英语、韩语等 15 种语言，切实解决当地医疗翻译“供不应求”的燃眉之急。[①] 广岛县广岛国际中心选择开设培训班，在县内培育专业的医疗翻译人员，从 2018 年开始派遣到医院、诊所帮助外国人就医。[②]

三　在日中国留学生

1. 中国留学生人数超过10万人

日本学生支援机构（Japan Students Service Organization，JASSO）于 2020 年 4 月公布的《2019（令和元）年度外国人留学生在籍状况调查结果》显示，截至 2019 年 5 月 1 日，日本有 312214 名国际学生[③]，比上年同期增加了 4.4%，其中来自中国大陆的有 124436 名，增加了 8.3%；来自中国台湾的有 9584 名，增加了 0.6%。中国留学生占国际学生总人数的 43%。[④] 在所有的中国留学生中，75.8% 的学生就读于日本高等教育机构，共 101565 人，其他人则是短期留学、在日本语言学校或者专科学校等机构学习。[⑤]

2. 留学生在日就职人数创新高

日本出入国在留管理厅 2019 年 10 月 23 日公布的新闻及统计报告显示，2018 年国际学生毕业后为留日就职而变更签证的人数创历史新高。出入国

---

① 《日本福冈推行免费医疗翻译　获得当地华人称赞》，http：//www. chinanews. com/hr/2018/08 -07/8592188. shtml。

② 《日本广岛县开设免费医疗翻译培训课　便利外国患者》，http：//www. chinanews. com/hr/2018/05 -16/8515153. shtml。

③ 此处的“国际学生”是指来自外国的并被日本海关部门发放了“大学生”身份的学生签证的学生，他们在日本的大学、研究生院、大专、技术学院、专业培训学院、提供大学预科课程的教育机构和日本语言学院接受教育。

④ Japan Student Services Organization（JASSO），『2019（令和元）年度外国人留学生在籍状況調査結果』，https：//www. studyinjapan. go. jp/ja/statistics/zaiseki/date/2019. html。

⑤ Japan Student Services Organization（JASSO），『2019（令和元）年度外国人留学生在籍状況調査結果』，https：//www. studyinjapan. go. jp/ja/statistics/zaiseki/date/2019. html。

在留管理厅共收到30924份变更申请，其中有25942人获得了许可；申请人数比上一年增长10.7%，被许可人数增加15.7%，呈现连续8年增长的态势。①

据统计，2018年，共约1.2万名中国留学生获得了日本工作签证，占46.1%。其中，来自中国大陆的留学生共10886人，同比增加5.2%，来自中国台湾的有1065人，增幅达31.5%；来自中国香港的有93人，因人数较少未统计增幅。② 从变更后的居留资格种类来看，拿到“技术、人文知识与国际业务”签证的中国留学生有11069人，占91.90%，“经营和管理”签证的占3.3%，“教授”签证的仅占1.86%。③

为应对人口减少造成的劳动力短缺，日本除了颁布《出入国管理及难民认定法》修正案、新增2种签证，还放宽了留学生就职的种类，简化了中小企业雇用留学生的手续。此前，日本政府曾以无法运用大学所学专业知识为由限制留学生的就业范围，例如不得从事餐饮业和零售等服务业。出入国在留管理厅在2019年5月修改了规定，允许留学生在满足一定条件后以“特定活动”的居留资格从事相关工作。④ 与此同时，为了解决中小企业雇用留学生的手续繁杂、时间成本高等问题，日本政府与各省、厅以及地方政府制定了新的方针，只要中小企业被确认为“经营方面没有问题”，可以不必提交过去规定的诸多额外资料，例如公司决算文件、登记事项证明书以及企业财务状况的相关资料等。此外，日本政府还讨论启动补助事业，帮助中小企业通过相关审查，减轻其雇用外国留学生的负担。⑤ 有媒体认为，日本

① 《留学生在日本就职创新高 中国人最多》，http://www.chinaqw.com/hqhr/2019/10-26/235086.shtml。

② 法務省：『平成30年における留学生の日本企業等への就職状況について』，http://www.moj.go.jp/nyuukokukanri/kouhou/nyuukokukanri07_00229.html。

③ 法務省：『平成30年における留学生の日本企業等への就職状況について』，http://www.moj.go.jp/nyuukokukanri/kouhou/nyuukokukanri07_00229.html。

④ 《留学生在日本就职创新高　中国人最多》，http://www.chinaqw.com/hqhr/2019/10-26/235086.shtml。

⑤ 《日本政府简化就业签证手续　鼓励中小企业雇留学生》，https://www.chinaqw.com/hqhr/2019/03-07/217073.shtml。

政府的这些举措客观上将会提高外国留学生留日就职的机会。但也有中国留学生表示，日本政府更需要外国劳动力而不是外国人才，留学生获得本科、硕士等文凭之后的求职类似于“人才就业”，但是《出入国管理及难民认定法》修正案事实上意图引入外籍劳工，对外籍高校毕业生留日就业的帮助并不大。①

3. 日本打击假留学现象，中国赴日留学申请者未受影响

近年来，赴日留学生人数增长迅猛，日本语言学校的数量也随之增加。语言学校是赴日外国留学生进入日本高校就读的跳板。但是，相关机构调查发现，有很多语言学校或授课机构包庇甚至帮助那些假借留学的名义赴日本打工的人，假留学真打工的问题层出不穷。为此，日本出入国在留管理厅于2019 年 8 月颁布新规，要求日本语言学校严格把控留学生的出勤率，并要求其保证每年 70% 以上的毕业生能够正常升学、就职或掌握基本的日语会话能力，否则将取消该语言学校或机构的招生资格。对于留学生，如果有打工需求，则要求其取得“资格外活动许可”后向学校报备打工地点，并由学校向有关部门报备。如果违反规定，将会被处罚，影响日后的签证续签，情节严重的还会被遣送回国。②

此外，日本出入国在留管理厅加大了对留学签证的审核力度，尤其是申请人的资产调查。根据日本语教育振兴会对会员学校新增留学生的季度调查，在被称为留学旺季的 2019 年 4 月，有 6500 名中国人获得在留许可资格，同比增长 200 人，签证下发率为 97% 左右，同比上升 6%。但是其他亚洲国家（如越南、尼泊尔、斯里兰卡等）的签证下发率均呈下降趋势。近年来，中国经济发展迅速，整体综合国力提升，与日本的经济实力差距缩小，能负担子女赴海外留学的家庭也在增加。相比其他亚洲国家的学生，中国留学生更能专心于学业，因而中国申请者的获签概率更大。③

---

① 《在日华人迎来就业新机遇》，http：//chinese. people. com. cn/n1/2019/1101/c42309 - 31433271. html。

② 《华媒：日本政府出新规　将严抓打工的“假留学生”》，http：//www. chinanews. com/hr/2019/08 - 26/8937883. shtml。

③ 《日本留学签证缩紧留学生减少　中国申请者未受影响》，http：//www. chinanews. com/hr/2019/12 - 14/9033729. shtml。

韩国侨情

2019年，外籍人口在韩国总人口的占比已超过4%，标志着韩国已步入多元化社会。2019年，在韩国居留的中国人超过110万人。麻辣烫、麻辣香锅等中国特色的餐饮在韩国年轻群体中走红，中餐在韩国的发展有着巨大潜力。为应对生源不足导致的收入减少等问题，韩国高校降低入学门槛，积极招收留学生，吸引中国留学生赴韩攻读博士学位，但也出现留学生语言能力较弱、课业质量难以保障等问题。2019年，赴韩旅游的中国游客突破550万人次，购物仍是中国游客赴韩旅游的主要消费习惯。

一　在韩华侨华人概况

截至2019年12月底，在韩国居留的外国人达2524656人，同比增加6.6%，环比增长3.7%。其中，居留韩国超90天且在韩国相关部门登记的外国人占68.6%，其余为短期居留。在所有居留韩国的外国人中，来自中国的占43.6%，有1101782人，其中有63.3%是朝鲜族。①

中国人是持有韩国境内土地面积第二大的外国人。截至2019年底，外国人持有韩国境内土地面积为248.7平方千米，占韩国国土总面积的0.2%。其中，美籍外国人持有的土地面积最多，为1.2981亿平方米，占52.2%；中国人持有韩国境内土地面积占7.8%，约0.194亿平方米，排名第二位。② 此外，中国人是持有济州岛土地最多的外国人。截至2019年底，中国人持有济州岛土地面积为981.8495万平方米，占所有外国人持有济州

① 《在韩居留外国人首破250万　同比增6.6%》，https://cn.yna.co.kr/view/ACK20200217000400881?section=search。

② 《2019年外国人持有韩国土地同比增3%》，https://cn.yna.co.kr/view/ACK20200416002000881?section=search。

岛土地面积（2254.8255 万平方米）的 42.5%。[①]

在婚姻家庭方面，2019 年，与韩国人结婚的中国籍女性有 3649 人，占与韩国人结婚的所有外籍女性人数的 20.6%，位于越南女性之后，排名第二位；与韩国人离婚的中国籍女性有 2104 人，是与韩国人离婚人数最多的外国女性。2019 年，与韩国女性结婚的中国籍男性有 1407 人，占所有与韩国人结婚的外籍男性的 23.6%，位于美国男性之后，排名第二位；与韩国人离婚的中国籍男性有 814 人，是与韩国人离婚人数最多的外国男性。[②] 另外根据韩国农村经济研究院发布的《农村多元文化家庭社会融合实态深层调查》报告，在通过婚姻移民且生活在韩国城市的外国人中，中国人最多。[③]

二　韩国移民政策动态

1. 韩国适龄劳动力锐减，拟扩大引进外籍劳动者

根据联合国的定义，一个国家或地区步入“高龄化社会”的标准是其 65 岁以上老年人口数量占总人口比例超过 7%，而这个比例超过 14% 就意味着进入“高龄化社会”。韩国行政安全部截至 2019 年底的调查显示，韩国 65 岁以上的老年人口首次突破 800 万人，占总人口的 14.9%，同时老年人口数量逐年增加。与此同时，2019 年韩国登记人口增幅为 0.05%，人口增长率刷新了自 2008 年发布相关数据以来的最低值。韩国开发研究院发布的一份报告称，韩国经济已受人口老龄化的负面影响，预计在今后 20 年内韩国经济增长率将跌破 1%。[④] 由此可预测，韩国将逐渐依赖外籍劳务人口

---

① 《中国人是济州岛最大外国“地主”》，https：//cn. yna. co. kr/view/ACK20200214003400881？section = search。

② 통계청：『2019 년 혼인·이혼 통계』，http：//kostat. go. kr/portal/korea/kor_ nw/1/1/index. board？ bmode = read&aSeq = 381203&pageNo = 4&rowNum = 10&amSeq = &sTarget = title&sTxt = 。

③ 《报告：韩国结婚移民城市居住者中中国籍最多》，https：//cn. yna. co. kr/view/ACK 20190512000200881？ section = search。

④ 《韩国老龄化问题日益严重》，http：//korea. people. com. cn/n1/2020/0114/c407864 – 31547144. html。

来弥补国内适龄劳动人口的短缺，以维持本国经济发展。

韩国企划财政部在2019年9月18日召开经济活力对策会议并敲定“人口结构变化应对方案”，积极吸引外籍劳动者赴韩就业。根据方案，政府将新设“优秀人才签证”，积极吸引高学历、高收入的外籍人才，提高外籍专业性人才在韩就业的比例。持证者可享受长期居留、就业等各种优惠。从中长期来看，政府还将为优秀外国人才在出入境、就业、医疗、子女教育等方面提供优惠和支持。如果外国高级人才选择在地方就业，政府还将给予其延长居留期限，申请在韩永久居留权时获额外加分等优惠，以缓解地方城市人口流失。另外，对于拥有熟练技能的外国工人，如果在韩国工作5年以上或者持有韩语能力资格证等，政府将发放长期居留签证，并扩大对外国工人的职业培训。①

2. 外籍人口占比超4%，韩国步入多元文化社会

截至2019年底，外国人占韩国人口的比重达到4.9%。一般来讲，如果外国居民占比超过5%就可以被视为多元文化社会，韩国距离多元文化社会仅一步之遥。②

虽然韩国总体婚姻登记数量持续走低，但涉外婚姻的占比一直稳定在7%～10%之间。2019年登记的涉外婚姻2.36万件，比2018年增加了900件，增长率为4.2%。③ 韩国女性家庭部5月发布的《2018年全国多元文化家庭情况调查》显示，因婚姻而长期居留韩国的外国人和入籍者的数量在过去10年间大幅增加，截至2018年底，韩国共有30.6995万户多元文化家庭，其中因婚姻而入籍的结婚移民家庭占85.7%，以其他方式入籍的人员占14.3%。④ 可见，越来越多的外国人通过婚姻定居韩国。

韩国本土婴儿出生率大幅下滑，多元文化家庭的婴儿出生率占比相对增

---

① 《韩国推新政吸引外籍人才　应对劳动人口减少》，https：//cn. yna. co. kr/view/ACK20190918002700881？section = search。

② 《在韩居留外国人首破250万　同比增6.6%》，https：//cn. yna. co. kr/view/ACK20200217000400881？section = search。

③ 통계청:『2019 년 혼인·이혼 통계』，http：//ebrief. korea. kr/briefing/briefingDetailPopup. do.

④ 《调查：在韩长期居住结婚移民和入籍者大增》，https：//cn. yna. co. kr/view/ACK20190502002700881。

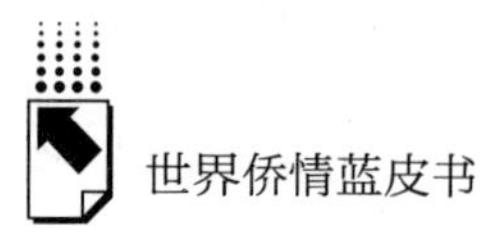

长。韩国统计厅2019年11月发布的资料显示，2018年韩国出生的混血儿有1.8079万名，占新生儿总数的5.5%，刷新最高纪录。从新生混血儿母亲的原籍来看，越南占比最高，为35.6%，其次是中国（20.8%）和菲律宾（6.9%）。

在韩国本土人口数量增长疲软的背景下，外籍居民已成为带动韩国经济增长的主要力量之一。外籍居民以往多从事制造、服务行业，如今从事农业、渔业的外籍劳务者逐渐增多。2019年上半年，韩国法务部向全国41个地方政府分配了2597个季节性外籍劳工签证。2020年起，季节性劳工居留期最长可达5个月，预计会有更多的外籍人员持季节性劳务签证涌入农村和渔村地区。①

3. 韩国兵源不足，拟规定男性移民服役

由于韩国面临着低出生率和人口老龄化的社会问题，韩国本土的兵源也面临人数紧张的局面。如果继续忽略因出生率下降导致的兵源不足的潜在问题，韩国常备兵力预计将从目前的57.9万人缩减至2022年末的50万人。

根据韩国现行《兵役法》，除依法申请入籍的男性移民可被免除服兵役之外，所有37岁以下的男性都有义务服兵役。据相关统计，每年约有1000名35岁以下的移民获得韩国国籍，其中韩籍华人人数最多。

为缓解本土兵源减少的问题，韩国国防部提出将入籍男性列入义务服役的对象，并于2019年11月作为韩国跨部门人口政策工作组关于缓解人口下降带来的社会问题的具体方案之一，最快将在2020年立法。韩国兵务厅相关人士表示，这个方案旨在加强入籍者的权利和责任意识、减少新移民和原住民之间的义务不平等。韩国国防部下属研究院正在研究男性移民入伍的韩语水平、文化融合等细化方案。②

---

① 《韩国步入多元文化社会　外籍居民占比4%》，https：//cn.yna.co.kr/view/ACK20191223003200881？section = search。

② 《在韩华人注意！韩国人口不足　拟规定男性移民服兵役》，https：//baijiahao.baidu.com/s？id = 1649434735824673641&wfr = spider&for = pc。

三　特色中餐在韩国受欢迎

中国特色的麻辣口味餐饮如麻辣烫、麻辣香锅近两年在韩国颇受当地年轻人的欢迎，另外来自中国的啤酒也随着麻辣烫的走红在韩国的销量逐年增加。根据韩国某电商平台的统计数据，2019 年，四川风味的麻辣调料、麻辣烫食材的销售量同比增加 96 倍以上，麻辣香锅制作材料的销售额也比上年增加 41 倍以上。[①] 根据韩国《中央日报》报道，韩国 CU 便利店分析显示，在过去五年内，中国啤酒逐渐抢占了日本啤酒的市场份额，将其挤下销售冠军的宝座。[②]

随着韩国年轻人对中国的认识不断加深，他们对于麻辣烫等中餐的接受程度更高，中国美食在韩国有很大的市场潜力，此外食用麻辣饮食成为韩国年轻人缓解职场压力的一种途径。首尔地区的多家麻辣烫、麻辣香锅店铺生意火爆。然而，中餐在海外的发展很容易出现同质化、打价格战的恶性竞争局面。在韩某中餐从业者认为，麻辣香锅底料制作对食材、技艺有一定的标准和要求，但是一些店铺的盲目扩张会拉低整个行业的品质和竞争力，希望中餐从业者能差异化经营，不要扎堆发展。[③]

中餐在异国他乡的发展在遭受当地美食行业排挤的同时，也会因碰触当地卫生检查的红线而遭到质疑，麻辣烫在韩国也受到了来自韩国政府机构的调查。2019 年 7 月韩国食品药品安全处发布的一份调查报告显示，在全国 63 家接受检查的麻辣烫、四川风味的中餐饭店当中，有 37 家（58.7%）存在违反《食品卫生法》的情况，具体的违规行为包括“使用销售未进行海关申报的进口食材和无标识产品”“未进行营业登记和申报”

① 《中国特色餐饮在韩掀“麻辣旋风”》，http：//www.chinanews.com/gj/2019/06－27/8876780.shtml。

② 《麻辣烫在韩国大受欢迎，该开心还是担心?》，https：//baijiahao.baidu.com/s? id = 1637208775603380027&wfr = spider&for = pc。

③ 《中国特色餐饮在韩掀“麻辣旋风”》，中国新闻网，http：//www.chinanews.com/gj/2019/06－27/8876780.shtml。

“违反卫生管理标准”“违反其他规定”。报告中存在问题的中餐厅大多位于地方，位于首尔地区的中餐厅较少，但这份报告发布后还是影响到了中餐厅的客流量。有部分中餐厅负责人表示，自从麻辣烫在韩国走红之后，开设麻辣烫的饭店经常会遇到各种卫生检查，这有可能是当地餐饮组织向政府施压的结果。①

四 韩国留学政策调整与中国留学生

韩国教育部公布的数据显示，2019 年赴韩学习的在籍留学生人数共 160615 人，比上年增加了 17960 人。其中，中国大陆学生占 44.4%，共计 70167 人，虽然人数最多，但是增幅较 2017 年和 2018 年有所下降，加上来自中国台湾和香港地区的留学生，赴韩留学的中国留学生共 74282 人。赴韩就读本科的中国留学生有 40198 人，攻读硕士学位的有 11553 人。2018 年，赴韩攻读博士学位的中国留学生共计 3600 人，2019 年增长了 61%，达到 5796 人。②

低出生率和老龄化导致人口断崖式下跌，由此引发的问题正冲击着韩国高等教育机构的发展。③ 对于韩国高校来说，除了鼓励本地学生留在国内上大学之外，扩大留学生的招收数量成为韩国大学维持收入、保障运营和发展的手段之一。韩国教育部门曾制定“2023 年吸引 20 万名留学生”的目标，鼓励高校扩大留学生招收规模，也曾建议各韩国高校将留学生入学时的韩语能力考试（TOPIK）等级定在 2 级，在其毕业时提交 TOPIK 4 级成绩单即可大学毕业。但是这种政策倾向很容易导致很多大学在招留学生时“只顾数

① 식품의약품안전처：『식품위생법령 위반 마라탕 전문 음식점 등 37곳 적발』，https://www.mfds.go.kr/brd/m_99/view.do?seq=43594。

② 교육부：『2019 년 국내 고등교육기관 외국인 유학생 통계』，https://www.moe.go.kr/boardCnts/view.do?boardID=350&boardSeq=79011&lev=0&searchType=null&statusYN=W&page=1&s=moe&m=0309&opType=N。

③《学生数量少学费收入低，未来十年韩国或有一半大学关门?》，http://korea.people.com.cn/n1/2018/0903/c407864-30267566.html。

量、不顾质量”。[①]

1. 入学门槛低，语言成为留学生学业进步的最大阻碍

申请就读韩国大学本科的一般条件是要求留学生具有高中及同等学力以上，大部分韩国大学要求申请者拥有 TOPIK 3 级以上的证明。如果申请入学时没有达到规定的韩语能力，可以选择先申请语言学院进修韩语，在语言成绩达标后可以申请就读大学本科。

虽然韩国绝大部分高校采用韩语授课，但部分韩国高校的研究生项目，没有韩语成绩也可以申请。例如部分韩国大学开设的国际大学院（研究生院）只提供硕士与博士阶段的学习课程，且专业课程主要与国际关系、国际贸易、国际合作、区域研究等方向有关，所有课程均采用全英文授课，对学生的韩语能力无硬性要求，但申请时须提交雅思或托福成绩。[②]

韩国某语言学家表示，韩语水平至少要达到 5 级才能进行基本的学术研究，4 级韩语水平只能够勉强应付日常生活，事实上很多留学生的韩语水平无法帮助他们支撑到毕业。2017 年针对毕业于韩国 217 所大学的留学生的统计显示，有 43 所大学的外籍毕业生的韩语成绩在 TOPIK 4 级水平以下；而在韩国 659 所研究生院里，有 594 所（90.1%）的在读研究生的韩语水平未达到 5 级，即可开展学术研究的语言水平。另外，国立首尔大学 2018 年对 432 名留学生进行的一项调查显示，有 47.2% 的留学生表示“很难通过韩语授课去完全理解课程内容”，还有 43.8% 的学生认为“韩语水平不足是学习过程中的最大短板”。[③]

2. 赴韩读博需求旺，韩国或沦为“中国博士工厂”[④]

韩国教育部 2019 年 11 月公布的资料显示，2019 年赴韩读博的学生达

① 《入学门槛低招生人数多　国语国文专业留学生反成“韩语最差生”》，http：//china.ajunews.com/。

② 《赴韩国留学前　韩语最好过关》，http：//korea.people.com.cn/n1/2019/0529/c407887-31108803.html。

③ 《入学门槛低招生人数多　国语国文专业留学生反成“韩语最差生”》，http：//china.ajunews.com/。

④ 《韩国大学成中国“博士学历工厂”？韩媒：韩国大学要抢生源保收入》，http：//korea.people.com.cn/n1/2019/0521/c407887-31095701.html。

5796人，比2018年增加了61%，[①] 其中大多数是拥有硕士学历的中国大学教师。据中国教育部的统计，中国高校中有教授职称的人数达163万人，但其中拥有博士学历的只占24%（约40万人），其余的都是硕士及硕士以下学历。在中国政府提出的“建设世界一流大学和一流学科”的决策推动下，中国高校教师提高自己的学历水平的需求正好满足了韩国大学提高生源数量、增加运营收入的希望。以全州大学、圆光大学为代表的韩国地方高校大力推动“抢生源、积极招收中国留学生读博”的工作，因此出现了众多中国留学生赴韩攻读博士学位的现象。

很多韩国高校教授表示，由于入学门槛较低，留学生日常的对话沟通和听课都很困难，独立完成高质量的论文更是不可能。那些以短期研修形式来韩国攻读博士课程的“博士生”更是难以保证学习质量。但是目前韩国地方高校因营收短缺不得不大力开拓留学生业务，面对人数剧增的中国留学生，部分韩国大学只好开设用中文授课的课程，或者聘用会中文授课的教授。

此外，某些韩国地方大学开设的博士课程和论文审核环节被韩国媒体曝出存在违规行为，引发了中韩两国的热议。韩国舆论指出，扩招留学生对提升韩国大学的国际知名度或者培养更多了解韩国的海外人才具有一定的好处，但是盲目扩招留学生、疏于管理留学生、胡乱授予留学生学位，将会对韩国大学在国际上的公信力造成打击。

3. 韩国高校只增收留学生学费引争议[②]

在生源人数减少的同时，高昂的大学学费增加了很多韩国家庭的经济负担。为了平息韩国国内关于负担不起大学学费的舆论，韩国政府出台了政策，以严控高校上涨学费。大学信息网站公开的数据显示，2018年，在韩国330所高校中，仅有8所四年制大学以营收情况恶化、改善大学设施

① 교육부：『2019 년 국내 고등교육기관 외국인 유학생 통계』，https：//www. moe. go. kr/boardCnts/view. do？boardID = 350&boardSeq = 79011&lev = 0&searchType = null&statusYN = W&page = 1&s = moe&m = 0309&opType = N。

② 《只涨留学生的学费？韩高校增收外国人学费引争》，http：//china. ajunews. com/。

以及新生数量减少等原因增加了学费，其他的大学及大专院校均维持学费不变或下调学费。此外，韩国政府要求各大学最晚于2022年前完成减免入学费的目标。① 这导致韩国高校只能向留学生增收学费以保障其收入的稳定。

从2019年2月起，陆续有中国留学生在社交平台上抗议韩国多所大学增收外国人学费，要求学校就未事前告知就接连上涨学费一事做出合理解释，并要求学校提供相匹配的留学生支援服务。相关信息显示，西江大学、中央大学、成均馆大学等多所韩国高校在2015年至2019年出现了未提前通知留学生而擅自上调学费的情况，每年增长学费10万韩元至50万韩元不等。

部分大学解释上涨学费的原因是很多留学生韩语能力不足，上涨的学费将用于运营学校国际教育服务中心、开设国际学生专用班、增加留学生奖学金等。也有部分大学表示，校方已提前通过官方SNS发布审议委员会的学费相关问卷调查以征求学生意见。

近年来韩国物价飞涨，学费持续上涨大大增加了留学生的生活压力，尤其是对越南等东南亚国家的留学生来说，学费上涨后将加重留学生的经济负担。还有留学生表示校方在调高学费的同时并没有提供与上涨学费相匹配的服务。由于很多韩国大学为扩大留学生数量降低了韩语成绩要求，很多留学生为达到入学标准需要申请语言班课程，这样就需要另外缴纳语言学习的费用，但是很多高校的国际教育服务中心并没有给予留学生实质性的支援。此外，不少大学并没有随上调学费而调整奖学金制度，由于按照成绩发的奖学金名额有限，事实上外国留学生大概率竞争不过本国学生。②

① 《为学生减负　韩国逾97%大学今年学费未上涨》，http：//korea. people. com. cn/n1/2018/0313/c407883－29865498. html。

② 《只涨留学生的学费？韩高校增收外国人学费引争》，http：//china. ajunews. com/。

B.3
新马泰菲文侨情分析

于　丹*

摘　要： 2019年，新加坡、马来西亚、泰国、菲律宾和文莱的侨情平稳发展，中国与各国的经贸合作硕果累累，旅游文化交流更加频繁，华人社团与国内的合作交流加深，华文教育得到各国政府及华侨华人的重视。同时，各国侨情也发生了新的变化，如新加坡、马来西亚等国的华人生育率逐渐下降，华人占总人口的比例下降。各国华社也发生了一些大事件，如包括陈嘉庚在内的三位华侨华人头像被印上新加坡纪念钞、全球华侨华人促进中国和平统一大会在菲律宾召开等。

关键词： 侨情　经贸合作　社团活动　华文教育

新加坡、马来西亚、泰国、菲律宾和文莱是东南亚的重要国家，华侨华人数量众多。近年来，新加坡、马来西亚等国的华人生育率呈下降趋势。尽管如此，华人在新马泰菲文人口中所占比例仍然较高，如华人占新加坡常住人口的74.4%，占马来西亚人口的22.8%，占泰国和文莱人口的比例都在10%以上。同时，华人的经济实力雄厚，如在马来西亚收入最高的1%人群中，华人占比最大；菲律宾2019年福布斯富豪榜前10名中，有8位华人。2019年，中国与新马泰菲文五国的交往更加密切，其中，华侨华人一直扮演着不可或缺的角色，他们不仅用自己的智慧与勤劳为住在国做出贡献，也

* 于丹，博士，中国华侨华人研究所助理研究员，主要研究方向为华侨华人、人口经济学。

成为中国和住在国友好交往的民间使者，为中外经贸交流架桥铺路。

随着“一带一路”建设的推进，中国与新马泰菲文的人员交流与经济合作不断加深。2019 年 4 月 27 日，新加坡总理李显龙、马来西亚总理马哈蒂尔、泰国总理巴育、菲律宾总统杜特尔特、文莱苏丹哈桑纳尔等领导人聚首北京，出席主题为“共建‘一带一路’、开创美好未来”的第二届“一带一路”国际合作高峰论坛领导人圆桌峰会。论坛取得了丰硕成果，如中国海关总署发起设立“一带一路”海关信息交换和共享平台，与新加坡等共建原产地电子联网；中国财政部与马来西亚证券监督委员会签署审计监管合作文件，加强跨境审计监管合作；中国国家监委与菲律宾、泰国反腐败机构签署合作谅解备忘录；中国国家图书馆与新加坡、文莱等 26 个国家和地区的图书馆共同成立丝绸之路国际图书馆联盟；等等。

2019 年是中华人民共和国成立 70 周年，中国驻新加坡大使馆、驻马来西亚大使馆、驻泰国大使馆、驻菲律宾大使馆、驻文莱大使馆都举行了庆祝中华人民共和国成立 70 周年国庆招待会，各国政界、商界、学界、媒体界及华侨华人、中资企业、留学生代表等共庆新中国 70 年华诞。新中国用 70 年时间实现了从站起来、富起来到强起来的伟大飞跃，创造了人类历史上前所未有的发展奇迹。以上各国的华侨华人纷纷表示，对中国取得的伟大成就倍感骄傲和自豪。

2019 年，中国和新马泰菲文各国友好加速发展，高层往来不断、经贸合作深化、人文交流活跃、各领域合作全面铺开。其中，一些大事件在新马泰菲文华侨华人史上留下了浓墨重彩的一笔。例如，包括陈嘉庚在内的三位华侨华人头像被印上新加坡开埠 200 周年纪念钞；6 月 22 日，以“推进中国和平统一，实现民族伟大复兴”为主题的全球华侨华人促进中国和平统一大会在菲律宾首都马尼拉召开，会上发表了《马尼拉宣言》，表达了华侨华人对中华民族统一大业早日实现的殷切期盼。此外，马来西亚联邦政府首次在财政预算案中拨款给华文独中，且第一次为全津贴华小提供特别拨款；习近平主席向泰国公主诗琳通颁发了中国国家最高涉外荣誉“友谊勋章”，代表中国政府和人民对诗琳通公主为中泰友谊所做贡献的充分肯定；继

2018 年习近平主席对文莱进行国事访问后，2019 年 4 月 26 日，习近平主席在北京人民大会堂会见文莱苏丹哈桑纳尔，两国领导人实现互访，进一步推进了中文两国友好和战略合作关系。以上事件既充分体现了新马泰菲文对华侨华人及华文教育的重视、中国与各国友好关系的发展，也体现了华侨华人对五国的重要贡献，以及他们心系祖（籍）国的桑梓情怀。

新加坡侨情

根据新加坡国家人口及人才署公布的《2019 年人口简报》，截至 2019 年 6 月，新加坡总人口为 570.36 万人，比 2018 年增长了 1.2%。其中，华人占常住人口的比例最高，为 74.4%，其次分别是马来人（13.4%）和印度人（9.0%）。2018 年，新加坡居民的总和生育率（TFR）从 2017 年的 1.16 下降至 1.14。由于不断攀升的精英教育成本以及女性教育水平提高、生育机会成本提高等，新加坡的生育率不断走低。从种族来看，马来人的总和生育率最高，为 1.85，其次分别是印度人（1.00）和华人（0.98），华人在新加坡各种族中生育率最低。根据新加坡旅游局 2019 年 2 月 13 日公布的数据，2018 年来自中国的入境旅客约 342 万人次，比 2017 年增加 6%，中国连续两年成为新加坡最大旅客来源国。

一　中新经贸交流合作

2019 年，新加坡经济增速放缓。根据新加坡贸工部发布的数据，2019 年新加坡 GDP 增长率为 0.7%，创 2008 年全球金融危机以来新低。尽管如此，根据 2019 年 9 月公布的全球金融中心指数（GFCI）排名报告，新加坡依然是继纽约、伦敦和香港之后的第四大国际金融中心，新加坡还列“2019 年全球城市经济竞争力榜单”第三位、“2019 年全球可持续竞争力榜单”第一位。联合国开发计划署发布的《2019 年人类发展报告》显示，2019 年新加坡人类发展指数为 0.935，居全球第 9 位，与 2018 年相比上升了 2 位。

2019 年，中新双边货物进出口额为 1006.7 亿美元，中国是新加坡第一大贸易伙伴，也是第一大出口市场和第一大进口来源地。[①] 在“一带一路”倡议下，中新两国经济文化合作与交流不断深化。9 月 5 日，中国与新加坡签署了《中国与新加坡关于推广、接受和使用电子证书的谅解备忘录》，加强了中新两国在船舶电子证书领域的合作。10 月 16 日，中国和新加坡于 2018 年签署的《中华人民共和国政府与新加坡共和国政府关于升级〈自由贸易协定〉的议定书》正式生效，标志着中新进入更高水平、更高层次的贸易便利化阶段，有助于推动双边经贸关系取得更大发展。

二 华人社会新动向

（一）新加坡庆祝“讲华语运动”40周年，推出华语资料库

2019 年是新加坡“讲华语运动”40 周年。经过多年的推行，“讲华语运动”的目的也不断演变，如今，运动旨在鼓励新加坡人使用华文华语，以及加强人们对华族文化的认识。10 月 22 日，新加坡推广华语理事会在新加坡华族文化中心举行隆重庆典，新加坡总理李显龙出席庆典并致辞。他表示，新加坡的双语优势正在相对减弱，新加坡华人应积极参与和支持“讲华语运动”，维持新加坡的双语优势，保留本地的多元文化。

在庆祝“讲华语运动”40 周年之际，推广华语理事会还推出新加坡华语资料库。资料库的目标是收录 1000 个新加坡特有词语，介绍词语的由来、相关资料与历史背景、词义、其他地区用语，并配上例句，使新加坡民众可搜索到新加坡人常用的、具有特色的词语。这些词语反映了新加坡多元种族、多元文化的特色以及新加坡华语丰富的生命力。

① 《2019 年 12 月新加坡贸易简讯》，中华人民共和国商务部亚洲司，https://countryreport.mofcom.gov.cn/new/view110209.asp?news_id=68008。

（二）新加坡开埠200周年推出纪念钞，三位华侨华人头像被印上钞票

6月10日，为纪念开埠200周年，新加坡金融管理局第一次推出了面值为20新元的纪念钞。纪念钞的背面印有8位曾对新加坡社会发展做出卓越贡献的人物肖像。陈嘉庚、许哲以及王惠卿的头像被印在这款纪念钞上。华侨领袖陈嘉庚一生热心公益，在东南亚和中国创建了多所学校，被新加坡政府赞扬为“华人教育先驱”；许哲的祖籍为广东潮汕，她关爱贫苦病弱者，被誉为新加坡的“特蕾莎修女”；王惠卿的父母为福州人，他被广泛认为是具有前瞻性、开拓性的新加坡教育家。

（三）新加坡华媒集团与华族文化中心拓展合作

3月27日，新加坡报业控股华文媒体集团社长李慧玲与新加坡华族文化中心总裁刘思伟签订战略合作框架协议暨“早报文创空间”备忘录。在这项为期两年的战略合作框架下，华族文化中心和华文媒体集团除了延续“早报文创空间”的合作，还将携手推进新的项目，包括新加坡文创大赛2019、早报文学节2020，以及其他文艺及创意类型的活动，如举办讲座、展览及竞赛等。

三　留学政策与留学生

近年来，新加坡以优越的教育体系、宽松的移民政策以及良好的社会环境和治安吸引着众多学生前去留学。2016年至2019年入学季，新加坡留学生申请人数每年递增7%～10%，理工科学生占总申请人数的28%。理工科申请主要集中在新加坡国立大学与南洋理工大学的授课型硕士项目。新加坡理工科类专业硕士课程的学费为每年15万～25万元人民币，学制以1～1.5年居多。

2018年，入学新加坡的中国学生数较2017年上涨7%。新加坡公立授

课型研究生一般为1年学制，新加坡国立大学、南洋理工大学等院校知名度高，深受国内学子喜欢。同时，新加坡一些高校也为中国学生提供了学费减免政策，如2019年6月，新加坡楷博（Kaplan）高等教育学院发布公告称，只要是2019年高中毕业且高考成绩达到500分或以上的考生，都可以申请该校针对中国学生设立的“成就奖学金计划”，奖学金获得者将可以获得语言阶段学费全减免以及大一课程学费全减免，增强了新加坡留学对中国学生的吸引力。

马来西亚侨情

中国和马来西亚隔海相望，传统友谊深厚。2019年是中马建交45周年，各界举办了多场纪念及庆祝活动。例如，1月27日，中国驻马大使馆在吉隆坡举办“纪念中马建交45周年”系列活动启动仪式；6月24日，马来西亚中华总商会和马来西亚中资企业协会联合举办“庆祝中马建交45周年午宴”；8月7日，马来西亚中资企业协会举办“砥砺奋斗，共享繁荣”中马建交45周年图片展；12月18日，马来西亚中国友好协会在吉隆坡举行庆祝中马建交45周年“马中友好之夜”活动。2019年，两国继续加强经济文化交流，在马华侨华人的生育水平、社团活动及文化教育等方面也呈现出新的特征。

一 中马经贸交流合作

2019年，马来西亚GDP增长4.3%，创2016年以来最慢增速。尽管如此，在“一带一路”倡议下，中马两国经济合作与交流进一步深化。截至9月，中国成为马来西亚第二大出口目的地和第一大进口来源地。

（一）开展经贸交流活动

2019年8月8日，由马来西亚—中国商务理事会主办的马来西亚—中国“一带一路”经济合作论坛在吉隆坡举行，推动两国继续加强在“一带一路”建设方面的合作。10月，马来西亚“一带一路”委员会代表团访问云南省教育厅、商务厅，探讨马来西亚与云南省在教育文化以及贸易往来等方面的潜在合作机会。9月10日，中国驻马来西亚大使馆、马来西亚中华总商会和马来西亚中国银行联合举办“2019年中马企业合作对接会”，以进一步促进中马两国的企业交流与合作，做深、做实、做细双边务实合作，近100家中方企业及213家马方企业参与，出席总人数超过700人。10月17日至21日，成都海外交流协会代表团访问马来西亚，与沙捞越州交通部和文化旅游部相关代表商谈促进两地在旅游包机、港口贸易、教育交流等领域的合作。12月5日，中华海外联谊会副会长谭天星率领代表团访问马来西亚，与马来西亚华人社团、华侨华人代表等进行座谈。12月12日，福建省商务厅与马来西亚驻广州总领事馆在福州海峡国际会展中心联合举办了中国（福建）—马来西亚经贸合作推介会，推动闽马企业家深挖商机、互结商缘。

（二）加强合作，优势互补

2019年4月26日，绿地集团旗下江苏省建集团与马来西亚国家房屋公司以及嘉华国际集团签署房屋谅解备忘录，三方建立了良好合作关系，在今后10年内共同向马来西亚政府提供100万套人民可负担房屋，其中，江苏省建集团承担的施工合同额约为800亿元人民币。7月31日，阿里云马来西亚峰会在吉隆坡召开，阿里云与马来西亚Muamalat银行签署合作备忘录，双方将共同合作，通过大数据和人工智能技术，加速金融创新。10月3日，华为技术（马来西亚）有限公司与马来西亚明讯签署了在马来西亚建设5G网络的合作协议，华为将为明讯供应相关设备和服务，使5G在马来西亚能更易于部署和运营。12月4日，南京与马来西亚纳闽特区签署了“一带一路”数字金融战略合作协议，双方将在数字金融产业发展、金融监管、信息交换、行政执法交流等领域开展合作。

二　华人社会新动向

2019 年，马来西亚人口约为 3260 万人，比 2018 年增加 0.62%。在马来西亚总人口中，男性人口为 1680 万人，女性人口为 1580 万人；马来西亚公民为 2940 万人，非公民为 320 万人。从人口年龄结构来看，马来西亚0～14 岁人口比重由 2018 年的 23.8% 减少至 23.3%，60 岁及以上人口从 2018 年的 10% 增至 10.3%。从种族来看，马来族人口从 2018 年的 69.1% 增加至 69.3%，华裔人口从 23% 减少至 22.8%，印度裔及其他种族分别维持在 6.9% 及 1% 左右。①

（一）华人家庭生育率逐年走低，华人新村加速老龄化

近年来，马来西亚生育率持续下降。1970 年，华人总和生育率为 4.6，略低于马来人的 5.0 和印度人的 4.9；2015 年，华人总和生育率为 1.37，不仅远低于同时期马来人的 2.58，也低于马来西亚总体的 2.0 以及印度人的 1.38。根据最新统计数据，2017 年，华人总和生育率降低至 1.2，同时期马来人和印度人分别为 2.4 和 1.28，华人在各族群中处于最低位，远低于 2.1 的人口更替水平。②

随着华人生育率的下降，从 2014 年开始，马来西亚全国华校独中初一新生人数已经连续 6 年下降。2019 年，全国独中新生人数为 13842 人，总人数为 81797 人，沙捞越独中学生总人数为 7972 人，比上年减少了 5.3%。③ 另外，由于华人生育率下降以及年轻人流失愈发严重，马来西亚华人新村人口加速老龄化。近年来，为了鼓励年轻人回到新村发展，新村采

① 《2019 年马来西亚人口约 3260 万人，比 2018 年增加 0.62%》，〔马来西亚〕《诗华日报》2019 年 7 月 18 日。

② 邵岑、洪姗姗：《“少子化”与“老龄化”：马来西亚华人人口发展特点与趋势预测》，《华侨华人历史研究》2020 年第 2 期。

③ 《大马华人家庭生育率低，华校独中初一新生逐年下滑》，〔马来西亚〕《诗华日报》2019 年 4 月 7 日。

取了一系列措施。为吸引人群前来观光旅游，许多老乡镇流行起壁画或特色景点。然而，由于游客不会长时间逗留，效果并不好。新村只有发现新商机且能引进资源，提高当地经济活力，才有可能吸引年轻人回去。

（二）华裔仍占高收入阶层的最大比例，族裔差距缩小

根据《马来西亚收入差距与种族鸿沟》报告，在马来西亚收入最高的1%人口中，华裔仍占最大比例，但不同族裔的收入差距呈缩小趋势。在顶端的10%富人中，华裔的收入平均增幅为1.2%，低于原住民的5.4%和印度裔的4.6%，这一情况在顶端的1%人口中更加严重。相比之下，在底层的50%人口中，华裔的平均增长率为4.9%，而原住民和印度裔的平均增长率分别为5.4%和4.7%。① 虽然底层和中层人口收入水平都有所提高，但处于顶端的原住民的收入增长最快，顶端华裔的收入占比减少。究其原因，在殖民时期，大多数马来人在农村，印度裔在园丘，而华裔经商、采矿，收入水平高于其他族群。后来，历届政府推出了许多乡村转型计划以及扶持原住民的新经济政策，原住民在政府的收入重组议程中获得更多好处，因此顶端原住民的收入增幅比其他族群更高。虽然华裔的增幅有所下降，但实际收入依然比其他族群高。

（三）“骗”字成为马来西亚2019年度汉字

继2018年大选，马来西亚政治格局发生改变后，华人对马来西亚政府的态度也发生了变化。12月8日，2019年马来西亚年度汉字评选活动结果出炉，“骗”字在十大候选汉字中脱颖而出，成为2019年度汉字。2018年的年度汉字“变”，代表华人希望“改变”能为马来西亚带来转机，而2019年的“骗”字则是把矛头指向了新政府，华人认为其未兑现竞选宣言与承诺，尤其所谓“百日新政”，国家没有出现任何明显的新气象，反映了华裔心存不满，尤其对马来西亚国家领导层的期望与失望并存。

---

① 《报告：马来西亚收入最高的1%中，华裔仍占最大比例》，〔马来西亚〕《东方日报》2020年1月2日。

三　华人社团活动

当前，马来西亚已注册的华人社团有一万多个，大部分为地缘、血缘、业缘及文教团体。其中，具有代表性的有马来西亚中华大会堂总会、马来西亚中华总商会、马来西亚—中国总商会、马来西亚华校董事联合会总会、马来西亚华校教师会总会等。

（一）马来西亚中华大会堂总会：华团领导机构

马来西亚中华大会堂总会（简称华总）成立于 1991 年，是由马来西亚 13 个州的中华大会堂或华团总会组成的一个总机构。华总是马来西亚的华团领导机构，专注于华社的文化、教育、经济、社会及民生课题，是马来西亚最重要、最具影响力的侨团组织之一。2019 年 9 月 8 日，华总举行代表大会，选举沙巴中华大会堂会长吴添泉为新一任总会长，任期 3 年。此前 10 年一直担任华总总会长的方天兴随之卸下总会长职务，他是华总史上任期最长的总会长，代表大会委任其为永久名誉会长。

作为马来西亚华团的领导机构，华总组织举办了多次活动，并发挥了同中国国内相关组织机构友好交流的作用。例如，2019 年 8 月 15 日，华总举办了主题为“烽火天・南侨情”的南侨机工赴华参战 80 周年纪念展活动，多位来自中国、马来西亚等国家和地区的人士参加，共同缅怀南洋华侨机工回国服务团为抗日战争胜利所做出的贡献和牺牲。12 月 13 日，华总总会长吴添泉率团访沪，上海市侨联与华总签署了《友好侨社协议》，为加强双方在经济、贸易、商业等方面的交流与合作，促进中国与马来西亚的友好往来发挥了积极作用。

（二）马来西亚中华总商会：发挥工商业领域社团联合作用

马来西亚中华总商会（简称中总）是华裔商会的联合总机构。中总成立于 1921 年 7 月 2 日，共有 17 个基本会员，分布在马来西亚国内 13 个州

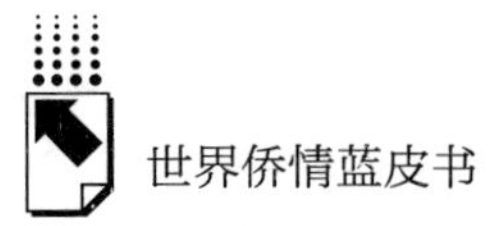

及联邦直辖区。中总会员总数超过 10 万名，代表马来西亚华人公司、商家及各行业团体。10 月 23 日，第 16 届世界华商大会召集人组织代表在伦敦举行的第 15 届世界华商大会闭幕仪式上揭晓，中总获得第 16 届世界华商大会主办权，将于 2021 年在吉隆坡举办世界华商大会，2021 年也是中总创会 100 周年。

2019 年 3 月 15 日，中总发布了首份马来西亚华人家族企业调查报告《2018 中总家族企业调查报告》。这份报告由中总和普华永道联合在 2018 年 7 月到 11 月间进行调查。其中，约 15% 的受访企业年营业额超过 1 亿林吉特，约 70% 的企业年营业额低于 5000 万林吉特。报告认为，大多数家族企业非常具有发展潜力。马华人家族企业以传承至第二代为主，约 65% 的企业传承至第二代，尚为第一代创业者主持的家族企业约占 20%，只有 13% 和 2% 的企业分别传承至第三代和第四代。①

2019 年，中总发挥其在工商业领域的社团联合作用，举办了多次不同主题的活动。例如，7 月 30 日，中总举办了主题为“领先时代，启动未来”的第八届青商大会，来自新加坡、泰国、印尼、韩国、中国香港和中国澳门等国家和地区的 600 多人参会。8 月 22 日，中总在吉隆坡举办“中总媒体之夜 2019”，以加强与各媒体机构管理层的联系及交流，并感谢各媒体给予的支持。9 月 28 日，中总在中华总商会大厦举办工业 4.0 研讨会，马来西亚政府于 2018 年推出的“国家工业 4.0 政策”，旨在推动国内制造业及相关领域朝数字化转型，提高生产力、效率和质量。研讨会邀请了相关专家，为出席者提供咨询，协助中小企业为迈向工业 4.0 做好准备。②

（三）马来西亚—中国总商会：推动马中经贸发展

马来西亚—中国总商会（简称马中总商会）成立于 1990 年，是非官方、非营利、多元种族的独立民间商业团体。马中总商会设有 9 个分会，

① 《马来西亚中总发布首份马华人家族企业调查报告》，中国新闻网，http：//www. chinanews. com/hr/2019/03 - 15/8781484. shtml。

② 根据马来西亚中华总商会网站的相关报道整理，https：//www. acccim. org. my/。

拥有 1800 家企业会员，其宗旨是促进马中两国经贸发展与投资合作、加强与马中政府机构及民间工商团体的联系、维护会员的利益。马中总商会与中国的经贸往来十分密切。2019 年马中总商会接待来访的中国代表团见表 1。

表 1　2019 年马中总商会接待来访的中国代表团

来访时间	来访代表团	来访目的
2019 年 1 月	岭南大学代表团	了解马来西亚的投资环境,实地考察探讨“一带一路”建设及大湾区的未来发展对东南亚国家的利与弊,并深入研究中马两国的社会文化发展
2019 年 6 月	广西壮族自治区投资促进局代表团	提升马来西亚企业的投资及信心,并邀请本地商家前往参加于 9 月 20 日在广西南宁市举办的第 16 届中国—东盟博览会
2019 年 9 月	北京市朝阳区政府代表团	推动北京市与马来西亚的经贸合作和友好往来
2019 年 10 月	广东省海外交流协会代表团	希望在 2020 年的马中文化旅游年,双方能开展更深层的互动
2019 年 10 月	吉林省商务厅代表团	探讨合作商机,进行初步的洽谈对接
2019 年 11 月	甘肃省商务厅代表团	进一步拓展马来西亚和中国甘肃省的经贸合作
2019 年 12 月	中国—东盟博览会秘书处代表团	推动更多马来西亚优质企业及采购商参展参会,听取对下届东博会筹备工作的指导和建议
2019 年 12 月	海南海丝文化发展基金会代表团	向马中总商会取经,了解并规划该会未来的发展计划
2019 年 12 月	上海人民政府代表团	就加强双方之间的经贸、基础设施建设、文化、旅游、城市更新等领域的对外交流及合作,建立双方企业信息交流共享平台、促进经贸合作等进行商洽
2019 年 12 月	贵州铜仁市代表团	了解马来西亚的矿产资源开发及利用情况,双方就环境和资源保护、开发和利用及未来的合作进行交流
2019 年 12 月	中国社会科学院世界经济与政治研究所代表团	进一步了解“一带一路”倡议中“民心相通”的实践情况,探讨中马之间的经贸关系

资料来源：根据马来西亚—中国总商会网站的相关报道整理，https：//www. mccc. my/index. php/cn/。

四　华文教育与文化

（一）马来西亚政府更加重视华文教育

2019 年，马来西亚政府增加了对华文学校的拨款。1 月 11 日，马来西亚财政部部长林冠英移交 1200 万林吉特拨款，给全马 62 所华文独中。这是有史以来，马来西亚联邦政府首次在财政预算案中拨款给华文独中。尽管这笔拨款数目不大，但意义重大，林冠英说："钱虽然很重要，但眼前更重要的是肯定。中央政府对独中的肯定，61 年才做到。"除此之外，马来西亚政府还特别拨款，供教育部发放给全津贴华小，2019 年的拨款申请在 8 月 5 日开放，多名全津贴华小校长进行了申请。这是马来西亚政府史上第一次为全津贴华小提供特别拨款，可让全津贴华小处理紧急事项以及短期内的大项开销。

从 2018 年起，马来西亚财政部开始制度化为华小进行搬迁和增建，每年拨款 2000 万林吉特。2019 年，马来西亚教育部共新建 3 所华小，搬迁 7 所华小，还为 7 所华小进行设备增建。在马来西亚政府的重视下，华小增建和搬迁问题逐步获得改善。除资金问题之外，马来西亚华小还面临师资短缺问题。2019 年 11 月 4 日，有 410 名新教师被分派到马来西亚各州的华小执教，但依然不能满足师资需求，因此，教育部将继续采用临教制度。招聘临教时，教育部开放了将近 1000 位名额，收到的申请数量超出了原定名额。教育部将通过提供新配套，包括产假、陪产假、无记录假期、房屋津贴等，来改善临教的福利。

（二）弘扬和传承中华文化

2019 年是马来西亚华文话剧（简称马华话剧）诞生 100 周年。1 月起，马来西亚心向太阳剧坊开始展开"抢救百年马华话剧史料运动"。一年以来，他们先后拜访 100 多家单位、700 多位相关人士，共收集到 100 多位相关人士口述资料、百余份剧社往来信函、200 多本剧本、500 余张演出剧照。其中，很多剧本都是此前没有公开出版的，演出剧照也有很多拍摄于第二次世界大战前。12 月 1 日，剧坊举行汇报会，展示了这些珍贵的史料。马华话剧不但传承了华人的文化符号，也成为马来西亚文化不可或缺的一个组成部分。

12 月 12 日，马来西亚沙巴大学孔子学院揭牌，这是东马来西亚第一所，也是马来西亚第四所孔子学院。全球 500 多所孔子学院都秉承孔子“和为贵”“和而不同”的理念，为增进世界各国和地区人民对中国语言文化的了解，推动中国文化与世界各国文化的交流与融合做出了重要贡献。12 月 17 日，中国驻马来西亚大使馆和玛拉工艺大学联合主办了“中国文化日”活动，通过中华人民共和国成立 70 周年主题图片展、中资企业专场招聘会、中国电影展映、书法手工艺互动教学等方式，为当地大学生了解中国提供窗口、搭建桥梁。

（三）开拓华文教育新天地

2019 年 1 月 15 日，马来西亚华校董事联合会总会、华校教师会总会及独大教育中心发起为期两年的“华教新路向”系列活动，旨在全方位探索和打造未来华教发展新路向，获得了 16 个华团及组织的响应。筹委会规划了活动的三大目标，即开拓华教论述，迎向时局变化和科技的进步，为教育发展注入更大的活力；结合各界力量，打造华教新格局；筹建综合培训中心，作为推广华文教育、促进文化交流的华教基地。活动内容既包括探讨教育新理念的研讨会、探索华教新路向的讲座、宣传维护民族教育的演出、普及教育理念与教育改革的展览、展示学艺才华的比赛与表演，也包括促进中学生成长的生活与工作营以及与各阶层民众展开交流、互动的聚会，活动地点将遍布马来西亚各地。主办团体希望通过这一系列活动，开拓华文教育的新天地。

泰国侨情

在泰华人约有 900 万人，约占泰国全国人口的 14%，是除泰人之外最大的族群。多年以来，中泰关系始终保持健康稳定发展。2019 年 9 月 30 日，习近平主席向泰国公主诗琳通颁发了中国对外最高荣誉“友谊勋章”，不仅肯定了诗琳通公主对促进中泰关系发展做出的贡献，也体现了“中泰一家亲”的友好关系。2019 年，在中泰两国政府、相关组织、华人社团以及华侨华人的共同努力下，中泰两国在经贸合作、社团活动以及文化教育方面的交流进一步加深。2019 年，虽然泰铢持续升值，泰国旅游业受到很大影响，但赴泰中国游客人数仍持续增加。2019 年，中国赴泰国游客人数约为 1098 万人次，同比增长 4.2%，中国仍是泰国第一大旅游客源国。至此，中国已连续七年成为泰国第一大旅游客源国。

一　中泰经贸交流合作

由于国际贸易关系紧张、泰铢升值以及政治风险升高等原因，泰国经济增长速度放缓。第一，依赖出口的泰国经济因中美贸易摩擦而受到严重冲击；第二，泰铢不断升值，尽管泰国央行采取了多项抑制泰铢升值的措施，如在 2019 年内两度下调利率，但这些措施都没有起到预期效果；第三，3 月泰国大选后，新内阁延迟组建，政治不稳定因素不断酝酿。2019 年泰国 GDP 增长 2.4%，创五年来最慢增速；其中第 4 季度 GDP 增速仅 1.6%，为过去 21 个季度以来最低。泰国政府在年末实施了一系列刺激消费的措施，但从数据呈现的结果看，并没有收到预期效果。

尽管泰国经济形势较为严峻，但是中泰双方已有合作项目仍有序开展，同时，也签署了许多新的合作项目。

（一）中泰铁路合作项目稳步推进

中泰铁路是中国投资泰国铁路的合作项目，铁路从泰国东北部的廊开府到首都曼谷及东部工业重镇罗勇府，全长 867 千米。2015 年 12 月 19 日，中国国务委员王勇和泰国副总理巴金共同点亮中泰铁路奠基石的灯光索，象征着中泰铁路工程正式启动。

3月20日，泰国交通部部长阿空表示，中泰铁路合作项目是中泰两国长期以来友好交往的象征，该项目正稳步推进。4月3日，中泰合建的高铁鲁班学院在泰国孔敬府正式成立，该学院是全球首家高铁鲁班学院，由中国武汉铁路职业技术学院和泰国班派工业社区教育学院共建，将为中泰铁路开通运营储备人才。4月25日至27日，“一带一路”国际合作高峰论坛举办期间，中泰双方就中泰铁路一期曼谷—呵叻段2.3合同段的相关内容再次进行了谈判，同时对全部21项条款进行了审议，取得了新的进展。中泰铁路合作项目的推进，不仅促进了两国硬件上的互联互通，还推动了两国人员交流，增进了友谊。

（二）开展数字经济及技术领域合作

3月21日，由中国工业和信息化部、泰国数字经济和社会部、云南省人民政府共同主办的中泰数字经济合作论坛在昆明召开，来自中泰两国的代表就数字经济合作展开对话，并签署多个合作项目，包括中泰两国签署泰国“智慧交通”、农业物联网与农产品精细化分选识别、泰国互联旅游智慧化、中泰国际医疗中心—数字化智慧医院等5个合作项目，中泰双方开展数字经济合作，为两国可持续发展注入了新的动力。8月，华为与泰国电信运营商True Move H签署了5G合作谅解备忘录，双方将共同在泰国部署5G技术，推动业务创新。①

二 华人社团活动

泰国传统的华侨华人社团数量较多，既有以地缘为基础的侨团组织，如泰国泰华九属会馆；也有全国性的商业侨团，包括泰国中华总商会、泰国工商总会、泰华进出口商会以及驻泰中资企业商会等。

---

① 《华为与泰国True公司签署5G备忘录》，中华人民共和国驻泰王国大使馆经济商务处，http：//th.mofcom.gov.cn/article/zxhz/201908/20190802891077.shtml。

（一）泰国中华总商会：促进友好交流和经贸往来

泰国中华总商会成立于1910年，迄今已经有一百多年的历史，其宗旨是团结侨众，互相协助，为广大华侨华人谋福祉，为社会的发展做贡献，积极促进中泰两国在经贸、科技、文化等诸多领域的交流合作，目前有会董220人。作为世界华商大会的三个发起人组织和召集人组织之一，泰国中华总商会于2011年10月接任为期六年的世界华商大会秘书处，为推动世界华商合作发展发挥了积极的作用。在历届会董的共同努力下，商会规模不断扩大，已发展成泰国华社最负盛名的社团之一。

2019年，泰国中华总商会组织参与了多场活动。例如，6月11日，商会承办了中国（广东）—泰国经贸合作交流会，中泰两国政界、商界代表共600多人出席交流会，围绕“一带一路”倡议、粤港澳大湾区建设与“泰国4.0”国家发展战略、东部经济走廊建设的深度对接进行交流和探讨。10月26日，为进一步促进泰中两国文化交流与经贸合作，泰国中华总商会光华堂举办“庆祝泰中建交44周年暨泰中艺术家联合会、泰中经济贸易交流中心成立20周年”庆祝会。11月18日，作为活动支持单位之一，泰国中华总商会协助中国福建湄洲岛妈祖祖庙董事会举行了“妈祖下南洋·重走海丝路”活动，备受泰国民众欢迎，场面热烈。这次湄洲妈祖巡安泰国是继2017年湄洲妈祖巡安马来西亚、新加坡，2018年巡安菲律宾后的又一盛举，是弘扬妈祖“立德、行善、大爱”精神的一次重要文化交流活动，进一步促进了中泰两国民间交流交往。除以上活动外，商会还多次接待来自中国的访问团（见表2），与中国相关组织机构的友好交流和经贸往来非常密切。

表2　2019年泰国中华总商会接待来访的中国代表团

来访时间	来访代表团	来访目的
2019年2月	江苏文化交流团	到泰国举办“感知中国·江苏文化周”活动，邀请商会到江苏考察观光

续表

来访时间	来访代表团	来访目的
2019 年 4 月	大连市政协代表团	欢迎商会到大连观光旅游，建立友好关系，促进两地商业贸易领域的交流合作
2019 年 4 月	汕头市《经济特区报》考察团	就汕头经济特区报社今后与海外侨胞交流合作进行商谈
2019 年 5 月	吉林省经贸代表团	促进双方的往来和交流合作
2019 年 6 月	汕头市经贸代表团	互相交换经贸信息，加深经贸往来，促进彼此的繁荣进步
2019 年 6 月	中国侨联代表团	加深泰国侨界与中国政府的友好关系
2019 年 7 月	中保华安集团有限公司代表团	就中泰公民安保工作进行交流与探讨
2019 年 8 月	汕头市友好访问团	邀请商会到汕头观光访问，增进友谊，为汕泰二地的建设和繁荣进步共同努力
2019 年 9 月	湛江市代表团	探讨合作商机，诚挚邀请商会在适当的时候，到湛江考察访问
2019 年 10 月	深圳市潮汕青年商会代表团	加强与中华总商会的交流合作，鞭策深圳新潮青向海外优秀潮人前辈学习
2019 年 11 月	全国政协民族和宗教委员会代表团	了解海内外各族民众的情况，促进中泰两国民间的友好合作
2019 年 11 月	广东省农业农村厅代表团	欢迎泰国华侨华人企业抓住大湾区建设的契机，积极到广东考察投资，加强与广东农业企业的对接合作
2019 年 11 月	云南省政府代表团	希望商会利用丰富的智力资源和广泛的商业人脉，推动更多企业到云南寻商机、促合作
2019 年 11 月	厦门市代表团	介绍厦门的经济发展情况，促进双方在经贸往来、文化等多方面的交流合作，邀请商会参加“第 21 届中国国际投资贸易洽谈会”
2019 年 12 月	成都海外交流协会代表团	了解两地经贸信息，加强文化交流合作
2019 年 12 月	中华海外联谊会代表团	加强双方的联系与交流，为中泰友好谱写新的华丽篇章
2019 年 12 月	云南省海外交流协会访问团	加强联系，增进友谊
2019 年 12 月	江苏省海外联谊会代表团	促进两地更多领域的交流合作

资料来源：根据泰国中华总商会网站的相关报道整理，https://www.thaicc.org/home/? lang = zh。

（二）泰国泰华九属会馆：推动华校教育事业发展

泰华九属会馆成立于1983年，由泰国潮州会馆、客家总会、广肇会馆、海南会馆、福建会馆、浙江会馆、台湾会馆、云南会馆和广西会馆九大侨团组成，是具有重要影响力的地域性侨团联合组织，为广大华人华侨在泰国的发展提供了平台。为促进华文教育事业，会馆发起设立了“泰华九属会馆教师奖励基金会”，从1992年开始向全泰华校的中文、泰文教师颁发奖励金，以表达泰华九属会馆对教师的敬佩和鼓励。2019年10月26日，泰国泰华九属会馆第27次教师奖励金颁奖典礼在泰国潮州会馆大礼堂举行，会馆共向1283位获奖教师颁发了奖励，奖金总额为277.64万泰铢，奖励基金由64位热心教育的人士赞助。一直以来，会馆不忘根本，支持华文教育，弘扬中华文化，坚持褒奖从事华文教学工作的教师，吸引了一大批有志青年投身华文教育事业。

三　华文教育与文化

多年来，泰国十几所孔子学院以语言教学和文化交流为纽带，成为增进中泰两国友谊的桥梁，也为汉语和中国文化传播做出了突出贡献。越来越多的泰国人对中国文化产生了浓厚兴趣，新形式的中国研究中心应运而生。2019年5月，泰国法政大学比里・帕侬荣国际学院成立中国学习中心，中心内设图书馆、会议室和学习室，图书馆内收藏了来自中国和世界各国关于中国研究的图书和资料超过2000册，该中心成为泰国高校中在中国研究方面资料最多、最全面的机构，为学生提供了一个全面研究中国的学术场所。

（一）华文培训班助力汉语传播

近年来，泰国学习汉语的人数逐年递增，汉语已成为在泰国最受欢迎的外语之一。自2003年第一批汉语教师志愿者到泰国任教以来，在中泰双方的努力下，汉语教师志愿者项目取得了丰硕成果。截至2019年3月，泰国已有134所高等教育机构开设了中国语言文化专业课程，中国向泰国派出的汉语教师志愿者累计达到17169人次，覆盖泰国73个府的1000多所大中小学。①

随着“泰国4.0”国家发展战略与中国“一带一路”倡议的对接，中泰合作越来越频繁，许多中资企业到泰国投资，对“专业技能+汉语”的人才需求日益增长，也对泰国相关工作人员提出了学好汉语的新要求。2019年，不同形式的汉语培训班顺利开展。3月18日至22日，泰国清迈大学孔子学院联合泰国教育部职业教育委员会举办“清迈孔院首届泰国职教委教育精英汉语培训班”，共计150人参加。此次培训是清迈孔院与泰国职教委首次深度合作的项目，孔院为不同层次的培训对象开设了不同的汉语和文化课程。7月20日，海上丝路孔子学院与泰国职教委在泰国博仁大学联合举办了专业教师“汉语+”培训班，来自30多家职业学院的52位教师参加，提升了汉语水平。10月15日至17日，由中华海外联谊会主办，广西海外联谊会、泰国华文教师公会承办的2019年“华文教育名师巡讲”培训班在泰国曼谷举办，100多名华文教师参加学习培训，获益匪浅。

（二）共享多元文化

除汉语外，中国文学著作、非物质文化遗产与饮食等优秀文化也在泰国广泛传播。2019年6月27日，“三国文化节”在曼谷中国文化中心举行。《三国演义》在泰国可谓家喻户晓，此次活动向泰国民众进一步诠释了《三国演义》的历史价值和现实意义，让观众对《三国演义》有了更深刻的认知。

8月27日至28日，泰国玛哈沙拉坎大学泰东北艺术文化研究院举行中泰非物质文化遗产保护与传承作品展示会，邀请了四位中国非物质文化遗产陶瓷和刺绣代表性传承人及多位专家到场，与观众进行现场交流。非物质文化遗产是国家文明传承和文化软实力的重要组成部分，这次活动进一步推动

① 《汉语成为泰国最受欢迎的外语之一》，人民网—国际频道，http://world.people.com.cn/n1/2019/0315/c1002-30978275.html。

了中泰两国非物质文化遗产保护与传承项目的交流与合作。

8 月 30 日，泰国孔敬大学孔子学院举办“中国厨房”美食文化节。来自中国的厨师以及孔敬大学的学生们现场制作地道中国菜，还举办了文化讲座、美食沙龙等活动。饮食文化是中国文化的重要组成部分，此次文化节以美食为媒，让泰国学生在美食体验中感受中国文化的魅力，增进其对中国传统文化的认识和理解。

菲律宾侨情

近年来，菲律宾政府把旅游业作为重点发展产业之一，2018 年旅游业产值占菲律宾国内生产总值的 12.7%。2019 年，菲律宾接待外国游客的数量首度突破 800 万人次，达到了 826 万人次，同比增长超过 15%。其中，中国游客为 174 万人次，比 2018 年增长了 38.58%，中国已成为仅次于韩国的菲律宾第二大游客来源地。2019 年，菲律宾总统杜特尔特两次访华，促进了中菲友好交往和经济合作。除此之外，菲律宾政府和相关组织等还加强了对汉语学习和教育的重视，促进了汉语在菲律宾的传播。

一　中菲人文交流与经济合作

2019 年，菲律宾总统杜特尔特两次访华。4 月底，杜特尔特总统出席第二届“一带一路”国际合作高峰论坛，这是他上任 3 年内第 4 次访华。时隔四个月之后，应中国国家主席习近平的邀请，菲律宾总统杜特尔特于 8 月 28 日至 9 月 1 日再次访问中国。菲律宾总统的两次到访，使中国与菲律宾在经贸交往、油气共同开发等方面的合作都迈出一大步，两国之间的联系更加密切。

（一）人文交流合作取得新成果

第二届“一带一路”国际合作高峰论坛于 4 月 25 ~ 27 日在北京举行。4 月 26 日，中国国家发展计划重大项目办战略部与菲律宾海外国际就业管理中心在北京签署了中菲人才交流战略合作协定，这是双方重要合作项目之一，将为20多万名菲律宾人提供就业机会。菲律宾总统杜特尔特现场见证了此次签约仪式，这是回应中国国家主席习近平“要发挥智库作用，建设好智库联盟和合作网络”的重要举措之一，也是“一带一路”建设的丰硕成果。7月26日，由中国公共外交协会和菲律宾总统府新闻部主办的“一带一路”中菲人文交流与经济合作论坛在菲律宾首都马尼拉举办，中菲两国经济、交通、媒体、文化等领域的近300名嘉宾深入沟通，回顾了“一带一路”建设取得的进展及其对促进中菲关系发展的重要意义，促进了两国的人文交流与经济合作。

（二）经贸交往取得新进展

中菲两国在经贸交往和油气开发等方面的合作取得了新进展。9月16日，中国（重庆）—菲律宾经贸交流论坛在菲律宾首都马尼拉举行，多家重庆企业与菲律宾企业开展零距离对接活动，达成32项初步合作意向。论坛当天，重庆和菲律宾签署了9项经贸合作协议，签约金额约46亿美元，涉及摩托车、汽车及零部件、钢板生产、新零售、国际冷链物流等。10月28日，中国—菲律宾油气开发合作政府间联合指导委员会第一次会议在北京举行，会议正式成立了油气开发合作政府间联合指导委员会。委员会就2018年11月签署的《中华人民共和国政府和菲律宾共和国政府关于油气开发合作的谅解备忘录》下的合作安排交换意见，并同意继续推进油气开发合作沟通与协调。12月18日，中国中车株洲电力机车有限公司与菲律宾国家铁路公司在马尼拉签署供货合同，中车株机将于2021年7月向菲律宾国家铁路公司交付3列设计时速为120千米的内燃电力动车组列车，这是中国制造的动车组列车将第一次出口到菲律宾，具有非常重要的意义。

二　华人社会新动向

根据菲律宾人口委员会的估计，2019年菲律宾人口增至1.09亿人左右，劳动力规模约为 7000 万人，人口红利巨大。其中，菲律宾华人约为 200 万人，占菲律宾总人口的 2% ~3%。根据菲律宾 2019 年福布斯富豪榜，排名前 10 的菲律宾富豪中，有 8 位是华人。华侨华人在为菲律宾的发展做出重要贡献的同时，也心系中国发展，积极维护中国的和平与统一。

（一）菲律宾首富施至成去世

2019 年 1 月 19 日，菲律宾首富施至成去世，享年 94 岁。施至成祖籍福建晋江，是 SM 集团创办人。SM 集团创办于 1956 年，目前是全球第三大、亚洲最大的大型商场开发营运集团。2018 年，施至成以 183 亿美元身家蝉联福布斯菲律宾富豪榜首位，连续 11 年蝉联菲律宾首富。几十年来，施至成为上万名菲律宾工人提供了就业机会，帮助工人改善了生活质量。另外，施至成心系家乡，不仅为家乡捐资建设水泥路、凉亭、大桥以及晋江机场等，还非常关注和支持家乡教育事业的发展。

（二）到菲律宾移民局报到的中国人最多

根据菲律宾法律，已在移民局登记的外侨必须在每年的前 60 天内，向移民局报到。2019 年的前两个月，一共有 14.8 万名外籍人士到菲律宾移民局报到。其中，约有 6.4 万名中国人、2.6 万名印度人、1.5 万名美国人、0.8 万名韩国人，其余人数较多的分别是日本人、印度尼西亚人、英国人、越南人和德国人。

（三）积极维护中国和平统一

中国和平统一是每个中华儿女的共同愿望。6 月 22 日，菲律宾中国和平统一促进会首次承办了以“推进中国和平统一，实现民族伟大复兴”为主题的全球华侨华人促进中国和平统一大会，会上发表了《全球华侨华人促进中国和平统一大会（2019 · 马尼拉）宣言》，坚定支持中国政府采取一切必要措施打击“台独”，这次大会被评选为“2019 全球华侨华人十大新闻”之一。此外，自 2019 年 6 月以来，香港一些不法分子以“反修例”为幌子，在香港不断制造各种暴力事件，引发全球华人的愤慨。8 月 17 日，300 多名菲律宾华侨华人代表于马尼拉举行大会，声讨“港独”分子的反中乱港暴行。他们表示，海外华侨华人永远与祖（籍）国心连心、共命运，坚定不移地维护一个中国原则，支持“一国两制”在香港的实施。这两次会议体现了菲律宾华侨华人拥护祖（籍）国统一的坚定立场，海内外中华儿女共同努力，推动中华民族伟大复兴的中国梦早日实现。

三　华文教育与文化

菲律宾的汉语教学历史悠久，可以追溯到 1899 年当地华侨开办的第一所华文学校——大清中西学堂。2011 年，菲律宾教育部将汉语列为继西班牙语、法语、日语、德语之后主流中学外国语言特别项目的学习语言。自此开始，汉语教学正式进入菲律宾主流教育体系，菲律宾的汉语教学进入蓬勃发展阶段。2019 年，菲律宾总统府内开设了汉语班，中菲签署了联合培养汉语教师的协议，体现了菲律宾对汉语学习与教育的重视。

（一）中菲将联合培养汉语教师

菲律宾是最早接受中国国家汉语国际推广领导小组办公室汉语教师志愿者的国家。中国每年约有 500 名汉语教师志愿者前往菲律宾授课，但仍然无法满足当地学校的需求。为了更好地促进人文交流，2019 年 12 月 3 日，菲律宾教育部与中国孔子学院总部在马尼拉签署《关于联合培养汉语师范教育硕士专业本土汉语师资协议》，双方将在未来五年联合培养 300 名菲籍汉语教师。根据协议，中国孔子学院总部和菲律宾红溪礼示大学联合在菲律宾设立汉语师范教育硕士专业，菲律宾教育部选送的公立中学汉语教师将进行两年的学习。这一合作项目对于提高菲律宾本土汉语师资水平，意义重大且影响深远。

（二）“侨心书苑”等华文图书中心设立

2019 年，菲律宾设立了“中国图书中心”以及“侨心书苑”等形式的华文图书中心。3 月 18 日，菲律宾大学中国图书中心举行揭牌仪式，中国国际出版集团、中国报道杂志社向该中心捐赠 1000 册中国图书。3 月 24 日，中国侨联访问团前往菲律宾参观考察，宣布中国华侨出版社将在宿务设立第一家海外“侨心书苑”。由中国侨联批准，中国华侨出版社联手海外侨社设立海外“侨心书苑”，旨在弘扬中华文化、深化为侨服务，并推动中国华侨出版社打造品牌文化。2019 年 9 月 26 日，宿务“侨心书苑”举行揭牌仪式。

（三）研讨会、汉语班等助力汉语传播

语言是中菲两国人民最好的交流渠道，随着中菲友好关系进一步提升，越来越多的菲律宾人对汉语产生了兴趣，菲律宾总统府、华教中心以及高校等也越来越重视汉语学习和研究。3 月 10 日，菲律宾亚典耀大学孔子学院 AR、VR“魅力汉语全球行——菲律宾”活动暨数字化国际汉语教育研讨会拉开帷幕，旨在探索“互联网 + 汉语 + 中华文化”的汉语国际教育新模式，吸引了菲华各界人士，激发起大家学习汉语的兴趣。4 月 12 日，菲律宾总统府新闻部开设汉语班，邀请菲律宾大学孔子学院的中国老师为 30 多位学员讲授基础汉语，传播中国文化，课程持续 40 周，每周两课时。总统府新闻部希望通过该课程，提升工作人员的工作技能，从而方便与中国人民沟通。7 月 8 ~ 10 日，由菲律宾华教中心主办的主题为“推进汉字与汉字教学的理论研究和教学实践”的“汉字与汉字教学国际学术研讨会”在菲律宾大雅台举行，来自中国、美国、法国、南非等国家的 27 位专家以及菲律宾 64 所华校的校长和教师出席研讨会，与会人员围绕汉字与汉字文化、汉字教学与评估、新技术与新媒体在汉字教学中的应用等七个议题展开研讨，推动汉字教学产生新的理念和方法。

文莱侨情

文莱总面积为 5765 平方千米，盛产石油和天然气，并靠这两项资源创

造了非常高的人均收入。2018 年，文莱的人均 GDP 为 31627.7 美元，居全球第 39 位，位于发展中国家前列。文莱是中国隔海相望的友好邻邦，自古便是海上丝绸之路的重要组成部分，2018 年，中文双边经贸总额同比增长 86%，到文莱旅游的中国游客达到 65563 人次，占文莱国际游客的 23.6%，中国已成为文莱最大的外国游客来源地。中国和文莱在 2020 年启动“中国—文莱旅游年”，以进一步推动两国旅游合作和人文交流，为两国开拓更广泛的经贸合作提供机遇。

一　两国战略合作伙伴关系不断推进

继 2018 年习近平主席对文莱进行国事访问后，2019 年 4 月 26 日，习近平主席在北京人民大会堂会见文莱苏丹哈桑纳尔。习近平强调，两国关系提升为战略合作伙伴关系，实现大踏步发展。双方要加大共建“一带一路”倡议同文方“2035 宏愿”对接，落实好重点合作项目，将“广西—文莱经济走廊”建设成中国—东盟东部增长区合作和“陆海新通道”建设的双示范项目，深化经贸、投资、农渔业等领域合作，分享数字经济、电子商务等新兴产业发展经验。2020 年为“中国—文莱旅游年”。要推动共建“一带一路”同东盟互联互通总体规划对接，促进地区联通和发展。哈桑纳尔表示，文方愿同中方加强“2035 宏愿”同“一带一路”倡议对接，拓展各领域合作和人文交流，为双边关系注入更多活力。①

9 月 5 日，国务委员兼外交部部长王毅在北京会见文莱公主玛斯娜。王毅表示，中文两国始终相互理解、相互尊重、相互支持，是大小国家和平相处的典范。习近平主席同苏丹陛下建立了牢固信任，引领双边关系不断发展。玛斯娜表示，文方愿以 2020 年“文莱—中国旅游年”为契机，扩大两国人员往来，推进两国战略合作伙伴关系。

① 《习近平会见文莱苏丹哈桑纳尔》，新华网，http://www.xinhuanet.com/politics/2019-04/26/c_1124422598.htm。

二　多个经济合作项目落地

中国和文莱之间有许多商业互动平台，两国在发展数码经济、电子商务、招商引资、石油海事和天然气资源开发等领域互相合作。4 月 25 日，文莱—中国海洋产业合作项目发布会暨文莱国家馆开馆仪式在北京举行，并发布了中文建交以来第一个以“海洋产业”为主题的产业合作项目。

10 月 26 日，文莱皇家航空公司在北京蓝色港湾举办了路演活动，以推广北京—文莱航线，并进一步推介文莱旅游。次日，文莱皇家航空公司正式宣布复航，并使用展现文莱地标性景致的客机，从斯里巴加湾市飞往北京大兴国际机场。此次文航恢复直航北京航线，不仅让两国商务人士从中获益，也为两国政府、企业和人民之间的合作创造了更多机会。

11 月 3 日，恒逸石化大摩拉岛综合炼化项目实现全面投产，顺利产出汽油、柴油、航空煤油、苯等产品。这一项目是中文两国旗舰合作项目之一，也是中国在文莱最大投资项目。该项目可以帮助文莱减少对油气出口的依赖，助力文莱产业升级，并进一步推动中国和文莱的经贸合作。

三　开创教育合作新领域

7 月中旬，华为在深圳总部举办“未来种子”项目毕业典礼。华为公司资助的 6 名文莱大学和文莱理工大学学生参加了典礼，文莱教育部部长拿督哈姆扎也出席典礼，并对项目给予了高度肯定。① 自 2015 年来，文莱已有 26 名学生参与该项目。文莱教育部代表团还访问了深圳华为总部和华为大学校园，参观了华为云计算、物联网、5G 等最新技术。

9 月 22 日，在广西南宁举办的第 16 届中国—东盟博览会、中国—东盟

① 《文莱教育部长高度肯定华为“未来种子”旗舰项目》，中华人民共和国商务部，http：//www. mofcom. gov. cn/article/i/jyjl/j/201907/20190702882535. shtml。

商务与投资峰会上，中国中莱实业与文莱国际学校正式签约，中莱实业将成为文莱国际学校在中国唯一的教育资源输出合作方，全权负责文莱国际学校中国校区的筹建工作。这是“一带一路”倡议提出后，中国与文莱的第一个教育合作项目。①

① 《中国与文莱首个教育合作项目签约》，南宁新闻网，http：//www. nnnews. net/yaowen/p/3012076. html。

B.4 越、老、柬、缅、印尼、尼泊尔侨情分析

罗 杨*

摘 要： 随着劳动密集型产业向东盟转移，各国华侨华人兴建工业园，为外资企业提供服务并实现自身盈利；央企、国企及各省份加大“走出去”力度，为华侨华人创造了新商机；华侨华人在房地产、电子商务等新领域发挥引领作用。华校开办双语班、三语学校、国际汉语培训班等，使华文教育适应当地社会和全球化趋势；侨办、汉办派遣教师到华社支教，并培育本地师资力量。新侨纷纷成立社团，广泛参与华社事务；老侨团致力于吸纳更多青年融入社团。

关键词： 华商经济 华文教育 华人社团

越南侨情

中越关系自1992年恢复正常化以来，双方建立了全面战略合作关系。随着越南不断开放国内市场，中越之间的经济往来日益频繁，1992年中越贸易额仅为约2300万美元，2018年增至1487亿美元。截至2018年底，中国对越投资项目2149个，投资协议金额134亿美元。[①] 根据越南统计局公布

---

* 罗杨，博士，中国华侨华人研究所学术管理中心主任，副研究员，主要研究方向为社会人类学理论与方法、东南亚宗教与文化、华侨华人及侨乡等。

① 《中国成为越南第三大外资来源地》，越南中国商会微信公众号，2019年8月2日。

的最新数据，2019 年初至 7 月，共有 65 个国家对越投资，中国以 17.8 亿美元的投资额成为越南最大的投资来源地，占越南吸引外资总额的 21.6%。① 从投资领域来看，加工制造业是吸引外资最多的行业，其次是房地产业。自 2016 年起，越南超过马来西亚，成为中国在东盟的第一大贸易伙伴，以及中国在世界上的第八大贸易伙伴、第五大出口市场和第九大进口市场。越南日益成为中国与东盟之间的贸易桥梁。② 中国是越南最大的进口市场，2019 年前 11 个月，越南从中国进口额达 687 亿美元，同比增长 15.2%，远超韩国、日本、东盟其他国家和欧盟。中国也是越南第三大出口市场，2019 年前 11 个月，越南对中国的出口额为 374 亿美元，仅次于美国和欧盟。③

胡志明市是越南华侨华人的主要分布地之一。截至 2019 年 11 月，胡志明市的总人口约 900 万人，其中少数民族人口约 47 万人，少数民族中华人人口近 40 万人。④ 华人曾经主要分布在该市的第五郡、第六郡、第十一郡，随着越南的城市化进程，华人逐渐到平新、新富郡等地居住。据统计，2019 年胡志明市共有 26595 家企业，其中 1810 家是华人企业，它们为当地经济发展、解决就业、提供税收等贡献良多，并积极参加扶贫济困等公益慈善事业，很多华人企业家获得了国家级和市级的表彰奖励。根据《西贡解放日报》的统计，胡志明市的华人人口及经商情况见表 1 和表 2。

表 1　胡志明市各郡（县）总人口、少数民族人口、华人人口及其占比统计（2019）

	总人口(人)	少数民族人口(人)	华人人口(人)	华人占总人口比例(%)
第一郡	140000	11031	10149	7
第三郡	189253	7631	6260	3
第四郡	174036	5389	4913	3
第五郡	171000		56977	33

① 《中国成为越南最大投资来源地》，越南中国商会微信公众号，2019 年 7 月 29 日。

② 《中国成为越南第三大外资来源地》，越南中国商会微信公众号，2019 年 8 月 2 日。

③ 《中国依然是越南最大进口市场》，越南中国商会微信公众号，2019 年 11 月 30 日。

④ 《华人同胞为本市发展不懈努力》，《西贡解放日报》2019 年 11 月 4 日。

续表

	总人口(人)	少数民族人口(人)	华人人口(人)	华人占总人口比例(%)
第六郡	253665	—	67222	26.0
第七郡	356380	4843	2889	0.8
第八郡	422420	—	33632	8.0
第九郡	391409	5372	1162	0.3
第十郡	236941	22275	22000	9.0
新富郡	500000	28448	26558	5.0
平盛郡	500000	6240	4435	0.9
新平郡	470419	—	8573	1.8
旧邑郡	670000	9069	5508	0.8
平政县	—	28918	14111	—
古芝县	459702	12443	—	—
福门县	539394	8236	4173	0.8
芹耶县	72854	483	147	0.2

资料来源：本表根据 2019 年《西贡解放日报》的相关文章统计而成，因材料所限，有所缺漏。

表 2　胡志明市企业总数、少数民族企业数、华人企业数和经营户数统计（2019）

	全郡总企业数	少数民族企业数	华人企业数	华人经营户
第三郡	8595	95	86	
第五郡	18000		1224	
第六郡			500	5079

资料来源：本表根据 2019 年《西贡解放日报》的相关文章统计而成，因材料所限，有所缺漏。

一　华人企业的开拓创新

越南实行革新开放政策以来，积极融入全球经济产业链，吸引了越来越多的境外投资，既有大型工业企业，也有劳动密集型的中小企业。这些企业到越南投资，对厂房的需求量很大。2019 年，因为中美之间的贸易摩擦，很多香港投资者有意在东盟地区开设厂房。根据中国香港生产力促进局的调查，73%的受访者打算新增厂房，而越南成为最受青睐的国家。[①] 越南本地华人发现这一商机后，纷纷投资建设工业园，满足外资企业用地的同时实现了自身的发展。例如，越香集团是越南著名的华人企业，其投资开发的越香工业园第1期工业区获得极大成功，占地面积110公顷，主要针对各种中小企业用地，特别是出口行业。2019年，第2期工业区开始建设，占地140公顷，面向大型企业，如汽车零件制造、电子产品、重型工业企业等。此外，正在兴建60间厂房，每间面积4000平方米左右，每年租金约10万美金，以满足中小企业的租赁需求。[②]

虽然在越南占据主流的仍然是传统的市场销售模式，但一些国营企业开始涉足网上购物，甚至用微信进行活动推广，华人企业更是紧跟时代步伐，在电子商务领域发挥引领作用。例如，华人企业平仙日用品制作公司就是越南电子商务方面首屈一指的代表，它在越南的电商平台建立起销售网络，而且开发了自己的电子商务平台，推销各种新产品。它融入中国的阿里巴巴和欧美的亚马逊网购平台，开拓海外网购市场。[③] 目前，该企业在网络平台销售的产品以年均50%的速度增长。越南陶瓷企业的领头羊明隆陶瓷公司、文具用品的首席企业天龙集团都是华人企业，网购平台逐渐成为它们主要的销售渠道。

对外开放意味着外来投资者进入，越南华人抓住国家对外开放的有利时机，并发挥在地优势，兴建厂房，为外来投资者提供“落地”便利的同时，促进了本地经济发展及自身盈利，实现“三赢”。华人也在引领越南国内新兴电商市场，这是华商经济新的增长点。

二　华文教育的发展与华人历史文化的传承

2019年是越南华文教育解禁30周年。1989年，随着越南开始推行革新

---

① 《70%的中国香港企业拟在东盟开厂》，越南中国商会微信公众号，2019年11月7日。

② 《广东省工信厅代表团访越香工业区》，《西贡解放日报》2019年12月11日；《越香集团投建60间新厂房》，《西贡解放日报》2019年6月13日。

③ 《华人企业加强开发网购市场》，《西贡解放日报》2019年7月1日。

开放政策，政府允许教授华文，颖川、启秀、礼文、麦剑雄（越中）、陈佩姬（福中）、欧姬（崇华）等华文“中心”相继开办。最初，越南政府鼓励华人以补习班的形式教授华裔子弟本民族的语言，但没有对补习班的师资、设施等做出明确要求，很多补习班以盈利为目的，不注重教学质量，引起家长不满。后来，越南教育与培训部出台了第 21 号《通知》，规范外语培训机构，符合一定条件才能称为“中心”，将其纳入教育与培训部系统，并且用圆形印章代替方形印章。华裔子弟纷纷到这些中心求学，各个华文中心生源爆满，不得不增设分校，如颖川华文中心。为了提高华文教育的层次，这些华文中心又相继开设高中班，如启秀华文中心，2002 年开始增设高中班，截至 2019 年已有 28 届，培育了 868 名学生。越中、福中、礼文等华文中心也开设了高中班。最近 10 年，由于越南经济的发展以及中国投资者的增多，很多华文中心开设傍晚班和晚上班，许多上班族也利用晚上的时间学习汉语。[①] 近年来，一些华文中心进行改革，一是开设中越双语班，如颖川华文中心改为颖川双语学校；其次是开设 HSK 国际汉语考试班，如礼文华文中心 2018 年开办了 3 个这样的班级，欧姬华文中心 2019 年也开设 HSK 班，使华文教育更好地与国际汉语教学接轨。

2019 年，一群热爱华人传统文化的青年发起筹备成立“华人文化陈列室”，引起越华社会的强烈反响。华人移民越南历史悠久，且有自身的民族文化特色。例如，胡志明市第五郡、第六郡是越南华人的传统聚居区，在第五郡范围内，有 25 座庙宇、12 个会馆、10 座华人姓氏宗祠，第六郡有 7 座庙宇、12 座华人姓氏宗祠、华人革命传统室等。截至 2017 年，在胡志明市的 172 个国家级和市级历史遗迹名录中，华人的国家级遗迹有 16 个、市级 6 个。[②] 但是，很多记录不同时代越南华人生活、见证其移民变迁史的物件散落在民间，加之经过战火的蹂躏，如不进行及时的保护，很有可能随着时间的推移而消失。所以，“华人文化陈列室”通过华文媒体公开向社会征集

---

① 《本市各华文中心致力培育英才》，《西贡解放日报》2019 年 11 月 20 日。

② 《第五郡举行各少数民族同胞代表大会》，《西贡解放日报》2019 年 7 月 31 日；《第六郡举行各少数民族同胞代表大会》，《西贡解放日报》2019 年 7 月 19 日。

各种反映华人文化的物品。自该计划启动以来，主办方已收到超过百件1975年以前的华人旧物，包括烧青煲、云鼎、大襟衫、华校毕业证书、老照片等具有越南华人特点的物品。

三　积极融入主流社会的社团组织

以义安、穗城、海南、二府、温陵、崇正等会馆为代表的越南华人社团每个季度聚会一次，各会馆的各部门代表互相通报过去3个月的工作以及未来的活动计划。2019年已是各个会馆定期举行聚会的第15个年头。这些传统的华人社团日常的主要活动是开展敬老和励学（见表3），使会馆的成员老有所依、少有所教。此外，还开办各种文娱体育班，如书法班、篮球训练班、毛笔习字班，举办华语歌曲大赛、粤剧曲艺比赛，每逢华人的传统节日，如春节、端午、重阳、中秋、冬至等，组织会馆成员开展相应的活动。

表3　2018～2019年度各社团颁发奖助学金统计

社团	奖励总人数(人次)	奖励总金额(越南盾,万元)
冯氏宗祠	39	2230
郑氏宗祠	51	3360
何氏宗祠	40	3500
柯蔡宗祠	47	5980
林氏宗祠	63	9010
毕氏宗祠	33	3200
罗氏宗祠	9	9000
六桂堂	38	2760
黄氏宗祠	87	7000
许氏宗祠	26	1640
麦氏宗祠	26	2500
陈氏相济宗祠	61	6000
颍川堂陈氏宗祠	36	4220
苏氏宗祠	45	3650
关氏宗祠	37	4430
曾氏宗祠	55	2340

续表

社团	奖励总人数(人次)	奖励总金额(越南盾,万元)
梁氏宗祠	40	2000
福建励学会	72	17000
海南会馆励学会	198	37000
崇正大埔同乡福利会	162	5285
崇正会馆励学会	85	9000
潮州义安会馆	337	46490

注：按照2020年4月的汇率，1元人民币约合3300越南盾。
资料来源：笔者根据2019年《西贡解放日报》的相关文章统计而成，因材料所限，有所缺漏。

华人已是越南的一个少数民族。华人除参加传统的社团组织以外，还积极融入越南主流社会。2019年，越南胡志明市各郡县纷纷召开各少数民族代表大会，华人代表参会率较高（见表4），为本族群发声，也为越南的少数民族发展建言献策。同年12月，第三届胡志明市各少数民族代表大会召开，80位优秀的少数民族代表出席。此次大会选举了5位少数民族代表担任主席团成员，其中有3位是华人代表，他们分别来自越南文艺界、医药界和商界。

表4　2019年胡志明市各郡县少数民族代表大会参会人数统计

单位：人，%

	少数民族代表人数	华人代表人数	华人代表所占比例
第一郡	103	38	37
第三郡	143	72	50
第四郡	120	—	—
第五郡	130	109	62
第六郡	140	87	84
第八郡	147	54	37
第九郡	100	15	15
第十郡	150	90	60
平盛郡	147	66	45
新平郡	150	73	49
芹耶县	80	23	29

资料来源：笔者根据2019年《西贡解放日报》的相关文章统计而成，因材料所限，有所缺漏。

老挝侨情

2019 年是中老建立全面战略合作伙伴关系 10 周年。4 月 30 日，中共中央总书记、国家主席习近平与老挝人民革命党总书记、国家主席本扬在北京签署《中国共产党和老挝人民革命党关于构建中老命运共同体行动计划》（以下简称《行动计划》）。自 2013 年习近平总书记提出构建人类命运共同体的理念以后，老挝官方高度认同。2018 年，习近平总书记在同本扬会晤时强调，双方应在人类命运共同体的共识基础上，将理念转化为现实。这份五千余字的《行动计划》正是将两国最高领导人的美好愿景落实为实际的行动，有利于推动中老未来五年在政治安全、经济发展、人文交流等方面的合作。新华社指出，这是中国首份以党的名义签署的构建人类命运共同体的双边合作文件，也是党的十八大以来，习近平总书记亲自签署的为数不多的双边合作文件之一，对在地区和国际上推动构建人类命运共同体具有重要引领示范意义。①

中国已成为老挝第二大贸易伙伴和第一大外资来源国，2019 年是“中老旅游年”，中国赴老挝游客同比增长近 30%，游客量实现新的突破。中老关系的不断深化和“一带一路”倡议的推进，为华侨华人在老挝的发展带来新的契机。

根据老挝中华总商会的统计，老挝近年来新增十余万名华侨华人，以湖南人为主，大多聚居在首都万象，以及巴色、琅勃拉邦、沙湾拿吉等城市，主要从事餐饮、食品加工、百货贸易等。

一　中老经济合作的新进展

老挝积极融入中国的“一带一路”倡议，2016 年开工的中老铁路便是

① 《中国老挝签署命运共同体行动计划　开启双边关系新时代》，新华网，2019 年 5 月 1 日。

中老双方对接的标志性项目。老挝在地理位置上被中国、越南、柬埔寨、泰国、缅甸五国包裹，国土面积和中国的广西壮族自治区相当，但中老铁路动工前，全国铁路里程仅3.5千米，在世界排倒数第四位，境内多山，交通极为不发达。2015年，老挝副总理在东博会上发言，提出老挝要从“陆锁国”变为“陆联国”。“陆联国”是老挝人独创的词语，通过修建铁路使老挝成为东盟地区交通互联互通的关键节点，由此带动贸易、投资、就业等，“陆联国”的构想被上升为老挝的国家战略，在老挝国家的“八五”规划中，中老铁路被列为国家1号重点项目。对中国而言，以中老铁路为起点，继而合作建设中泰铁路，再到新加坡，形成联系中国和东南亚区域的铁路交通网，对中国—东盟合作的发展同样重要。2019年12月27日，中老铁路全线最长的隧道贯通，这标志着线下土建工程基本完工，转入线上轨道建设阶段。

中老铁路北起中老边境，南至万象，是中国在海外采用自己的标准、技术和装备修建的第二条高铁。工程6个标段的中标企业都是中国企业，但是给沿线区域创造了大量的就业机会和商机。例如，据老挝中华总商会报道，中资企业与当地华侨华人合作，吸纳华裔青年和本地农民等参与工程建设，开办钢筋工、电焊工、混凝土浇筑工等培训班，培养了一大批技术工人，有的甚至成为工程管理人员。从事物流运输的一位当地华人表示，铁路修通后，货能拉得更多，运费更便宜，可以扩大业务范围。在琅勃拉邦做生意的一位华人打算在将来的火车站开一个商铺，另一个经营果园的华人则计划与当地老挝村民合作搞乡村旅游，因为铁路修通后，会有更多的外地人来这里，他的果园也因铁路获得发展机遇，本地的农产品可以用火车运出，卖到更多地方。

中老铁路2021年建成通车后，将与中国国内的铁路网直接连通，以这条铁路为依托，双方将建设中老经济走廊，开展更多经济合作。交通的便捷、商机的涌现，将会吸引更多的中国人南下老挝创业。老挝华侨华人在推动中老经济合作的过程中，也实现了自身的发展壮大。

二　文教事业的发展

随着中老关系的深入发展，双方在人文交流领域的合作不断扩大。2002年至2019年，共有11批119位中国青年志愿者赴老挝从事中文教学等支援工作。2004年至2019年，共有400余位汉语教师志愿者深入老挝偏远贫困地区，为当地中小学送去“汉语之光”。截至2019年，获得中国政府奖学金的老挝留学生已累计超过4000人，在东盟各国中名列前茅，在中国学习的老挝学生约1.5万人，在东盟国家中排第二位，在全世界196个国家和地区中排第八位。①

老挝华侨华人兴办华文教育始于20世纪初。第二次世界大战前，华侨开办的学校不足10所，20世纪50年代华校逐渐增多，到60年代中期，老挝共有华校20多所，万象的寮都学校学生最多时达到5000多人，沙湾拿吉、琅勃拉邦、巴色、他曲等地的华校人数也都超过千人。70年代，华文教育遭到重创，除寮都中学获准继续开办以外，其他华校被政府强制关闭。80年代以来，随着中老关系的改善，华文教育得以复兴。90年代中期，有4所学校复办，学生人数超过2000人，占老挝全国华人总数的五分之一。

万象寮都学校是老挝规模最大、最具影响力的华文学校，创办于1934年，目前有学生3000多人，有中国籍学生，也有老挝籍学生（包括华裔子弟），以及来自欧美和亚洲其他国家的外籍学生。该校为全日制学校，设有小学部和中学部，共有20多个班级，教授中文和老文。巴色华侨公学创办于1929年，后由客家帮和潮州帮两帮开办的学校合并而成。该校同样是中老文双语教学，从幼儿班到初中部共有10多个班级。当地有很多侨团和华人企业家资助该校。沙湾拿吉崇德学校于1931年开办，目前开设有幼儿班到初中11个班级。因为历史原因，该校有很多校友在法国，1995年在巴黎

---

① 《中老命运共同体建设不断取得积极成果——访中国驻老挝大使姜再冬》，新华网，2019年11月18日。

成立校友会，与母校保持联系。法国校友和从老挝移民他国的华侨华人共同为该校设立了“崇德学校福利基金”和“崇德教师福利基金”，在办学经费上予以资助。琅勃拉邦新华学校1943年创立，后由当地潮州帮和海南帮的两所学校合并而成。老挝的华文教育没有被纳入国家教育体系，所以师资、经费等全靠华社自己解决。近年来，中国汉办、侨办等部门选派教师来支教，给予海外华文学校一定经费支持，部分缓解了老挝华校的困境。

2018年，老挝中华总商会创办了该国革新开放以来的第一份华文报纸《中华时报》。2019年，香港中通社、中新社香港分社组织代表团访问老挝中华总商会，特意就传统纸质媒体和新媒体的发展、合作及供稿等方面进行了磋商，并签订了合作协议。目前，《中华时报》已基本覆盖老挝的华侨华人群体，并通过线上渠道，成为向外界报道老挝华社最新动态的权威媒体。

三　汪洋会见华侨华人代表

2019年11月，中共中央政治局常委、全国政协主席汪洋在访问老挝期间，会见了老挝华侨华人代表并举行座谈会，对老挝华侨华人而言，这是2019年最重要的活动之一。汪洋主席对老挝华侨华人提出五点希望：一是继续开拓创新，做好做大做强自身事业，为未来发展打好根基；二是加强团结协作，实现优势互补，不断增强凝聚力，展现大国侨民良好形象；三是坚守民族大义，始终关心和支持祖国和平统一大业，捍卫祖国主权、安全和发展利益；四是促进务实合作，秉持正确义利观，积极参与中老经济走廊建设，扩大华文教育、旅游等合作，增进两国人民的友好往来；五是发挥融通中外优势，讲好中国故事，既讲自身在老挝发展成长的小故事，也讲中国发展进步和中老友好交往的大故事。[①] 老挝中国和平统一促进会、万象中华理事会、中华总商会、老挝华文教育联合会、万象华助中心等代表性社团参与座谈。老挝中华总商会会长姚宾在参加座谈会后表示，这是中国中共中央领

① 《汪洋出席在老挝华侨华人代表座谈会》，老挝要闻微信公众号，2019年11月19日。

导访问老挝第一次举行的关于华侨华人的座谈会，让身在老挝的华侨华人深受鼓舞。[①]

四　华人社团发挥桥梁纽带作用

2019 年 8 月 19 日，一辆载有中国游客的旅游大巴在万象开往琅勃拉邦的途中发生严重车祸，车上共有 44 名中国公民，其中 13 人遇难、31 人受伤。“8 · 19 严重车祸”发生以后，老挝华侨华人社团迅速行动起来，参与救援，承担翻译、联络、照料家属、医疗看护、事故善后等事宜。例如，中华总商会组织人手为伤者及其家属、相关工作人员准备餐食，每天要准备 120 多份饭菜。“8 · 19 严重车祸”救援，既体现了老挝华侨华人与祖（籍）国同胞之间的感情，也在事故处理的过程中加强了老挝华社的团结协作。

此外，各个社团在联系祖（籍）国和融入老挝本地社会两方面发挥中介作用，社团活动围绕经济合作、公益慈善、人文交流等多方面展开。例如，全国政协副主席梁振英率香港共享基金会、海外华文学校（非营利）有限公司访问老挝中华总商会，合作开展消除白内障以及协商共建老挝首家华文国际学校。此外，先后有广东汕头市委市政府代表团、中国侨联代表团、广西壮族自治区侨联代表团、河北省侨联代表团等访问老挝华侨华人社团，为推动老挝华侨华人与相关省市开展经贸合作牵线搭桥。云南省对外友好协会也在老挝中华总商会的协作下，成功在老挝举办光明行活动，为 100 名白内障患者实施复明手术。2019 年，老挝多地遭遇特大洪灾，华侨华人社团积极行动起来，组织募捐，并帮助灾区架桥修路，生动地诠释了“一带一路”中的“民心相通”。

柬埔寨侨情

2019 年是中柬关系进入新一个甲子的开局之年。2019 年初洪森总理访

① 《汪洋访问老挝，华人华侨及中资企业备受鼓舞》，老挝要闻微信公众号，2019 年 11 月 20 日。

华，4 月，两国签署构建中柬命运共同体行动计划，中柬全面战略合作伙伴关系上升到新的高度，进入行动落实阶段。柬埔寨自 20 世纪 90 年代恢复和平以来，经济发展迅速，每年 GDP 增长率保持在 7% 上下，国民年均收入从 2000 年的 288 美元增加到 2018 年的 1548 美元，成为世界经济发展排名第 6 快的国家。中国是柬埔寨最大的贸易伙伴、最大的外资来源国、最大的外援国和最大的游客来源国。2019 年，中国赴柬游客已超过 200 万人次，每天有近 40 个航班、15 家航空公司往返于两国，中国有十几个城市与柬埔寨实现了直航。中国政府奖学金项目已累计接收柬埔寨留学生 2000 多名，每年向柬埔寨派遣 200 多名教师支援当地的华文教育。2019 年还是“中柬文化旅游年”和“中柬执法合作年”。中柬两国在政治、经济、文化等领域的合作不断深化，取得务实成果。

据《柬华日报》刊登的统计数据，截至 2019 年柬埔寨有大约 100 万名华侨华人，其中约有 20 万名华侨。华侨华人不仅是柬埔寨经济实力最强的群体，一些华人还进入政坛，为国家经济发展出谋划策。柬埔寨最大的华人组织柬华理事总会的会长方侨生 2019 年被西哈莫尼国王委任为柬埔寨公民社会联盟论坛顾问，其级别等同于政府部门的部长；柬埔寨潮州会馆会长刘明勤是国会议员。在华人社团的领导层中，有很多人被授予勋爵爵位以及政府和军队的荣誉职位。以柬华理事总会、柬埔寨中国港澳侨商总会、柬埔寨中国商会为主的柬埔寨华侨华人社团，积极对接中国大陆、中国香港以及新加坡、马来西亚、泰国等国家和地区的投资者，办好华文教育、弘扬中华文化，扶危济困、热心公益慈善，融入柬埔寨社会。

一　中柬经济合作的新增长点

随着中柬命运共同体行动计划的落实和“一带一路”倡议的推动，大量的中资企业到柬埔寨投资，其中既有大型央企、国企，也有民间资本；在柬的投资项目既有政府间合作的援建项目，包括基础设施建设、民生工程等，也有进军当地市场的项目，如传统的劳动密集型项目和新兴的房地产项目。

中国作为柬埔寨最大的援助国，不断加大对柬的援助力度，改善了柬埔寨民众的生活条件。例如，中资企业为柬埔寨修建了3000多千米的公路，架设了8座大型桥梁，建成水利灌溉项目45.6万公顷，协助柬方修建大型医院，在柬埔寨乡村铺设乡村公路，打井修渠，修建校舍。[①] 工业的飞速发展使原本落后的柬埔寨电力系统不堪重负，近年来，中国加大了对柬埔寨电力基础设施建设的援助。中资电力企业在柬已建成的电力线路共8000多千米，投资建设的电站发电量占柬总发电量的80%。[②] 中国驻柬埔寨大使王文天在采访中特意提到，他陪同洪森总理出席有中资企业参与兴建的柬埔寨最大的水电工程桑河二级水电站竣工投产活动时，洪森总理当场宣布将进一步调低电费，受到民众热烈欢迎。目前中资企业对柬埔寨的援建工程多采用“BOT”的模式，即建设—运营—转让，中资企业利用自己的资金和技术为柬埔寨修建水电站、高速公路等，柬埔寨政府特许其一定时间的经营权，使其回收成本并赚取利润，特许期满后将该设施移交给柬方继续经营。这种合作模式实现了中资企业与柬方的“双赢”。

柬埔寨国内市场不断加大开放力度，使得全球加工制造业加速向其转移，传统的劳动密集型产业在柬埔寨发展迅速，吸引了大量的中国投资者。柬埔寨的纺织服装行业因为有欧美等国的优惠待遇，在柬埔寨经济发展中异军突起，成为柬埔寨份额最大的出口产业。1993年，柬埔寨制衣业产值几乎为零，1994年制衣企业只有7家，到2010年已经有400余家，2018年发展到600多家。[③] 在柬埔寨纺织企业中，包括港澳台企业在内的中资纺织企业占70%以上，出口量占全柬出口总量的52.5%，解决了全国近50万名民众的就业问题，受益群体达到180万人。[④] 2019年成立的柬埔寨中国纺织协会，拥有会员企业200多家，涉及服装、制鞋、箱包、服装辅料、服装设备等多个领域。

① 《王文天大使就中柬关系等接受中柬媒体联合采访》，《柬华日报》2019年1月16日。

② 《王文天大使就中柬关系等接受中柬媒体联合采访》，《柬华日报》2019年1月16日。

③ 《柬制衣业中国指导工的酸甜苦辣》，《柬华日报》2010年8月11日；《柬制衣厂有意开拓中国市场》，《柬华日报》2018年11月7日。

④ 《在柬中资纺织行业抱团发展》，《柬华日报》2019年10月27日。

2010年，柬埔寨通过《外国人不动产产权法》，外国人有权在柬埔寨购买房屋并拥有合法产权。韩国、日本、中国台湾、新加坡的房地产企业和投资者先后进入柬埔寨。自2016年开始，中国大陆的房地产企业也开始进入柬埔寨市场。由胡润研究院发布的2018年度全球房价指数显示，2018年柬埔寨金边跃居全球房价涨幅第一，涨幅达16.7%，金边和西港的土地价格也不断被推高，各热门区域的地价普遍上涨了四到五倍，有的涨幅高达十倍有余。据柬国土规划和建设部的数据，2000年至2017年，外资企业在柬开发的房地产项目共有287个，总投资额为42.97亿美元，其中，中资企业有110个项目，总投资额为16.56亿美元，是柬埔寨房地产市场的最大投资方。据当地人介绍，中国开发商的楼盘，80%以上卖给了中国投资客。外国人在柬埔寨只能购买高层建筑的第二层及以上层，可以拥有100%的房屋所有权，但不包括土地所有权，也不能购买底层的房屋。为了解决这一问题，很多中国投资客选择与柬埔寨本地华人合作，他们从单纯的买卖土地转变成开发土地上的房产，华人出土地，中国投资者出资建房，或是华人从政府拿批文、开发房地产，中国投资者入股装修、建材等业务。

二 培养师资、兴办大学，华文教育蓬勃发展

目前，柬华理事总会共有58所华校、1000多位老师，2017年共有4万多名学生，2019年增至55800名学生，两年间增加了约15000名学生。越来越多的中资企业来柬投资，对华语人才的需求越来越大，很多柬埔寨本地人也纷纷到华校学习。很多华校开始扩大规模，但出现了师资短缺。自2008年开始，应柬华理事总会的申请，中国侨办和汉办外派专职教师和汉语教师志愿者赴柬任教一年至两年，他们被分配到全国各地的华校，极大地弥补了华校教师的不足。例如，自2010年国家汉办首次向柬埔寨派遣汉语教师志愿者以来，累计派遣志愿者1650人，教授学生十万余人。[1] 2019年，

① 《2019—2020年度赴柬埔寨汉语教师志愿者举行岗中培训》，《柬华日报》2019年11月13日。

侨办委派了91位外派教师，汉办委派了182位汉语教师志愿者到柬埔寨华校任教。除了祖（籍）国的支援外，柬华理事总会也在积极探索华文教育的出路，变“输血”为“造血”。2017年柬华理事总会新一届领导成员就任后，负责华文教育的文教处走访了全国各地的华校，摸清情况后，2018年开办“师资培训班”。各地华校师生自愿报名参加为期一年到两年的集中培训，总会给予学费和生活补贴，毕业后须根据总会安排到华校任教三年，期满后可自行择业。迄今共有93名本地教师接受培训，其中10人提前毕业，回到原学校任教。同年，柬华理事总会与柬埔寨福建总商会、闽江师范高等专科学校合作，开办了“中柬华文师资培训中心”，截至2019年，已分别在金边和福州开办了3期培训班。2019年，柬华理事总会和闽江师范高等专科学校进一步签署协议，推出华文基础教育师资境外（金边）培训班、海上丝绸之路华文教师（福州）培训班、留学闽师和中柬师生互访交流等项目。

除了巩固和发展华文教育这块传统阵地外，柬华理事总会还提出成立“柬华理工大学”。方侨生会长介绍，柬华理工大学的构想是基于柬埔寨当前和未来的经济建设，需要大量的理工科人才，而柬埔寨的理工科并不全面，希望华人开办的理工大学能够培养出一批批优秀人才，服务国家经济社会发展。理工大学计划在成立初期开设纺织工程、机械工程、电气工程、食品工程、土木工程、计算机、企业管理、国际贸易等科目。柬华理事总会在全国华校学生中进行了调查，包括他们期望就读的科目和可接受的学费等。理工大学在开办初期，预计吸收300名学生就读，以英文和柬文授课，并不只是针对华裔学生，也面向柬埔寨学生，甚至欢迎老挝、越南等国的学生。目前，柬华理事总会正在探索大学的办学模式。柬华理事总会下属的潮州会馆也计划开办“端华大学”，潮州会馆会长刘明勤捐赠一块13000平方米的土地用以建校，会馆又出资400万美元增购临近的4000平方米土地扩大学校面积。截至2019年，潮州会馆已经收到约937万美元的认捐款。潮州会馆下属的端华学校有17000名学生，是海外学生规模最大的华文学校。端华大学建成后，将实现从幼儿园到大学的完整华文教育体系。

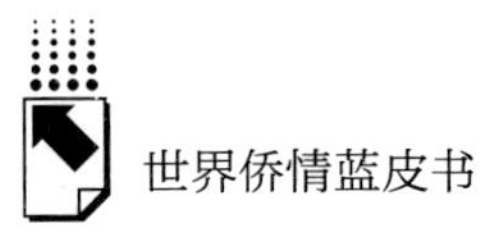

三 华人社团的融入与整合

柬华理事总会组织的“洪森总理与柬华侨华人共享团结饭”“柬华侨华人与市场商户共享友谊饭”已连续举办三次，成为柬埔寨华社最为隆重的年度盛会。2019 年 4 月 9 日，柬埔寨新年前，洪森总理、多位副总理、中国驻柬埔寨大使王文天出席团结饭盛宴，来自柬华理事总会，潮州、福建、广肇、海南、客家五大会馆，13 个宗亲会，全国 25 个柬华理事会、各地华校、中资企业的代表欢聚一堂。洪森总理在宴会致辞中高度评价柬埔寨华侨华人为国家经济建设、税收、社会公益事业等做出的贡献，并承诺每年都与华侨华人共享团结饭。2017 年的团结饭有 3000 多人参加，2018 年有 5000 多人，2019 年达到 6000 多人，而新侨的比例从 5% 增加到 10%，再到 30%。6 月 28 日，柬华理事总会的代表与来自金边 10 个市场的 2500 多名柬埔寨商贩共享“友谊饭”。柬华理事总会希望通过举办这样的联谊活动，加强华商与柬埔寨商人之间的联系。

2017 年，柬华理事总会成立青年团，团员从 70 多人增加到 2019 年的 140 多人，总会计划将青年团的规模扩大到 500 人，并推动在各个会馆、宗亲会和各省份的柬华理事会分会成立青年组织，使更多的年轻人参与到华社的事务中。为了鼓励和支持华裔青年创业，柬华理事总会推出“青年创业基金”和“柬华青年创业孵化器”项目。[①] 前者由柬华理事总会向银行担保，为青年创业提供优惠贷款，加入柬华青年团一年以上的团员即可申请 1 万至 5 万美元的无抵押贷款，但必须提交具体的企划书，业务范围属于创新行业，申请人的持股比例不得低于 50%。柬华理事总会还在新会址中划出一层楼，设立 36 个单位，以低于市价一半的优惠价格出租给创业青年，作为他们的创业孵化器。

柬华理事总会是以当地华人为主体的社团组织，华侨和中资企业的社团

① 《柬华理事总会召开常务会议　拨款支持华裔青年创业》，《柬华日报》2019 年 12 月 14 日。

组织是中国商会。随着柬埔寨的中国投资者剧增，华侨群体的构成发生变化，中国商会的结构也在改变。1996 年中国商会在原柬埔寨中资企业联谊会的基础上成立，最初以几家率先去柬埔寨投资、援建的国企为主，基本没有私企，后来国企因经营问题纷纷退出柬埔寨市场，有一段时间中国商会的成员大多数是私企。近年来，中国的大型央企、国企随着“一带一路”倡议再度进入柬埔寨。2018 年换届选举时，中国商会的会长先后是中国银行（香港）金边分行行长和中国工商银行金边分行行长，副会长级会员单位都是中免集团、中国电建、中国华电、中国路桥等大型企业。在一定程度上，这也使得被边缘化的华人私企选择加入柬华理事总会，私企在当地买地、贷款、投资多依靠土生土长的华人。柬华理事总会因生意合作的需要，也欢迎新侨加入，它的会员分为三种：个人会员、企业会员和社团会员。个人会员的入会资格是柬籍华人以及在柬埔寨工作和生活的华侨，只要是在柬埔寨合法注册 3 年以上的公司或社团都可以申请成为企业会员和社团会员，这就为很多新侨企业和社团加入柬华理事总会提供了渠道。新老侨的社团组织出现更深层次的整合。

缅甸侨情

2015 年缅甸新政府上台以来，对中国的“一带一路”倡议表现出积极态度。2017 年吴廷觉总统访华期间表示，缅甸正在研究如何加入“一带一路”倡议，2019 年缅甸国务资政昂山素季出席第二届“一带一路”国际合作高峰论坛高级别会议并发表演讲，她认为“一带一路”倡议给了缅甸加强与他国合作、实现互利共赢的机遇。中国是缅甸的最大外贸伙伴国和最大出口对象国，中缅贸易额占缅甸外贸总额的 30% 以上。[①] 近年来，双方在“中缅经济走廊”框架下，共同推动了皎漂经济特区、仰光产业新城、中缅

---

① 姜秀敏、梁译文：《“一带一路”倡议下中缅合作困境及对策》，《大连海事大学学报》（社会科学版）2018 年第 2 期。

铁路等重大合作项目。随着中缅经济合作的发展，“汉语热”升温，但缅甸在校800万名学生中，每年学习汉语的不到10万人。[①] 华文教育尚未被纳入缅甸国民教育体系，华校全靠华侨华人社团的支持，中国的高校与缅甸华侨华人社团在办学上的合作日益增多，为缅甸华文教育注入新的活力。

目前，缅甸华侨华人及其后裔总人数为250万人。[②] 从人口分布来看，福建人和广东人在缅甸南部占有很大比重，被称为“overseas Chinese”，他们主要从事收购、运输、销售等行业；云南人则集中在曼德勒以北地区，被称为“overland Chinese”，他们主要从事当地的宝石矿和银矿的挖掘业务。一些城市和矿区都发展出了华侨华人的聚居地，缅甸当地人称其为“德由谬”（即中国城）。[③] 缅甸佤邦特区与中国云南省临沧、普洱两市接壤，是缅北主要华人聚居区之一。自1989年佤邦特区进入和平建设时期后，越来越多的中国新移民进入当地，有的投资开矿，有的经营各类公司，有的受雇为技术工人等。据估算，2016年佤邦人口有50万人，其中华侨华人15万人，云南人最多，四川、重庆、湖北、湖南、江西来的人也很多，福建、广东来的人较少。四川人、重庆人主要开餐馆，福建人、湖南人、湖北人主要开矿，江西人主要开旅馆。他们大多无意在当地永久居留，对这一地区以外的“缅甸”兴趣不大，当地政府和民众对他们总体上持欢迎态度。[④]

一　中缅经济合作呈现新特征

中缅经济合作呈现三方面的特征：传统优势产业继续蓬勃发展，与中缅两国经济大政方针相契合的新兴领域兴起，中国一些省份加速在缅甸投资。

---

① 雷向阳、谢文婷：《三语学校——缅甸汉语传播的新路径》，《东南亚纵横》2017年第6期。

② 姜秀敏、梁译文：《“一带一路”倡议下中缅合作困境及对策》，《大连海事大学学报》（社会科学版）2018年第2期。

③ 《文化视野》2019年第3期。

④ 李枫：《缅甸佤邦特区的华人新移民》，《八桂侨刊》2017年第3期。

据初步统计，中国在缅甸的服装类投资企业超过 400 家，雇用当地员工超过 40 万人，占缅甸纺织业 80% 以上的份额。缅甸商务部数据显示，2018 ~ 2019 财年前 11 个月，缅甸纺织制衣业创汇 43.76 亿美元，同比增长 36.62%，列出口创汇首位。[①] 2019 年 12 月，由中国纺织品进出口商会和浙江省商务厅共同主办，浙江三博会展股份有限公司等联合承办的 2019 年缅甸国际纺织及机械展览会暨浙江国际贸易（缅甸）展览会在仰光举行。共有 228 家企业参展，其中，纺织企业 153 家，贸易企业 75 家，包括缅方企业 8 家。近年来，以劳动密集型产业为特点的服装加工业成为中国对缅甸投资的主要领域，为当地解决就业问题，发挥了积极的社会作用。

精准扶贫、发展相关产业、造福社会，不仅是中国国内的重要方针政策，也成为中国企业在海外拓展新领域、实现经济效益和社会效益双赢的新渠道。缅甸约有 70% 的人口居住在农村，农村贫困人口约占全国总人口的 20%。如何发展经济、改变农村的落后面貌是缅甸政府需要解决的大问题。现在，缅甸很多村庄没有通电，一些已经通电的村庄也没有完备的电力设施，比如路灯等，给村民的生产生活带来极大不便。中国一家从事光伏产品生产的公司响应国家的“一带一路”倡议，以及中国与缅甸政府合作的精准扶贫项目，在缅甸成立了可再生能源发展国际有限公司，为缅甸的乡村安装了环保节能的太阳能路灯照明系统，将中国利用可再生能源实现无电地区电力建设和脱贫减贫的经验，成功移植到缅甸。[②] 中国在缅甸开展的扶贫减贫项目，是中国政府提出的东盟减贫合作倡议的一部分，主要帮助缅甸、柬埔寨、老挝三国建立扶贫减贫示范点，推动国际减贫合作。这一政府间的倡议，也为中资企业和缅甸当地的华侨华人企业创造了新的发展空间。

中缅两国山水相连，共有 2186 千米的国境线，其中缅甸与云南省接壤的就有 1997 千米。云南省 8 个沿边州市中有 6 个与缅甸接壤，18 个公路口岸中有 11 个为对缅口岸。缅甸已连续多年成为云南省最大的贸易伙伴。据

① 《缅甸金凤凰中文报》2019 年 12 月 23 日。

② 《中国援助缅甸精准扶贫示范项目点亮缅甸农村道路》，《缅甸金凤凰中文报》2019 年 12 月 19 日。

统计，2018 年，云南省与缅甸的贸易总额达65.9 亿美元，占云南对东盟贸易额的47.8%，占全省外贸额的22%，占中缅双边贸易总额的43.2%。截至2018 年底，云南省在缅甸设立投资企业128 家，协议投资103 亿美元，实际投资19.8 亿美元，主要涉及水电站建设、农业合作、商务服务等领域。双方签订对外承包工程合同635 份，累计签订合同总额42.3 亿美元。① 2019 年底，中国国际贸易促进委员会云南省分会和缅甸中华总商会主办了滇缅企业仰光“一对一”撮合会。中缅企业代表在房地产、服装制造业、茶叶、医疗器械等方面进行一对一洽谈，介绍各自企业的业务。企业代表当面交流，减少了沟通成本，提高了企业间开展合作的效率。② 除云南省外，湖南省、辽宁省、广东省、四川省、重庆市、浙江省宁波市、福建省厦门市、广西壮族自治区南宁市等都先后派出经贸代表团，访问在缅的各省份商会，了解到目前缅甸在电力、基础设施、旅游、农产品加工等领域的商机。

二　三语教学，合作办学，华文教育出现新趋势

缅甸华文教育始于20 世纪初。截至20 世纪20 年代，缅甸创办了近50 所华校。第二次世界大战期间，日本占领缅甸，华校被迫停办。1948 年缅甸独立后，对华文教育较为宽容，各地相继建立华校，60 年代全国共有259 所华校，近4 万名学生。1962 年奈温军人政变后，华文教育再次遭受重创。直到80 年代，随着中缅关系的改善，1994 年缅甸政府开设曼德勒外国语大学，内设汉语系，缅甸华人认为这是政府对华文教育的态度从禁止转向默许的信号。据曼德勒福庆学校内部统计，截至2017 年缅甸有华文学校161 所、教师2000 多人、学生7 万多人，主要分布在缅北地区。③

① 《缅甸中华总商会与云南省贸促会在仰光举办了“一对一”洽谈会》，缅甸中华总商会网站，2019 年11 月19 日。

② 《缅甸中华总商会与云南省贸促会在仰光举办了“一对一”洽谈会》，缅甸中华总商会网站，2019 年11 月19 日。

③ 雷向阳、谢文婷：《三语学校——缅甸汉语传播的新路径》，《东南亚纵横》2017 年第6 期。

缅语是缅甸国民教育体系中的官方语言，英语教育也得到了缅甸政府的认可，然而汉语教学尚未取得合法地位，只是在政府默许的状态下开展。在这种情况下，缅、英、中三语学校成为缅甸汉语教学发展的趋势。近年来，在曼德勒，已有两所三语学校办得较为成功，在当地引起轰动：一所是曼德勒 MCTA 国际学院昌华中文学校，另一所是新世纪学校。昌华中文学校借鉴了新加坡的教育模式，与新加坡的大学合作，学生毕业后可到新加坡留学。[①] 新世纪学校则跟中国的大学合作，采用中国的教学模式。两所学校的缅语教学由本土教师承担，中文教师多数从中国聘请，英文教师从西方国家聘请。其他地方的三语学校也发展迅速，例如，TOTAL 国际学校在仰光建有 9 所分校，与仰光福星孔子课堂合作开展汉语教学，其规模和在缅甸汉语教学市场上的影响都很大。

缅甸本地的教育机构、华文学校与中国高校的合作日益密切。2019 年，曼德勒福庆学校与常州工程职业技术学院成立了联合办学理事会。[②] 目前，缅甸每年高考的录取率为 25% ~30%，约有 70% 的青年学生不能进入大学。针对这一情况，常州工程职业技术学院与福庆学校合作办学，放宽缅甸学生来校本部留学的条件，只要具备一定的汉语水平即可，福庆学校还专门派了一位缅语老师去常州任教。常州工程职业技术学院根据企业定制和社会需求将缅甸来华学生分为两类培养，前几年根据缅中友协的需要，专门培养了几批职业技术人才。这种合作办学、根据企业定制和社会需求培养人才的模式，既有助于解决在缅中资企业的人才缺口，也为缅甸学生，尤其是华裔子弟的深造和就业提供了对口渠道。

三　“一带一路”带动社团新发展

缅甸侨团历史悠久。2019 年是缅甸中华总商会成立 110 周年。1909

① 雷向阳、谢文婷：《三语学校——缅甸汉语传播的新路径》，《东南亚纵横》2017 年第 6 期。

② 《缅甸学生无学历留学中国的新途径——曼德勒福庆学校与常州工程职业技术学院成立联合办学理事会》，胞波网微信公众号，2019 年 12 月 17 日。

年，缅甸中华商务总会在仰光成立，这是以缅甸工商界华侨为主的组织，初期主要负责涉侨事宜，解决华商纠纷，团结华商共同发展等。1930年，商会向缅甸当局申请，更名为“缅甸华商商会”。2015年，在全体监理事的倡导下，商会再次更名为“缅甸中华总商会”，并得到缅甸政府的承认。近年来，商会会务不断发展，2015年，商会揭牌成立了全球首批18家“海外华侨华人互助中心”之一的仰光华助中心。2016年，成立“缅北中华商会”，为全缅华商形成商务共同体而努力。2017年，成功举办“第十四届世界华商大会”，缅甸副总统出席，这是70年来缅甸国家领导人首次出席由缅甸华商和社团主办的大型国际活动。目前，商会有1200多位会员，800多个会员单位。[①] 商会的重点工作是培养青年接班人，成立了青年组，有150多名青年企业家加入，但尚未形成完善的组织体系。

在“一带一路”倡议的推动下，缅甸新成立了一些专门服务于“一带一路”建设的社团。例如，2019年5月，“首届中缅经济走廊投资峰会暨中缅经济合作发展促进会揭牌仪式”在仰光举行。中缅两国政府官员代表、缅甸中国企业商会、缅甸云南会馆、缅中友好协会，以及缅甸、新加坡、中国深圳和大连等地的企业出席。尤其值得一提的是，缅甸中华总商会和缅甸云南会馆各带领50多家企业参会。“中缅经济合作发展促进会”揭牌后，中缅企业进行了项目对接，这也是该会将来的常态化服务项目。12月，缅甸振兴企业家协会 & 缅甸“一带一路”商会在仰光成立。仰光省行政长官、缅中友好协会等官方代表出席。商会由300多家企业组成，会员单元共为缅甸提供了5万多个就业岗位，涉及农业、基础设施建设、纺织、旅游等多个行业。商会会长表示，“成立这个商会就是为了带领大家更好地参与到‘一带一路’建设中”。[②]

---

① 《缅甸中华总商会热烈欢迎重庆市侨联王巍团长一行到访》，缅甸华商网，2019年7月3日。

② 《缅甸振兴企业家协会 & 缅甸一带一路商会在仰光举行成立庆典》，缅甸金凤凰中文报网站，2020年1月21日。

印度尼西亚侨情

近年来中国和印尼双边关系进入发展快车道。过去 6 年，中国国家元首 2 次到访印尼，佐科就任总统后 5 次访华，密切的高层交往指引和保证了两国关系行稳致远。印尼是东盟内最大的经济体，在东盟国家中与中国的贸易增速最快。8 年来，中国始终稳居印尼最大贸易伙伴地位。2018 年，双边贸易额创历史新高，达 774 亿美元。2013 年至 2018 年，中国对印尼的直接投资从 3 亿美元快速增至 24 亿美元，在印尼外资来源地排名中从第 12 位跃至第 3 位。[①] 2019 年前三个季度，中国和印尼双边贸易额达 576 亿美元，中国对印尼直接投资达 33 亿美元，大幅超过 2018 年全年水平，跃升为印尼第二大外资来源国。[②] 中国和印尼之间的人文交流不断加深。6 年来，中国连年保持印尼主要游客来源国地位，中国政府为印尼学生提供的全额奖学金名额增加了 3 倍多，印尼赴华留学生已超过 1.5 万人并保持持续增长态势，中国成为印尼第二大海外留学目的地。[③]

2000 年，印尼政府进行了一次人口普查，这是印尼独立以来，第一次在人口普查中标注族群信息。但是印尼中央统计局只统计了每省人数最多的 8 大族群的人口数量。在印尼的 30 个省中，只有 11 个省含有印尼籍华人的人口数据。新加坡东南亚研究所根据 2000 年的人口数据，认为印尼华人数量占印尼人口总数的 1.2% ~1.5%。2010 年的人口普查结果显示，印尼华人的比例没有增加，仍为 1.2%，但印尼学者廖建裕认为华人人口占印尼总人口的 1.5% ~1.8%，不超过 2%。[④] 佐科就任总统以后，有人认为印尼华人的处境处在历史上最好的时期，佐科多次开展多元宗教和族群和解对话，

① 《汇聚合作共识　实现共同发展——肖千大使在〈中国日报〉发表署名文章》，《国际日报》2019 年 6 月 22 日。

② 《厦门人大经贸考察团获印尼中华总商会热情接待》，《国际日报》2019 年 12 月 9 日。

③ 《汇聚合作共识　实现共同发展——肖千大使在〈中国日报〉发表署名文章》，《国际日报》2019 年 6 月 22 日。

④ 廖建裕：《人口统计印尼华人的人数到底是多少》，《国际日报》2019 年 8 月 8 日。

消除彼此间的隔阂，促进各民族团结。2019 年印尼大选，华人不仅积极投票选举，华裔新生代还组织新政党参加选举。印尼华侨华人在两国经贸往来中发挥中介作用，与中国多个省的经贸代表团积极对接，帮助后者了解和开拓印尼市场。中国的一些高校与印尼华校开展合作办学，为打通国内汉语教育和海外华文教育探索新的合作模式。2019 年 3 月，印尼《国际日报》连续刊文讨论华社发展，在印尼华人中激起了有关社团发展趋势的讨论。

一 华人参政的新亮点

2019 年 4 月 17 日，印尼举行总统选举，1.9 亿名注册选民以及海外约 200 万名注册选民投票，选出新一届总统和副总统。同日，印尼还举行了五年一次的议会选举，共选出 575 名国会议员，以及省、县级议会议员和地方代表理事会成员。在这次选举中，一个很大的亮点是华人中生代组建政党积极参选。例如，伍小惠所在的印尼团结党获得 2650361 张选票，支持率为 1.89%；陈明立所在的印尼统一党获得 3738320 张选票，支持率为 2.67%。[①] 相对于一些老牌政党和新兴政党的得票率，华族精英在政界取得了令人称道的参政业绩，这两个党也被认为是后发潜力极大的新党。

印尼团结党主要由“80 后”年轻人组成，该党总主席伍小惠年仅 36 岁，她也是印尼历史上成为印尼政党总主席的第一位华裔女性。伍小惠提出，该党的使命是：一是为印尼少数族裔的利益服务，争取少数族裔的宗教信仰自由，维护教堂、庙宇的合理存在；二是维护少数族裔的政治权利和司法公正；三是争取成为国会里的法理政党，赢得国会议席，以取得为弱势群体利益服务的立法发言权。[②] 伍小惠及其组建的团结党不惧强权势力、为弱势群体的利益奋斗的感召力吸引了一大批年轻人，迅速在全国各地发展了党组织，取得普选委员会的认可，成为合法的政党，并有资格参加各级议

① 《总统选举后印尼华人参政评估》，《国际日报》2019 年 6 月 10 日。

② 《勇于为弱势群体奋斗发声的华裔新女性——印尼团结党总主席伍小惠》，《国际日报》2019 年 4 月 10 日。

会的选举。团结党这次推出了574名党员参加国会和省、市、县的议会议员选举，其中很多候选人是积极为弱势群体奔走呼号的华裔中生代女性，许多人最终当选为各级议员。有评论认为，“这是壮年中生代华人，强势崛起踊跃组党参政的积极信号，是一个值得推崇关注的华人群体政治精神面貌的大改变”。[①] 伍小惠在接受采访时表示，“如果有众多的华人走向政坛，形成一个强势，在国会里拥有发言权，就能最终改变华人二等公民的可悲命运”。[②]

二　华人在中国与印尼经济合作中发挥积极作用

印尼国家规划部部长班邦认为，在印尼的经济结构从依赖油气等资源出口转向发展其他行业的转型过程中，制造业将是经济增长的新动力。[③] 据班邦部长介绍，在亚洲金融风暴前，印尼的纺织、服装、制鞋和电子行业曾是东南亚制造业的四张名片，但此后制造业在国民经济中的地位逐渐被农业和服务业赶超，印尼的制造业也被越南、泰国、马来西亚等国超越。因此，以“工业园”为特色的投资平台成为中国和印尼经济合作的新模式。

中国和印尼合作兴建的“中苏拉威西省莫罗瓦利工业园”，2019年启动了首个锂电池工厂建设，投产后将成为全球车用电池市场的重要供应商。电池工厂还与园区内的不锈钢企业形成协同效应，吸收当地人就业。班邦部长认为，莫罗瓦利工业园代表着印尼制造业发展的方向，可以作为样板向印尼其他地方推广，中资企业在园区的建设和运营中发挥了特色优势。[④] 中国苏州市商务考察团在印尼华裔总会的协助下，到西加考察，由苏州企业家开发

① 《勇于为弱势群体奋斗发声的华裔新女性——印尼团结党总主席伍小惠》，《国际日报》2019年4月10日。

② 《勇于为弱势群体奋斗发声的华裔新女性——印尼团结党总主席伍小惠》，《国际日报》2019年4月10日。

③ 田原：《中资助力印尼更好融入全球价值链》，《国际日报》2019年4月11日。

④ 田原：《中资助力印尼更好融入全球价值链》，《国际日报》2019年4月11日。

的吉塔邦园林工业园于2019年5月开园。[①] 成立于2010年的印尼浙江总商会，目前已有会员企业240多家，浙江企业在印尼东南苏拉威西省开发了青山工业园，过去5年已投资80亿美元，完成年产300万吨不锈钢的生产目标，使印尼一跃成为世界并列第二的不锈钢生产大国，解决了当地28000多名劳动力就业。[②] 中国广东企业家"一带一路"商务考察团在印尼潮州乡亲公会等华侨华人社团的陪同下，考察了雅加达、坤甸、巴淡等地，并将在西加开建工业园，在园区内兴建废料回收厂、人造皮革厂等。[③] 广西投资促进局代表团与印尼华联积极合作，共同推进双溪芒克工业园建设，华联专门设有政府联络部和对外合作部，与印尼各级政府部门建立联络渠道，为中国企业来印尼投资提供协助，并组织印尼企业家前往广西访问，推介双溪芒克工业园。[④] 此外，中国和印尼两国企业还签署了备忘录，作为"一带一路"倡议中的合作项目，双方计划在巴厘岛的龟岛建设科技园，以及在北加里曼丹省建设工业园区，由印尼和中国的企业家合作投资142亿美元。[⑤]

中国各省份与在印尼的各省籍华侨华人对接合作，从自身优势和特色出发，开拓印尼市场。广西是农业大省，而印尼缺乏砂糖，每年都会从其他国家进口数百万吨砂糖，印尼中华总商会积极提供渠道和信息，为广西企业到印尼投资农业提供帮助。[⑥] 晋江是印尼福建籍华侨华人最主要祖籍地之一，2019年，晋江市与印尼梭罗市签署了建立友好城市意向书，恒安、361度等知名晋江企业与印尼的大型超市、商场建立销售合作关系，将体育用品、服装、食品、纸品等优势产品推向印尼市场。[⑦] 为了响应2018年两国政府提出的"区域综合经济走廊"合作项目，浙江省在印尼浙江总商会、印尼中

① 《中国苏州市虎丘区政协副主席李笑天率商务考察团访印尼华裔总会》，《国际日报》2019年3月30日。

② 《中国浙江省代表团考察印尼投资环境》，《国际日报》2019年3月23日。

③ 《中国广东企业家"一带一路"商务考察团到访》，《国际日报》2019年4月12日。

④ 《广西投资促进局代表团访问苏北省与华联专业理事进行信息交流》，《国际日报》2019年7月2日。

⑤ 《"一带一路"印中企业签署备忘录23项合作计划将落实》，《国际日报》2019年5月3日。

⑥ 《南宁市代表团拜访印尼中华总商会》，《国际日报》2019年1月16日。

⑦ 《中国晋江市与印尼梭罗市签署建立友好城市意向书》，《国际日报》2019年3月20日。

华总商会的对接下，着力推动以阿里巴巴为代表的数字经济、以吉利为代表的汽车产业进军印尼市场，这些行业是印尼政府推动发展的新兴行业。据介绍，在2018年浙江省的4500亿美元进出口贸易中，与印尼的贸易额不到100亿美元，浙江省与印尼的贸易合作前景广阔、潜力巨大。[①] 2018年，山东与印尼的进出口额为59.3亿美元，增长32.9%，截至2019年，山东对印尼累计投资额达27.3亿美元。2019年11月，20多家山东龙头企业赴印尼参加了“山东—印尼企业‘一带一路’产能合作说明会”，着重开展在产能领域的合作。[②] 2017年成立的印尼福建三明商会，截至2019年已有近20家会员企业。2019年12月，福建省三明市贸促会驻印尼联络处在印尼三明商会挂牌成立，这是首家在印尼设立的中国地市级贸易促进机构。三明市提出了在印尼发展沙县小吃和永安竹业的构想，得到印尼企业家的赞同，他们认为“筷子（竹业）夹扁肉（沙县小吃）”将成为三明特色产业在海外拓展的文化名片。[③] 中国香港则主要在印尼发展“数字经济”，印尼目前已经有4家互联网“独角兽”企业，而香港有大量的金融科技企业、人工智能专家、科技创新中心等，可以助力印尼的数字经济实现跨越式发展。2017年，香港与东盟的贸易总额为1202亿美元，与印尼仅有54亿美元，但香港和印尼的年均贸易额增速达7%，高于与东盟的贸易额年均增速（5%）。[④] 通过在新兴数字领域的合作，双方的贸易有巨大的增长空间。

虽然近年来中资企业在印尼发展迅速，但印尼政府也对中国企业家提出一些条件。如必须雇用印尼员工；不能在印尼开矿，然后把矿石原料出口到其他国家，必须生产加工增值产品；中资企业须向印尼员工转移技术；投资的工厂等必须符合环保标准；印尼政府要通过企业对企业之间的商务关系进行所有建设，而不是政府对政府的商务关系。[⑤] 印尼政府从维护本国经济利

---

① 《中国浙江省代表团考察印尼投资环境》，《国际日报》2019年3月23日。

② 《烟台市人民政府代表团访印尼中华总商会》，《国际日报》2019年11月14日。

③ 《中国三明市贸促会代表团印尼考察成果丰硕》，《国际日报》2019年12月21日。

④ 田原：《努力在东盟对接“一带一路”中发挥独特作用》，《国际日报》2019年4月24日。

⑤ 《印尼支持中国“一带一路”倡议　卢虎就欢迎中国企业投资印尼提出五项要求》，《国际日报》2019年4月27日。

益和独立的角度出发，向中资企业进军印尼市场提出的这些条件，某种程度上为印尼的华侨华人创造了机遇，如雇用本地员工、企业对企业的合作模式、技术转移等，当地华侨华人可以在中国企业和印尼市场之间发挥联络和中介作用。他们拥有成熟的商业网络，了解印尼政府的导向、当地法律法规和市场，能够协助中资企业与印尼企业对接，共享“一带一路”倡议带来的市场机遇。

三　华文教育成就斐然

印尼华文教育从1999年解禁至今，已经过去20余年。20余年来，正是当地华侨华人筚路蓝缕、不懈努力，推动华文教育在印尼复兴。在华文教育解禁的第二年，雅加达华文教育协调机构（简称雅协）成立，如今已成为推动印尼华文教育发展的最重要力量之一。它每年主办或协办全国华文师资培训、学生冬（夏）令营、“水立方杯”中文歌曲大赛、“汉语桥”比赛、印尼全国汉语考试工作等，并且促成了中国和印尼两国教育部门开展多个项目的合作。雅协与印尼文教部华文教育综合统筹处共同组成印尼全国汉语考试委员会，组织HSK、YCT、HSKK汉语考试，是雅协每年的重要工作。2001年，在雅协的积极努力下，印尼国民教育部与中国国家汉办签署了在印尼举办HSK汉语考试的协议，印尼的HSK汉语考试由2001年的4个考点、1200名考生，增加到2019年的16个考点、2万多名考生。印尼的汉语考试规模在世界排名第三位。[①] 自2002年起，雅协的成员还为印尼国民教育部编写高中华文教学大纲、考试大纲、课程大纲等。雅协不仅支持印尼华文教育的发展，也积极向印尼民众推广中国的文化，已经成功举办三届的“HSK中国留学就职教育展”就是其促进中国和印尼两国文化交流的重要平台。2019年，雅协邀请中国的多家知名企业，如中国银行、厦门航空等，

① 《孔子学院总部/中国汉办、雅加达华文教育协调机构联合举办2019年印尼第三届“HSK中国留学就职教育展”》，《国际日报》2019年10月29日。

赴印尼参加“第三届 HSK 中国留学就职教育展”，中国孔子学院总部和国家汉办也组织了北京大学等 17 所高校参展。中国驻印尼大使馆文化处参赞高度评价“HSK 中国留学就职教育展”，称历年的展会是让印尼民众深入了解中国一流高校的好机会，也是企业选拔优秀人才的好机会，更是演绎印尼与中国友好关系的文化盛会。①

2005 年，中爪哇成立华文教育协调机构，紧接着成立了印尼全国华文教育协调机构联合秘书处，旨在团结全印尼的华文教育协调机构。2006 年，在联合秘书处的组织下，印尼华文教育协调机构第一次全国工作会议召开。2017 年，联合秘书处改为“印尼华文教育联合总会”。2019 年，在时隔 13 年后，联合总会召开了第二次全国工作会议，回顾印尼华文教育解禁 20 年来的发展历程。印尼华文教育联合总会多年来与中国暨南大学、华侨大学合作，例如，华侨大学已为印尼培养了具有专科、本科和硕士学历的华文教师 200 多名，他们现在已是印尼华文教育的骨干。据不完全统计，在印尼的华侨大学校友已有 2000 多名，雅加达及其周边地区就有 600 多名。② 此外，印尼华文教育联合总会与广州合作开展“请进来，送出去”师资培训项目，中国每年派专家团到印尼各地进行华文教师培训，近 5 年来每年派遣 3 ~4 个专家团，由华文教育联合总会统筹安排，分配到各个省份。

四 社团的交流、融入与改革

2019 年，在“一带一路”倡议的推动下，印尼华人社团接待了很多来自中国的考察团。例如，印尼中华总商会接待了来自南宁、厦门、成都、南通、上海、东营、惠州、大连等地的代表团，印尼华裔总会接待了来自海南、江苏、广东、山东、广西等地的代表团，共同为提升中国和印尼两国在

① 《孔子学院总部/中国汉办、雅加达华文教育协调机构联合举办 2019 年印尼第三届“HSK 中国留学就职教育展”》，《国际日报》2019 年 10 月 29 日。

② 《华侨大学校务委员会主席关一凡率团莅临印尼访问》，《国际日报》2019 年 5 月 4 日。

经贸产业、文化教育、人文旅游等领域的合作发展建言献策。同时，印尼华人社团也在积极“走出去”。例如，印尼晋江同乡会组团出席泰国泉州晋江联合会总会首届理事会就职典礼，以及马来西亚槟榔屿晋江会馆成立 100 周年庆典；世界泉州青年联谊会印尼分会参加世界泉州青年联谊会泰国和柬埔寨分会的成立庆典；印尼潮州总会出席在新西兰举办的第二十届国际潮团联谊会；印尼中华总商会代表出席在英国伦敦举办的第十五届世界华商大会。此外，华人社团更好地融入了印尼当地社会。例如，2019 年 2 月，为迎接中国农历新年，万隆市市长在市政府办公厅宴请了来自客属联谊会、福清同乡会、闽南公会、广肇会馆、印尼西爪哇佛乘协会、佛教妇女会、万隆印尼孔教协会等上百位华社代表，万隆市副市长、警察局警长等地方官员共同出席。此次新春聚会旨在使各社团能够团结合作，不同的族群、宗教信仰融洽和谐，共同为万隆创造安宁的社会环境。

2019 年 3 月，印尼《国际日报》接连登载了《华社，走向没落？能否再度崛起?》《印尼华社能破茧成蝶吗?》等文章，从印尼华侨华人自身的视角，指出印尼华侨华人社团目前面临的问题及可行的解决办法。文章认为，印尼的华侨华人社团在组织上主要存在六方面问题。在类别上，文章将印尼的华侨华人社团分为商会、同乡会、宗亲会和校友会四大类，分别指出了它们的问题。商会虽然与中资企业、代表团等密切对接，但在后续的项目落地方面需要跟进；对于同乡会，文章则持谨慎保守的态度，华族已经是印尼的公民，第三代、第四代、第五代的华裔子弟对祖籍地缺乏认知和认同，过于突出“家乡”观念是否会与融入主流社会相矛盾，文章认为，心理上的认同才是融入印尼社会的真正通道；宗亲会在慎终追远、祭祀先人等传统习俗方面做了大量工作，但在现实的教育层面有些缺位，不能将对先人的追思转化为对还在世的亲人的孝顺；校友会为恢复和发展印尼华文教育贡献甚大，但也存在人员老化现象，人数逐年递减，逐渐没落。还有文章建议，华侨华人社团面临的上述问题，首先必须从整体上进行整改，例如，合并或取消一些功能重叠的社团，而具体到每个社团，老一辈应该帮扶中生代，吸纳新生代。社团改革并非易事，无论整体的还是具体的变革，都会触动华社的现有结构和某些成员的利益，所以虽然这些文章引起了一时的讨论，但印尼华侨华人社团的总体格局是否会因此而大变，尚有待观察。

尼泊尔侨情

2019 年，习近平主席访问尼泊尔，这是中国国家主席时隔 23 年再次访问尼泊尔，也是习近平主席首访尼泊尔。习近平主席在出访前发表署名文章《将跨越喜马拉雅的友谊推向新高度》，访问期间，中尼双方签署了《中华人民共和国和尼泊尔联合声明》以及 20 份合作文件。习近平主席访问尼泊尔取得三方面主要成果：一是中尼双方将 10 年前建立的“中尼世代友好的全面合作伙伴关系”提升为“中尼面向发展与繁荣的世代友好的战略合作伙伴关系”，这一新定位不仅为两国关系未来发展指明了方向，也赋予中尼关系更重要的地区影响。二是双方商定将中尼共建“一带一路”同尼泊尔打造“陆联国”的国策对接，通过口岸、陆路、铁路、航空、通信等方面的联通工程，加快构建跨喜马拉雅立体互联互通网络。三是双方同意构建全方位合作格局，重点加强贸易投资、灾后重建、能源、旅游四大领域合作。双方还同意扩大教育、青年、地方等领域交流合作，增进民心相通。珠穆朗玛峰是中尼友谊的象征，两国将围绕珠峰开展应对气候变化、生态旅游等合作，打造双方合作新亮点。①

中国的“一带一路”倡议在尼泊尔引起积极反响，近年来，中尼双方在“一带一路”框架下，开展务实合作。例如，2018 年，尼泊尔正式接入中国宽带网络，尼泊尔人民可以享受优质的互联网服务。2019 年，中尼签署过境运输协议议定书，第二届“一带一路”国际合作高峰论坛成果清单将中尼铁路列为“一带一路”推进项目，带动尼泊尔基础设施建设，使其有望从“陆锁国”变成“陆联国”。尼泊尔经济体量不大，但农业、手工

① 《耿爽介绍中国国家主席习近平访问尼泊尔取得的三方面主要成果》，中国网，2019 年 10 月 14 日。

业、国际贸易等具有发展潜力，吸引着越来越多的中国企业家。[①]

尼泊尔的华侨华人主要分布在加德满都、博卡拉等城市，包括改革开放后去尼泊尔投资兴业的汉族侨胞和一些因宗教信仰等原因去往当地的藏族侨胞。华侨华人以经营餐馆、小买卖为业；中资企业以国企为主，在当地建设水电站、公路、桥梁等。

目前，尼泊尔主要的华侨华人社团有尼泊尔华侨华人协会、博卡拉华人华侨协会、尼泊尔—中国凯拉斯文化促进发展协会等。2019 年 6 月，尼泊尔华侨华人协会在首都加德满都成立，正式加入的会员单位有 78 家。[②] 该协会计划建立一支领保员队伍，协助中国大使馆做好领事保护工作，并着重培养一批年轻的社团骨干力量。博卡拉是尼泊尔著名的旅游城市，也是中国西藏与印度之间的重要贸易中转站，在该城的旅游区，随处可见中文招牌、中文广告、中国在线支付等中国元素。博卡拉华人华侨协会成立于 2015 年初，目前共有 20 余家会员单位。该协会积极推动中尼之间的友好往来，2018 年，牵头组织了博卡拉市长等赴中国考察，促成博卡拉市与中国南宁市结成友好城市。该协会在当地多次组织“中国年”文艺联欢会，促进两国之间的文化交流。[③]

据统计，中国目前约有 20 万名藏胞分布在世界各地，其中，尼泊尔是海外第二大藏胞聚居地。2017 年，在尼藏胞约有 4 万人。[④] 在尼藏胞在商贸、文化、公益慈善等双边合作中发挥越来越重要的作用。2015 年 2 月，尼泊尔—中国凯拉斯文化促进发展协会成立，由在尼藏胞发起，旨在联系中尼各界友好人士和团体。“凯拉斯”是藏族神山冈仁波齐的英文译名。协会经尼泊尔内政部、财政部和国家社会福利委员会批准成立，属非营利性民间组织。协会负责人表示，将定期开展佛教文化交流，在喜马拉雅地区尤其是

① 《习近平首访尼泊尔　明确中尼关系新定位》，海外网，2019 年 10 月 14 日。

② 《尼泊尔华侨华人协会成立》，中国新闻网，2019 年 6 月 28 日。

③ 《詹江松：扎根尼泊尔博卡拉　做华侨华人的有力后盾》，中国新闻网，2018 年 11 月 12 日。

④ 《中国驻尼泊尔使馆邀藏胞欢庆藏历火鸡新年》，中国新闻网，2017 年 2 月 16 日。

凯拉斯峰、珠穆朗玛峰开展生态保护公益活动。协会还将组织具有地域和民族特色的文化展览、研讨会等，举办藏文化交流活动。该协会的章程中写道："关系亲不亲，关键在民心。生活在喜马拉雅山脉地区的各族人民或多或少都与藏族和藏文化有着某种紧密的联系。让命运共同体意识在喜马拉雅地区落地生根，是我们义不容辞的责任。"①

① 《旅居尼泊尔藏胞成立中尼文促协会》，中国新闻网，2015 年 2 月 10 日。

B.5
中亚五国侨情分析

王　祎*

摘　要： 2019年，中亚五国经济和人口数量稳步增长，限制劳务移民的输入，为本国公民创造更多就业机会。中亚五国的华侨华人数量有限，以20世纪中叶迁移并扎根当地的华人、近年在该地区从事小商品贸易的华商为主。近年来，在中亚投资的中资企业数量显著增加。华侨华人社团主要以商务合作和维护侨益为宗旨，同时，重视继承和弘扬中华传统文化。华文教育热度提高，华文媒体受到当地社会认可。各国纷纷出台相关政策，吸引中国游客。

关键词： 华侨华人　中资企业　华侨社团　华文教育　华文媒体

中亚五国包括哈萨克斯坦、塔吉克斯坦、吉尔吉斯斯坦、乌兹别克斯坦、土库曼斯坦。中亚五国与中国唇齿相依，是“一带一路”沿线的重要枢纽，也是沿线贸易额增长最快的地区之一。中亚五国自然资源丰富、农业较为发达，各国环境复杂，民族宗教多元。多年来，中亚地区各国营商环境不同，有的国家不甚理想，开放程度有限，所以当地的华侨华人为数不多、分布不均。当地华侨华人主要以20世纪中叶移居的华人及其后代、经营小商品贸易的中小华商为主。随着“一带一路”倡议的提出，以及中亚五国

* 王祎，博士，中国华侨华人研究所副研究员，中国华侨华人智库办公室主任，研究方向为俄罗斯移民政策、海外华商。

营商环境不断改善，在中亚地区经营的中资企业逐渐增加，带动了中国劳务人员输出数量的增加；中亚五国也逐渐重视旅游业的发展，通过简化手续和免签手续，吸引中国和周边国家的游客。总体来说，中亚五国对中国企业和公民的吸引力逐渐增加，在当地生活和经营的华侨华人数量也不断增长，但各国的情况又不尽相同。

一　2019年中亚经济社会简况

根据联合国最新估计，截至 2019 年 9 月，中亚地区总人口约 7400 万人，约占世界人口的 1%，在亚洲次区域中排第 5 位。[①] 其中，各国人口占比为：乌兹别克斯坦占 45%，哈萨克斯坦占 25%，塔吉克斯坦占 13%，吉尔吉斯斯坦占 8.5%，土库曼斯坦占 8.5%。[②]

2019 年，哈萨克斯坦 GDP 逾 1817 亿美元，人均 GDP 约为 9812.5 美元，同比增长 4.5%。[③] 据哈萨克斯坦政府统计，2015～2019 年，哈萨克斯坦主要城市的人口数量增长了 15%。[④] 据中国海关统计，2019 年，中国与哈萨克斯坦双边贸易额为 220.7 亿美元，较上年增长 10.9%。[⑤]

2019 年，乌兹别克斯坦 GDP 为 583 亿美元，同比增长 5.5%，人均 GDP 为 1741 美元。根据乌兹别克斯坦国家统计委员会公布的数据，2019 年，乌中贸易额为 76.2 亿美元，同比增长 18.5%，占乌外贸总额的 18.1%。中国为乌

---

① 《联合国：2019 年国际移民数量约 2.72 亿　占全球人口 3.5%》，联合国新闻，http：//news. un. org/zh/story/2019/09/1041612。

② 《2020 年中亚地区人口预计将增加逾 100 万人》，中国驻土库曼斯坦大使馆经商处，http：//tm. mofcom. gov. cn/article/jmxw/202003/20200302946580. shtml。

③ 《ДИНАМИКА ОСНОВНЫХ ПОКАЗАТЕЛЕЙ》（《基本指标趋势》），哈萨克斯坦国民经济部官网，http：//stat. gov. kz/official/dynamic。

④ 《哈萨克斯坦主要城市人口数量 5 年间增长 15%》，哈萨克斯坦国际通讯社，http：//www. inform. kz/cn/5－15_ a3590903。

⑤ 《去年中哈贸易额重回 200 亿美元大关》，http：//www. comnews. cn/article/international/202002/20200200036603. shtml。

兹别克斯坦第一大出口目的地和第一大进口来源国。[①]

2019 年，塔吉克斯坦 GDP 为 80 亿美元，同比增长 7.5%，人均 GDP 为 850 美元。[②] 中国是塔吉克斯坦主要进口来源国，是塔第三大贸易伙伴，塔吉克斯坦自中国进口商品占进口总额的 18.2%。[③]

2019 年，吉尔吉斯斯坦 GDP 约为 84.59 亿美元，同比增长 4.5%。[④] 截至 2017 年 12 月 1 日，吉尔吉斯斯坦常住人口登记数量为 613 万人。[⑤] 2019 年吉尔吉斯斯坦平均工资约合 246 美元，同比增长 5.9%。[⑥] 据吉尔吉斯斯坦国家统计委员会公布的数据，2019 年前 11 个月，中国为吉尔吉斯斯坦第一大贸易伙伴，贸易总额达 16.62 亿美元，同比下降 8.3%。[⑦]

2019 年，土库曼斯坦国民经济保持稳定增长，GDP 达到 25.71 亿美元，增长 6.3%，[⑧] 2018 年 5 月，人口约为 700 万。[⑨]

二　2019年中亚五国移民以输出型为主，华侨华人数量有限

中亚国家的移民主要以输出型移民为主，并具有明显特征，即以俄罗斯

① 《2019 年乌中贸易额 76.2 亿美元》，中国驻乌兹别克斯坦大使馆经商处，http：//uz.mofcom.gov.cn/article/jmxw/202001/20200102932876.shtml。

② 《塔 2019 年 GDP 达 773 亿索莫尼》，中国驻塔吉克斯坦大使馆经商处，http：//tj.mofcom.gov.cn/article/jmxw/202002/20200202939030.shtml。

③ 《塔 2019 年外贸额增长 5.3%》，中国驻塔吉克斯坦大使馆经商处，http：//tj.mofcom.gov.cn/article/jmxw/202002/20200202936545.shtml。

④ 《2019 年吉尔吉斯斯坦 GDP 同比增长 4.5%》，中国驻吉尔吉斯斯坦大使馆经商处，http：//kg.mofcom.gov.cn/article/jmxw/202002/20200202934910.shtml。

⑤ 《吉尔吉斯斯坦 2017 年全年社会经济发展概况》，中国驻吉尔吉斯斯坦大使馆经商处，http：//kg.mofcom.gov.cn/article/ztdy/201802/20180202715044.shtml。

⑥ 《2019 年吉尔吉斯斯坦平均工资为 246 美元》，中国驻吉尔吉斯斯坦大使馆经商处，http：//kg.mofcom.gov.cn/article/jmxw/202002/20200202939734.shtml。

⑦ 《2019 年 1 至 11 月吉尔吉斯斯坦前五大贸易伙伴国》，中国驻吉尔吉斯斯坦大使馆经商处，http：//kg.mofcom.gov.cn/article/jmxw/202002/20200202934927.shtml。

⑧ 《Рост ВВП Туркмении в 2019 году составил 6.3% – Бердымухамедов》，ФИНМАРКЕТ，http：//www.finmarket.ru/news/5167975。

⑨ 《土库曼斯坦国家概况》，中国驻土库曼斯坦大使馆经商处，http：//tm.mofcom.gov.cn/article/ddgk/201808/20180802780300.shtml。

为目的国，输出劳务移民。此外，中亚国家间相互移民也是该区域人口流动的一大特征。为了保护本地劳动力充分就业，各国均考虑或已实行相关政策压缩外籍劳务配额，使用本国劳动力取代外籍劳务人员。如2019年，哈萨克斯坦境内约有外籍劳务人员5万人，2020年计划缩减一半外籍劳务人员。[①] 吉尔吉斯斯坦相关部门也计划缩减外国劳务人员数量。[②]

中亚国家的移民主要流向俄罗斯。俄罗斯统计数据显示，2018年赴俄劳务移民中，乌兹别克斯坦达200多万人，塔吉克斯坦为100多万人，吉尔吉斯斯坦为35万人，哈萨克斯坦近12万人，土库曼斯坦近3000人。2019年前6个月共有240万名外国人来俄工作，来自中亚三国的人数就达到171万人，其中，乌兹别克斯坦、塔吉克斯坦和吉尔吉斯斯坦的人数分别为92万人、52万人和27万人。来自中亚的移民缓解了俄罗斯人口下降和劳动力不足的压力。对中亚国家而言，侨汇是GDP的重要来源。据世界银行和俄罗斯中央银行数据，2018年俄罗斯流向独联体国家139.9亿美元的私人汇款中，有68.1%流入了乌兹别克斯坦、塔吉克斯坦和吉尔吉斯斯坦。2018年侨汇收入占塔吉克斯坦GDP的31.3%。[③] 2018年，吉尔吉斯斯坦国内生产总值约合81.15亿美元，[④] 侨汇收入达26.85亿美元，占GDP的33%，其中，来自俄罗斯的侨汇收入达26.39亿美元。而2019年1~6月，吉尔吉斯斯坦侨汇收入11.26亿美元，侨汇收入主要来自俄罗斯，约占收入总量的93%。[⑤]

华侨华人在哈、塔、吉、乌数量相对较多，土库曼斯坦因开放度不高，

① 《哈萨克斯坦2020年或将外籍劳务配额缩减一半》，丝路新观察，https://mp.weixin.qq.com/s/RlGxKhOEZFxl1Hv7alUd6A。

② 《吉尔吉斯斯坦外国人口中八成来自中国》，中国驻吉尔吉斯斯坦大使馆经商处，http://kg.mofcom.gov.cn/article/ztdy/201809/20180902788191.shtml。

③ 《中亚劳务移民为何爱去俄罗斯打工?》，丝路新观察，https://mp.weixin.qq.com/s/iamg-nWP9jqnfT07mBQ2mEg。

④ 《以移民汇款为经济基础的吉国，如果劳务移民都回国了》，丝路新观察，https://mp.weixin.qq.com/s/CYC05mA6-sMC0varp3aMEw。

⑤ 《2019年上半年吉尔吉斯斯坦侨汇收入11.26亿美元》，中国驻吉尔吉斯斯坦大使馆经商处，http://kg.mofcom.gov.cn/article/jmxw/201908/20190802892391.shtml。

华侨华人数量较少，且统计数据不明。中亚五国的华侨华人多为20世纪中期移居并扎根中亚的华人、从事商品贸易的华商及外派工程人员。在哈萨克斯坦，汉族华人大部分生活在阿拉木图，但并没有形成聚集生活区，多数汉族华人在批发市场和私营企业工作。在阿拉木图的汉族华人一直没有官方统计数据，据估算，在阿拉木图州的汉族华人不超过1000人。[①] 近两年，在吉尔吉斯斯坦的中国公民主要为外派工程人员。2018年9月，吉政府跨部门委员会共向10961人核发了外国专家就业许可证，其中，中国公民为8679人，占总发放许可证数量的79%，他们大多数在工业和建筑领域从业。[②] 2019年前6个月，吉尔吉斯斯坦移民局又发放了7850个外国劳动许可证，其中80%是给中国公民的，这主要是因为中国路桥公司承接了比什凯克市和全国道路整修项目。[③]

三　2019年中亚侨情新变化

（一）受益于“一带一路”倡议，华商与中资企业获得新发展

据乌兹别克斯坦国家统计委员会2019年2月的统计数据，截至2019年2月1日，乌兹别克斯坦共有外企7810家，其中中国企业有1149家，排名第二位，仅次于俄罗斯企业数量。[④] 截至2019年6月，在乌中国企业达到1300多家。[⑤]

---

① 《在阿拉木图弘扬中华传统文化的爱德华·张》，丝路新观察，https：//mp. weixin. qq. com/s/1 – 0bntlE0zp0OA7IDKilfQ。

② 《吉尔吉斯斯坦外国人口中八成来自中国》，中国驻吉尔吉斯斯坦大使馆经商处，http：//kg. mofcom. gov. cn/article/ztdy/201809/20180902788191. shtml。

③ 《今年近8000人收到吉国工作许可证，其中八成为中国人》，丝路新观察，https：//mp. weixin. qq. com/s/GnCAS10YfLJYWWItlrN – EQ。

④ 《2018年乌兹别克斯坦新增中国企业309家》，丝路新观察，https：//mp. weixin. qq. com/s/gjsO2Lzw1AIUnTJ9iHssfw。

⑤ 《中企投资建设乌国“国际小商品城”　将解决当地数万人就业问题》，丝路新观察，https：//mp. weixin. qq. com/s/EFH1O4kT1gWI_ tVXF9CAKw。

1. 受益于“一带一路”倡议，个体华商经营转型

早在20世纪90年代，华商就把日用小商品生意做到了中亚，把义乌小商品批发城“搬”到了吉尔吉斯斯坦等中亚国家。但是，多年来由于切身利益满足感不强，部分中亚人对华商一直抱有偏见，认为华商抢占了当地人的工作岗位和利益，因此，对华商的态度并不友好。加之华商在中亚总体数量有限、个体势单力孤，在外经营需小心谨慎，甚至有的华人家庭规定每天不晚于下午6点回家。①

“一带一路”倡议提出后，中国政府在中亚五国援建了很多铁路、学校和医院等民生工程，让当地百姓切实感受到了来自中国的诚意和福利，因此当地人开始逐渐消除对华商的敌意，华商在中亚经营的踏实感也逐渐增强。② 近几年，中亚五国不断改善营商环境，推出一系列吸引外资的政策，华商乘势而上，在中亚国家逐渐经营起餐饮业及畜牧、皮毛和农副产品加工业。

2. 各类型中资企业如雨后春笋般在中亚五国发展

（1）投资农副食品加工企业。“一带一路”倡议的推动，加之近年来哈萨克斯坦在招商引资方面出台了所得税、养殖补贴、出口补贴、运输补贴等一系列优惠政策，以及哈萨克斯坦各级政府的大力支持，中国龙元科技到哈萨克斯坦投资了全哈境内规模最大、最现代化的牛羊肉深加工企业——龙元捷特苏肉联厂。该项目总投资1.8亿元人民币，是中哈产能重点合作项目之一。占地7公顷的厂房于2019年3月在哈萨克斯坦阿拉木图州府迪库尔干经济开发区开工建设。③

（2）国有企业承接中亚基建项目。2018年5月，中国中铁五局承建的中国援助吉尔吉斯斯坦灌溉系统改造工程项目正式开工，工期36个月。项目主要包括引水枢纽、部分干渠、农田灌溉网络和附属设施的新建、维修及

① 《吉国华侨马文英：在吉创业20余年　不忘宣传中国文化》，http://www.chinaqw.com/hqhr/2019/11-28/238078.shtml。

② 《吉尔吉斯斯坦华商：将义乌小商品批发城“搬”到吉国》，http://www.chinaqw.com/hqhr/2019/12-03/238535.shtml。

③ 《“中国技术”打造哈萨克斯坦最大现代化肉类加工厂》，丝路新观察，https://mp.weixin.qq.com/s/UEK_FbskPNvzEd-ErRiXQA。

改扩建。项目完工后，预计将为吉尔吉斯斯坦增加约2310公顷灌溉面积，为当地创造约500个就业岗位，惠及2万余人。2019年，2号灌区建成投入使用，3号灌区主干渠将全线贯通。①

（3）汽车企业与当地深入合作。郑州宇通客车在中亚的公共交通领域占有一席之地，截至2019年6月，宇通已经向哈萨克斯坦、土库曼斯坦、乌兹别克斯坦等中亚五国出口超过2500辆客车。宇通在哈萨克斯坦共建立了8家服务站、1个配件库，目前已形成以阿拉木图为中心，产品覆盖主要城市的交通运输、服务及培训网络，每年为哈萨克斯坦200余万人提供交通便利，为5000余人提供就业岗位。②

（4）5G企业落户中亚。2019年9月，华为技术哈萨克斯坦有限公司与哈萨克斯坦电信公司在哈首都努尔苏丹联手建造了一块5G试验区，并使用最新一代5G智能手机测试5G移动服务，取得良好效果。③

（5）法律咨询企业先行。“一带一路”倡议推动越来越多的中国企业“走出去”，在中亚国家投资和经营。在此过程中，企业会遇到各种国际法律问题，尤其是属地化的法律问题，需要专业的法律咨询团队来协助解决。因应市场对法律咨询服务的需求，中国中伦律师事务所于2019年12月落户哈萨克斯坦阿拉木图，为两国公民和企业提供投资、贸易等方面的法律咨询和服务。中伦律师事务所阿拉木图办公室是中伦的第18家办公室，也是中伦布局“一带一路”俄语区域国家国际化法律服务的重要举措。④

（6）中国企业在吉尔吉斯斯坦获奖。自2012年以来，中国黄金集团吉尔吉斯凯奇—恰拉特公司为吉尔吉斯斯坦提供税收1.724亿索姆（1元人民

---

① 《中国援建吉尔吉斯斯坦项目为当地造福　灌溉系统改造工程惠及2万多人》，http：//paper. people. com. cn/rmrb/html/2019－06/22/nw. D110000renmrb_ 20190622_ 5－03. htm。

② 《中国客车出口中亚　解决数千人就业难题》，丝路新观察，http：//www. chinabuses. com/buses/2019/0614/article_ 90006. html。

③ 《华为在哈萨克斯坦成功测试5G移动服务》，https：//mp. weixin. qq. com/s/rOdkGNC8ccYn8HSFI_ o0Rg。

④ 《中伦律所阿拉木图办公室开业　系首家落子中亚的中国红圈律所》，丝路新观察，https：//mp. weixin. qq. com/s/hFCPrUHp795aYJXC3CRdQw。

币约合 10 索姆)。该公司当地项目在建设施工以来，平均每年为当地提供就业岗位 440 个，为吉尔吉斯斯坦社会经济发展做出了突出贡献。因此，该公司于 2019 年 12 月获得“吉尔吉斯斯坦 2019 年度优秀单位及人物奖”。[①]

3. 中资企业投资中亚五国仍需谨慎

虽然中亚国家资源丰富、当地政府也给予了很多优惠政策，但中资企业在当地投资时，仍需深入做好市场调查、做好合作方诚信验证、做好投资风险评估。2019 年，某中国企业拟与乌方合作生产摩托车，配件抵乌后，乌方合作伙伴借故将中方人员赶出厂房，称摩托车配件为乌方所购，并出具了付款证明（中方企业称付款证明系乌方伪造），后经过乌方法院审理，认定中方企业败诉。以此为鉴，在投资时最好与当地政府签署投资协议，并获得详细规定可享受优惠政策的总统令，作为企业开展经营的依据。须注意避免对出口额、当地用工数量的中方义务过分承诺，以免乌方追究责任。[②]

（二）华侨华人社团特色鲜明

在中亚的华侨华人社团具有以下特点：一是商务合作与互助，二是继承和弘扬中华传统文化。

1. 中商商会以经济互助为主

在吉尔吉斯斯坦的中商商会，从 5 人小组起家，主要服务在吉华商。2004 年因吉尔吉斯斯坦比什凯克中海市场发生火灾，108 家中国商户受损，5 人小组为维护华商利益、挽回他们的损失，与市场所属公司进行了 4 个多月的谈判，不仅将受损商户的损失降到最低，同时对华商的援助也赢得了华商的支持和信赖。2013 年，在中国驻吉使馆的支持下，吉尔吉斯斯坦中商商会正式注册成立，会员主要是在中海市场经营的商户，带头帮扶华商的赵建共成为商会首任会长。中商商会不仅有维护华商利益的责任，还兼具管理和规范华

---

① 《〈丝路新观察报〉获吉尔吉斯斯坦唯一“最佳媒体奖”》，丝路新观察，https: //mp. weixin. qq. com/s/dUY_ KoL3D - H7U04 - V6u3UA。

② 《中企在乌兹别克斯坦投资合作注意事项》，丝路新观察，https: //mp. weixin. qq. com/s/xcOAKeCQo64DVmzpi9MG8A。

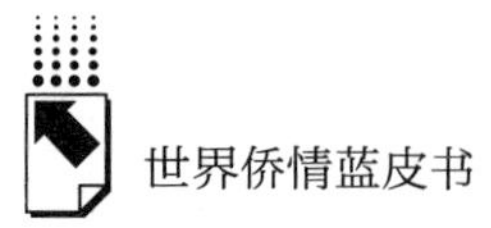

商的功能。商会通过现代通信手段对商户进行帮扶和管理。商会组建了专门的微信群，群中有8个小组，由中海市场的4个组和比什凯克其他市场的4个组构成。中海市场的商铺有4排，每一排为一个组，每组自行选出一名小组长，并担任商会的副会长。每组组员在群中的名称都包括小组编号、商户摊位号和姓名。会员一旦遇到困难，在群中一发消息，其他会员就能知道此商户位于哪个摊位，离他最近的会员或组长可以精准、快速赶到现场，共同帮助其解决困难。如今，微信会员群中已有300多名成员。通过这种“区块管理”模式，商会将市场的华商群体拧成一股绳，在第一时间精准到达指定位置，处理各种紧急事务。商会还会根据会员的需求，举办各类文体活动，也会带领华商参加当地的慈善活动，定期捐款捐物，与当地居民建立良好关系。①

2. 中国文化中心弘扬中华传统文化

目前，哈萨克斯坦共有4家中国文化中心，在阿拉木图市有2家，卡拉干达和塔迪库尔干各一家。社团领袖及会员以当地华人为主，本土化特征明显。阿拉木图中国文化中心成立于1990年，其宗旨是促进两国文化交流、增进民众间的相互了解，其第四任会长是在哈萨克斯坦出生和长大的华裔爱德华·张。该中心目前共有140人左右，主要为在哈出生长大的华裔，也有少数嫁给华人的俄罗斯族和朝鲜族姑娘。由于很多华人在当地出生、上学、工作，并与当地人通婚，现在基本上不会说汉语。因此，他希望在阿拉木图创建一家中国博物馆，让后代了解中国的历史、文化和语言。②

（三）华人传承中华文化，中国人才促进国家间交流

1. 生活在中亚的老一代华人本土化特征明显

在中亚生活的华人大多数在20世纪五六十年代离开故乡，辗转俄罗斯或中亚某国，最终落地生根于现在的居住地。如在吉尔吉斯斯坦生活的刘国

① 《吉国中商商会会长：维护华商利益　共创兄弟情谊》，http：//www. chinaqw. com/hqhr/2019/11－14/236676. shtml。

② 《在阿拉木图弘扬中华传统文化的爱德华·张》，丝路新观察，https：//mp. weixin. qq. com/s/1－ObntlEOzpOOA7IDKilfQ。

及老人[①]、刘云皋老人[②]、石作山老人[③]、马文英老人[④]等，他们的勤劳朴实和吃苦耐劳的精神，让当地人深切感受到华人的优秀品质。老一代华人虽然长期在中亚国家生活、工作、繁衍后代，但丝毫未忘记中国的传统，始终关注着中国的变化，并一直保持着读中文书、做中国菜，过年贴对联、剪窗花、包饺子等中国传统习俗。为了子孙后代不忘中国文化、不忘中文，他们要求子女在家里只说汉语，并安排后代每年定期抽出一段时间到中国生活。

2. 中国作曲家鲜为人知的中亚经历

我国著名作曲家冼星海先生也曾在哈萨克斯坦度过人生中一段难忘的时光。当时，冼星海在莫斯科电影制片厂进行纪录片《延安与八政军》的剪辑和配乐工作时，正赶上苏联卫国战争，他回国受阻，辗转来到阿拉木图。当他居无定所、食不果腹、贫病交加时，哈萨克斯坦音乐家巴希特然将冼星海安顿到自己亲戚家，照顾他近两年。这段经历被巴希特然的侄女记录下来，并于 2019 年出版了《中国人民音乐家冼星海在哈萨克斯坦的日子》一书，以纪念中国作曲家不平凡的中亚生活经历。[⑤]

3. 中国人在吉尔吉斯斯坦荣获奖章

2019 年 9 月，中国河北医科大学第一医院心内二科主任兼心病诊疗中心副主任王震教授，被吉尔吉斯斯坦总统授予吉最高荣誉奖章——吉尔吉斯斯坦国家丹克奖章。10 余年来，他多次赴吉，救治了 530 余位当地病患，为吉尔吉斯斯坦医疗事业做出巨大贡献。王震教授是中国唯一在这次表彰中

---

① 《吉尔吉斯斯坦华人：关注中国变化　坚守中国传统》，http：//www. chinaqw. com/hqhr/2019/12 - 05/238840. shtml。

② 《吉尔吉斯斯坦华人：为祖籍国自豪　因人民而骄傲》，http：//www. chinaqw. com/hqhr/2019/12 - 04/238713. shtml。

③ 《吉尔吉斯斯坦 83 岁老华人：57 年从未停止思念祖国》，http：//www. chinaqw. com/hqhr/2019/11 - 28/238087. shtml。

④ 《吉国华侨马文英：在吉创业 20 余年　不忘宣传中国文化》，http：//www. chinaqw. com/hqhr/2019/11 - 28/238078. shtml。

⑤ 《那个视我如女儿的中国人，他叫冼星海》，丝路新观察，https：//mp. weixin. qq. com/s/qaJ_Id4Kr4HGIKXAvp5CtA。

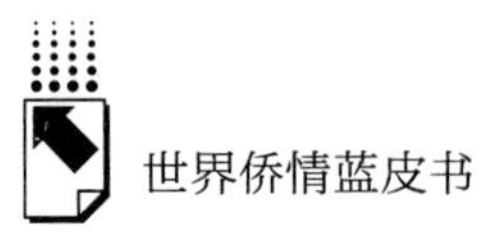

获奖的医学专家。[①] 12 月，中国艺术家、全国政协委员徐里因为中吉人文交流做出了杰出贡献，荣获吉尔吉斯斯坦文化、旅游和信息部颁发的“杰出文化人物奖”奖章。[②]

（四）塔吉克斯坦出现“汉语热”

自 2009 年塔吉克斯坦民族大学孔子学院成立以来，中方给予了大力支持，先后派遣了 100 多位教师，提供了大量汉语教学资源、赠送汉语图书、资助建设计算机语言教室等。近年来，越来越多的塔吉克斯坦人报名参加汉语水平考试。2019 年上半年，在塔吉克斯坦民族大学孔子学院考点参加汉语水平考试的考生就达 1917 人，创下历史新高。塔吉克斯坦“汉语热”得益于中塔两国关系的快速发展。当地人渴望了解中国，“掌握汉语能有更好的职业发展”日渐成为当地民众的共识。[③]

（五）华文媒体获赞誉

“一带一路”倡议提出以后，开始有更多中国媒体落户中亚五国，报道当地经济、社会、文化及华侨华人的信息。2019 年 12 月，吉尔吉斯斯坦《丝路新观察》被吉尔吉斯斯坦的纸质媒体《自由之山》评选为“最佳媒体”。《丝路新观察》自创办以来，传播中吉两国文化，沟通民心，促进两国合作与发展，为维护中吉友谊做出了重要贡献。该报在吉国内拥有稳定的读者群体，已成为吉尔吉斯斯坦重要的媒体力量。《丝路新观察》的报道得到了当地读者的高度评价，部分稿件在《自由之山》上转载后，也得到了《自由之山》读者群的高度认可。此外，《丝路新观察》还获得了该国《旗

---

① 《救助吉国 530 多位患者　中国医生获吉国荣誉奖章》，http：//www. chinaqw. com/hqhr/2019/09 –20/232145. shtml。

② 《中国艺术家获吉国这枚奖章　分量真不轻！》，丝路新观察，https：//mp. weixin. qq. com/s/nqX1GY7UbyLNBUuerKSxag。

③ 《塔吉克斯坦掀起“汉语热”》，丝路新观察，https：//mp. weixin. qq. com/s/LObATaf6b8zc3IenGePlUg。

帜报》颁发的“突出贡献奖”。《旗帜报》是主要为吉国家政府机关提供新闻服务的国有媒体之一。①

四　对策建议

中亚五国自古丝绸之路时期就是连接中国和欧洲的重要枢纽，具有特殊的战略地位。中亚五国处于俄罗斯和中国两个大国的中间，自然资源丰富，尤其是近几年，中亚五国陆续加速开放、给予外国投资者众多优惠政策，对外国投资者具有极大的吸引力。然而，中亚五国国情不甚相同、民族多元，而且有较长一段时间，媒体对中亚五国的报道也相对匮乏。也正是由于国际关系、营商环境、缺乏了解等因素，中亚五国在人们眼中始终具有神秘色彩。“一带一路”倡议的提出，政府层面的交流与互动频繁，中资企业的积极跟进，带动了人员流动的增加。

根据2018～2019年华侨华人和中资企业所呈现的特点，为促进中国和中亚五国在“一带一路”倡议下开展更加深入的交流与合作，提出以下建议。

一是制定合作规则。中国与中亚五国政府相关部门应签署对中资企业和华商在当地投资经营正当权益的保护协议。在投资的进入、经营、退出、纠纷解决，华侨华人及华商保护等方面，中国与中亚五国需在中央层面制定规则、地方政府负责落实到位，通过政府的背书和保驾护航，解决中资企业和华商在当地发展的后顾之忧。

二是加大媒体报道。目前，我国国内对中亚五国的报道相对匮乏，除了相关领域的研究机构或学者，较少有人熟悉中亚五国的情况。“民心相通”首先要“民情相知”，而媒体就是百姓的眼睛和耳朵。因此，应鼓励官方或民间媒体在中亚五国设立办事机构，增加对当地经济、社会、文化、政治等

---

① 《〈丝路新观察〉报获吉尔吉斯斯坦唯一“最佳媒体奖”》，丝路新观察，https://mp.weixin.qq.com/s/dUY_KoL3D-H7U04-V6u3UA。

方面的报道，增加了解才能建立信任，进而达成合作。

三是扩大教育交流。留学生是人民深入了解、文化沟通的重要纽带，扩大留学生的交流，可以筑牢国家间相互合作的民间基础。应鼓励中国与中亚各国教育机构加强合作，通过颁发奖学金、互派留学生、开展夏令营等形式，增加教育文化领域的交流，筑牢相互合作的民间基础。

四是完善基础设施。“要想富、先修路”，道路、港口、机场、桥梁、园区、通信等基础设施的完善，是企业之间合作的重要基础保障。应扩大国家层面在基础设施领域的合作，打通国家之间的交通网络，增加航班互通数量，修建公路、铁路、口岸、电力、通信等基础设施，为民间经贸往来的深入开展提供基础保障。

欧 洲 篇

Europe Reports

B.6
西欧、北欧、中欧侨情分析

胡修雷*

摘 要： 欧洲地区国家众多，侨情特点各不相同。2019 年，欧洲华侨华人努力克服民粹主义泛起、难民问题、英国脱欧等不利影响，在促进中欧经贸往来和人文交流、保障华侨华人在地利益、维护华人族群形象、争取在地政治话语权等方面取得了一定成绩，华人经济贡献愈加显著，政治声望有所提高。同时，欧洲华社内部存在着层级、行业、乡籍和代际等分化现象，部分知识分子、黄金签证移民等拥有较高社会地位，底层华商、务工人员等群体的生存环境堪忧，欧洲华侨华人呈现出多元化发展趋势。

* 胡修雷，中国华侨华人研究所学术交流研究部主任，主要研究方向为华侨华人与国际移民、侨乡治理等。

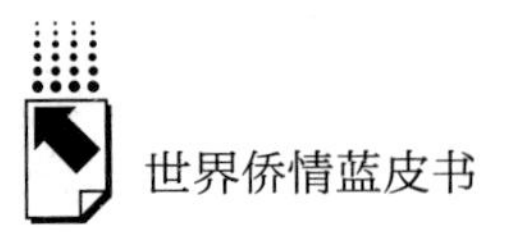

关键词： 华侨华人　华商转型　侨社侨团　留学生　社会融合

欧洲有40多个国家和地区，总人口约7.45亿人，华侨华人人数估计在200万~300万人之间，占总人口的比例非常低。2019年，中欧关系进入新的发展阶段，双方关系的互补性、互利性和战略性显著上升。3月21日至26日，中国国家主席习近平对意大利、摩纳哥、法国进行国事访问。4月8日至13日，国务院总理李克强对比利时、克罗地亚进行国事访问，并出席第21次中欧领导人会晤等。一年来，中欧双方高层交往密切，务实合作不断深化，人文交流有声有色，进一步推动了中国与欧洲国家的经贸合作与友好往来，华侨华人深受鼓舞。同时，英国脱欧、难民问题、民粹主义泛起等仍是欧洲国家讨论外来移民的主要话题，特别是在经济整体发展放缓的形势下，欧洲华侨华人在夹缝中谋生存、求发展。

在欧洲，欧盟国家内部具有合法身份的华侨华人可以自由流动，华侨华人在中欧贸易、中餐馆、留学及学术交流等方面发挥着重要作用，但华社内部存在层级、乡籍、行业甚至代际之分，外部面临着社会治安、街区环境、周日营业等华人普遍关心的问题。欧洲华社两极分化趋势日趋明显，部分知识分子、黄金签证移民等在当地拥有较高的社会地位，底层华商、务工人员等群体的生存环境堪忧。一些华社人口流失，许多华人餐馆、商贸公司歇业；有些地区治安混乱、环境复杂，华人遭到抢劫的案件时有发生。华社通常借助传统节庆、社团活动等机会与主流政界偶有互动，但总体上当地政治机构和公众人物对华社知之甚少。另外，近年来随着中国国际地位日益提升，华人经济贡献愈加显著，政治声望有所提高，安全忧患、营商环境、文化传承等具有代表性的华人关切也渐获主流社会的关注和重视。

一　“一带一路”建设为欧洲华侨华人拓展新空间

近年来，中国和欧洲之间的经贸往来、人文交流不断加强。2019年，中欧班列共开行 8225 列，较上一年增加 31%。[①] 中欧班列通达欧洲 18 个国家 55 个城市，国际物流品牌日益增多。目前，已开通的中欧班列有烟台至俄罗斯莫斯科、哈尔滨至俄罗斯梅尔基、义乌至比利时列日、西安至土耳其安卡拉至捷克布拉格、成都至卢森堡迪德朗日、大同至白俄罗斯明斯克、太原至俄罗斯莫斯科等。不断增多的中欧班列带动了双边经贸额的增长。据商务部统计，2019 年 1 ~ 11 月，中欧双边贸易额为 6393.5 亿美元，同比增长 2.8%；新增双向投资超过 120 亿美元。据欧洲统计局（Eurostat）统计，2019 年欧盟与中国双边货物进出口额为 7177.89 亿美元，同比增长 1.25%。其中，欧盟对中国出口 2497.46 亿美元，同比增长 1.79%；欧盟自中国进口 4680.43 亿美元，同比增长 0.97%。欧盟与中国的贸易逆差为 2182.97 亿美元，同比增长 0.04%。[②] 人员交流方面，2019 年中国公民出境旅游人数达到 1.55 亿人次，同比增长 3.3%，其中中国前往欧洲旅游的人数达到 600 万人次。[③] 欧盟已连续多年为中国最大贸易伙伴，中国是欧盟第二大贸易伙伴，双方互为第一大进口来源地和第二大出口市场。[④] 中欧之间的人员交流、经贸往来达到历史新高，为欧洲华侨华人营造了舒缓的外部空间。2019 年，意大利、瑞士与中国签订有关"一带一路"建设的备忘录，[⑤] 显示更多欧洲国家开始参与"一带一路"建设。

欧盟各国对外来移民尤其是劳务市场监控日趋严格，主要目的是防止廉价劳工涌入，抢夺本国公民的就业岗位。欧盟失业率高、就业压力大且劳动力成本高，目前欧盟各国只允许少数欧盟内部其他成员国劳工在获批后进入本国劳动力市场，中国公民获得申根签证后，可在规定时段内进入申根国

---

① 《一张图总结 2019 年中欧班列运行情况》，https://zhuanlan.zhihu.com/p/103668485?utm_source=wechat_session。

② Eurostat，https://ec.europa.eu/eurostat.

③ 《2019 年旅游市场基本情况》，http://www.ctaweb.org/html/2020-3/2020-3-10-16-48-64712.html。

④ 《四个数字看中欧经贸合作：互利共赢　惠及世界》，https://m.sohu.com/a/306600671_123753。

⑤ 《"一带一路"：欧洲国家开始顺势而为》，http://www.oushinet.com/voice/commented/20190425/319759.html。

家，但如未获拟进入国家工作许可等相关证件，不得在当地务工，也不得超时滞留或多次往返。因此，中国劳工进入欧洲国家务工的道路并不平坦。

二　投资入籍项目热点从英联邦岛国向欧洲大陆转移

通过投资移民欧洲是许多中国移民选择的重要渠道。近年来，投资移民进入欧洲的趋势呈现出新特点，开始从一些岛国逐步延伸到部分南欧国家甚至西欧国家。比如，近年来位于加勒比海和南太平洋的英联邦投资入籍项目成功吸引了华人投资者的关注后，2018 年，位于欧洲大陆巴尔干半岛周边的国家开始陆续推出或调整投资入籍政策，如摩尔多瓦推出投资额 10 万欧元起的投资入籍项目，黑山推出 35 万～55 万欧元的投资入籍项目。2019 年，巴尔干半岛地区又有新的欧洲大陆国家继续推出或调整投资入籍政策，希腊、阿尔巴尼亚、波黑等国也推出投资入籍计划，投资入籍项目不再是岛国的“专利”，华人投资者更加倾向于选择花同样的钱投资移民这些欧洲大陆国家。

除投资入籍外，购买房地产也是中国移民选择定居欧洲的重要途径。由于近年来欧洲国家大多经济疲软，通过购买当地符合规定的房产，就可以获得居留身份，带来自由进出欧洲许多国家的便利，甚至享受当地的教育、福利和医疗等诸多利好。据统计，2019 年前三个月，在购买巴黎房产的外国买家（包括常住和非常住居民）中，中国人超过 14%。在葡萄牙，除了购买 50 万欧元以上的房产以外，2019 年葡政府推出了投资 35 万欧元获得身份的政策，每年平均居住 7 天，5 年可以申请永居或者入籍。①

中国人选择投资移民欧洲，一方面是多元化的资产保值增值配置方式，另一方面也是年轻移民对国际化生活方式的追求所致。这一新移民群体的到来，在带动在地国家经济增长的同时，也对欧洲华侨华人的自身形象、社会融入、文化习俗等方面提出了新课题，逐渐成为注入欧洲华社的一股新鲜力量。

---

① 《欧洲投资新契机》，https：//www. sohu. com/a/361424383_ 292915。

三　欧洲华侨华人积极参政议政

2019年，受英国脱欧、欧洲民粹主义思潮等影响，华侨华人在欧洲的生存发展面临不少外部压力，参与主流政治活动是其表达利益诉求、争取和维护群体权益的重要途径。

欧洲华人青年参政取得新突破。随着近年来华裔新生代的成长和华人受教育水平的提高，欧洲华人的参政意识和能力有了很大提高。在2019年12月12日的英国大选中，共有9位华裔候选人参选国会议员，其中保守党5名，工党1名，自由民主党、绿党、脱欧党各1名。9名候选人中，3名为女性。华二代 Alan Mak 获得30051张选票，为保守党赢得选举，得票率达53.9%，这是他自2015年以来第三次成功连任国会议员。同时，工党候选人 Sarah Owen（陈美丽）获得23496张选票，成为英国议会历史上首位女性华裔议员。[①] 两名华裔当选国会议员，为华裔在英国参政议政又书写了新的篇章。在意大利普拉托第二轮市议员选举中，意大利民主党两名华裔市议员候选人王小波和林诗璇成功当选。当地官方媒体称，这是意大利地方首次诞生华人议员，实现了新的历史突破。

欧洲华侨华人在政治上大胆发声。香港"修例风波"以来，伦敦华埠商会、新界乡议局海外顾问委员会等一大批英国华人社团，以及广大旅英侨胞和留学生通过发表声明、接受采访、投书政要、组织集会等方式，揭露暴力犯罪分子祸港真相，支持香港特区政府依法施政，支持香港警察严正执法，坚决与反中乱港分子做斗争。在祖（籍）国领土主权问题上，英国侨胞的发声有利于争取更多当地民众的支持，为香港的和平稳定营造有利的国际舆论环境。

① 《英国大选两华裔胜出　国会诞生首位华裔女议员》，《欧洲时报》微信公众号"欧时大参"，2019年12月14日。

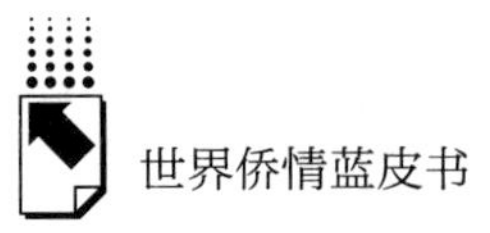

四　欧洲华侨华人庆祝新中国成立70周年

2019 年是中华人民共和国成立 70 周年，许多欧洲侨胞、侨社或独立举行，或牵手住在国主流社会，共同举办了内容丰富、形式多样的庆祝活动。9 月 8 日起，米兰华人社团与中国驻米兰总领事馆联合举办的“辉煌七十年”图片展开展，图片展分为经济科技、人文艺术、政治外交、中意友好、自然风光五个单元，吸引了大批意大利民众和当地侨胞前来观看。9 月 19 日，旅法侨界在巴黎举行庆祝中华人民共和国成立 70 周年大会，刚刚履新的中国驻法大使卢沙野出席并发表讲话，来自旅法侨界的 600 多名侨胞代表参加。旅法侨界还多次举办座谈会、图片展、书画展等，庆祝新中国 70 华诞。9 月 8 日晚，德国柏林华侨华人欢庆中华人民共和国成立 70 周年晚会在柏林举行，200 余名在德华侨华人欢聚一堂，用欢歌热舞为新中国庆生。9 月 21 日晚，由英国华侨华人团体主办的庆贺新中国成立 70 周年文艺晚会《最美的祝福》在伦敦举行。意大利华人社团共同举办欧洲华人乒乓球邀请赛以庆祝中华人民共和国成立 70 周年，来自英国、法国、西班牙、奥地利、匈牙利等 7 个国家的华侨华人和意大利本国的乒乓球爱好者共 19 支代表队、100 多名队员参赛。9 月 17 日，由奥地利多个侨社联合举办的“庆祝新中国成立 70 周年图片展”在奥地利联邦商会举行，吸引了当地政要参加。西班牙侨界则通过举办中国电影展、“红歌”大赛等形式为新中国生日献上祝福。

此外，荷兰、比利时、罗马尼亚、芬兰、挪威等国家华社也以举办文艺晚会、图片展等多种形式庆祝新中国成立 70 周年。欧洲华侨华人举办系列庆祝活动，不仅加强了对祖（籍）国和传统文化的认识与理解，增强了民族自豪感，也引起了当地主流社会的关注，为华侨华人融入在地社会营造了良好氛围。

五　华人在科技等领域获殊荣

2019 年，华人在欧洲科技、文艺及体育等领域都有不俗成绩。6 名中国学者入选欧洲科学院外籍院士，3 位华人学者入选欧洲科学院院士。欧洲科学院是欧盟的“国家科学院”，华人入选很不容易。此外，中国建筑师董功当选法国建筑科学院外籍院士；中国作家莫言被牛津大学摄政公园学院授予荣誉院士称号；钢琴家郎朗成为首位获得法国胜利音乐大奖荣誉的中国人。奥地利华裔少年陈凛夺得 U13 欧洲青少年羽毛球大赛冠军；18 岁的德国华裔小提琴手朱熙萌获得莫扎特国际青少年音乐周一等奖。

10 月 19 日，2019 年度“欧洲华人十大科技领军人才”颁奖典礼在爱尔兰首都都柏林举行，李皓、张维宏、陈育伟、智升科、谢新华、张凯、施远、庄晓莹、张传芳、谭玉龙 10 位英才获此殊荣。年度“欧洲华人十大科技领军人才”的评选是全欧华人专业协会联合会（FCPAE）自 2012 年推出的面向欧洲华人专业人士的活动。旨在推选出欧洲华人中出类拔萃的领军科技人才，彰显他们的成就和贡献，以期激励更多的优秀人才创新创业、共赢科技未来。评审委员会由 FCPAE 委托的 5～8 位欧洲不同国家、不同行业的资深人士组成，包括世界知名大学的教授、科学院研究员和跨国公司高管等。评审委员会主席由 FCPAE 前任轮值主席担任，负责评审的组织工作。各评审委员以公正、严谨、求实的原则，通过独立盲审方式给每位候选人申请材料按评选标准打分。①

六 “欧洲华商何去何从”成为受关注主题

2019 年 10 月 22 日至 23 日，以“世界新格局，华商新机遇”为主题的第十五届世界华商大会在伦敦举行。大会由英国中华总商会主办，这是世界华商大会第一次在欧洲举办。来自 51 个国家共 2500 名华商和专业人士与会。随着世界华商大会在欧洲举行，欧洲华商的生存和发展问题再次引发关注。欧洲华商中小企业众多，受当地营商环境壁垒和中美贸易摩擦带来的经

① 《2019 欧洲华人十大科技领军人才颁奖典礼在爱尔兰举行》，全欧华人专业委员会，https：//www. fcpae. com/？ p＝2261。

济不确定性和不稳定性影响，旅欧华商在挑战中寻找转型的机会。如年轻一代法国华商开始从进口业务向出口业务转型，在工业4.0时代加大在科技创新领域的探索。浙江籍华商参与“一带一路”工程建设，参与第二届进博会等。随着中国扩大进出口贸易、放宽市场准入、优化营商环境，欧洲华商也抓住机遇顺势发展，发挥自身优势沟通中欧。

5月29日，来自法国、英国、意大利、葡萄牙等欧洲华商理事会的50名华商齐聚巴黎，就“欧洲华商何去何从”这一主题，围绕欧洲的商业环境、华商的发展及转型、新兴商业模式、与中国企业的合作等话题进行深度探讨。其间，欧洲华商们就当前中美形势、中欧形势进行了分析，尤其是互联网时代，传统行业如旅游、批发、餐饮等，如何与新媒体平台等结合起来，分享行业经验，携手共赢。欧洲华商理事会由旅欧杰出华商代表组成，有108位成员，分布在11个国家，他们很多从事传统行业，也有的在新兴行业探索前行。理事会成立5年来，打破地域行业界限，搭建合作发展平台，分享创业成功经验，创新发展模式理念，为团结旅欧华商、建设和谐侨社、促进中欧经贸关系发展做出了贡献。旅欧华商是中国经济社会发展和中欧经贸合作的重要推动力量。①

英国侨情

2019年中英双边货物贸易额超过863亿美元，同比增长7.3%，② 创历史新高。两国对彼此直接投资存量均超过200亿美元，中资企业在英投资从金融、贸易、能源等传统领域向高端制造、基础设施、文化创意、信息科技等领域延伸。随着中英经贸往来的增加，近年来中国日益成为旅英留学生和访英游客的重要来源国。截至2019年底，英国共有22万名中国留学生，分

① 综合《欧洲华商理事会第五次年会》《欧洲华商何去何从?》等，http://aece.online/aece/cn/shishi/2019/0612/103.html#article、《法国侨报》2019年5月31日。

②《驻英国大使刘晓明在英工商业联合会与华为公司春节晚宴上的演讲》，https://www.mfa.gov.cn/web/dszlsjt_673036/t1736648.shtml。

布在154所大学和1000多所中小学校。在英孔子学院和孔子课堂分别增至30所和163个，600多所英国学校开设了中文课程。两国之间每周有168架次客运航班，每年人员往来近200万人次。[①] 世界华商大会首次落地欧洲来到伦敦举办，表明英国正在不断吸引投资者和各行各业人才，华侨华人在英国面临着新的发展机遇。

华侨华人移居英国已有200多年历史，目前在英华侨华人约有70万人，已成为英国社会第三大少数族裔。华侨华人在英国主要从事餐饮、贸易、金融、教育、科研、房地产等行业。英国脱欧使欧洲一体化建设处于历史上最艰难时期，脱欧表面上帮助英国省下了每星期对欧盟3.5亿英镑的预算支出，但对于外来移民特别是华侨华人在欧盟内部的自由流动会带来很大的影响。目前在英国的70万名华侨华人中，居住在伦敦的占三分之一，这些人与欧洲大陆存在着紧密联系。华侨华人的专业素养、拼搏精神、友善性格、社会责任感广受赞誉，树立了良好口碑。

（一）促进当地华人融入，英国华社举办春节庆典或中国文化节

2019年是特拉法加广场春节庆典举办的第17个年头。多年来，春节庆典规模不断扩大，每年都吸引约70万人次民众观看，已成为伦敦首屈一指的多元文化盛事，也是亚洲地区以外规模最大的春节庆典。每年以特拉法加广场春节庆典为“圆心”，春节庆典活动遍布英伦三岛，遍及爱丁堡、曼彻斯特、伯明翰、利物浦、布里斯托、朴次茅斯、布莱顿、纽卡斯尔等英国大城小镇。中国歌舞、武术、书画等传统中华文化节目，与西方歌剧、乐队等同台呈献，华侨华人与英国民众共同舞龙舞狮，呈现出中西方艺术家联袂展演、中西方文明交流互鉴的生动场面。庆典活动充分彰显了伦敦的包容性和多样性，是新时代华侨华人展现新风貌的闪亮舞台，彰显了华侨华人兼容并蓄、自强不息、开放融通的独特魅力和别样风采。

---

① 《驻英国大使刘晓明在伦敦特拉法加广场2020年中国春节庆典开幕式上的讲话》，https：//www. mfa. gov. cn/web/dszlsjt_ 673036/t1736474. shtml。

3 月 9 日晚，克罗伊登首届中国文化节在克罗伊登市市长大厅举办。中国驻英国大使馆公参杨晓坤、克罗伊登市市长 Cllr Bernadette Khan、全球中国研究院副秘书长吴明清等应邀出席活动并致辞。活动由克罗伊登市市长提出，在当地华人企业联通服务（Unicorn Service）的赞助和配合下开展，此次活动旨在鼓励越来越多的华人融入当地社会，以及让当地民众对中国文化有更多的认识。近百名中英各界人士参加了文化节，现场展示了中国舞龙舞狮、民乐、书法、手工制作书签以及饺子、春卷等中国特色美食。

近年来，春节庆典活动在英国各地纷纷举行，从政府到议会，从政党到商界，从学校到社区，甚至唐宁街十号也贴上了中文对联装饰。中英关系自习近平主席 2015 年对英国进行国事访问以来变得更为紧密，从双边经贸合作、文化教育合作到旅游合作，这种紧密联系也在华社与主流群体之间的交往中得到了充分的体现，增进了华侨华人与当地民众之间的理解和友谊。

（二）2019年英国地方选举，华人拒绝沉默

5 月 2 日，英国迎来 2019 年地方选举，全英国有将近 300 个地方政府进行换届选举。这是英格兰四年选举周期中规模最大的一次地方选举，有超过 8400 个竞选席位。北爱尔兰地区有 462 个竞选席位。英国地方选举采用“简单多数票当选”制度，即得票最多的候选人胜出。据英国华人参政计划创始人、主席李贞驹律师估计，约有 70% 的英国华人参与了此次选民登记。①

过去两年数不清的“脱欧”投票和讨论引发了英国媒体和民众的高度关注，5 月 2 日举行的英国地方选举更与旅英华人的衣、食、住、行息息相关。李贞驹律师认为：“当大批英国华人积极到各个地区投票时，英国国家就会意识到我们的声音！”李贞驹在多个侨领侨社群发出了投票和华人参政的呼吁，得到众多英国华人的响应。英国华人企业家俱乐部创始人任广峰表

① 《英国地方选举　英国华人参政计划呼吁华人踊跃投票》，http：//www. christine - lee. com. cn/nd. jsp？ id = 183。

示，许多选区有华人候选人，没有华人代表的地方，参加投票同样重要，要“为华人利益发声”。

（三）2019年中国赴英留学生数量大增

2019 年，英国高校中来自中国的学生数量再次增加。统计数字显示，英国高校新招中国学生的人数超过了来自其他国家的学生人数。据英国高等教育统计局（HESA）的数据，中国留学生首次超过 12 万人，占非欧盟学生总数的三分之一以上。2019 年，英国高校的 238 万名学生中，非英国学生超过 48.5 万人。[①] 尽管英国脱欧引发了政治混乱，但来自中国的留学生仍增加了 13%。事实上，英国对中国留学生的吸引力在不断增加，英国招收的中国学生也从 2014 ~ 2015 年的 89500 人增至 2018 ~ 2019 年的逾 120300 人。

留英中国留学生数量大增的原因主要有三点。一是英国提供宽松的签证，比如延长博士、硕士毕业后的学生签证有效期，方便留学生在当地寻找就业机会。二是宽松的就业政策，比如部分恢复高校留学生毕业后留英生活工作两年的规定。三是英国承认中国高考成绩的高校越来越多。此外，由于英镑兑人民币汇率近年来呈波动下降趋势，赴英国留学在经济方面也更划算。

（四）英国取消高技术移民人数限制，关停企业家移民签证

根据 2018 年底英国公布的新的移民计划，脱欧后英国吸收移民的重点转向高技术移民，新移民政策是单一的、以技术为基点的移民系统，高技术移民将不受人数限制。2019 年，英国投资移民政策变化较多。3 月 7 日，英国内政部公布新的英国移民法修改草案，确定关停英国 Tier 1 企业家移民签证，并用全新的创新者签证取而代之。受此影响，“曲线”移民英国备受投

① 《2019 年中国赴英留学生数量大增》，〔英〕《卫报》2020 年 1 月 16 日，转引自参考消息网。

资者关注。如投资25万美元起买房可申请欧洲大国护照的土耳其，其公民可申请英国土耳其商人签证与工作人员签证，快速赴英，满足一定条件后还可申请英国永居及入籍。此外，通过买房可全家申请欧盟护照的塞浦路斯，其护照持有人若满足英国居留要求，则可申请定居英国，满足一定条件后还可申请入籍英国。这两国的护照成为“曲线”赴英的快捷之路。

（五）苏格兰华裔住房问题受关注

据苏格兰住房协会联盟（SFHA）消息，少数族裔在苏格兰租客中缺少关注，当地华裔也是受影响群体。根据2011年人口普查数字，苏格兰有14.1万名亚裔人口，占苏格兰总人口的2.7%。由于语言、缺少群体人数增减数据和需求等因素，苏格兰几乎没有针对少数族裔长居者的经济住房计划，也缺少有效的政府救济措施。根据苏格兰住房监管局提供的数字，2017～2018年度，管理廉租房的部门只有1%是亚裔员工，非裔背景的雇员也只有1%，而他们的同事超过4/5是白人。为维护少数族裔的权益，SFHA设立了“At Home with Diversity”，尽可能保证非裔、亚裔等少数族裔群体有同等的住房机会。①

法国侨情

2019年是中法建交55周年，也是五四运动和中国留法勤工俭学运动100周年。2019年，习近平主席和马克龙总统成功实现互访，共同为新时代中法关系发展规划了蓝图，并推动一大批标志性合作项目。法国对华一直保持着独立的外交政策，在西方阵营中对华相对友好，1964年1月27日，法国成为西方第一个与中国建交的国家。多年来，两国双边合作是中法沟通的重要领域，两国民间交流并不局限于经济层面，还延伸至文化、艺术、教育

① 《人口老化兼语言障碍　苏格兰华裔住房问题受关注》，［欧洲］《星岛日报》2019年2月25日。

等领域。据中国驻法大使馆统计，2019 年共处理涉中国公民的领保案件达 2400 多起，接听领保求助电话 3300 多通，其中绝大部分是涉及游客安全的案件。①

对于旅居海外华人的安全问题，法国华社一直十分关心。2019 年，在旅法侨界积极推动下，巴黎美丽城街区的治安事件发生率出现了下降趋势。长期以来，巴黎美丽城及北郊 93 省等地的治安状况，一直受到当地华侨华人的密切关注。当地政府虽然加大力度打击针对华裔族群的暴力抢劫等犯罪行为，社会治安情况有所好转，法国华侨华人在维护自身安全等方面的努力取得了一定成效，但由于社会、族群、难民等因素相互交织，法国华侨华人在自身安全问题上仍须时刻保持警醒。

（一）法国外来移民较多，华人积极参与主流政治，为华社发声

法国是欧洲最早开始接收移民的国家。法国历史上有四波移民潮：第一批基本是法语文化圈；第二批来自南欧、波兰，和法国一样，天主教是主流；但第三波、第四波，却带来了异质的其他宗教。早在工业革命时期，随着发展工业的需要，法国急缺劳动力。所以，毗邻法国的比利时、瑞士等法语地区人口，开始向法国移民。一战结束后，意大利人、波兰人和西班牙人开始大量进入法国。二战后，由于劳动力短期，法国只好从非洲前殖民地尤其是摩洛哥、突尼斯、阿尔及利亚地区输入人口。20 世纪 70 年代，因为石油危机，法国短暂叫停了移民。但后来又因为发展需要，不得不重新欢迎技术移民、季节劳工。因此，纵向来看，因为本国人口危机，法国不得不向外求助移民。据法国全国统计及经济研究所（INSEE）的数据，2018 年法国共有移民 650 万人，占总人口的 9.7%。其中，华侨华人 70 余万人，大部分居住在大巴黎地区。另外，移民的后代（在法国出生并且父母至少一方是移民）有 750 万人，占总人口的 11.2%。在法国移民中，非洲人大约占 45%。因此，由于历史原因，在 1400 万名法国移民和移民后代中，有 870

① 《2020 年欧洲华人旅游业年会在巴黎隆重举办》，《法国侨报》2020 年 1 月 3 日。

万人来自欧洲以外地区，其中 430 万人来自马格里布（非洲西北部），200 万人来自撒哈拉以南非洲，50 万人来自土耳其。

由于一直强调移民要说法语，融入法国社会，法国严格禁止采集关于个人种族、族裔等方面的信息，因此法国缺乏有关华人人数的确切数字。据估计，如果算上华人后裔，在法国的华侨华人有上百万人。其中很多人接受过良好的高等教育，与法国主流社会接触更多，对法国的社会和政治制度较为了解。这些华人将在选举中增加华裔选民的分量，有利于华人在法国政坛的发展。此外，中国国力日渐强盛，国际影响力不断提升，华人更应该抓住历史机遇，团结起来表达共同的政治诉求。投身选举的华裔候选人则应该超越党派界限，形成合力，共同为主流政坛提供华人视角，一致为华人社会发声请命。如巴黎 13 区是法国最大的华人聚居区，彭昌华参与区长竞选也是一种突破。其竞选团队中还有林修武、林金保两名华裔，这些都有助于推动华人参政水平进一步提高。

华人积极参与法国主流政治，呼吁重视华人生存面临的一些实际问题，比如，采取措施促进商业发展，解决周日营业问题；加强对移民家庭的语言培训，帮助他们更好地融入法国社会；以科学手段改善华人的生活居住环境；对涉及民生的重大问题建立征询民意机制；等等。

（二）法国各界纪念中国留法勤工俭学运动100年

2019 年 5 月 4 日，“留法勤工俭学百年丰碑”落成典礼在法国中部城市蒙达尔纪举行。中国驻法国大使翟隽及旅法中国留学生和中资机构青年代表等 200 多人出席活动，缅怀伟人功绩，弘扬自强不息、永久奋斗的民族精神。1919 年，89 名中国年轻学子从上海登上赴法邮船，拉开了留法勤工俭学运动的序幕。随后十年间，先后有 4000 多名中国青年到法国学习新思想新技术，他们中有中华人民共和国的缔造者周恩来、邓小平等，也有许多中国现代教育、科学、文化、艺术的奠基人。100 年后的 2019 年 5 月 4 日，在当年中国勤工俭学留学生最集中的法国蒙达尔纪市，一座纪念这场运动的雕塑安放在了火车站前的邓小平广场上。雕塑由中国著名雕塑家吴为山创作，用写意和写实相结合的手法、以浮雕的形式塑造了一批意气风发的年轻人形象，再现了中国老一辈革命家赴法求学的风采。在此前后，华侨华人通过图片展、追寻先辈足迹等多种形式，纪念留法勤工俭学100周年。多家旅行社还开设“留法勤工俭学红色之旅”旅游线路，为游客讲述百年巨变。

（三）中国人成为巴黎最活跃的海外购房者

近年来，在巴黎和法兰西岛购房的外国人越来越多，其中，中国人对巴黎房产的兴趣也越来越浓。2019年第一季度，在外国买家（包括常住和非常住居民）购买的巴黎房产中，超过14%的房子被中国人收入囊中，中国人一举超越意大利人、美国人，成为巴黎最活跃的外国房地产买家。在巴黎13区，中国人购买的房产占外国人整体购入房产的10%，而在3区，这一比例甚至超过了17%。中国人也是巴黎近郊三省（包括上塞纳省、圣德尼省和马恩河谷省）房产的主要买家之一。该区域17%的房产被外国买家收入囊中，中国人、葡萄牙人、罗马尼亚人是购买最多的三个群体。在大巴黎地区，近郊三省11.3%的房产交易由外国人完成，在远郊四省（包括塞纳-马恩省、伊夫林省、埃松省、瓦兹河谷省），这一比例也达到9.3%。此外，在巴黎核心城区，外国人参与的房产交易比例达到7.9%，十分接近2015年的纪录。[①]

（四）2019年中国人获得757500张法国签证

据法国内政部公布的2019年有关移民的统计数字，中国人获得的签证最多。2019年共有23746名在法国非法居留的外国人被驱逐出境，其中“强行驱逐”18906人，增幅达20.6%。来自非欧盟国家、被驱逐至欧盟以外地区的外国人数增加了24.7%。“接受资助自愿离境”的只有2515人，锐减47%。

2019年法国共签发276577张居留证，增幅为6.8%。其中发给留学生

① 《中国人成为巴黎最活跃的海外购房者》，《欧洲时报》2019年5月28日。

的居留证最多，总计 91496 张（增加 9.3%），留学生居留证数量首次超过“家庭移居”（immigration familiale）居留证（88778 张，减少 2.5%）。在“家庭移居”类别中，只有按“家庭团聚”（regroupement familial）签发（发给在法国至少合法居留 18 个月的外国人的家庭成员）的居留证数量有所增加（增加 7.4%）。经济移民居留证共签发 38843 张（增加 15.3%）；人道类居留证签发 38157 张（增加 9.1%），其他类别居留证签发 19303 张（增加 24.1%）。

2019 年法国共签发 3534996 张签证（减少 1%）。主要是申根区短期签证（3298750 张），其中旅游签证 2463065 张（减少 1%），学生和实习生签证增加 9%。获得法国签证（所有类别）最多的前五个国家仍依次为中国、俄罗斯、摩洛哥、阿尔及利亚和印度。但 2019 年发给中国人的签证数量锐减将近 12 万张，减至 757500 张，2018 年则有 876559 张。此外，2019 年，共有 76710 名外国人获得法国国籍（减少 1.4%），其中 25262 人因与法国人结婚而获得（增加 20.3%），49671 人凭政府政令获得（减少 11%）。①

（五）法国侨团积极为中法交流做贡献

法国侨团数量众多。目前法国最大的侨团是法国华侨华人会，其前身可以追溯至 1949 年成立的“旅法华侨工商互助会”，1971 年经法国政府正式批准成立了“旅法华侨俱乐部”，1997 年启用“法国华侨华人会”名称并沿用至今，2016 年获得“华社之光”称号。近年来，法国华侨华人会积极推动中法关系建设、大力维护侨胞权益、努力建设海外和谐侨社、支持建设华助中心、促进侨社文化建设、强化海外华人教育、组织华商企业、支持侨二代融入当地社会等，得到两国政府的肯定和重视。目前，法国华侨华人会办有法华寺和中文学校，鼓励青年一代华人参政议政，持续举办丰富多彩的节庆活动，注重为侨胞解决一些实际问题。比如，温州市远程视频公证巴黎联络站 2018 年 8 月 22 日在法国华侨华人会正式成立，这是远程涉侨服务取

① 《法国公布 2019 移民数据　中国人获得签证最多》，《欧洲时报》2020 年 1 月 22 日。

得的重大突破，是具有里程碑意义的事件之一。现在，来自法国、西班牙和周边国家的温州籍侨胞办理公证等材料，可以直接来巴黎通过远程视频核实取证，这为旅欧侨胞解决了实际困难。

此外，法国华侨华人会与其他侨社一起，以“面向全侨、服务侨胞”为目标共建法国华助中心，尽全力帮助遭遇困难的华侨华人、中国游客和弱势群体，逐步建立起团结友爱、互帮互助的新模式。法国华侨华人会秉承尊老爱幼的优良传统，学习老一辈，加强下一代教育。为了让在海外出生的华裔青年从小接受中国传统文化熏陶，法国华侨华人会自 1972 年起开办中文学校，现已培养了三代旅法华侨华人，2019 年学校有 34 个班级，学生达 1300 余人，成为欧洲规模最大的华文学校之一，是首批华文教育示范学校。

2019 年 11 月 30 日至 12 月 1 日，第八届在法中国留学人员团体联席会议在法国亚眠举办，来自全法中国学者学生联合会、在法专业人士协会、中国高校法国校友会以及中国驻法使馆教育处留管组人员等共 50 余名代表参加会议，会议由全法中国学者学生联合会主席丁剑主持。在法中国留学人员团体于 2019 年组织和参与了一系列形式多样的纪念和庆祝活动。截至 2019 年底，全法有 4.75 万名中国留学生，有 50 个学者学生联合会、12 个专业协会、31 个国内大学校友会。在法留学生勤奋上进，攻读人文社会科学专业的学生增加。留法社团是服务留学人员、促进中法友好的积极力量，每年一次的在法中国留学人员团体联席会议是中国驻法使馆教育处与留学团体沟通交流的好机会，会议成果丰硕。①

2019 年 6 月 30 日，法国外籍兵团退伍华人协会在大巴黎诺让外籍兵团军营（Fort de Nogent）迎来第八届会长团就职庆典。徐大玉荣任新一届会长，王玉龙荣任第一副会长，徐骞荣任秘书长，洪志勇荣任副秘书长。法国三星少将、外籍兵团退伍军人总会主席戈塞尔（Rémy Gausseres），法国三

① 《第八届在法中国留学人员团体联席会成功举办》，http://france.lxgz.org.cn/publish/portal116/tab5722/info141588.htm。

星少将、前外籍兵团总司令尚夫勒瑞（Louis Pichot de Champfleury），中国驻法使馆领侨处参赞高萍、一等秘书李成元，法国华侨华人会主席任俐敏等侨领应邀出席庆典活动。[①] 12 月 16 日，法国外籍兵团退伍华人协会 11 位会员在外籍兵团招兵站、位于 94 省的 Nogent-sur-Marne 接受了外籍兵团退伍军人总会颁发的外籍兵团荣誉勋章及外籍兵团荣誉证书。[②] 法国外籍兵团拥有 140 多个国家的士兵，法国外籍兵团退伍华人协会成立于 1996 年，是法国外籍兵团首个以民族划分的老兵协会组织，其宗旨是“团结、互助、融入、发展”，会址位于巴黎北郊欧拜赫维利耶市的华人商圈。目前，该协会大部分会员从事餐饮业，来自中国各地。

12 月 12 日晚，法国辽宁协会成立大会暨首届会长团就职典礼在巴黎举行。中国驻法使馆领侨处参赞高萍、一等秘书李成元、法国中国工商会秘书长蔡国枫、中国驻巴黎旅游办事处主任沐昱玮、法国华侨华人会执行主席金麟泽、《欧洲时报》副总编辑刘建等嘉宾以及旅法侨学界、中资机构代表出席活动。活动中特别播放了辽宁省宣传片，展现当地的历史文化。资深旅游专家周建防担任荣誉会长，经贸界新秀吴龙担任名誉会长。来自辽宁大连的金亮担任会长。他表示，法国辽宁协会将致力于整合东西方两地资源，在“一带一路”倡议下，为辽宁同法国及欧洲的广泛交流与合作搭建桥梁；同时，协会还将为会员和旅法华人提供学习、工作、生活等各个方面的帮助和支持，促进华人社群融入法国当地社会，共同打造旅法华侨华人的新形象。[③]

由“原大陆”协会（Pangée ONG）与巴黎 19 区政府主办，法国陕西联合会协办的世界侨民大会于 2019 年 3 月 20 日至 22 日在巴黎召开，会议旨在促进不同国家和民族的在法侨民及世界各国人民之间的交流与对话，从而促进和平。法国陕西联合会亮相此次世界侨民大会，举办了“法国中资企

---

① 《法国外籍兵团退伍华人协会换届　徐大玉担任新一届会长》，http://www.oushinet.com/qj/qjnews/20190702/324929.html。

② 《法国外籍兵团退伍华人协会 11 位老常委获外籍兵团总会颁荣誉勋章及荣誉证书》，http://www.franceqw.com/article-46789-1.html。

③ 《法国辽宁协会成立大会暨首届会长团就职典礼举行》，http://www.chinaqw.com/hqhr/2019/12-16/240017.shtml。

业职业发展论坛”“陕西与丝绸之路活动日”“陕西形象展”等活动，让世界听到陕西的声音。在3月20日的世界侨民大会开幕式上，法国陕西联合会李洹会长做了主题演讲“发展是和平的载体”。“法国中资企业职业发展论坛”于20日晚召开，法国陕西联合会邀请多位嘉宾为旅法华侨华人及中国留学生介绍企业的情况、发展战略及人力资源政策，以及自身在中资企业发展的经历。“陕西与丝绸之路活动日”由陕西特色电影放映、中医讲座、“一带一路”解读、陕西人文经济环境介绍、法国陕西联合会年会等几个部分组成。法国陕西联合会于2018年3月成立，以陕西籍新老留学生为主，旨在团结旅法乡亲宣传陕西，讲述中国故事，展现华人新风貌，为中法各领域交流与合作贡献力量。①

（六）华商郭义获“蒙马特共和国”协会“大使勋章”

2019年3月，国际狮子会法国分会副会长、华商郭义获得了法国知名慈善公益组织“蒙马特共和国”（R. D. M.）协会颁发的“大使勋章”，以表彰他对慈善公益事业的贡献。据了解，郭义是该协会首个获得此荣誉的华人。“蒙马特共和国”是法国历史最悠久的慈善协会之一，于1920年由著名漫画家乔·布里奇（Joe Bridge）倡议成立。

“蒙马特共和国”协会“大使勋章”获得者，须由已经获得该奖章的成员或协会内部成员推荐。郭义在国际狮子会法国分会工作期间，一心投入慈善事业，除了捐助医疗机构，每周还参与协会的义工活动。他多次为当地医院、老人院提供支持和帮助，默默做出了很多贡献，也带动更多的商界人士参与公益活动，为此，“蒙马特共和国”协会授予他“大使勋章”。郭义所在的国际狮子会于1917年由琼斯（Melvin Jones）创立，会员遍布世界209个国家和地区。总部位于美国。

① 《让世界听到陕西声音　法国陕西联合会协办世界侨民大会》，《欧洲时报》2019年3月27日。

荷兰侨情

据荷兰中央统计局发布的2010年至2019年社会数据统计报告，十年间荷兰人口从1660万人增长到1730万人，其中人口自然增长近27.6万人，净移民人数超过43.2万人，[①] 这表明荷兰外来移民数量超过本地人口的自然增长数量，外来移民是荷兰维持社会活力的重要因素。在移入人口中，近半数来自其他欧洲国家，18%来自亚洲，其中印度和中国为荷兰在亚洲两大移民来源国。[②] 自2019年1月起，荷兰政府加强了对游客非法滞留的打击力度，即使逾期停留一天，边防也会在护照上盖红章，显著标出逾期停留的印记。根据《荷兰皇家决定》，如果短期签证持有者逾期停留三天以上，边防可以给该持有者最长两年的禁止入境令。[③]

2019年，有38万名中国人来到荷兰旅游或留学。荷兰的高等学府吸引了来自中国的4500多名学生，中国成为欧盟以外国际学生最重要的来源国。在格罗宁根，有大约400名学生。鹿特丹的伊拉斯谟大学与武汉大学有合作伙伴关系，尽管目前鹿特丹没有来自该地区的学生或员工。

（一）首届中荷电子商务合作论坛举办

2019年10月16日，由中国驻荷兰大使馆和鹿特丹市政府共同主办，鹿特丹发展促进署、欧中跨境电商协会和全荷兰中资企业协会联合承办的首届“中荷电子商务合作论坛”在鹿特丹举行。来自荷兰外交部、经济事务与气候部、鹿特丹市政府的代表及华为荣耀、苏宁易购、唯品会、怡安保险、壳牌、达能等国际知名企业代表近100人参加。中荷两国的电商、平

① 《荷中央统计局发布2010年至2019年社会数据统计报告》，http://nl.mofcom.gov.cn/article/jmxw/202001/20200102928872.shtml。

② 《2019年荷人口总数超过1740万》，http://nl.mofcom.gov.cn/article/jmxw/202001/20200102928884.shtml。

③ 《荷兰升级移民审核调查　不留意或被撤销居留资格》，http://news.eastday.com/w/20190129/u1a14570012.html。

台、物流、品牌企业及金融、法律服务机构纷纷为如何打造中荷跨境电商互利共赢的良好生态系统积极建言献策。中荷企业还举办了对接会，深入洽谈务实合作。欧中跨境电商协会举行了成立仪式，并与全荷兰中资企业协会签署了战略合作谅解备忘录。①

据中国商务部统计，截至2018年底，中国对荷兰累计直接投资197.3亿美元，约占荷兰外商直接投资存量的1.2%。2019年1~6月，中国对荷兰投资流量为8.5亿美元；截至2019年6月，中国对荷兰投资存量为205.8亿美元，荷兰是中国在欧盟内的第二大投资目的地。据荷兰外商投资局统计，截至2018年底，中国企业已在荷兰设立了近700家直接投资企业，中国120家世界五百强企业中在荷兰投资的已达20家。② 中国对荷投资领域已从传统的贸易、运输等领域拓宽至电信、机械制造、农产品加工、银行、保险、专业商业服务等诸多行业。

（二）荷兰的中餐馆面临发展压力

荷兰的中餐馆数量非常多，中餐业是当地华侨华人的重要产业，从业人员很多。曾几何时，在荷兰的商业区和住宅区，只要是有“人烟”的地方，就都会有一家中餐馆，中餐凭借分量足、价格低廉受到当地人们的欢迎，中餐馆遍布荷兰的城市和乡村，是荷兰社会的“标配”！20世纪70年代，60%的荷兰人都是中印餐馆的常客。但是，据官方统计资料，在过去5年间，荷兰传统中餐馆的数量已大幅缩减，从2014年时的近1900家剧减到2019年的1600家。而过去10年间中餐馆数量的降幅更是高达22%。专家预测，这一趋势会持续下去，至2025年荷兰中餐馆的数量将会降至1400家以下。

有降就有涨。在中餐馆数量剧跌的同时，其他外国风味的餐馆数量却暴

① 《首届中荷电子商务合作论坛成功举办》，http://nl.mofcom.gov.cn/article/todayheader/201910/20191002905321.shtml。

② 《2019年中国在荷兰投资合作基本情况》，http://nl.mofcom.gov.cn/article/ztdy/202001/20200102929230.shtml。

增了19%，这其中有韩国餐馆、越南餐馆、泰国餐馆等。传统中餐馆减少的原因主要是荷兰消费者对中餐出现了“审美疲劳”，年轻人的需求减少，“口味重、油水大”的传统中餐已难以满足如今越来越多的人追求“清淡、健康”饮食的社会大潮流了。

面对市场竞争压力和消费者的需求变化，一些与时俱进的传统中餐馆对自己的经营方式做出了调整，改为经营快餐薯条店或增加中餐外卖，也有一些中餐业者转向经营酒店或其他行业。中餐的外卖送餐出现上升趋势。据荷兰 ABN Amro 银行统计，2018 年中餐外卖送餐增加了20%。许多原来的中餐馆改建为 Wok 餐馆或是“任食”（all-you-can-eat）餐馆。尽管许多这样的餐馆有着类似的名称诸如“北京”“长城”“莲花”等，但还没有形成连锁经营的模式，都属于独立运作。此外荷兰餐饮业的“定海神针”——荷兰薯条店风光无限，财源滚滚。大量的中餐业者因此转向了经营快餐薯条店或是酒店。据统计，现有的荷兰快餐店经营者中，有75%为中国人。一些传统中餐馆也对自己的经营特色做出了调整，从炒饭、炒面转向广东叉烧、四川羊肉和面条汤等更具地方特色的品类，从而吸引更多的顾客。

比利时侨情

比利时被誉为“欧洲中心”。中比两国交流联系密切，2019 年，李克强总理4月在布鲁塞尔会见时任比利时首相米歇尔，比利时王室阿斯特里德公主11月率创纪录的大型经贸代表团访华取得丰硕成果。中国义乌到比利时列日的中欧班列“菜鸟号”正式开通，中比在“一带一路”倡议框架下的互利合作更加紧密。两国人文交流亮点频出，两只可爱的大熊猫“宝弟”“宝妹”的出生是中比友谊新的结晶，在比利时掀起了新的“熊猫热”。

比利时是一个宜居的国家，官方语言为法语。比利时的医疗水平有口皆碑，但是比利时的医疗费用昂贵，如果没有保险，普通人无力承担这笔巨大开支。缴纳保险后，生病可以100%报销。社会福利也比较全面，从摇篮到坟墓，全方位保障。优渥的福利保障吸引了许多中国移民。比利时华侨华人主要来自浙江、广东、福建、上海等地，从事的行业主要集中在餐馆、商场、旅行社、中医诊所等。2019年是中华人民共和国成立70周年，比利时华侨华人举办了文艺晚会、慈善捐款及乒乓球友谊赛等一系列庆祝活动。比利时有正规大学近百所，著名的有鲁汶大学、根特大学、布鲁塞尔自由大学、安特卫普大学、哈萨尔特大学、列日大学等。由于学费相对便宜，不少中国学生选择到比利时留学。

（一）第四届“欢乐春节”盛装巡游在安特卫普举行

比利时第一个华人社区在安特卫普建立，当地民众对中国传统文化有着浓厚的兴趣。安特卫普是比利时第二大城市，也是世界最大的钻石加工和贸易中心。安特卫普港是欧洲第二大港和世界第四大港，100多年前最早一批华人从该港口登陆比利时，并开始在此地聚居。在安特卫普市中心有一条唐人街，一座高大的中国牌楼矗立于唐人街入口。

2019年2月2日下午，由中国驻比利时大使馆、安特卫普市政府、比利时华侨华人社团联合举办的第四届“欢乐春节”盛装巡游活动在安特卫普市举行。由华侨华人社团组织的21个巡游表演方阵载歌载舞，节目包括舞龙、舞狮、扭秧歌、打太极拳等。巡游方阵途经该市最繁华的商业街和火车站广场，参加盛装巡游表演的有专业及业余演员，1000多名华侨华人和数万名当地居民参与进来，共同欢庆中国年。

这是比利时连续第四年举办“欢乐春节”盛装巡游活动，之前分别在布鲁塞尔、迪南和根特举行，获得广泛好评，成为中比文化交流互鉴的一道亮丽的风景线。春节不仅是旅比华侨华人的重要节日，也日益成为比利时民众的节日。春节以其特有的欢乐祥和气氛感染着比利时华侨华人和当地民众。巡游活动已成为旅比华侨华人和当地各民族的大联欢，展示了中华传统文化的独特魅力。

（二）比利时华侨华人纪念五四运动100周年

5月2日，比利时华人青年联合会举办座谈会暨图片展，纪念五四运动100周年。座谈会以“传承弘扬五四精神　新时代华侨华人青年肩负新使命”为主题，除比利时华人青年联合会，旅比各侨团代表也应邀出席。比利时华人青年联合会会长朱旭林认为，当代华侨华人青年在住在国接受教育，学习科技文化，遵守当地法律法规，同时身上也流淌着“中国血液”。现在缅怀五四先驱崇高的爱国情怀和革命精神，对当代华侨华人青年一代是一种鞭策。比利时华人青年联合会创会会长傅旭海表示，实现伟大复兴是中华民族的最高利益和根本利益，当代华侨华人青年应将实现个人梦想与实现民族复兴结合在一起，勇做新时代的“追梦人”。为纪念五四运动100周年，法国、卢森堡、斯洛伐克等国的青年侨团也举办了一系列活动；5月4日当天，欧洲各地的青年侨团齐聚荷兰海牙，共同向华侨华人青年发出倡议。①

（三）比利时华商丝路商会成立

6月13日，为方便旅居比利时的华商参与“一带一路”建设，促进中比两国经贸文化交流，由100多位旅比华侨华人共同倡议的“比利时华商丝路商会”在安特卫普正式成立。吴晓旺荣任首届理事会会长。商会旨在为旅比华商积极参与“一带一路”建设搭建平台，推动中比两国交流与合作迈上新台阶。商会将积极融入并回馈当地社会，与其他华人社团共建团结和谐的比利时华人社区，展示海外侨胞新形象，为促进中比民间友好合作交流做出贡献。安特卫普市负责港口事务的副市长安尼克·里德到会祝贺，她认为“一带一路”倡议为安特卫普港带来了新的商机，2018年安特卫普港的转运总量创下了2.35亿吨的新纪录，这与中国的贡献密不可分。商会的

---

① 《比利时华侨华人纪念五四运动100周年》，http://world.people.com.cn/n1/2019/0504/c1002-31062673.html。

成立将增进安特卫普民众对中国的了解，进一步促进安特卫普与中国的友好合作关系。①

爱尔兰侨情

2019 年是中爱建交 40 周年。近年来，中爱双方高层交往频繁，在经贸投资、科技创新、绿色农业、人文教育、旅游文化、金融服务等领域的合作成果丰硕。中爱双边贸易增长迅速，2018 年双边贸易额达到 145 亿美元，2019 年双边贸易额超过 160 亿美元，中国已成为爱尔兰全球第五大贸易伙伴。中爱双向投资也很活跃，截至 2018 年底，共有 400 余家爱尔兰企业在华设立机构，投资额接近 20 亿美元；中国企业在爱投资已超过 20 亿美元，为当地创造 3000 多个工作岗位。② 2019 年 6 月 14 日，第十届中欧企业家峰会专场会议在爱尔兰基尔代尔郡举行，这是中欧企业家峰会首次在爱尔兰举办。中爱两国经贸合作潜力巨大。2018 年，中国在爱投资增长了 200%，中爱两国在科技创新、食品加工业和旅游业等领域的合作前景广阔。从 2019 年开始，爱尔兰为中国游客提供 5 年多次入境签证，以吸引更多中国游客。

中国人移居爱尔兰的历史不长。20 世纪 50 年代，一些越南华人、香港商人组建了华人社团，但当时华人的数量很少。后来，有一些英国华人移民到了爱尔兰。目前定居爱尔兰的华侨华人主要是 20 世纪 90 年代进入爱尔兰的新移民，大多来自东北三省和福建，留学生占有较大比重。都柏林集中了爱尔兰约 60% 的华侨华人，此外，高威、科克等城市也聚集了不少华人。2019 年，爱尔兰有华侨华人 4 万 ~5 万人，他们大多经商、留学或从事技术行业。主要侨团有爱尔兰华协会、爱尔兰中国商会、全爱中国学生学者联谊会、华人专业人士协会、越华协会、福建同乡会等。

---

① 《比利时华商丝路商会正式成立》，https：//www. imsilkroad. com/news/p/375388. html。

② 《何向东大使出席爱中商会年度晚宴并致辞》，http：//ie. china - embassy. org/chn/sggg/t1720386. htm。

（一）中国入籍移民数量在爱尔兰外来移民中排第9位

根据爱尔兰移民局公布的数据，2018 年，有 142924 名非欧洲经济区公民居住在爱尔兰。有 8225 名外来移民成为爱尔兰公民，外籍申请人数居前 10 位的国家是波兰、罗马尼亚、英国、印度、尼日利亚、巴基斯坦、菲律宾、拉脱维亚、中国和巴西。2018 年爱尔兰接收了 140533 份签证申请，比上年增长 12%，批准了 121220 个签证，申请数量居前 10 位的国家依次是印度、中国、俄罗斯、巴基斯坦、尼日利亚、土耳其、菲律宾、乌克兰、沙特阿拉伯和印度尼西亚。截至 2018 年底，爱尔兰难民保护中心从欧盟接纳了 2000 多名难民。

2019 年 1 月 23 日晚，第十三届“欢乐春节”都柏林中国新年庆典开幕仪式在都柏林市中心老市场举行。中国驻爱大使何向东、都柏林市副市长布拉巴宗、都柏林市首席行政官基根共同出席并向都柏林以及全爱华侨华人致以中国农历新年的诚挚祝福。都柏林市各界人士近 300 人参加开幕式。都柏林中国新年庆典已连续举办十三届，活动内容丰富，气氛热烈，2019 年超过 25000 名民众参与活动。

（二）中国留学生青睐爱尔兰

近年来，随着美英加澳等留学大国的政策逐年收紧，留学热潮逐渐转向一些教育资源丰富、留学费用低廉的国家。爱尔兰作为以英语为母语的国家，加之高质量的教学水平和较低的留学成本，成为留学市场中的新宠。特别是近年来，得益于中爱两国政府的支持，两国高校互动频繁，合作办学数量攀升，直接推动了中爱学生交流。爱尔兰官方数据显示，2018 年赴爱尔兰学习签证申请人数较 2014 年翻倍。2019 年，在爱尔兰的中国留学生人数达 5726 名，本科生人数占一半，研究生人数占 1/3，短期生、预科生则约占总人数的 20%。两国之间已拥有 3 个合作办学机构及 69 个合作办学项目。都柏林大学与都柏林圣三一大学都较受中国留学生青睐，中国留学生喜欢的专业为计算机与电子工程技术、工商、金融等。

为吸引中国留学生，爱尔兰政府推出一系列专门针对中国留学生的奖学金政策。如 2015 年 9 月启动的国家级奖学金项目“爱心奖学金”，由爱尔兰教育推广处发起并组织，到 2018 年共有 13 所爱尔兰高校参与，提供奖学金总额超过 150 万欧元，涵盖 100 多个专业，每年可资助超过 250 名学生。[①] 爱尔兰的学费和生活消费均不高，加上政府为中国留学生提供兼职打工机会，无疑对中国学生具有很大的吸引力。

瑞典侨情

2019 年，中国红成为瑞典华侨华人的主色调，“为祖国母亲过生日”成为侨胞朋友圈的热词。多位旅瑞侨胞受邀回国参加庆祝活动，代表旅瑞华侨华人与全球中华儿女共享荣光。在瑞侨社和留学生全年举办了形式多样、丰富多彩的庆祝中华人民共和国成立 70 周年活动。《我和我的祖国》在国王花园唱响，喜迎国庆的风筝在斯德哥尔摩上空翱翔，乒乓球赛、羽毛球赛等如火如荼开展。华侨华人还用实际行动维护祖（籍）国的主权和领土完整，坚决反对“港独”“台独”等分裂势力，向世界发出了正义的声音。目前，瑞典与中国有贸易往来的企业有 1 万多家，600 多家企业在中国投资设厂。[②] 侨团主要有瑞典华人总会、瑞典华人工商联合总会、瑞典中国和平统一促进会、瑞典青田同乡会、瑞典潮州同乡会等。

（一）瑞典华人工商联合总会、瑞典华人总会分别庆祝成立10周年

2019 年 10 月 27 日，瑞典华人工商联合总会举行成立 10 周年纪念活动。中国驻瑞典大使桂从友、瑞典华人工商联合总会会长王俞力、工商联创始人夏王生，以及旅瑞主要侨社负责人和会员近 200 人参加。桂从友大使希望广大旅瑞侨胞继续发扬爱国爱乡的优良传统和团结互助的友爱精神，积极融入

---

① 《爱尔兰：150 万欧元奖学金只给中国学生》，《环球时报》2019 年 5 月 27 日。

② 《桂从友大使就当前中瑞关系接受瑞典〈今日工业报〉专访》，http：//www. chinaembassy. se/chn/sgxw/t1726252. htm。

当地社会，为中瑞友好合作做出新的贡献。庆祝活动中，多才多艺的旅瑞华人为来宾奉献了一场中西合璧的文艺演出。瑞典华人工商联合总会于2009年10月1日在瑞典首都斯德哥尔摩成立，是在瑞典政府注册的全国性社团。瑞典华人工商联合总会是由瑞典华人工商界同仁共同倡导和发起，旨在联合和团结全瑞典工商界华人，认真遵守瑞典的法律和规章，努力争取和维护瑞典工商界华人的权益。瑞典华人工商联合总会为非营利、无政治和宗教色彩的民间社会团体。①

12月15日中午，瑞典华人总会在斯德哥尔摩举行庆祝成立10周年大会。中国驻瑞典大使桂从友和夫人宋景丽、领侨处主任张磊、瑞典华人工商联合总会会长王俞力等应邀出席。桂从友大使致贺词，瑞典华人总会主席叶克清做瑞典华人总会成立十周年总结报告。瑞典华人各界、总会名誉主席、常务理事、会员单位及会员参加了庆祝活动。桂从友大使肯定了瑞典华人总会10年来致力于促进旅瑞侨胞互帮互助，团结友爱，积极融入当地社会，传承中华文化，为中瑞友好交流合作做出了重要贡献。叶克清主席在工作报告中指出，瑞典华人总会成立10周年以来，从“纪念反法西斯和抗日战争胜利七十周年”活动，到“保钓大游行”瑞典华人总会组织侨胞300余人向日本大使馆递交抗议书；从维护南海主权座谈会到联合抗议瑞典电视台辱华事件，从支持香港反对暴徒集会到总会代表们参加新中国成立70周年国庆大阅兵，瑞典华人总会与祖国命运紧紧联系在一起。总会还致力于维护华侨华人在瑞典的合法权益，增进各社团团结，办好拥有“大使基金”的瑞青中文学校及2018年成立的瑞潮中文学校，带动华侨华人积极融入瑞典主流社会。②

（二）中国留学生成为斯德哥尔摩高校中最大的国际生群体

近年来，中瑞教育交流合作发展良好，两国教育部签署了中瑞教育交流

① 《瑞典华人工商联合总会简介》，http://www.chineseic.se/?page_id=14。

② 《庆祝瑞典华人总会成立十周年大会在斯京举行》，http://www.intnews.eu/world%20news/2909.html。

合作备忘录，启动了中瑞教育政策对话机制，这些为中国学生赴瑞留学提供了便利。随着赴斯德哥尔摩留学的中国学生不断增多，2018 年在斯德哥尔摩高校就读的中国本科生、研究生和交换生共计 826 名，同比增长 18%，超过传统上数量最多的芬兰和德国留学生人数，成为斯德哥尔摩高校中人数最多的留学生群体。中国留学生之所以青睐斯德哥尔摩高校，与其良好的教学质量、其与中国高校间的密切交流、斯德哥尔摩城市的吸引力等因素密切相关。据统计，在斯德哥尔摩的高等院校中，瑞典皇家理工学院的中国留学生人数最多，占当地中国留学生总人数的 60%。该校 5 个最受中国学生欢迎的硕士课程为嵌入式系统、信息和网络工程、机器学习、通信系统、建筑。[①] 2019 年，在瑞典的中国留学人员总数已超过 9000 人。[②]

德国侨情

2019 年，中德双边关系总体保持平稳发展，双方高层交往频繁。习近平主席在双边、多边场合三次与默克尔总理会面，就双边关系和共同关心的国际问题深入交换意见。王岐山副主席、孙春兰副总理、中央外事委员会办公室主任杨洁篪分别访德。默克尔总理成功进行了第 12 次访华，3 位联邦部长和多名州长访华。中德高层联系密切为两国民间交流和经贸往来创造了良好氛围。全年两国人员互访继续保持 150 万人次的水平。两国地方交往保持热络，已结成友好省州、友好城市总数近 100 对，其中北京和柏林两市还共同庆祝了结好 25 周年。全年两国省州互访团组逾 50 个，湖北、四川、海南及南京等中国省市代表赴德举办旅游文化活动。5 月 17 日，52 位来自欧洲不同国家的文化使者乘坐两辆豪华大巴从德国汉堡启程，沿古丝绸之路前往中国上海，标志着由德中交流协会和德国汉堡中国

① 《中国留学生成为斯德哥尔摩高校中最大国际生群体》，http：//www. xinhuanet. com/world/2019 -02/23/c_ 1124153930. htm。

② 《驻瑞典大使桂从友访问瑞隆德大学和马尔默大学》，http：//www. chinaembassy. se/chn/sgxw/t1713528. htm。

之旅组织的2019年德国“中国旅游文化周”正式拉开帷幕。此后，柏林、法兰克福等地还陆续举办四川文化和旅游推介会、中国文化旅游影片放映、“美丽中国”旅游文化图片展等系列活动。这些活动增进了德国人民对中国和华侨华人的了解。

经贸方面，德国连续45年成为中国在欧洲的最大贸易伙伴，中国连续4年成为德国全球最大贸易伙伴。2019年1～9月，中德双边贸易额为1384.3亿美元，同比增长9.7%。[①] 据德方数据，中国是德国机械制造、汽车、化工等行业最重要的海外销售市场，德国企业在华投资项目已超过1万个，投资总额超过800亿美元，对华出口为德国创造大约90万个工作岗位。[②] 中资企业对德投资起步比较晚，中德在“一带一路”建设、电动汽车、环保、人工智能、智能制造、自动驾驶等领域的合作也不断取得新成果。

早在清朝末期，中国官方就开始派留学生赴德国学习。1876年李鸿章派遣7名中国武官赴德学习军事技术，这是近代中国人留学德国的开端。此后，多数赴德留学生选择学习自然科学与工程等，少部分致力于人文学科研究。德国人严谨的风格和先进的工业技术吸引了众多中国学子前往交流学习，中国经济的高速增长也引发了德国人对中国的关注。2019年，德国有19所孔子学院和6个孔子课堂，开设汉语教学的中小学超过300所。超过6万名中国学生在德国学习，超过8000名德国学生在华学习。[③]

（一）德国四分之一人口有移民背景

2019年12月3日，德国联邦统计局发布报告，称德国共有2080万人具有移民背景，占总人口的25.5%。报告显示，德国西部各州具有移民背景

---

① 《伙伴——世界变局中的中德关系》，http://de.china-embassy.org/chn/sgyw/t1730769.htm。

② 《吴恳大使在施瓦本工商会作报告》，http://de.china-embassy.org/chn/dszl/dshd/t1684205.htm。

③ 《吴恳大使接受新华社专访：中德关系超越双边范畴　双方合作效应显著》，http://de.china-embassy.org/chn/dszl/dshd/t1668471.htm。

的人口占比显著高于东部。其中不来梅最高，为 35.1%；黑森州、巴符州、汉堡、柏林和北威州等亦高于 30%。而在东部各州，具有移民背景的人口占比仅为 8%。在移民增长趋势上，报告显示，德国移民增速在放缓。其中，2018 年新增 160 万名移民，较 2016 年减少了 30 万人。在难民方面，申请避难人数显著下降，从 2016 年全年的 74.5 万人减少至 2019 年前十个月的 14.1 万人。① 根据该报告，德国每四人中就有一人具有移民背景。德国联邦政府移民、难民和融入事务专员威德曼 - 毛茨表示，德国已是一个移民国家。然而，德国政府对“移民背景”的定义为“本人或其父母中至少一方未在出生时取得德国国籍”，这个定义相对宽泛。联合国数据显示，德国只有 14.9% 的居民是在国外出生的，因此德国很难归入移民国家之列。

（二）中国移民获得德国25.9%的蓝卡签证

根据德国联邦移民和难民事务局（BAMF）2019 年 6 月 4 日公布的数据，为吸引高技术人才，2018 年德国政府对外发放了 2.7 万张欧盟“蓝卡”，同比增长 25.4%，创历史新高。在欧盟国家中，德国发放的“蓝卡”占欧盟国家发放总量的 85%。自 2012 年 8 月以来，德国当局已向高级人才移民发放了近 104000 张“蓝卡”。数据显示，在德国获得欧盟“蓝卡”的移民中，印度人所占比例最高，占到总人数的 1/3。中国是继印度之后第二大外籍人才来源国，中国移民人才占到总数的 25.9%。据统计，在过去 5 年中，共有 4790 名中国人获得了欧盟“蓝卡”签证。来自俄罗斯的人才移民数量居第三位，约占 8.5%。在德国多个联邦州中，巴登符腾堡州、柏林和北莱茵威斯特法伦州对外籍高等专业人才需求量最大。②

① 《四分之一人口有移民背景　官方称德国已成移民国家》，http：//world.people.com.cn/n1/2019/1204/c1002 - 31489294.html。

② 《德国向高技术人才发放蓝卡数量创历史纪录　中国占 1/4》，http：//www.oushinet.com/europe/germany/20190606/323033.html。

（三）中国投资热衷德国北威州

据北威州投资促进署统计数据，截至 2019 年，1100 多家中国投资企业已在北莱茵－威斯特法伦州（北威州）落户，其中 610 家位于州府杜塞尔多夫。2019 年，63 家在北威州落户的中国企业中有 50 家选择设在杜塞尔多夫。目前约有 4600 名中国人在杜塞尔多夫安居乐业。北威州地处德国西部、欧洲腹地，其国内生产总值、对外贸易额、居民购买力、吸引外国投资等指标均居德国 16 个联邦州首位，亦为在德华侨华人、留学生和中资企业最集中的地区，在德国发展对华关系中具有重要作用。

近年来，北威州与中国的关系稳步发展。除 1100 多家中资企业落户北威州外，有 1000 余家北威州企业进驻中国，它们在北威州与中国之间编织了密切的关系网络。由于北威州对外国企业前来投资兴业奉行“欢迎文化”，这也赋予其独特魅力。特别是随着北威州日益成为“一带一路”互联互通建设在欧洲西部的重要节点、中德开放与创新合作的强大支点、中德地方合作和人文交流高地之一，中国同北威州全方位、宽领域、多层次务实合作正源源不断地释放出新的增长动能和发展潜力。①

（四）德国中国商会2019年度第二次理事会议顺利召开

2019 年 7 月 9 日，德国中国商会 2019 年度第二次理事会议在中国驻德使馆经济商务处顺利召开。商会 19 家理事单位中的 14 家派代表出席了会议，中国驻德使馆经济商务处公参王卫东、第一秘书徐新江也参加了会议。德国中国商会主席郑东林先生首先致辞，对参会的理事单位表示感谢并肯定了商会上半年的工作。商会总干事长段炜先生对上半年工作及财务状况做了简要报告。随后各理事单位代表对商会各部分具体事宜进行了讨论，各单位各抒己见，为商会发展指明了方向。最后王卫东公参对商会的工作表示肯

① 《中国 2019 年投资德国北威州亮点纷呈》，http：//www. chinanews. com/cj/2020/01－26/9069983. shtml。

定，并对商会的发展提出建议。他鼓励在德中企与德国媒体接触，积极提出我方遇到的困难和问题。

德国中国商会是首个联邦层面代表在德中资企业的权威机构，是中国在欧洲建立的首家海外商会，由在德运营的主要中资企业创立。德国中国商会以“服务会员、增进交流、合作共赢”为理念，旨在促进中德双方经贸交往，代表成员企业与德国政府部门、管理机构、经济组织以及媒体和公众展开交流，促进商会会员积极融入德国社会与文化生活，为中德两国战略伙伴关系的积极发展做出贡献。2013 年 5 月，国务院总理李克强在访德期间正式宣布德国中国商会成立，并将商会成立事宜纳入《中德关于李克强总理访德的联合新闻公报》。理事会由 19 家理事单位组成，商会主席由会员大会选举产生，任期 5 年。理事会成员均为在德中资企业负责人，在中德事务中都具有非常丰富的经验。①

（五）德国法兰克福首届中国文化艺术节开幕

2019 年 8 月 30 日下午，伴随着《我和我的祖国》的歌声和“快闪”演出，以及德国友人精心排演的舞龙舞狮，为期三天的德国法兰克福首届中国文化艺术节拉开帷幕。此次中国文化艺术节期间，法兰克福商业中心采尔大街和卫戍大本营（Hauptwache）之间的广场上搭建起主舞台和 30 多个展位，向法兰克福市民和游客展示中国文化，包括民间工艺、美食、书画、茶艺、剪纸、武术、旗袍秀、民族歌舞等。此次中国文化艺术节旨在推广中国文化，加深中德文化交流。活动期间，共吸引近 10 万人参访和体验。2019 年，法兰克福约有 12000 名华侨华人。

波兰侨情

2019 年是中波建交 70 周年，两国在“17 + 1 合作”框架和“一带一

① 德国中国商会官网，http：//chk - de. org/zh/。

路”倡议下，开展了多方面合作，已形成贸易、投资、金融、互联互通“四驾马车”拉动的良好格局。波兰在地理位置、人工成本上具有非常大的优势。在基础设施、电力能源等领域，波兰有诸多来自中国的投资意向，尤其是在物流、电子商务领域有长足发展，如阿里巴巴及旗下 AliExpress 推动了电子商务发展，每年发往波兰的包裹都在快速增长，达到了 300%。截至 2019 年 11 月，中波双边贸易额达 252.2 亿美元，同比增长 13.7%。[①] 80% 的中欧班列抵达或者经过波兰，波兰连续 14 年成为中国在中东欧的最大贸易伙伴。在波中资企业增至近 70 家，对波直接和间接投资总额接近 30 亿美元。多家中资银行在波设立分支机构。目前在波中国留学生有 1500 多人，在中国的波兰留学生约 2100 人。[②] 因此，在“一带一路”建设中，波兰发挥着重要作用。

为庆祝中华人民共和国成立 70 周年暨中波建交 70 周年，9 月 7 日，波兰中国商会、波兰瑞安同乡会、波兰华人妇女联合会、波中友协、波亚公司、波兰华沙中国商城等旅波华人华侨社团联合举办“金秋乌尔卡”嘉年华活动。中国驻波兰大使刘光源及夫人彭玉英、波兰前副总理别霍钦斯基、马佐夫舍省省长助理、中国商城所在乌尔卡乡乡长等应邀出席，共 1000 余名侨胞及中资企业代表参加。9 月 14 日，波兰北方商会、波兰福建商会、波兰中国和平统一促进会、波兰华人青年联合会、波兰华人慈善基金会、波兰青田同乡会等旅波侨团在华沙老城举办庆祝中华人民共和国成立 70 周年暨中波建交 70 周年文艺演出，中国驻波兰大使刘光源及夫人彭玉英、波中友协滨海省分会会长巴维尔·雅依科夫出席活动，旅波侨胞、波兰友人等近千人观看演出。

---

① 《刘光源大使在 2020 年新春招待会上的致辞》，http：//www.chinaembassy.org.pl/chn/dsxx_1/dshd/t1733183.htm。

② 《驻波兰大使刘光源接受波兰“中国我喜欢”网站采访》，http：//www.chinaembassy.org.pl/chn/dsxx_1/dshd/t1641785.htm。

（一）旅波华侨华人为台州温岭灾区捐款

自波兰华人慈善基金会向全体旅波华侨华人发出向被2019年第9号超强台风“利奇马”袭击的浙江省台州温岭灾区捐款的倡议书以来，旅波华侨华人爱心人士纷纷慷慨解囊，在几天的时间里，就募集了58110兹罗提的善款。9月4日晚，此款项到达浙江省侨缘公益互助促进会。这笔善款按当天汇率折算成10.35万元人民币，通过浙江省侨联下属的浙江省侨缘公益互助促进会捐往灾区，用于救灾最急需的地方。浙江省侨联、浙江省侨缘公益互助促进会转达了灾区人民对旅波华侨华人爱心人士以及波兰华人慈善基金会的感谢。

（二）波兰中国总商会成立

2019年3月14日，波兰中国总商会成立大会在华沙举办，波兰政要、商协会组织和中波企业代表约200人出席大会。中国驻波兰大使刘光源在致辞中表示，成立波兰中国总商会是中波两国经贸合作关系不断发展的良好证明，也是中国企业在波发展的必然要求。自2015年、2016年杜达总统和习近平主席成功互访，两国建立全面战略伙伴关系以来，中波经贸合作不断深化。希望总商会在董事会的带领下，服务中资企业发展，提升凝聚力和协作力；加强与波兰社会各界沟通，构建中波交流平台；展现中资企业时代风采，让更多波兰民众体会到中波合作带来的务实成果。阿伦达尔斯基会长在致辞中表示，波兰中国总商会的成立对促进波中双边经贸关系具有重大意义，对两国在文化等领域的合作也具有促进作用。波兰国家商会自20世纪90年代起就与中国伙伴建立了合作关系。为了进一步促进两国经贸关系，在商会框架内成立了波中合作中心，旨在扶持两国中小企业发展。

波兰中国总商会是由在波中资企业发起、在波兰法院注册成立的企业自治组织，是第一个由中国和波兰公司组成的双边经济组织，波兰中国总商会代表中波企业利益，保护与支持在中国的波兰企业以及在波兰的中国企业的商业利益和业务开拓，促进波兰与中国经贸关系的健康发展。目前商会有42家公司会员，主要是在波中国公司，涉及建筑、运输、电信和银行等行业。①

（三）波兰华人妇女联合会举办换届庆典活动

2019年3月10日，波兰华人妇女联合会第三届连任暨三·八庆典活动在华沙举行。中国驻波兰大使馆政务参赞姚东晔、办公室主任许萌萌、领事部主任郑钧及波兰华人社团代表等出席活动。当地 Piaseczno 区政府、学校和区杂志社负责人也应邀参加了庆典活动。波兰华人妇女联合会会长南爱玉代表联合会领导班子向全体女同胞致以节日问候。活动期间举行了换届颁发证书仪式，并奉献了精彩的文艺演出。波兰华人妇女联合会成立于2012年3月8日，近年来队伍不断壮大，已成为波兰侨团中的一支重要力量，在团结同胞、慈善公益、扶危济困、增进了解、持家治业方面，在增进中波两国和两国人民之间的交流以及维护妇女权益等方面，做了很多工作，不仅构建了团结向上的家风、社风，也为波兰带来了耳目一新的“中国风”，展示了当代中华女性风采。

总体来看，2019年西欧、北欧和中欧国家的华侨华人尽管受到了一些不利外部因素的影响，但由于这些地区的国家政治机制相对完善、福利保障制度相对完备、社会宽容程度较高，华侨华人谋生和发展的机会相对公平得多，华侨华人只要勤奋工作，在这些地区立足也相对容易一些。当然，发达国家社会固化程度较高，华侨华人要取得突破性成绩，在当地主流社会争取更大的影响力和发言权，则须付出更多的努力。

① 《波兰中国总商会成立》，http://www.mofcom.gov.cn/article/i/jyjl/m/201904/20190402849465.shtml。

B.7

俄罗斯侨情分析

王　祎*

摘　要： 2019年俄罗斯着重引进高技术人才。赴俄中国游客逾178万人，赴俄学习人数近9.6万人，持工作签证赴俄人数超过14万人，因私赴俄人数近3万人，持其他类型签证入俄人数近19万人；2019年在俄常住中国公民为3730人，在临时居所登记注册的中国公民逾231万人。中资企业是进入俄罗斯市场的主力军。华侨华人社团呈现类型多样化、积极回馈当地社会等特点。留学生人数增加，专业有所扩展。汉语教育被纳入俄罗斯国家教育体系。华侨取得的成就受到当地社会认可。华文媒体仍有进一步发展空间。

关键词： 俄罗斯　中资企业　留学生　汉语教育　华文媒体

一　2019年俄罗斯经济社会简况

（一）俄罗斯经济未来发展的方向

2019年俄罗斯总体经济状况可以用“稳定”来概括，在面临西方制裁的国际处境中，世界石油价格基本保持稳定，俄罗斯国内生产总值略有增

* 王祎，博士，中国华侨华人研究所副研究员，中国华侨华人智库办公室主任，研究方向为俄罗斯移民政策、海外华商。

长，增幅为1.3%，居民实际收入略有下降。2019年也是俄罗斯的国家战略转折年。俄罗斯政府为国家未来发展制定了一系列战略性计划，指明了俄罗斯未来经济发展的重点方向，内容涵盖了粮食系统、服务出口、电子工业、人工智能等发展战略，未来俄罗斯也将迫切需要这些领域的高技术水平人才。

继2018年总统令《2024年前俄联邦发展的国家目标和战略任务》，俄政府将在基础设施扩建和现代化综合计划、“安全与高质量公路”项目、生态项目、人口统计工作、医疗保健、数字经济、住房与城市环境项目、国际合作与出口、教育与科学项目、发展中小企业和支持个人创业、文化项目、生产力与就业支持项目12个方向上发展的全面计划外，[①] 还签署了《2035年前粮食系统长期发展战略》和《2025年前服务出口发展战略》两份文件，[②] 服务出口的优先发展方向，不仅涉及运输业和建筑业，还包括医疗、教育、知识产权等领域的高科技服务。此外，2019年8月，《2030年前俄罗斯电子工业发展战略规划》草案已编制完成。[③] 按照此规划，俄电子工业发展的优先方向是人才培养、科技发展、生产资料、管理与合作、行业标准、行业信息环境、资本化、市场和产品、金融保障和提升投资吸引力。为保障俄人工智能快速发展，推进人工智能领域的科学研究，提高信息和计算资源可达性并完善该领域人才培养体系，普京还特别批准了《2030年前人工智能领域发展国家战略》，[④] 并将其纳入俄数字经济国家专项规划，政府将给予及时的财政拨款。

区块链技术在俄罗斯发展迅猛。2019年上半年，俄企业区块链项目数

① 《至2024年俄将投入25.7万亿卢布用于建设国家项目》，中国驻俄罗斯大使馆经商参处，http://ru.mofcom.gov.cn/article/jmxw/201902/20190202835606.shtml。

② 《俄总理签署〈2035年前粮食系统长期发展战略〉》，中国驻俄罗斯大使馆经商参处，http://ru.mofcom.gov.cn/article/jmxw/201908/20190802893702.shtml。

③ 《俄制定“2030年前俄罗斯电子工业发展战略规划”草案》，中国驻俄罗斯大使馆经商参处，http://ru.mofcom.gov.cn/article/jmxw/201908/20190802893706.shtml。

④ 《普京总统批准俄〈2030年前人工智能领域发展国家战略〉》，中国驻俄罗斯大使馆经商参处，http://ru.mofcom.gov.cn/article/jmxw/201910/20191002904591.shtml。

量同比增长45%。从业务领域来看，能源、采矿和制造业的区块链技术使用率为30%，超过了金融机构的28%。当前，区块链技术主要应用于多方交易互动领域，在俄供应链控制、文件流转优化、支付和传统金融工具代币化项目中占主导地位。此外，俄最大的10家信息安全企业中，已有5家应用区块链相关服务。[①] 因此，可以预测未来3～5年，区块链技术领域人才将是俄罗斯人才市场上的宠儿。

（二）俄罗斯整体营商环境不甚理想

1. 经济结构中国有成分仍占主导，并面临复杂的风险

国有成分占主导和垄断是俄罗斯经济及投资增长和劳动生产率提高的主要障碍。[②] 俄经济的国家成分仍维持较高比重，占比达50%，而中小企业发展仍处于较低水平。[③] 此外，俄罗斯经济在中期将面临被制裁的风险扩大、发展中国家新一轮金融震荡和国际贸易形势复杂化、石油价格剧烈下跌、卢布零售贷款大幅增长、基础设施项目实施效果不佳五种风险。每年俄财政因影子就业问题损失收入为GDP的1%～2.3%。对俄经济发展有促进作用的因素包括劳动生产率的提高、发展人力资源的国家项目的实施等。[④]

2. 失业率有所降低，但贫困人口数量仍居高不下，而且将出现大规模裁员举动

截至2019年初，正式登记的失业人数减少至69.5万人，较上年同期减少近10%。[⑤] 2019年8月，俄罗斯劳动力人口为7570万人，占俄罗斯总人口的52%，正式登记的失业人口为71.2万人，失业率为4.3%，创历史新

---

① 《2019年上半年俄罗斯企业区块链项目数量同比增长45%》，中国驻俄罗斯大使馆经商参处，http：//ru.mofcom.gov.cn/article/jmxw/201911/20191102911964.shtml。

② 《穆迪指出俄经济主要风险》，中国驻俄罗斯大使馆经商参处，http：//ru.mofcom.gov.cn/article/jmxw/201903/20190302839902.shtml。

③ 《俄总理称俄国有经济成分比例高　中小企业发展不足》，中国驻俄罗斯大使馆经商参处，http：//ru.mofcom.gov.cn/article/jmxw/201909/20190902898014.shtml。

④ 《世界银行认为俄经济面临五种风险》，中国驻俄罗斯大使馆经商参处，http：//ru.mofcom.gov.cn/article/jmxw/201906/20190602874952.shtml。

⑤ 《俄2019年初正式登记的失业人数同比减少近10%》，中国驻俄罗斯大使馆经商参处，http：//ru.mofcom.gov.cn/article/jmxw/201901/20190102829115.shtml。

低，失业总人数为 325. 8 万人。[①] 截至 2019 年 10 月 1 日，登记失业人数 66. 2 万人，占比 0. 9% 。[②] 然而，2019 年第一季度俄贫困人口数量增至 2090 万人，占全俄总人口的 14. 3% 。而 2018 年同期该国贫困人口为 2040 万人，占总人口的 13. 9% 。[③]

国有机构和银行集团将实行大规模裁员。2020 年俄罗斯将有 1/10 的公司裁员，62% 的公司可能会扩大招工，55% 的公司会提高员工劳动报酬。2020 年俄将启动国有机构改革，未来数年将大规模削减公务员数量、提高公务员待遇。[④] 自 2019 年初以来，俄罗斯储蓄银行集团（包括其子公司）员工数量下降 5. 5% 。截至 9 月 30 日，该集团拥有员工 27. 76 万人，而 2018 年底，集团员工人数为 29. 37 万人；远程银行服务的发展将使该集团员工人数到 2025 年减少约一半。[⑤]

3. 企业破产数量增加，居民收入差异较大

2018 年，在俄境内注册成立的企业数量为 31. 7 万家，同比减少 18. 9% 。同期，停止在俄业务的企业数量为 63. 3 万家，同比增加 4. 3% 。2019 年第一季度进入破产程序和（或）出售破产财产的俄罗斯公民和个体工商者达 13310 人，同比增加 48% 。[⑥] 2018 年 5 月 1 日至 2019 年 5 月 1 日，轻工业、教育、旅游、酒店、餐饮等行业超过 20% 的从业者月收入低于 1. 5 万卢布，接近最低生活水平（2019 年第一季度俄居民最低生活标准为 10753

---

① 《8 月份俄罗斯失业率再创历史新低》，中国驻俄罗斯大使馆经商参处，http：//ru. mofcom. gov. cn/article/jmxw/201910/20191002902330. shtml。

② 《俄 2020 年预计将有十分之一的公司裁员》，中国驻俄罗斯大使馆经商参处，http：//ru. mofcom. gov. cn/article/jmxw/201910/20191002907832. shtml。

③ 《2019 年一季度俄罗斯贫困人口增至 2090 万人》，中国驻俄罗斯大使馆经商参处，http：//ru. mofcom. gov. cn/article/jmxw/201908/20190802887018. shtml。

④ 《俄 2020 年预计将有十分之一的公司裁员》，中国驻俄罗斯大使馆经商参处，http：//ru. mofcom. gov. cn/article/jmxw/201910/20191002907832. shtml。

⑤ 《俄罗斯储蓄银行员工数量自年初减少 1. 6 万》，中国驻俄罗斯大使馆经商参处，http：//ru. mofcom. gov. cn/article/jmxw/201911/20191102911967. shtml。

⑥ 《2019 年一季度俄罗斯的破产人数增加 48%》，中国驻俄罗斯大使馆经商参处，http：//ru. mofcom. gov. cn/article/jmxw/201905/20190502867146. shtml。

卢布[①])。通常技能不高的从业人员收入较低，而这类从业者在上述行业中的占比很大。[②] 2019 年第一季度居民实际可支配收入较 2018 年同比下降 2.3%。[③] 4 月，俄工资中位数是 2.35 万卢布（不足 2600 元人民币），持此类收入的人数占就业人口的 15% ~20%。而 4 月俄平均工资为 4.77 万卢布，与工资中位数之间存在巨大差异，也恰好说明社会不平等现象仍然持续。但较 2017 年差异正在缩小。[④]

（三）中俄贸易额持续增长

2019 年中俄双边贸易额持续增长，达到 1109.18 亿美元，同比增长 2.5%。其中，俄对华出口额达 567.91 亿美元，增长 1.4%；自中国进口额达 541.27 亿美元，增长 3.6%。2019 年中俄贸易额占俄罗斯对外贸易总额的比重增至 16.6%。

同期，俄美贸易额为 262.37 亿美元，同比增长 4.9%。其中，俄罗斯对美国的出口额为 130.49 亿美元，同比增长 4.4%；进口额为 131.88 亿美元，同比增长 5.3%。2019 年俄美贸易额在俄罗斯对外贸易总额中的比重为 3.9%。[⑤]

二　2019年俄罗斯移民政策新变化

2019 年，俄罗斯移民政策在原有基础上进行了一系列调整和简化，包

---

① 《2019 年一季度俄罗斯贫困人口增至 2090 万人》，中国驻俄罗斯大使馆经商参处，http：//ru. mofcom. gov. cn/article/jmxw/201908/20190802887018. shtml。

② 《俄五分之一以上的教育与旅游从业者月收入低于 1.5 万卢布》，中国驻俄罗斯大使馆经商参处，http：//ru. mofcom. gov. cn/article/jmxw/201908/20190802889907. shtml。

③ 《2018 年超半数俄罗斯人只购买打折商品》，中国驻俄罗斯大使馆经商参处，http：//ru. mofcom. gov. cn/article/jmxw/201906/20190602874955. shtml。

④ 《俄罗斯居民月典型工资不足 2600 元人民币》，中国驻俄罗斯大使馆经商参处，http：//ru. mofcom. gov. cn/article/jmxw/201908/20190802886992. shtml。

⑤ 《俄海关局：2019 年中俄贸易额同比增长 2.5%　达 1109 亿美元》，中国驻俄罗斯大使馆经商参处，http：//www. heihe. gov. cn/info/1185/104737. htm。

括简化获得俄罗斯国籍的程序（主要针对独联体国家公民）、可以通过简化程序获得俄公民身份的外国人类别、简化参加同胞重新安置计划的外国人获得公民身份的程序、缩短临时居留权的审核期限、修改临时居留权在俄罗斯以外地区生活的时间计算方式等。除了法律层面的修改和完善外，执行层面也有创新。

（一）发展区域统一电子劳动力市场

根据《欧亚经济联盟条约》，联盟各成员国公民有权在不取得劳务许可的情况下，在联盟内部自由就业。而目前，欧亚经济联盟内部劳动力市场并不均衡，有90%的内部劳务移民会流入俄罗斯，有10%会流入哈萨克斯坦。为了助力内部统一劳动力市场的发展、简化联盟内部就业程序，联盟各成员国总理商定，研究建立联盟电子劳动力市场。通过建立联盟电子劳动力市场，雇主和求职者将在同一平台刊登并查找职务信息、签订劳动合同，劳动手册等文件的电子化也会促使雇主方遵守劳动法规。①

（二）地方政府根据实际情况灵活调节吸引移民的数量

俄罗斯联邦政府在移民政策方面进行了总体规划和部署，同时，给予地方政府灵活的自治权。如俄罗斯萨哈（雅库特）共和国政府根据地区发展需要，灵活调节外国劳务人员的引进数量，2017～2018年两年内该地区的外国劳务人员数量减少近30%，2018年减少12541人，2017年减少17794人。萨哈地方政府还规定，2019年禁止外国人进入共和国的33个经济领域工作。②

（三）简化引进高技术人才程序

目前，俄罗斯关于引进高技术人才规定中，确定高技术工种类型的依据

① 《欧亚经济联盟内部将形成统一电子劳动力市场》，中国驻俄罗斯大使馆经商参处，http：//ru. mofcom. gov. cn/article/jmxw/201902/20190202833797. shtml。

② 《2017～2018年俄萨哈共和国外国劳务人员数量减少近30%》，中国驻俄罗斯大使馆经商参处，http：//ru. mofcom. gov. cn/article/jmxw/201904/20190402848720. shtml。

是工资水平。根据规定，特别经济区高技术工人的工资水平应不低于每月5.8万卢布，科研人员工资不低于每月8.3万卢布，其他领域工资不低于每月16.7万卢布；同时，相关劳动许可也受配额限制。但根据经济社会发展的需要，俄联邦经济发展部拟计划采取技能远程鉴定的方式审核人才，并关注在俄学习的留学生群体，吸引在俄院校毕业的国外高技术人才，提议简化审批程序，使其在保留原国籍的情况下获取俄罗斯国籍。[①]

（四）简化外国公民入境手续

自2019年7月1日起，中国等53国公民可以持简化的电子签证赴加里宁格勒州，电子签证的类型是一次入出境有效的商务、人文和旅游类签证。持普通护照或公务普通护照的中国公民可登陆俄罗斯外交部网站免费申请赴加里宁格勒州的电子签证。电子签证有效期为30日，可在加里宁格勒州停留8日，但不得通过该州进入其他地区。[②]

自2017年8月俄罗斯远东地区实施电子签证以来，中国公民已办理了8.2万份此种签证，其中6万人已使用了电子签证。在外国公民积极使用俄罗斯电子签证的国家中，中国居第一位。[③]

三　2019年俄罗斯侨情新变化

（一）2019年俄罗斯侨情数据

根据俄罗斯联邦内务部关于最新的国际人口迁移数据，2019年，赴俄中国游客逾178万人次，赴俄学习人数近9.6万人次，持工作签证赴俄人数

① 《俄罗斯经济发展部希简化俄引入高技术工人程序》，中国驻俄罗斯大使馆经商参处，http：//ru. mofcom. gov. cn/article/jmxw/201905/20190502867149. shtml。

② 《中国公民赴俄罗斯加里宁格勒州可申办电子签证》，中国侨网，http：//www. dragonnewsru. com/news/glo_ news/20190822/96578. html。

③ 《使用最积极　中国公民已办8.2万份俄远东电子签证》，中国侨网，http：//www. chinaqw. com/hqhr/2019/07－17/226803. shtml。

表 1　2019 年 1～12 月俄罗斯联邦移民状况部分指标

	发出邀请的数量	签发的签证数量	迁移统计									
			外国公民和无国籍人士迁移的实际登记数量	其中								外国公民和无国籍人士迁移的实际注销人数
				有居住地	有居所	其中						
						小计	按照出行目的划分					
							旅游	学习	工作	因私	其他	
全部	506451	348458	19518304	567300	18951004	13863521	4187536	681832	5478249	2524118	991786	16547999
中国	92059	92737	2318094	3730	2314364	2235884	1780980	95784	140084	29292	189744	2225847
占比(%)	18.18	26.61	11.88	0.66	12.21	16.13	42.53	14.05	2.56	1.16	19.13	13.45

资料来源：《ОТДЕЛЬНЫЕ ПОКАЗАТЕЛИ МИГРАЦИОННОЙ СИТУАЦИИ В РОССИЙСКОЙ ФЕДЕРАЦИИ 2019》（《俄罗斯联邦 2019 年移民状况分解指标》），俄罗斯内务部官网，https：//www. mvd. ru，访问日期：2020 年 3 月 11 日。

超过14万人次，因私赴俄人数近3万人次，持其他类型签证入俄人数近19万人次；2019年在俄常住中国公民为3730人，占所有在俄常住外国公民的0.66%，在临时居所登记注册的中国公民逾231万人，占所有入俄外国公民的12.21%。

由统计数据可以看出，俄罗斯为中国公民签发各类签证的数量占总签证量的26.61%，中国游客数量占俄罗斯外国游客总量的42.53%。根据俄央行统计，中国公民于2019年1月至3月在俄罗斯总支出为18.7亿元人民币，超过其他任何国家游客在俄罗斯的消费。2019年上半年，中国赴俄罗斯旅游人数同比增长24.5%。其中，最受欢迎的城市是莫斯科和圣彼得堡，旅客人数增加约达43%。[①] 这是俄罗斯政府不可忽视的收益来源，因此，俄罗斯创新各种方法吸引中国游客赴俄旅游。如为中国游客量身定做了多条旅游线路，包括东方航天发射场、[②] "英雄之路"克里米亚军事历史游等，[③] 中俄计划为"红色旅游线路"项目再开发5条线路，扩大地理范围。[④] 在"游隼"号列车上开通支付宝或微信支付，在每趟列车的乘务员队伍中都安排至少一名掌握中文基本用语的乘务员，在列车上准备了俄文、英文和中文三种语言的信息手册，信息娱乐系统内装载中文电影，莫斯科—圣彼得堡对开的火车站还提供中文列车时刻表信息。[⑤] 俄罗斯萨哈（雅库特）还将吸引中国游客作为该地区2019年的工作重点，政府计划将游客接待处的导航信息翻译成中文，计划在中国的在线资源上推广该地区的旅游信息，并准备将"友好中国"项目，包括寒极奥伊米亚康、米尔内钻石矿场和拉本克尔湖等纳入推荐的旅游景点。[⑥]

---

① 《俄媒：2019年中国赴俄游客消费预计超过77亿人民币》，海外网，http://www.chinaqw.com/hqly/2019/08-27/229922.shtml。

② 《俄罗斯公司计划邀请中国游客参观东方航天发射场》，中国侨网，http://www.chinaqw.com/hqhr/2019/04-17/220559.shtml。

③ 《俄罗斯克里米亚为中国游客量身定做军事历史之旅》，俄罗斯卫星通讯社，https://mp.weixin.qq.com/s/ZkdtBPy7di227zgVty0CYQ。

④ 《俄中计划开通"红色旅游线路"每日包机航班》，俄罗斯卫星通讯社，https://mp.weixin.qq.com/s/Fj0Kvyk6tBzq3AunJTSUlA。

⑤ 《中国游客可用支付宝或微信扫码购买"游隼"号列车上的商品》，俄罗斯卫星通讯社，https://mp.weixin.qq.com/s/L53cnFTpH1TtHA9Nmee7Sw。

⑥ 《2019年俄罗斯雅库特寒极吸引中国游客前往》，俄罗斯卫星通讯社，https://mp.weixin.qq.com/s/1laInPxfCLio155FMPm2Iw。

（二）中资企业是主力军

近年来，中国大型企业在俄罗斯落地生根，是一个值得关注的新现象。

1. 中国电商企业在俄罗斯落地生根

以阿里巴巴为代表的电商企业进入俄罗斯后，给俄罗斯当地企业带来巨大的帮助和丰厚的收益。阿里旗下的国际贸易网站阿里巴巴，受到俄罗斯企业用户的信赖，阿里巴巴给莫斯科当地企业带来了众多的国际合作伙伴，据估计可以为企业每投入的 1 卢布带来 14 卢布的出口收益。因此，莫斯科出口中心为扶持当地中小企业，愿意每年为 100 家当地企业支付一半入驻网站的服务费。[①]“阿里速卖通”也带动了俄罗斯中小企业和个体工商户，将商品销售覆盖到俄全境。在俄罗斯版天猫商场上，500 多个品牌的商品中，有一半以上是俄罗斯品牌，[②] 这使俄地方企业受益颇多。尤其是菜鸟网络公司开通了杭州到莫斯科的货运飞机，每天一班，向俄罗斯空运电商包裹，在不提高终端售价的基础上，将包裹运送时间从 50 天缩短到 10 天。[③] 此外，支付宝深入开发俄罗斯市场，与俄罗斯大型网络公司 mail. ru 建立合作，联手建立电子支付企业，共同为俄罗斯用户开发数字支付系统，提供普惠金融服务。[④]

2. 中国企业深入俄罗斯基建项目，为当地创造就业机会

中国黑龙江天狼星电站设备有限公司开发俄罗斯太阳能发电站，第一期工程已于 2019 年 6 月投入运行，其设计功率为 12. 5 兆瓦，总投资超过 15 亿卢布，并将于 2020 年达到全部设计产能 100 兆瓦，该电站将成为俄罗斯

---

① 《阿里巴巴助莫斯科出口商提升销售业绩》，中国驻俄罗斯大使馆经商参处，http：//ru. mofcom. gov. cn/article/jmxw/201907/20190702878608. shtml。

② 《“阿里速卖通”将售卖俄中小企业商品》，中国驻俄罗斯大使馆经商参处，http：//ru. mofcom. gov. cn/article/jmxw/201907/20190702878600. shtml。

③ 《速卖通对俄包裹运送时间将缩至 10 天》，中国驻俄罗斯大使馆经商参处，http：//ru. mofcom. gov. cn/article/jmxw/201911/20191102911963. shtml。

④ 《支付宝与俄罗斯伙伴合力打造“俄版”电子支付系统》，俄罗斯卫星通讯社，https：//mp. weixin. qq. com/s/woXTKety2hWr_ zWMMwm0QQ。

最大的太阳能发电站。[①] 2017 年，中石油作为主要参与方，参加了位于北极圈内的亚马尔项目——这个迄今为止全球最大的北极液化天然气项目的开发工作。在此项目中，中方工程人员较少，为工程服务的多为当地工程人员。2019 年春节期间，有 14 名中石油的员工坚守在生产一线，常驻现场的也只有三名中国工程师。[②] 该项目在为俄罗斯带来经济利益的同时，也为当地人就业提供了机会。中铁建向莫斯科房地产业进军，在莫斯科西南区米丘林大街交通换乘枢纽项目中占 40% 的股份，既负责地铁站的建设任务，也负责商业综合体、酒店、办公和住宅等地面项目的建设。中铁建不仅是该项基础设施建设的投资方，同时也是承建单位。[③] 莫斯科政府也将与中铁建成立地铁建设联合企业，这意味着中国企业已经深入俄罗斯经济体内部，但中国企业在获得巨大商业利益的同时，也需要防范政治风险。此外，中国华为公司与俄罗斯电信运营商 MTS 也签署了 2019 ~ 2020 年开发 5G 网络的合作，已在圣彼得堡喀琅施塔得和莫斯科全俄展览中心打造了第一批 5G 试点区，并在"俄罗斯互联网周——RIW2019"会议期间，举行了俄罗斯首场全息会议。俄方负责人表示，目前，5G 技术在俄罗斯得到实际应用只能依靠华为的设备。[④]

3. 中国品牌深入人心

据统计，2019 年前 5 个月，中国品牌智能手机在俄罗斯市场上的份额达到 45.5%，其中华为占 28.5%、小米占 10.7%，在俄所有品牌中分列第二位、第三位（三星占 34.2%），2018 年同期中国智能手机在俄市场份额为 34%。[⑤] 电商平台中"全球速卖通"的受欢迎程度排第二位，有 29.9%

---

① 《中资企业参与建设俄最大的太阳能发电站》，中国驻俄罗斯大使馆经商参处，http：//ru. mofcom. gov. cn/article/jmxw/201907/20190702881009. shtml。

② 《记俄罗斯亚马尔液化天然气项目中方工作人员的一天》，新华网，http：//www. chinaqw. com/hqhr/2019/02 -07/214922. shtml。

③ 《中铁建在俄罗斯首都扩展业务》，俄罗斯卫星通讯社微信公众号，http：//sptnkne. ws/AFEW。

④ 《华为准备在数字发展道路上支持俄罗斯》，俄罗斯卫星通讯社，https：//mp. weixin. qq. com/s/vpF5GHocofOMeUiD8HRaCA。

⑤ 《中国智能手机占俄市场份额接近 50%》，中国驻俄罗斯大使馆经商参处，http：//ru. mofcom. gov. cn/article/jmxw/201907/20190702880997. shtml。

的俄罗斯人最喜爱 AliExpress。在计算机设备中，有 10.9% 的俄罗斯人喜欢中国联想，在俄罗斯人最喜爱的电脑品牌中排第五位。十大最受欢迎的“平板电脑”品牌中，联想排第三位（受欢迎率为 11.9%）、华为排第五位（4.8%）、小米排第八位（2.1%）。最受欢迎的中国汽车品牌是哈弗、吉利和奇瑞。①

4. 手游领域相互渗透

俄罗斯 Mail. ru 集团游戏部门和中国大型手机游戏发行公司乐逗游戏开展合作。Mail. ru 是东欧线上娱乐市场的领头羊，拥有注册用户 5.4 亿，其将为乐逗游戏提供市场和广告支持，帮助其扩大在欧洲市场的影响力；乐逗游戏将助力 Mail. ru 扩大在华业务范围，并进一步开拓亚洲市场。②

5. 传统餐饮业方兴未艾

俄罗斯社会对中餐的需求和青睐与日俱增。2018 年 10 月至 2019 年 11 月，俄罗斯新增中餐厅数量达 630 家，全俄中餐厅增至 8200 家。俄罗斯统计局数据显示，俄罗斯餐饮业营业额 1 月至 9 月增长 4.7%，达 1.9 万亿卢布。在新兴领域蓬勃发展的同时，传统餐饮业在俄罗斯仍有较大发展空间。③

6. 个体华商经营规模仍偏小，但商业模式有所改变

由于社会环境和营商环境的不断改善，在俄个体华商虽仍普遍以小微华商和务工人员为主，但他们的商业模式不断改变。从原来的单纯国际贸易，转变为在俄建厂，对国内的半成品进行加工，再到销售俄罗斯工厂的成品。近年来，赴俄发展的华商也越来越多，2019 年，仅在莫斯科经营的浙商就有 1.7 万余人。④

---

① 《俄罗斯人心目中最受欢迎的中国品牌》，俄罗斯卫星通讯社，https：//mp. weixin. qq. com/s/7z0HZ7j9ydi - RdpM1JrDFA。

② 《俄 Mail. ru 与中国乐逗游戏公司签署合作协议》，中国驻俄罗斯大使馆经商参处，http：//ru. mofcom. gov. cn/article/jmxw/201908/20190802889896. shtml。

③ 《调查：2019 年在俄中餐厅数量增长超 50%》，俄罗斯卫星通讯社，http：//www. dragonnewsru. com/news/glo_ news/20191129/101562. html。

④ 《俄罗斯华商虞安林：把在俄华商拧成一股绳》，人民日报海外版，http：//www. chinaqw. com/hqhr/2019/07 - 18/226858. shtml。

（三）社团组织出现新变化

1. 地域性新社团数量明显增加

2019 年以地域为标志的新成立的社团数量明显增加，这些社团作为地方招商引资和联络世界的纽带，旨在连接国内外各方资源，促进双方在贸易、信息技术、金融和人文交流等领域开展合作。5 月，在山东省政协相关部门的支持下，俄罗斯山东同乡会在莫斯科成立；[①] 9 月，在吉林省政府相关部门的支持下，俄罗斯吉林省华侨华人联合会在莫斯科成立；[②] 10 月，四川省工商会设立驻俄代表处。[③]

2. 社团积极融入并回馈当地社会

2019 年当地华侨华人社团的各类活动仍以交流感情、促进“民心相通”为主要内容。各类社团组织形式多样的文化节，举办演唱、厨艺、绘画、书法大赛等活动，丰富在俄华侨华人生活，带领各界华侨华人积极参加当地社会公益活动，帮助华侨华人融入当地主流社会，以及配合中俄两国重大事件举行各类活动。如 1 月，俄罗斯中华文化促进会和俄罗斯中国“一带一路”贸易促进会联合举办了“携手共进，梦想起航”迎新年茶话会；[④] 3 月，俄罗斯中国和平统一促进会暨俄罗斯华侨华人联合总会、莫斯科华人妇女联合会、莫斯科华侨华人联合会和莫斯科国际中文学校共同举办了国际“三八”妇女节联欢会；[⑤] 3 月，克里米亚华人协会在北京正式成立，其主要目的是促进华人与克里米亚各界的互

---

① 《俄罗斯山东同乡会在莫斯科成立》，中新网，http：//www. dragonnewsru. com/news/glo_news/20190529/92102. html。

② 《俄罗斯吉林省华侨华人联合会在莫斯科正式成立》，中国新闻网，http：//www. chinaqw. com/hqhr/2019/09 －24/232375. shtml。

③ 《四川省工商会设立驻俄代表处》，中国驻俄罗斯大使馆经商参处，http：//ru. mofcom. gov. cn/article/jmxw/201911/20191102911962. shtml。

④ 《俄中华文促会与俄中“一带一路”贸促会迎新春》，俄罗斯卫星通讯社，http：//www. dragonnewsru. com/news/glo_ news/20190130/86370. html。

⑤ 《中俄各界在莫斯科共庆国际“三八”妇女节》，中国新闻网，http：//www. chinaqw. com/hqhr/2019/03 －04/216721. shtml。

动、交流与合作;[1] 5月，莫斯科华侨华人联合会和俄罗斯胜利继承者国际联盟共同举办了以“传承老兵精神、巩固中俄友谊”为主题的关爱俄罗斯二战老兵活动;[2] 8月，莫斯科乐清商会筹款捐资共计约20万元，帮助家乡在台风“利奇马”受损后重建;[3] 10月，在莫斯科成立了俄罗斯侨星志愿者服务团，其以服务当地社会、回馈当地社会为主题，得到山东省侨联的大力支持;[4] 12月，莫斯科华侨华人联合会庆祝建会25周年;[5] 12月，莫斯科国际妇女俱乐部在莫斯科举行了2019年冬季义卖活动，使馆妇女小组积极参与和组织义卖活动，以弘扬中华文化和回馈俄罗斯社会。[6]

（四）留学生人数增加，专业有所扩展，兴起创业潮

1. 赴俄留学生人数增加，专业有所扩展

2019年，有2259名中国学生申请公费赴俄留学。[7] 留学生分布在85座城市，但仍以莫斯科、圣彼得堡、西伯利亚和远东地区的高校为主。莫斯科大学是中国留学生最为青睐的高校，约有5000名留学生在此就读。最受中国留学生欢迎的五类专业分别是俄语专业（25%～30%），经济、金融和管理专业（22.2%），语言学、文学、政治学和区域研究、图书馆学、新闻学专业（20%），土木工程和建筑学、机械制造、电力和热工学以及地面运输

---

① 《华人协会：中国和克里米亚之间的新纽带》，俄罗斯卫星通讯社，https://mp.weixin.qq.com/s/JGkWigDDL2HLxufv2F6n0A。

② 《中俄社团组织关爱俄罗斯二战老兵活动》，中国新闻网，http://www.chinaqw.com/hqhr/2019/05-22/223273.shtml。

③ 《台风“利奇马”肆虐　莫斯科乐清商会筹款20余万元助家乡重建》，中新社，http://www.dragonnewsru.com/news/glo_news/20190816/96186.html。

④ 《俄罗斯侨星志愿者服务团在莫斯科成立》，中国新闻网，http://www.chinaqw.com/hqhr/2019/10-19/234494.shtml。

⑤ 《莫斯科华侨华人联合会庆祝建会25周年》，中国新闻网，http://www.chinaqw.com/hqhr/2019/12-22/240564.shtml。

⑥ 《冬季义卖活动温暖莫斯科》，中国驻俄罗斯大使馆，http://www.dragonnewsru.com/news/glo_news/20191203/101706.html。

⑦ 《逾2200名中国学生申请俄政府提供的公费留学名额》，中国新闻网，http://www.chinaqw.com/hqhr/2019/10-29/235306.shtml。

学等工程技术类专业（15%），音乐和视觉艺术等艺术文化专业（7%）。[①]此外，还有一部分中国留学生赴俄学习一些冷门专业。10 月，有 7 名中国留学生赴俄罗斯东北联邦大学体育学院学习雅库特传统民族体育项目玛斯角力，学习结束后可获得本科学位。[②]

2. 留学生创业日渐盛行

留学生开店创业，是近两年的新事物。新一代留学生拥有自己独特的想法，并敢于实践，打破了传统的留学—回国或者留学—找工作的发展路径，而是充分利用熟悉中俄两国风俗、洞悉俄罗斯当地人生活习惯的优势，根据市场需求，在熟悉的异国开启自己的事业。继 2018 年第一家中国留学生开起奶茶店之后，2019 年，另一位留学生开起了甜品店。谢微在 2009 年高中毕业后来到俄罗斯留学，几年之间，她体验过不同的俄罗斯风情、品尝过各种俄罗斯美食，在感受和融入当地人生活的同时，发现了俄罗斯人爱吃甜品的商机。因此，她专门回国拜师学艺，再赴俄罗斯开启了自己的创业之旅，并利用微信群等现代营销手段为甜品店拓宽销售渠道。

3. 积极参与中俄重大庆典，业余生活丰富

新一代留学生比以往更愿意主动融入当地，积极参加当地组织的各类活动。2019 年 1 月，中国留学生积极参加俄罗斯高校举办的“大学生节”，前往儿童康复中心，教那里的儿童做中国菜；与俄罗斯同学一起参加探索游戏、参观医学史博物馆和谢钦诺夫医学家的“招魂会”等活动。[③] 10 月 1 日，莫斯科大学新闻系 20 余名中国留学生在红场组织“快闪”活动，庆祝中华人民共和国成立 70 周年。[④] 12 月，莫斯科市政府旅游委为吸引更多外

---

① 《俄专家公布：最受在俄中国留学生欢迎的专业》，俄罗斯卫星通讯社，https：//mp.weixin.qq.com/s/JJR38tFPVjzdYygHXB6UjA。

② 《中国学生将赴俄罗斯雅库特学习“玛斯角力”》，中国侨网，http：//www.chinaqw.com/hqhr/2019/10－17/234335.shtml。

③ 《深度感受俄罗斯　中国留学生庆祝大学生节——文化交流》，俄罗斯卫星通讯社，http：//www.dragonnewsru.com/news/glo_ news/20190128/86278.html。

④ 《在俄中国留学生“快闪”为新中国“庆生”》，中国新闻网，http：//www.chinaqw.com/hqhr/2019/10－02/233116.shtml。

国年轻人去探索莫斯科比较小众、非常值得一游但不为中国游客所知晓的景点，与一家华人教育咨询中心联合举办“1 分钟莫斯科”短视频大赛，3 名来自莫斯科的中国留学生获奖，获奖者不仅可以得到在莫斯科市政府实习的机会，还可以做莫斯科的旅游推介大使，在微信、微博、小红书等俄罗斯人不太熟悉的新媒体上为莫斯科做宣传。①

（五）汉语学习被纳入俄罗斯国家教育体系

近年来，学习汉语的俄罗斯人数量大幅增长。1997 年学习汉语的俄罗斯人约为 5000 人，2007 年为 1.7 万人，2017 年学习汉语的人数已经达到 5.6 万人。按照统计数据，有 39% 的汉语学习者在大学期间学习汉语，31% 的人在中小学学习汉语，25% 的人在语言学习班学习汉语，还有 5% 的人在中国孔子学院学习汉语。② 2018 ~ 2019 年，俄罗斯汉语学习最大的特点是汉语被纳入高考范围，俄罗斯人学习汉语的热情愈发高涨，越来越多的中学生选择将汉语作为第一或第二外语。2019 年，俄罗斯共有 43 个地区的 289 名中学生参加了国家汉语统一考试。其中，唯一一位在俄罗斯高考中获得汉语满分的学生是来自莫斯科的高中毕业生，莫斯科市市长就此事还专门在自己的推特上向这名优秀学生表示祝贺。③ 据统计，俄罗斯有 170 所大学教授汉语，大约占俄高等院校的 20%；部分高中开设了汉语课程，有 5000 人正在中学学习汉语，全俄约有 8 万名俄罗斯人掌握汉语。④ 汉语培训班也借势得到了发展。

位于莫斯科南部“察里津”区的第 548 中学，其教学进程安排中有五大职业方向，其中之一就是中文文化教育，很多俄罗斯学生因为喜欢写汉

---

① 《莫斯科举办短视频比赛　中国留学生多角度展示莫斯科》，中国侨网，http://www.chinaqw.com/hqhr/2019/12-25/240939.shtml。

② 《专家：俄罗斯正在制定中学汉语教师培养计划》，俄罗斯卫星通讯社，https://mp.weixin.qq.com/s/B2gC8V5E_JHTZA0ND1jiww。

③ 《俄罗斯学生在高考首次汉语考试中获得满分》，俄罗斯卫星通讯社，https://mp.weixin.qq.com/s/vWx7w-pqcoMdmEzPVyA5Ow。

④ 《俄专家：各领域专业人员都应学习汉语》，俄罗斯卫星通讯社，https://mp.weixin.qq.com/s/kzOYa-82bXKccJr_DNbLTQ。

字、喜欢中国文化或喜欢武术而选择学习汉语。[1]

经过前期积累，目前俄罗斯共有22所孔子学院，[2]华侨举办的中文培训学校也具有一定规模。如俄罗斯中华文化教育促进会下属的俄罗斯国际中文学校成立于2012年2月，经过8年的发展，学校已在莫斯科设有3个校区，有120余名中国学生和40余名俄罗斯学生在读，该校已成为俄罗斯境内首屈一指的中文培训学校。[3]圣彼得堡圣唐中文学校，是一所将汉语学习和俄语学习结合起来的培训学校，学员既有中国人也有俄罗斯人，既有很多学龄前的小学员，也有即将升入大学的高中生和已经在高校就读的大学生。[4]此外，还有如东方汉语培训学校和华夏汉语培训学校等民办中文学校如雨后春笋般蓬勃发展。

（六）华侨华人从事的职业范围更加广泛，成就受到当地社会认可

在俄华侨华人所从事的职业范围有所扩展，虽多数仍以从事国际贸易、餐饮、旅游等个体经营为主，但在俄中国人已开始在俄罗斯公司、高校等机构发展自己的事业，甚至有的华侨开起医疗诊所。俄罗斯患者对外国医师的包容性和信任感也很高，并不会因为医生来自外国而怀疑医生的治疗水平。[5]李医生是一位年轻的中医，因为喜欢圣彼得堡这座城市，所以成立了自己的中医诊所，他希望用中国的医学来帮助患有病痛的俄罗斯民众。

旅俄20多年一直从事中俄文化交流的华侨孙先生，被莫斯科国立苏里科夫美术学院授予“荣誉教授”证书。[6]

---

① 《学中文的时候到了!》，俄罗斯卫星通讯社，https：//mp. weixin. qq. com/s/rmf3Q28YbV7ITgHqCcqmTQ。

② 《俄罗斯汉语热：学好汉语等于有了“铁饭碗”》，《俄罗斯龙报》，https：//www. dragonnewsru. com/news/glo_ news/20190503/90796. html。

③ 本资料根据电话采访俄罗斯国际中文学校校长王宏波录音整理。

④ 《中俄教育交流新典范：一所全方位的汉语学校》，俄罗斯卫星通讯社，https：//mp. weixin. qq. com/s/FKGLneflVfVzPR_ DXNUK2A。

⑤ 《中国人在俄当口腔医生：解除患者病痛是行医之本》，中国侨网，http：//www. dragonnewsru. com/news/glo_ news/20190102/85288. html。

⑥ 《旅俄华侨获俄罗斯苏里科夫美院“荣誉教授”称号》，中国侨网，http：//www. chinaqw. com/hqhr/2019/12－25/240998. shtml。

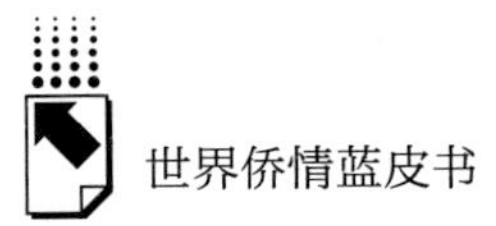

（七）华文媒体有进一步发展空间

近几年，俄罗斯的华文媒体一直保持平稳的发展态势。1999 年创立、2000 年正式发行的《俄罗斯龙报》是当地较为资深的华文媒体。随着科技的发展，《俄罗斯龙报》已由创刊时的纸媒发展成中文、俄文双语的全媒体。[①] 此外，随着新媒体的繁荣，“俄罗斯旅游中文网”“圣彼得堡俄中商务中心”“俄语编辑部”“俄罗斯经济评论”“中国俄文杂志”“中俄法律网”等纷纷建立网站或微信公众号平台，积极介绍和宣传俄罗斯社会和在俄华侨华人动态。

此外，值得一提的是，2019 年，两国官方媒体互动频繁。5 月，中央广播电视总台和“今日俄罗斯”国际通讯社共同策划实施了“乐动中俄”全媒体跨国创意活动。活动采用虚拟现实和人工智能等前沿技术手段，线上征集照片或视频，献礼中俄建交 70 周年。活动上线 24 小时便征集到 100 多万份作品，包括图片、视频及各种形式的创意作品，成为中俄社交媒体的热门讨论话题。[②] 9 月，“今日俄罗斯”国际通讯社与人民网在莫斯科共同举办了“俄中友谊 70 周年”图片展，用 20 张照片反映了中俄两国 1949 年建交至今的动人瞬间与大事件。[③]

（八）突发事件

2019 年中国公民在俄遇到的突发事件以交通事故和意外居多，外出尤其要注意人身和财产安全。如 5 月，一名中国女子在圣彼得堡市瓦西里岛岸边自拍时失去平衡不慎落入涅瓦河中，溺水身亡；[④] 5 月，俄罗斯滨海边疆

① 《〈俄罗斯龙报〉社长李双杰：做有“文化感”的华文媒体》，中新网，http：//www.dragonnewsru.com/news/glo_ news/20191009/98816.html。

② 《“乐动中俄”全媒体跨国创意活动：首日点阅量破亿》，俄罗斯卫星通讯社，https：//mp.weixin.qq.com/s/4c－9Ms3jMgFM6U3j5vVm_ A。

③ 《“今日俄罗斯”国际通讯社与人民网联合举办“俄中友谊 70 周年”图片展》，俄罗斯卫星通讯社，https：//mp.weixin.qq.com/s/57SeBYUP61qDe6FSxlknow。

④ 《中国女子在圣彼得堡落入涅瓦河中不幸身亡　领馆提醒注意安全》，北京人民网，http：//www.dragonnewsru.com/news/glo_ news/20190506/90856.html。

区一辆旅游大巴发生侧翻，造成 2 名中国游客死亡，19 人不同程度受伤；[①] 7 月，因银行工作人员与俄罗斯联邦安全局工作人员里应外合，一名在莫斯科“萨达沃”商城工作的中国公民在银行存款时被抢劫，损失达 1.4 亿卢布（约合 1512 万元人民币）；[②] 7 月，一名在中国餐馆工作的中国员工遭 3 名俄罗斯人抢劫，嫌犯自称该餐馆拖欠其工资；[③] 7 月，15 名中国游客在圣彼得堡“上海酒店”进餐后集体食物中毒；[④] 8 月，莫斯科东部一辆旅游大巴撞到路灯，车上 32 名中国公民中，约有 15 名乘客受伤；[⑤] 10 月，一辆中巴在雅库特“勒拿河”公路翻车，事故造成 6 人受伤，其中 3 人是中国公民。[⑥]

四　小结

（一）“一带一路”倡议下，中国企业在俄发展迅猛

与“一带一路”倡议提出之前相比，近几年，各类中国企业在中俄两国政府大力合作推动下，积极跟进国家倡议，与俄罗斯政府、企业等各类主体建立广泛的合作。两国交往过程中，在以往的政府间合作和民间交往之间，开辟出企业合作的中间层面，而且中间层面的合作范围、合作深度和广度在逐步扩大。在欧美国家对俄罗斯不友好的背景下，中俄企业间开展积极

① 《俄罗斯大巴翻车事故已致 2 名江苏游客遇难 36 名游客今日回国》，中国新闻网，http：//www. chinaqw. com/hqhr/2019/05 – 29/223746. shtml。

② 《俄媒：中国公民在俄被劫超 1500 万元　联邦安全局员工涉案》，中国侨网，http：//www. chinaqw. com/hqhr/2019/07 – 11/226401. shtml。

③ 《一中国公民在俄罗斯遭抢劫　三名嫌犯将出庭受审》，中国侨网，http：//www. chinaqw. com/hqhr/2019/07 – 17/226804. shtml。

④ 《15 名中国游客在俄遇食物中毒　涉事酒店已被停业》，海外网，http：//www. chinaqw. com/hqhr/2019/07 – 08/226179. shtml。

⑤ 《中国驻俄使馆：绝大多数受伤的中国游客已出院》，中国侨网，http：//www. chinaqw. com/hqly/2019/08 – 19/229262. shtml。

⑥ 《俄媒：俄雅库特发生车祸致 6 人伤　包括 3 名中国公民》，中国新闻网，http：//www. chinaqw.　com/hqhr/2019/10 – 06/233267. shtml。

深入的合作，抱团取暖，夯实区域经济一体化基础，有助于两国利益的实现和世界格局的平衡。

（二）中国游客对俄罗斯经济发展意义重大

2019 年，赴俄中国游客逾 178 万人次，占全部赴俄旅游人数的 42.53%。这一数字对俄罗斯经济社会发展具有重要意义，对俄罗斯旅游业发展具有重要影响。根据俄罗斯“世界无国界”旅游协会的一项调查，2019 年，每位中国游客在俄平均花销 561 美元。[①] 这不仅给俄罗斯现实收入带来可观收益，而且有可能给俄罗斯整个旅游产业结构调整和服务升级带来深远影响。因此，包括俄罗斯政府在内的相关部门、机构、组织、企业纷纷进行工作创新，以吸引更多中国游客赴俄旅游消费。

（三）汉语教育在俄罗斯遍地开花

语言相通是两国人民相互了解和理解的最重要方式。中国早已在高考中纳入俄语考试，以培养中俄两国交往的媒介人才。随着中俄两国全方位合作的进一步深入，为进一步促进两国人民的相互了解和“民心相通”，俄罗斯于 2019 年首次将汉语考试纳入高考统一科目中，这是俄罗斯为两国文化教育交流事业所做出的一项重要推进，对俄罗斯教育体系具有深远影响。两国合作事业的发展根本在人才，扩大双语人才规模，筑牢双语人才基础，是两国交流合作的重要保障。此举为中俄两国的进一步深入合作提供了强大助力。

---

① 《Эксперты：туристы из Китая стали лидерами по тратам в России》（《专家：中国游客成为俄罗斯消费引领者》），俄新社，https：//www. ria. ru/20191209/1562178125. html。

B.8 南欧、东欧侨情分析

孙亚赛*

摘　要： 2019年，在“黄金签证”政策的刺激下，越来越多的中国投资者选择了投资门槛不高、移民政策友好的南欧地区；华人逐渐进入政治领域，但支撑条件不足；华人经济规模扩大，成为助力“一带一路”建设的重要力量；华侨华人社团日益规范、有序发展，社会地位提高；华裔新生代群体充分发挥自身“东西兼容”优势，促进中外文化交流与合作；海外留学生占比提升，其人身安全和心理健康问题值得重视；华侨华人仍然面临诸多安全风险，依法维权是关键。

关键词： 南欧　东欧　黄金签证　华人经济　华裔新生代

2019年，南欧、东欧地区的华侨华人整体发展稳中有升，成就与风险并存。在“黄金签证”移民政策的吸引下，中国投资者热情不减，但“黄金签证”固有的风险，已经引起欧盟方面的注意和警示，南欧、东欧地区“黄金签证”政策或将收紧，并将加大对于居留的监控力度；华人逐渐进入政治领域，但由于支撑条件不足，在维护华侨华人的合法权益、促进侨社融入当地社会方面，作用有限；华人经济规模日益扩大，缓解了当地就业压力，带动当地经济发展，成为助力“一带一路”建设的重要力量；华侨华

---

* 孙亚赛，博士，中国华侨华人研究所信息综合研究部助理研究员，主要从事华侨华人、国际移民相关研究。

人社团日益规范、有序发展，华侨华人的社会地位不断提高，日益受到住在国社会的重视；但华侨华人的工作、生活环境依然面临诸多安全风险，依法维权是关键。

近年来，投资移民日益成为各国吸引外资的路径之一。欧洲在经历了金融危机之后，逐渐打开大门，用国籍来吸引投资。塞浦路斯率先建立了新的公民身份和居住制度，即“黄金签证”。[①] 随后葡萄牙、西班牙与希腊等国也陆续效仿，[②] 利用“黄金签证”吸引外资，打开了外籍人士快速获得欧洲身份的便利通道。虽然各国“黄金签证”的具体规定存在差异，但在形式上存在一个共同点，即外籍公民通过投资来换取在某个国家的临时或永久居留资格，并最终获得该国国籍。该政策具有明显的“门槛”限制，各国都规定了最低的投资数额，“吸金”目的明显，主要途径是投资企业、购买国债和住房。例如，在希腊只需投资 25 万欧元的房产，任何非欧盟国家公民（三代人口即父母、配偶、未满 21 岁子女）即可获得永久居留资格，希腊也由此成为欧盟国家中“黄金签证”投资门槛最低的国家（见表 1）。投资除了可以获取某国的永久居留权外，还可以获取国籍。例如，马耳他、塞浦路斯和保加利亚三个国家规定，申请者只需投资 100 万 ~200 万欧元，便有望获得该国国籍，继而也就打开了投资者在多数欧盟国家“畅行无阻”的通道。

表 1　部分南欧、东欧国家“黄金签证”投资门槛及签证类型比较

国家	投资类型	资金门槛	“移民监”* 要求	签证类型	入籍(永居)时间
葡萄牙	房产/投资企业	房产:50 万欧元 投资企业:35 万欧元	第一年 7 天,之后每年 14 天	1 年临时	居住满 6 年后可申请永居
拉脱维亚	房产/创办企业	房产:25 万欧元 创办企业:5 万 ~10 万欧元	无	5 年临时	居住满 5 年后可申请入籍

① 2009 年 5 月，塞浦路斯颁布《给予在塞浦路斯购置自住物业的非欧盟国公民申请移民许可》，允许外籍投资者通过购买物业获得该国居留权，投资房屋价值不低于 30 万欧元。

② 《盘点欧盟“黄金签证”：含金量有多不同?》，https：//baijiahao. baidu. com/s? id = 1619101556480873671&wfr = spider&for = pc。

续表

国家	投资类型	资金门槛	“移民监”*要求	签证类型	入籍(永居)时间
希腊	房产	25 万欧元	无	5 年临时	居住满 7 年后可申请入籍
西班牙	房产/债券/创业	50 万欧元	每年登陆一次	2 年临时	居住满 7 年后可申请入籍
保加利亚	房产	30.7 万欧元	无	临时居留	居住满 5 年后可申请入籍
马耳他	国债/房产	国债:25 万欧元 房产:32 万欧元	无	永居	居住满 7 年后可申请入籍

*移民监是指为了保留移民身份而不得不居住在某一国家的移民政策，因该政策一定程度上限定了移民者的自由，故被冠以“移民监”称谓。

资料来源：《盘点欧盟“黄金签证”：含金量有多不同?》，https：//baijiahao. baidu. com/s? id = 1619101556480873671&wfr = spider&for = pc。

中国投资者在一些国家的“黄金签证”政策中占据重要甚至是主导地位。根据 2019 年欧盟委员会发布的报告，2009 ~ 2019 年，欧盟各国通过“黄金签证”获得了约 250 亿欧元的收益。① 其中，西班牙吸金最多，平均每年获得 9.76 亿欧元收益。② 在西班牙，中国人是购买房产最多的外国人群体，超过了俄罗斯人、英国人和委内瑞拉人的房产投资量。葡萄牙平均每年获得 6.7 亿欧元收益，列第三位。③ 其中，中国投资者获得了 4013 份“黄金签证”，依然是投资最多的外国人群体。同样的情况也出现在希腊，仅 2019 年 10 ~ 12 月三个月的时间里，希腊 90% 的“黄金签证”发给了中国投资者。④

“黄金签证”是将投资与公民身份、居住制度联系起来的一项新生政

① 《监管有漏洞？欧盟警告“黄金签证”国滥用权益》，https：//www. jiemian. com/article/2823760. html。

② 非欧盟居民在西班牙境内投资 50 万欧元或以上的房产后，可获得西班牙居留许可。

③ 《管理不善　欧盟吁取消“黄金签证”》，http：//www. oushinet. com/europe/spain/20191126/335973. html。

④ 《华媒：近 3 个月希腊“黄金签证”90% 发给中国投资者》，http：//www. chinaqw. com/hqhr/2019/12 - 09/239175. shtml。

策，关系到获得一国合法居留身份甚至加入国籍的重大问题。但在“黄金签证”实施初期，普遍存在管理不透明、不规范等问题，使得该政策饱受“可能为洗钱、腐败、逃税等犯罪行为提供温床”等诟病，甚至被认为会给欧盟带来信任危机、声誉危机。因此，2019 年 11 月，欧洲经济与社会委员会（EESC）提议应当逐渐终结这一政策，并否定类似制度的存在价值，呼吁各欧盟成员国之间加强协调，共享公民身份及居留申请信息，以增强风险分析和决策应对能力。欧洲经济与社会委员会的立场传递出一种价值观念，即“黄金签证”所产生的经济利益，与这一政策实行过程中可能伴随的背景调查、利益冲突、自由裁量、助长犯罪等风险相比，后者更为紧要。因此，从欧洲发展的长远角度考虑，逐渐收紧“黄金签证”只是临时之策，最终目的是全面取消。但也有人认为这一呼吁并非真的“高瞻远瞩”，且“黄金签证”在短期内不会被取消。因为从实际情况看，外国投资对于欧洲经济的带动作用不容小觑，购买房产也并非洗钱等犯罪的最佳方式，绝大多数购买房产的投资者，是出于保值或获得收益的目的，① 只要加强审查和监管力度、弥补政策衔接漏洞，并不需要“因噎废食”。也有人对“黄金签证”持乐观态度，认为从近年来中国投资者对“黄金签证”的投资热情以及中国目前的经济发展速度来看，“黄金签证”的吸金力度将依然不减。

意大利侨情

近 10 年来，意大利移民数量大幅增长，远高于欧盟其他国家。其中，移民新生代数量增长迅速，2000～2017 年间，移民新生代人口已达 110 多万人。② 由于意大利人口不断减少，意大利的移民群体日益成为该国的重要支撑力量，使意大利成为一个多民族国家。截至 2018 年 1 月 1 日，意大利外籍

① 《欧盟真会取消“黄金签证”计划吗》，http：//www. oushinet. com/europe/other/20200201/340051. html。

② 《意大利合法移民数超 500 万　近年华人增长较多》，http：//www. chinaqw. com/hqhr/2019/09 –23/232336. shtml。

或有外国血统的人约650万人，1万人以上的外侨团体约有50个，人员范围覆盖196个不同的国家，其中，中国人约30万人，是第4大移民群体。[①]

意大利托斯卡纳大区的普拉托是华人最密集的聚集区，也是欧洲最大的华人社区之一。该地区的华人多是自20世纪80年代迁移而来，以开个体成衣工厂为主。近年来，普拉托市人口持续增长，主要得益于当地移民尤其是华人移民数量的增长。[②] 伦巴底大区是意大利经济最发达的地区，服务业发达，是华人的另一大聚集区。截至2018年7月1日，伦巴底大区的华人约8万人，其中，男性、女性比例相当，各占一半。该地区的华人主要集中在米兰、蒙扎和布里安扎，华人人口数量约4.7万人。伦巴底大区居住的华人，绝大多数人在意大利长期生活，且时间超过10年以上，50岁以上的华人占比超过10%，65%的华人已婚；50%的华人文化程度为中学以上水平，10%的华人不懂当地语言，存在语言障碍；当地企业中三分之一为华人企业，8%的华人每月净收入超过2500欧元，将近一半的华人每周工作时间超过50个小时。[③]

（一）全面收紧劳工名额，“国民补贴”促使居留管控加强

近年来，欧洲范围内的工作移民数量迅速增加。与欧洲大多数国家对外籍劳工持欢迎态度不同的是，意大利的工作移民在其全部移民中的占比远远低于其他国家。由于意大利的边境控制越来越严，因此工作居留的签发总量较少。2018年，意大利仅签发工作居留13877份，甚至低于反移民立场坚定的匈牙利所签发的工作居留数量（3.1万份）。与常住人口相比，2018年意大利所签发的工作居留数量仅占0.23‰，低于2.24‰的欧洲平均水平，为欧盟各国最低。而马耳他占比最高，为21.4‰，塞浦路斯占比为

① 《2018年意大利移民总数超500万　华人占30万排名第4》，《欧洲时报》意大利版微信公众号“意烩”。

② 《意大利普拉托华人移民占当地外籍移民半数以上》，http：//www.chinaqw.com/hqhr/2020/01-13/242685.shtml。

③ 《意大利伦巴底大区：华人约8万　华人企业占比30%》，http：//www.chinaqw.com/hqhr/2019/02-11/215047.shtml。

11.31‰，斯洛文尼亚占比为10.17‰。[①]

2019年4月起，意大利开始实行“全民基本收入”（又称“国民补贴”）政策。意大利参议院2019年的预算法案规定，在意大利居住5年以上、具有长期居留资格的外国人，每月可获得最高780欧元的津贴。该政策预计将覆盖130万个家庭，其中包括20万个外国移民家庭。与此同时，意大利加强了对居留的管控：申请长期居留的条件将更为严格，从居住满5年延长为居住满10年，这就意味着申请者将花费更长的时间才能获得长期居留资格。拥有意大利长期居留资格者可在欧盟其他国家居住，但特定情况下长期居留也可能会被注销，即连续一年离开欧盟国家，或连续六年离开意大利（即便仍在欧盟境内），或收入过低。[②]

意大利的移民政策一定程度上也影响了在意华人汇款。统计资料显示，2012年在意华人境外汇款为27亿欧元左右，在此之前，在意华人境外汇款始终居移民境外汇款排行榜的首位。但自2013年起，华人境外汇款总额首次开始并始终保持下降态势。2018年，在意华人境外汇款总额排名降至第38名，仅为2100万欧元。[③]

（二）华人企业积极转型升级，向多元化方向发展

面对欧洲市场日益激烈的竞争，华人企业积极寻求新的发展机遇，通过不断扩大企业经营规模，向多元化经营转型升级，不仅为企业开辟了新的发展路径，也为当地经济注入了活力。普拉托工业区通过优化工业流程，实现了一天内可完成看样品、下订单、开始生产的全部流程，大大缩短了整个行业的供应链，吸引了大量的欧洲采购商。占地150公顷的佛罗伦萨普拉托工

① 《不要难民也不要合法移民！意大利全面收紧劳工名额》，http：//www.oushinet.com/europe/italy/20190809/328007.html。

② 《意大利申请长期居留的居住年限：恐增至10年》，http：//www.chinaqw.com/hqhr/2019/01－07/212511.shtml。

③ 《意大利2018移民境外汇款增幅20%　华人汇款额骤降》，http：//www.chinaqw.com/hqhr/2019/04－16/220477.shtml。

业区，共有400多家小微企业，员工几乎全是中国人。[①] 根据意大利普拉托商会发布的移民企业社会调查报告，普拉托移民企业总量占社会企业总量的30%，其中华人企业为6026家。近年来，华人企业数量增幅呈现放缓趋势，2018年普拉托华人企业数量同比增长2.3%，低于该地区移民企业2.5%的平均增长水平。虽然华人企业数量增幅趋缓，但华人企业的经营规模不断扩大，并日益趋向多元化、规模化发展。[②] 如今，除了传统的纺织业和服装业，普拉托的华人还涉足婚纱礼服、婚礼布置等相关婚庆产业，华人企业的影响力逐渐深入普拉托生产的方方面面。

（三）华人企业成为警方重点检查的对象

非法移民问题一直是各国检查和打击的重点。很多非法移民从事小型商业活动，存在偷税漏税、售卖违规商品等违法违规问题，造成恶性竞争，扰乱了当地的市场秩序。随着华侨华人的经济实力对当地影响的不断扩大，华侨华人创办的企业往往成为警方检查的重点。意大利的非法移民数量庞大，有50万人之多，非法移民问题已经波及商业、劳工等领域。为治理非法移民问题，意大利一方面加强了对商业活动的控制，尤其是加大了对华人企业的检查力度；另一方面，遣返非法移民，以降低在意非法移民数量。[③] 2019年1月、4月、7月意大利警方分别针对多个地区的华人企业进行了多次突击检查，扣押了大量商品，价值高达1.35亿欧元；[④] 共发现近30名非法移民；[⑤] 多名企业负责人因涉嫌雇用非法劳工、容留非法移民被检方起诉，多

---

① 《方便快捷竞争力强，普拉托华人工厂渐成欧洲商人订货中心》，《欧洲时报》意大利版微信公众号。

② 《意大利普拉托华人企业数量增幅放缓　经营规模扩大》，http://www.chinaqw.com/hqhr/2019/07-24/227254.shtml。

③ 《意副总理向“华人”宣战：将在全意发起商业和劳工领域大检查》，《欧洲时报》意大利版微信公众号，2019年6月13日。

④ 《意大利警方突击检查多地华商企业　7名华人面临遣返》，http://www.chinaqw.com/hqhr/2019/01-18/213483.shtml。

⑤ 《意大利多家华人企业遭突击检查　数十万欧元资产被扣》，http://www.chinaqw.com/hqhr/2019/07-12/226515.shtml。

家工厂因违反劳动法规、工作环境差、安全条件不达标等，被勒令停业整顿。

（四）华人群体日益受到重视，逐渐进入政治领域

意大利当地社会日益重视华侨华人团体。2019 年 1 月 16 日，天主教会米兰大主教马里奥·德尔皮尼特地设宴款待华人代表，参加宴会的华人代表来自各个领域，有企业家、会计师和律师等专业人士以及学生等。马里奥·德尔皮尼大主教表示，将对华人提供力所能及的帮助，并在今后加强与华人群体之间的交流，这也意味着华人越来越受到大主教的重视。[①] 2019 年 7 月 22 日，意大利侨领季志海等在意中国侨胞加盟意大利对华友好协会，[②] 与意大利前国家众议院议长、意大利对华友好协会主席艾琳·皮维蒂（Irene Pivetti）就加强中意友好交流、夯实民间感情基础、共同推动“一带一路”发展进行了建设性交流。[③]

各地侨团有序、规范发展。2019 年 3 月 3 日，意大利（中国）侨商会第三届换届大会在罗马举行，胡爱芬当选新一任会长。中国驻意大利大使馆参赞吴冬梅、领事部领事、各兄弟侨团侨领及代表、意大利政府议员雷娜塔·波尔韦里尼（Renata Polverini）、意大利国家警察公共安全局局长阿曼多·福吉涅（Armando Forgione）、侨商会会长团、部分家属及华文媒体代表等 500 人应邀出席了活动。[④] 2019 年 4 月 19 日，意大利中意青年联合会第二届换届大会在意大利佛罗伦萨举行。会议选举产生了新一届理事会主要负责人，拟定了联合会新的发展目标。中国驻佛罗伦萨总领事王辅国、佛罗伦萨市市长代表贝塔里尼及当地政要、各界友好人士、侨界代表、华人社团负

---

① 《天主教会米兰大主教特地设宴款待华人代表，大主教开始重视华人群体》，《新欧洲侨报》2019 年 1 月 17 日。

② 意大利对华友好协会于 2013 年在罗马成立，是推动意中友好交流的专业组织。

③ 《意大利侨领加盟对华友好协会　冀加强中意交流》，http://www.chinaqw.com/hqhr/2019/07-23/227213.shtml。

④ 《意大利（中国）侨商会换届庆典罗马举行　胡爱芬当选新会长》，《欧洲时报》意大利版 2019 年 3 月 8 日。

责人等400多名嘉宾应邀出席换届活动。

随着华侨华人在当地经济、社会地位的提高，以及第二代、第三代新生力量的发展壮大，华侨华人逐渐从商业领域进入政治领域。在意大利普拉托市议会选举中，两名华裔王宏（Marco Wong）和林翠珊（Teresa Lin）成功当选议员，这是普拉托历史上首次有两名华裔公民当选议会成员。[①] 其标志性意义固然值得肯定，但也需清醒地看到，华裔公民参政议政的人数依然较少，而且参政议政除了在政府中占有一席之地外，还需要相关媒体及协会的支撑，当前这些支撑条件依然薄弱，在维护华侨华人合法权益、促进侨社融入当地社会方面，作用有限。

（五）住在国民众对移民的态度并不友好

在人口自然增长为负增长、人口结构老龄化的情况下，外来移民不仅是当地劳动力的重要补充，还可以为当地的经济、社会、文化发展带来新的活力，从长远发展的角度来看，促进移民融合是移民住在国必要的战略选择。民意调查结果显示，大量欧洲民众将移民作为未来欧盟面临的最大挑战，东欧国家民众甚至认为移民会增加恐怖袭击风险。[②] 根据意大利社会经济研究机构Censis的一项社会报告，63%的意大利人对非欧盟国家的移民持消极态度，高于欧盟国家的平均水平，45%的意大利人对欧盟内其他国家的移民持消极态度。57%的人认为，移民挤占了意大利人的工作机会；63%的人认为移民增加了社会福利负担；75%的人认为移民增加了犯罪率；而仅有37%的人对移民所带来的经济影响力表示认可。59.3%的意大利人认为，在未来10年内不同民族、不同文化之间的融合不会改善。报告指出，对安全的激进需求，一定程度上威胁了社会的开放性。[③]

---

① 《两华裔当选意大利普拉托市议员》，《欧洲时报》意大利版微信公众号，2019年6月11日。

② 《西班牙发布2018年人口登记数据 华人为第六大移民群体》，http：//www.chinaqw.com/hqhr/2019/06－27/225565.shtml。

③ 《意大利人视移民为“仇人” 抱怨其抢走工作》，《欧时大参》2018年12月12日。

（六）华侨华人积极推进中意文化交流

中国新年是中外跨文化交流的重要平台，华侨华人在其中扮演着主要角色。2019 年 2 月 10 日，意大利米兰华侨华人“舞龙舞狮”闹新春活动在米兰葛兰西广场举行。超过 10 万名当地民众、华侨华人参与，共同庆祝中国新春佳节。米兰市市长朱塞佩·萨拉出席活动，并向华埠和中国人民祝贺新春。① 同日，一场由罗马 22 家侨团联合主办的中国迎新年活动在罗马市中心胜利广场举行，中国驻意大利大使李瑞宇和意大利政府官员到场致辞。意大利中国总商会会长陈正溪等侨领与罗马侨界一道参加盛会。活动以中国传统庙会的形式展开，充分展现了中国文化的强大魅力，让当地民众更好地了解中国文化，促进了中外文化交流。②

华侨华人积极参与世界文化遗产保护，传承中华优秀传统文化。意大利处于亚欧大陆古代东西方文明的交会之路——丝绸之路的终点，拥有世界上最多的文化遗产。中国敦煌文化延续近两千年，其现有规模、内容丰富性、保存完整度均为世界之最，是丝绸之路上的璀璨明珠，对于传承中华优秀传统文化、彰显国家文化软实力，具有不可替代的作用。在意华侨华人通过实际行动，积极搭建桥梁，促进敦煌文化“外访”。2019 年 4 月 11～12 日，意大利—中国贸易发展促进会③一行 30 人来到甘肃敦煌，在感受千年丝路文化魅力的同时，还“情牵”丝路，筹措资金、出谋划策、搭建平台，助力敦煌文化保护和敦煌文化“外访”，让世界民众共享中国优秀传统文化。意中贸促会一行向中国敦煌石窟保护研究基金会捐款 5 万元人民币，以期带动更多华侨华人关注和保护敦煌石窟文物；有的华商计划与意大利当地艺术院合作，通过图片、视频、实物展示再现敦煌文化，让海外民众了解敦煌文化的艺术魅力，并计划组织意大利文物保护专家来敦煌进行考察，共同促进

---

① 《意大利华人舞龙舞狮闹新春　米兰市长来拜年》，欧联网，2019 年 2 月 10 日。

② 《罗马迎新年活动轰动全城，当地华人书写新的历史》，《新欧洲侨报》2019 年 2 月 11 日。

③ 意中贸促会于 2015 年在意大利罗马成立，涉足酿酒、国际贸易、房地产、餐饮、文化旅游和传媒等行业。

世界文化遗产的保护。此次探访世界文化遗产莫高窟，侨商纷纷表示对中国文化有了更深刻的了解，也深感文化坚守和传承的重要性，表示将发挥自身的能动作用，带动更多华侨华人参与世界文化遗产的保护。①

（七）学生居留明显增多，中国学生占比大

在中国学生出国留学目的国排行榜中，意大利排名第九位。统计数据显示，在数量上，2018 年意大利的新发居留签证中，学生居留明显增多、增幅较大（增加 20%），其中以中国留学生居多。从地区分布来看，新发居留签证主要集中在意大利北部地区（增加 56%），南部地区则较少（增加 23%）。② 2018 年，中国在意留学生 1.37 万人，占外国留学生总数的 14.86%。从国内来源地看，赴意留学生人数最多的省份是山东省，共有 303 人；其次是江苏省，为 187 人；浙江省位居第三位，为 185 人。从研究生和本科生入学比例看，综合性大学的本科预注册人数，为研究生人数的一倍多；艺术类院校的本科预注册人数与研究生人数基本持平。③

西班牙侨情

西班牙户籍普查数据显示，过去 20 年间，在西班牙定居的中国移民增长了近 16 倍。1998 年仅有 12036 人，截至 2019 年 2 月已有 195345 人，华人新一代移民逐渐形成。依据记录，2017 年，有 2956 名华人婴儿出生在西班牙，他们的父母至少有一人为中国国籍，但父母都是中国国籍的占绝大多数。④ 近

---

① 《意大利侨商“情牵”丝路　聚焦敦煌文化保护和“外访”》，http：//www.chinaqw.com/jjkj/2019/04-12/220149.shtml。

② 《意大利移民：学生居留明显增多　中国学生占比大》，https：//baijiahao.baidu.com/s?id=1648256333960093774&wfr=spider&for=pc。

③ 《意大利中国留学生已超 1.3 万　山东赴意留学人数最多》，http：//www.chinaqw.com/hqhr/2019/10-22/234697.shtml。

④ 《西班牙媒体聚焦在西中国移民：20 年增长了近 16 倍》，http：//www.chinaqw.com/hqhr/2019/02-06/214873.shtml。

年来，西班牙人口的增长得益于外国移民人数的增长，拥有西班牙国籍的公民人数却不断减少，在过去 10 年中，西班牙人口出生率下降了近 30%。2019 年，旅居西班牙的外国人总数约 480 万人，达到了 2013 年以来的最高水平。2018 年旅居西班牙的外国人中，中国人是第 6 大群体，人数约为 19 万人（见图 1）。

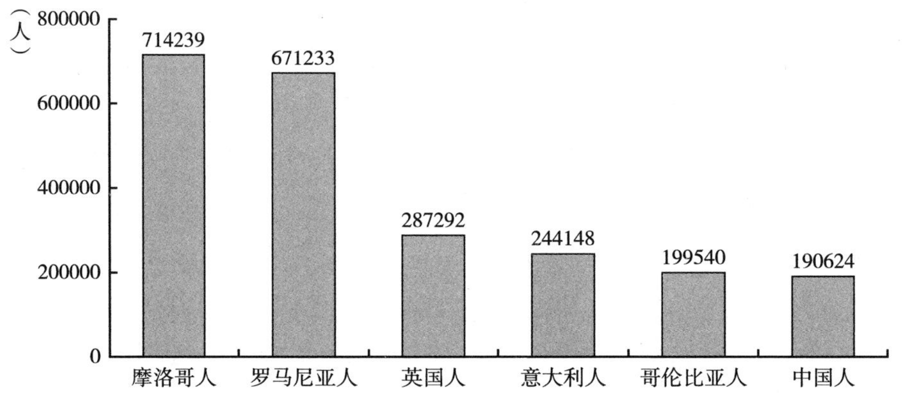

图 1　2018 年旅居西班牙的外国人数量排名

资料来源：根据网络公开资料整理。

大约 70% 的西班牙人对移民持积极的欢迎态度，高出欧洲平均水平 0.6 个百分点，是南欧、东欧地区对移民持最积极态度的国家。马德里自治区是西班牙外国移民的聚集区之一。截至 2019 年 4 月，马德里外国移民登记数量约 72.67 万人，占当地人口的 22% 左右。其中，厄瓜多尔移民约 8.8 万人，连续多年是马德里规模最大的移民群体，超七成拥有西班牙国籍；委内瑞拉移民在 6 万人左右，是马德里第二大移民群体，也是 2011 年以来增速最快的移民群体；罗马尼亚移民群体连续多年规模不断缩小；中国移民为马德里第七大移民群体，且人数持续稳定增长，稳居 Usera 区外来移民人口数量的首位。[①] 旅西华侨华人通常经营食品店、服装店、百元店、酒吧和餐馆

① 《西班牙发布 2018 年人口登记数据　华人为第六大移民群体》，http：//www.chinaqw.com/hqhr/2019/06－27/225565.shtml。

等，除此之外，新涉足的行业还有牙医、律师、驾校教练、语言学校教师、房地产中介、警察等。[①]

（一）华侨华人不断融入当地社区，华裔新生代力量不断壮大

随着中西合作交流范围和程度的不断扩大，海外华侨华人社区也渐成规模。以马德里为例，在过去 10 年中，中国人的数量几乎增长了一倍。[②] 近年来，华侨华人不断融入当地社区，切实推动了社区的和平发展。巴塞罗那 Xeix 项目是一项促进中国人口融入社区联合生活的市政计划，从计划施行的第 7 年开始，中国居民成为该社区和平发展计划的实际推动者。[③]

第二代、第三代熟悉当地语言，适应能力强，思维方式、工作态度更像当地人，经营理念不同于父辈，受西班牙当地社会习俗的影响较大。[④] 如今，第二代已逐渐成为西班牙侨界的中坚力量，在各行各业有所作为。华裔新生代突破了华人的传统经营领域，积极与西班牙或者中国的品牌进行合作，并逐渐扩大规模，形成品牌效应。华裔新生代带动许多行业，尤其是餐饮业发生了较大变化，例如开设了很多高端中国餐厅，突破了传统餐饮业的发展模式。华裔新生代对于网络电商也多有学习和接触，熟悉网络电商运营模式。华裔新生代正在通过自己的实际行动树立新一代华人的形象，扭转西班牙社会对中国人的固有、传统印象。[⑤]

（二）侨团积极推动中西合作

西班牙华侨华人协会成立于 1983 年，初始规模仅有几十人，如今会员

---

① 《西班牙媒体：华二代融入程度加深　工作多样重视休息》，http：//www. chinaqw. com/hqhr/2019/12 – 17/240099. shtml。

② 《西班牙华侨华人推进中西文化交流》，《欧洲时报》微信公众号“西闻”。

③ 《巴塞“唐人街”发展兴旺　西媒给侨胞记“头功”》，《欧洲时报》微信公众号“西闻”。

④ 《西班牙媒体：华二代融入程度加深　工作多样重视休息》，http：//www. chinaqw. com/hqhr/2019/12 – 17/240099. shtml。

⑤ 《西班牙侨领：华人群体带着鲜明特点在融入中不断发展》，http：//www. chinaqw. com/hqhr/2019/12 – 12/239622. shtml。

已超过3000名，在维侨护侨、促进中西经济文化交流等方面贡献了重要力量，成为西班牙侨团中的中流砥柱。2019年9月7日，西班牙华侨华人协会第十八届理事会换届仪式在马德里举行，陈建新当选新任主席。他表示，将带领第十八届全体理事和青委会成员，继续发挥桥梁和纽带作用，紧密联系中西企业和社会各界，为广大旅西侨胞谋福祉，在中西关系发展和各领域务实合作中发挥更大作用。[①] 9月27日，为推动中西民间人文交流和深化双边经贸合作，中西友好合作协会主席王新特和协会主席团成员代表，应邀与西班牙众议院中西友好小组举行会谈，进行了深入交流。时值中华人民共和国成立70周年之际，此次会谈有助于进一步弘扬优秀中华文化，增进中西两国人民友谊，推动中西合作，让西班牙国民更加深入地了解当今中国日新月异的变化，为推进“一带一路”合作贡献力量。[②]

（三）中国留学生数量增幅最大，人身及心理安全问题需重视

目前，中国已经成为世界最大的留学生生源国。西班牙教育部统计数据显示，2017年以来，中国留学生数量增长幅度最大。这一留学趋势，与中国对于西班牙语技能人员的高需求有关，有的留学生选择毕业后在跨国公司工作。2015~2016年，在西班牙大学中就读的中国留学生有8397人，而2017~2018年增长至10588人。从地区分布来看，马德里是最受留学生欢迎的地区，2019年在马德里的大学完成注册的共有4972名中国学生；其次是加泰罗尼亚大区，2019年有2352名中国学生选择在该区域学习。此外，安达卢西亚大区、加斯蒂亚和莱昂大区以及瓦伦西亚大区也成为许多中国留学生的选择。不断增加的留学生数量，也带动了当地留学、房屋、医疗中介等一系列留学相关产业的发展。[③]

---

① 《西班牙华侨华人协会第十八届理事会举行就职典礼》，http：//www. chinaqw. com/hqhr/2019/09－10/231281. shtml。

② 《中西友好合作协会与西班牙众议院中西友好小组会谈》，http：//www. chinaqw. com/hqhr/2019/09－29/232827. shtml。

③ 《西班牙中国留学生数量剧增　反映中国学生择业观变化》，http：//www. oushinet. com/qj/qjnews/20200109/338642. html。

旅西中国留学生因私下换汇、参与代购、有偿带物、伪造证件等问题而被调查、拘捕甚至判刑的案例已发生多起，应当引起重视。有的留学生因涉嫌“伪造文件罪”被西班牙警方调查讯问、拘留，若是因为黑中介所骗，主观上没有造假、购假意图，则可以通过提供证词、补办有效保险等方式获得有效居留；而如果留学生系知法犯法，则无论留学生还是中介，都将以“伪造文件罪”被起诉，并根据涉案程度，面临6个月至3年不等的监禁，以及数千欧元罚款。[①]

除了安全防范意识和能力欠缺之外，很多留学生的安全问题还与其心理健康状况有关。大部分留学生是初次到海外学习、生活，在应对外界环境变化、应对文化差异冲击的同时，还要面临学业竞争、语言沟通、人际关系等一系列复杂问题，心理和精神上都承受着很大压力，容易出现不良情绪问题。

（四）诸多安全风险给华侨华人生活、工作带来困扰

近年来，华侨华人遭遇盗窃、抢劫、诈骗的事件经常见诸报端，严重影响了华侨华人在海外的生活、工作。在西班牙，华商经常成为暴力抢劫、诈骗的目标。例如，西班牙马德里华人仓库频繁发生绑架、抢劫案，华人百元店多次遭遇盗窃、抢劫等，有的诈骗分子通过改号软件模拟使馆总机，人工拨打侨胞电话，谎称侨胞身份信息被盗用、涉嫌经济犯罪，并多次转接电话，扮演使馆、警察局、检察院、法院工作人员等多重角色，通过层层设套，诱导侨胞透露个人信息，最后要求侨胞缴纳保证金或将财产转移至所谓的安全账户，达到骗取钱财的目的。

西班牙相关移民政策存在漏洞、衔接不畅，措施迟滞，甚至带有歧视色彩。2019年2月，西班牙BBVA银行突然冻结了3.5万个华人账户，给广大旅西华侨和留学生的工作、学习和生活带来诸多不便。当地时间2月15日，

---

① 《黑中介跑路　西班牙或严查留学生“伪造文件”现象》，《欧洲时报》西班牙版2019年6月8日。

5000 多名华侨华人在马德里的 BBVA 银行基金会门前聚集，对 BBVA 银行针对华人的歧视性做法表示抗议。驻西班牙使馆和华侨华人代表进行了多次交涉和投诉，但 BBVA 银行并未及时做出积极回应和实质性应对措施。[①]

（五）华人就业水平显著高于其他移民群体，华商经济在争议中发展

西班牙自 2008 年陷入严重经济危机以来，就业低迷，至今仍未完全摆脱影响，但华人经济在危机中不断发展。西班牙人口总数约 4700 万人，就业人口约 1800 万人，就业率约为 38%。其中，西班牙华人就业比例最高，显著高于其他移民群体的就业水平。数据显示，截至 2018 年，西班牙华人参保人口为 102367 人，比 2008 年提高了 51%。西班牙华人不仅就业水平高，业主身份的比例也最高。西班牙社保事务局的资料显示，华人群体内的业主占比高达 54%，远远高于居第二位的荷兰移民群体（42%），而最大的移民群体罗马尼亚人（70 万人）和摩洛哥人（60 万人）的业主比例仅在 15% 左右。[②]

据统计，西班牙 3 万家由外来移民群体经营的商铺中，超过一半的商铺为华人店，数量达 1.8 万家，尤其是华人百元商店，在争议中不断发展。一方面，华人百元商店大部分商品较为廉价，不利于品牌形象的塑造，甚至面临被抵制的危机。另一方面，由于产品物美价廉，越来越多的当地居民去百元商店购物。随着华人商店的多元化发展及其市场份额的不断增加，华人商店的商业模式也在升级，逐渐吸引大品牌的加入。[③] 在西班牙卢戈（Lugo）地区，华商经过多年的发展，逐渐成为当地重要的商业力量。其经营范围广泛，涵盖各种纺织品、鞋类、家居用品、五金、文具、电子产品、服装、植

---

① 《突然冻结 3 万余个华人账户　西班牙银行就此问题致歉》，http：//www. chinaqw. com/hqhr/2019/02 - 18/215529. shtml。

② 《西班牙媒体聚焦在西中国移民：20 年增长了近 16 倍》，http：//www. chinaqw. com/hqhr/2019/02 - 06/214873. shtml。

③ 《越来越多大品牌看好“华人百元店”》，〔西班牙〕《欧华报》2019 年 11 月 4 日。

物等，商品供应充足。在当地的某些地区，不论规模还是数量，华人商店都已经远远超过西班牙传统商店，并为当地民众提供了大量的就业机会。①

葡萄牙侨情

葡萄牙总人口1000多万人，华侨华人有1万人左右，多数在最近20年来到葡萄牙。其中，85%以上的华侨华人祖籍是浙江，其他的则来自山东、广东和福建等地。在葡萄牙，约三分之一的华人从事贸易活动。近年来，葡萄牙零售业发展迅速，华人新开设的小商店超过千家，主要出售服装、日用品和小电器等，改变了华人主要从事餐饮行业的单一就业结构。目前，华人从事零售业与餐饮业各占三分之一，甚至有超过餐饮业的趋势。②

（一）推出“绿色签证”，促进生态发展

2019年1月10日，基于葡萄牙总理安东尼奥·科斯塔（António Costa）在摩洛哥马拉喀什《联合国气候变化框架公约》第二十二届缔约方大会（COP－22）提出的《2050年国家碳中和路线图》，葡萄牙政党“人民、动物、自然”计划提交“绿色签证”提案，向投资“绿色项目”的外国人提供居留许可。投资者可以申请个人项目或合作项目来获得“绿色签证”，投资金额不得低于25万欧元，项目最短期限是五年。申请“绿色签证”的投资项目必须为“有机农业”，有助于“实施碳中和路线图”，促进“可再生能源的自我消费”。这项提案是在借鉴“黄金签证”吸金经验的基础上，针对投资者来源国的文化多样性而制定的生态投资项目。该项签证政策的出台，与葡萄牙迫切需要摆脱对石油化工燃料的依赖有关。③

---

① 《欧华报：西班牙卢戈华商为当地发展注入新力量》，http：//www. chinaqw. com/hqhr/2019/02－20/215806. shtml。

② 《中国人在葡萄牙》，http：//www. galaxy－immi. com/page180004454. html。

③ 《葡萄牙或推出“绿色签证”　向投资者提供居留许可》，http：//www. chinaqw. com/hqhr/2019/01－10/212817. shtml。

（二）侨团主动参与当地社会事务，促进中葡友好往来

目前，葡萄牙华侨华人社团有10多个，其中，“葡萄牙华侨华人协会”、1996年由工商企业主组成的“葡萄牙中华工商总会”、由北部华侨华人组成的“葡萄牙华侨华人总会”是三大主要侨团。另外，还有部分根据祖籍地域和行业，以及宗教组成的华人团体。葡萄牙的侨团比较团结，它们充分发挥群体力量，在服务侨胞、促进中葡友好交流和经贸合作、支持祖国经济建设、维护祖国和平统一大业等方面做了大量卓有成效的工作。同时，这些侨团还积极参与当地社会事务，积极融入当地主流社会。例如，葡萄牙发生森林大火后，旅葡侨团积极组织华人捐款，帮助赈灾重建；在葡萄牙足球队取得好成绩时，“葡萄牙华侨华人协会”适时组织舞龙舞狮活动，与葡萄牙人民共庆欢乐时刻。侨团通过积极作为，获得了当地民众的认可与尊重，拉进了彼此之间的距离，不仅为华人塑造了正面形象，也为华人营造了长期发展的有利空间。①

（三）华人经济快速发展，侨界推动双向经贸合作

在葡萄牙，华人从事进口批发和小商品零售业虽然起步较晚，但发展非常迅速。葡萄牙里斯本市中心有上百家华人开办的进口批发店，以销售服装等纺织品为主，也涉及皮包、小装饰品、眼镜等各类产品，大多出售给葡萄牙各地零售商家，效益好的商家一年营业额可达1000万元人民币。在里斯本、波尔图和北部一些地区，华人批发店共有500家左右，零售店则达1000多家。除了批发零售店、超市，华人还开设中医诊所、印刷厂和旅行社等。随着第二代华人的成长，他们开始探索新的领域，如开办律师事务所和房地产中介公司等。②

在中葡建交40周年和澳门回归20周年的特殊节点，由浙江省侨联主

① 《中国人在葡萄牙》，http：//www. galaxy - immi. com/page180004454. html。

② 《中国人在葡萄牙》，http：//www. galaxy - immi. com/page180004454. html。

办，浙江省侨商会、浙江省侨界青年联合会、葡萄牙中华总商会、葡萄牙中国侨商会、环球伊比利亚传媒联合承办的“侨连欧洲·侨商论剑”——浙籍华侨华人“一带一路”欧洲（葡萄牙）合作论坛于12月11日在葡萄牙首都里斯本举行。论坛以“汇聚海外浙商力量，助推‘一带一路’发展”为主题，邀请了来自驻葡使馆、葡萄牙对外投资贸易局、美国商务部、中共浙江省委党校等相关领导和专家学者，以及来自欧洲21个国家和地区的近180名浙籍侨界代表参加。参加论坛人员围绕“五通”共同探讨了欧洲沿线国家融入“一带一路”倡议的发展前景；分享了浙商在参与“一带一路”建设过程中的实践和感悟；交流了侨界参与“一带一路”建设的使命与担当，并就侨界如何成为助推“一带一路”建设的探路者和模范生提出建议。①

（四）“东西兼容”是华裔新生代的特有属性

“东西兼容”是华裔新生代的特有属性，融入住在国社会与保留中国传统文化并不矛盾。华侨华人在融入当地社会的同时，仍牢记乡音、保留乡情。为了让华裔新生代不要忘记祖国的历史、文化和传承，华人社团大力支持华裔新生代的中文教育。葡萄牙里斯本的中文学校创办于2001年，学生都是华人子弟，年龄从4岁到16岁不等，华文学校得到了来自华人社团等各方面的关心与支持。② 2019年9月3日，中国华文教育基金会副理事长兼秘书长于晓一行赴葡萄牙淑敏语言文化中心参观并举行座谈会，与当地华文教师进行交流，了解中国华文教育基金会多个项目在葡萄牙华文学校的开展情况，淑敏语言文化中心校长韩淑敏女士，侨领代表、淑敏语言文化中心家长委员会会长吴国华先生，家长代表、教师代表和学生代表一同参加了此次座谈会。于晓秘书长推荐了实景课堂和动漫教学，主张采取互动性和趣味性

① 《侨连欧洲·侨商论剑——浙籍华侨华人“一带一路”欧洲（葡萄牙）合作论坛在里斯本举行》，http：//www. zjsql. com. cn/index. php？ m = content&c = index&a = show&catid = 14&id = 42084。

② 《中国人在葡萄牙》，http：//www. galaxy – immi. com/page180004454. html。

强的教学方式，以快速地建立起孩子对所学内容的兴趣。[①] 游弋于中葡两国文化中的华人后代，随着中葡两国政治、经贸、科技和文化等各领域合作的不断加深，将成为两国沟通与合作的使者和桥梁。

东欧地区侨情

东欧地区华侨华人的兴起，主要源于20世纪80年代后来自中国的移民潮，体现在两个方面。第一，中苏之间边境贸易发达，一些从中国去往苏联从事边贸生意的新移民又继续东行，在东欧国家停留下来。第二，苏联解体和柏林墙倒塌后，有一批中国新移民进入前苏联东欧地区从事商业活动。当时，除了俄罗斯，中国移民也出现在匈牙利、罗马尼亚等国家，主要进行一些小规模的投资和开餐馆等。目前在东欧地区的华侨华人主要是改革开放后前往东欧国家，或途经俄罗斯再辗转来到东欧的一批新移民。

（一）塞尔维亚侨情

1995年前后，第一批华商约300人抵达塞尔维亚，从事商贸活动。进入21世纪以来，塞尔维亚华侨华人显著增长，尤其是2000～2008年间增幅最大。据估计，2008年旅塞华侨华人有2万人左右。2008～2012年旅塞华侨华人增幅变小，但也保持稳定增长。但自2013年开始，随着塞尔维亚官方对华商经营合法性审查力度的加强，大量从事小额贸易的华商离开塞尔维亚，旅塞华侨华人开始大幅减少。2017年底，旅塞华侨华人降至5000人左右，2018年人数保持稳定。[②]

2019年，塞尔维亚有7000多名华侨华人，以浙江丽水人尤其是青田人为主。华侨华人大多集中在塞尔维亚首都贝尔格莱德，贝尔格莱德“70号”

---

① 《中国华文教育基金会代表团赴葡萄牙参观中文学校》，http：//www. chinaqw. com/hwjy/2019/09－05/230835. shtml。

② 刘作奎等：《中东欧国家华侨华人发展报告（2018）》，中国社会科学出版社，2018，第89～100页。

中国商城有近千家店铺，是巴尔干半岛中国商品的集散地和华人聚集区。[①]

2019 年 9 月 21 日，中国驻塞尔维亚使馆举办以“钢铁友谊　共创繁荣”为主题的国庆 70 周年招待会。塞尔维亚总统武契奇出席招待会并致辞，他称赞中国是塞尔维亚最真诚、最可信赖的朋友，塞方坚定支持中方立场，坚决反对任何形式的分裂主义行径。[②]

在塞尔维亚从事商贸活动、餐饮业以及务工活动的华侨华人主要来自浙江省，占比高达 95%。由于南联盟分裂后，巴尔干半岛国家各自为政，各设海关和货币，经济发展相对落后，仍处于 20 世纪七八十年代水平。随着“一带一路”建设的开展，塞尔维亚政府实行了多项促进中塞交流合作的政策，如鼓励投资建厂、发展中小型企业、对中国公民实行免签等，显著带动了旅行社、民宿、旅馆等的发展，为华人经济发展提供了良好的转型机遇。[③] 共建“一带一路”为塞尔维亚带来了实实在在的利益，塞尔维亚已成为对华合作项目最多的欧洲国家之一。

除了商贸活动，目前到塞尔维亚留学的中国学生每年有 60 人左右。旅塞华侨华人与中国国内联系密切，加入塞尔维亚国籍的人数较少，国家认同感较强。旅塞华侨华人积极融入当地主流社会，推动两国文化交流，与当地政府、机构、企事业单位保持良好关系，但参政较少，缺乏华文媒体的支持。[④]

2019 年 9 月 18 日，2019 年中塞警务联合巡逻启动仪式在塞尔维亚首都贝尔格莱德举行。塞尔维亚成为继意大利、克罗地亚之后第三个与中国警方开展警务联合巡逻的国家。中塞联合警察巡逻队的成立，一方面可以为旅塞

---

① 《一带一路的青田人之四：意大利塞尔维亚侨团携手合作　共商“一带一路”》，http://www.zgqt.zj.cn/6004394.html。

② 《坚定支持中方立场，坚决反对任何形式的分裂主义行径》，http://www.xinhuanet.com/world/2019-09/22/c_1125024525.htm。

③ 《一带一路的青田人之四：意大利塞尔维亚侨团携手合作　共商“一带一路”》，http://www.zgqt.zj.cn/6004394.html。

④ 刘作奎等：《中东欧国家华侨华人发展报告（2018）》，中国社会科学出版社，2018，第 89～100 页。

华侨华人、中国游客提供安全保障；另一方面，也促进了两国友好，标志着两国在警务执法方面的合作达到了一个新的水平。①

（二）黑山侨情

近年来，黑山经济增长速度缓慢，面临着经济转型升级的考验。为了吸引外资，发展地区旅游业，带动农业、新兴产业等的发展，黑山政府自2018 年正式推出特殊投资移民计划（Montenegro Special Citizenship by Investment Program，MSCIP），该计划为短期计划，时间为2019 年到2021 年12 月31 日，为期两年左右，限2000 名申请者申请。该计划是采取捐献 + 投资的模式，即申请者不仅需要向政府机构捐款10 万欧元，还要投资政府指定商业项目至少25 万～45 万欧元，一般投资农场、酒店、旅游项目等。黑山房地产价格相对其他欧洲国家来说，处于较低水平，但随着投资入籍政策的收紧，黑山房地产价格下跌明显。

黑山华侨华人社团结构单一，仅有黑山华商协会和黑山中国和平统一促进会两个社团，无华文媒体和中文学校。在黑工作、生活的华侨华人，多数人是因参与工程建设、在中资机构就业等来到黑山，且人员来源广泛。由于地缘、语言、文化、生活习惯等方面的巨大差异，在黑华侨华人社交圈较窄，与当地民众的沟通多停留在工作层面，极少有跨国婚姻或加入黑山国籍的现象，对“中国身份”认同感较强。②

近年来，随着“一带一路”倡议和“17 +1 合作”的深入开展，中黑务实合作全面展开。“一带一路”倡议推动了我国地方政府与黑山的合作，四川、广东、山西、河北、内蒙古等地城市与黑山展开了一系列卓有成效的合作项目，涉及基础设施建设、矿产、林业、农业、制造业、旅游、文化、教育等各个行业，合作范围广泛；基础设施合作在所有中黑合作项目中占据

① 《中塞警务联合巡逻启动仪式在塞尔维亚首都举行》，https：//www.sohu.com/a/341826028_100021948。

② 刘作奎等：《中东欧国家华侨华人发展报告（2018）》，中国社会科学出版社，2018，第120～129 页。

最高比例，大力推动了黑山的基础设施建设，充分显示了“中国制造”的质量和水准，还带动了当地招商引资，实现了技术优势与资源优势的互补，互利共赢效果显著；两国签证便利化措施，助力深度开发两国旅游资源，带动旅游相关产业发展；开展中医药、科技、教育等合作，尤其是黑山中国中医院和黑山大学孔子学院的建设与发展，扩大了两国的人文交流，在传播中国文化、展现中国文化软实力方面，具有较好的典型示范效应，受到了黑山当地民众的欢迎。①

（三）罗马尼亚侨情

目前，在罗马尼亚合法居留的华侨华人有7600多人，以罗马尼亚首都及华商市场为聚集区，主要来自浙江、福建两个省份，其他的来自河南、山东、吉林和江苏等地。

罗马尼亚的华侨华人按照形成过程划分，大致可以分为五类：一是因国际贸易而留在罗马尼亚的华商。这是典型的华人群体，也是目前在罗马尼亚人数最多的华人群体，主要从事商品批发和零售等商贸活动，也涉及制造业、餐饮、蔬菜种植等。目前，在罗马尼亚注册的中资（华人）企业有数千家，主要从事进出口、商品批发、能源、地产等方面的投资。二是因联姻而留在罗马尼亚的华侨华人。这一批人属于老华侨的范围，多数是20世纪六七十年代在罗马尼亚援建中国的过程中，因为工作接触而产生的联姻，继而留在罗马尼亚生活。三是华裔新生代。这部分人大多出生于罗马尼亚，在当地或欧洲其他国家求学、创业，受教育程度和本土融合程度较高，是未来两国加强沟通与合作的重要中坚力量。四是因投资而在罗马尼亚工作、生活的华侨华人。在中国“走出去”政策以及“一带一路”倡议的支持下，很多中国企业选择投资罗马尼亚，很多中国人因为工作关系在罗马尼亚常住甚至定居。五是因互派留学生而留在罗马尼亚的华侨华人。中国与罗马尼亚通

① 李沁阳：《“一带一路”框架下中国与黑山的合作分析》，硕士学位论文，外交学院，2019，第34～39页。

过互派留学生的方式加强教育文化交流，罗马尼亚教育费用不高、高等教育准入宽松，吸引了很多中国学生前往学习，很多留学生毕业后选择留在罗马尼亚就业、生活。

罗马尼亚华侨华人社团主要以各地同乡会和各类商会组织为主，华侨华人社团在促进两国商贸合作、维护在罗华侨华人合法权益等方面发挥了重要作用，尤其是各大商会在响应“一带一路”倡议过程中起到了重要的桥梁作用。

华文媒体主要有《旅罗华人报》《欧洲侨报》《欧洲华报》《欧洲商报》，其中《旅罗华人报》是罗马尼亚历史最悠久、影响力最大的华文媒体，发行范围较广，致力于凝聚侨心侨力、传播中国文化、讲好中国故事。罗马尼亚的孔子学院，也为罗马尼亚民众更好地了解中国文化提供了窗口，在罗马尼亚掀起了“中国热”。[①] 在对外传播方面，《旅罗华人报》、“华人头条”等华文媒体发挥了重要作用。

---

① 刘作奎等：《中东欧国家华侨华人发展报告（2018）》，中国社会科学出版社，2018，第146～156页。

非 洲 篇

Africa Report

B.9
非洲侨情分析

李章鹏*

摘　要： 2019 年非洲侨情并无太大的变化，但前几年出现的一些变化或动向，在 2019 年表现得更为明显。因私旅非人员持续增加，在非民营企业愈趋活跃。中资企业助推非洲数字经济发展的作用愈益显现。中资企业、中国科研机构共同推进中非农业合作向纵深发展。中非文化交流进一步深入非洲民间社会。非洲华侨华人居住地社会环境的一些趋势性变化更为鲜明。

关键词： 非洲　侨情　中资企业

---

* 李章鹏，博士，中国华侨华人研究所副研究员，主要研究方向为中国近现代史、华侨史。

一　因私旅非人员持续增加，在非民营企业愈趋活跃

以往中国在非投资给人印象最为深刻的是国有企业的投资，无论是前期对矿产资源的投资，还是近年来对非洲基础设施的投资，均是如此。相对应地，前者被西方社会和部分当地媒体炒作为掠夺资源，是对非洲的“新殖民”；后者则被炒作为将使非洲国家背上巨额的、不堪重负的债务。显然，这些炒作，或是怀有政治目的，或是恶意中伤。而2019年，因私赴非洲旅游的中国人持续增加，在非洲投资的中国民营企业趋于活跃。

1. 因私旅非人员持续增加

从人数来讲，因私旅居非洲的人要比因公派遣（含劳务派遣）的人多很多。

2010年至2019年十年间，非洲与中国之间的直飞航班增加了600%，旅客流量增加了630%。[①] 在过去很长一段时间内，开通前往中国航班的只有埃塞俄比亚航空公司，埃（塞）中航线开通于1973年，在随后30余年间鲜有其他航班来往于中非间。[②] 现今，在非洲每年飞往中国的2600多个航班中，埃塞俄比亚航空公司依然占据半壁江山。但是，其他国家的航空公司也已崭露头角，阿尔及利亚航空公司等在过去10年中也保持了可观运力，埃及航空公司开通了往返北京、广州的航线。近年来，非洲许多国家都在兴建机场或机场相关项目，其中安哥拉、埃塞俄比亚、肯尼亚、尼日利亚、卢旺达、塞内加尔和赞比亚等国的机场项目均获得中国投资，中国投资约占这些机场投资总额的1/4至1/3。据2017年的一项不完全统计，当时非洲在建的机场项目有77个。机场项目的大量增加，说明非洲市场对航空需求增长潜力很大。有人估计，到2035年，全球旅客增长最快的10个民航市场中

① 《美媒：中非直飞航班上的三类人》，《环球时报》2019年9月11日；《美媒：中非空中旅客暴增6倍》，《环球时报》2019年7月29日。

② 《非媒：在非洲的地面上，中国展示航空肌肉》，《环球时报》2019年9月4日。

有 8 个将来自非洲。[①] 可以估量，来往中非间的旅客也必将随着非洲民航市场的扩张而增加。

如今中非之间直飞航班每年运输旅客约 85 万人次，其中，中国旅客的数量居各国旅客数量之首。这些航班中的旅客大致可以分为三类：赴中求学的非洲学生、寻找商机或工作机会的人士和短期游客。

过去几年，中国成为仅次于法国的非洲学生第二大留学目的国。2018 年大约有 8.1 万名非洲留学生到中国学习。

过去 10 年，中国出境游人数增加了 2 倍，前往非洲的中国游客也日益增加，其中，许多游客乘坐中非直航航班前往非洲目的地。一份调查报告称，中国游客在非洲的平均花费比欧洲游客还要多一些。庞大的中国游客群体，对非洲国家旅游业的发展很有吸引力。2016 年、2017 年，摩洛哥、突尼斯相继对中国公民实施免签。实施免签后，中国游客赴摩、赴突的数量均出现大幅增长。2019 年，塞拉利昂宣布对中国公民实行落地签，塞拉利昂是第 28 个对中国游客实施免签或落地签的非洲国家。2019 年 9 月，中摩双方签署协议，决定在华推广摩洛哥旅游。[②] 然而，前往非洲的中国公民虽然迅速增加，但非洲并不是国人首选地点，在 2017 年 1.3 亿人次出境旅游中，只有 0.62% 的去往非洲国家。对于中国人而言，非洲可选的旅游目的地也十分有限。可见，非洲旅游市场增长潜力很大。

2. 在非民营企业愈趋活跃

中国实施“走出去”战略以后，中国国有企业的投资和员工大量进入非洲。随着国有资本的进入，投资非洲的中国民间资本也迅速增加，而受雇于民营企业的中国员工要比国有企业的员工多很多。根据学术界目前可接受的估计，在非华侨华人数量为 100 余万人。除去公派（含劳务派遣）人员，即为因私居留非洲的人士，[③] 显然，因私居留非洲的人士要远远多于公派人

① 《非媒：在非洲的地面上，中国展示航空肌肉》，《环球时报》2019 年 9 月 4 日。

② 《外媒：摩洛哥押宝更多中国游客》，《环球时报》2019 年 9 月 23 日。

③ 因私居留非洲的人士，包含那些合同到期不愿续签、留在非洲寻找发展机遇的原国企员工。

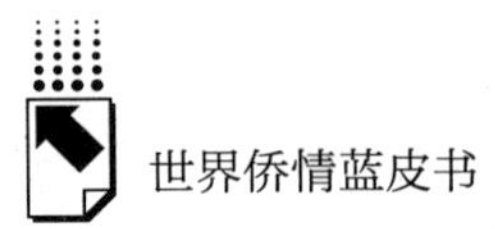

员。有些侨领和学者估计在非中国人有200万人,[①] 如果以此作为计算的依据，因私居非的人所占比例则会更高。

由于起初资本有限、规模较小，在非民营企业并未引起舆论太多的关注。尽管非洲的营商环境不是特别理想，但民营企业还是表现出旺盛的生命力。相对政府出资的大型项目，这些中国民营企业更能扩大就业，也更能引入适合当地需要的创新。它们涉足从零售到制造业、从消费服务到商业化农业等广泛领域。据德勤新兴市场与非洲部常务董事马丁·戴维斯的估计，在撒哈拉以南的非洲地区就有几十万家中国私营企业。[②] 这在某种程度上说明了撒哈拉以南中国民营企业之多。可见，不仅中国国有企业的投资深刻地影响了非洲，民营企业的影响也不容忽视。

肯尼亚是非洲乃至是全世界重要茶叶出口国，但其茶叶做工粗糙，当地人饮茶的习惯与中国人也迥然不同。福建人宋爱发现肯尼亚茶叶是原生态有机茶，含有茶多酚等多种对人体有益的微量元素，决定引进中国制茶工艺加工肯尼亚茶叶，并于2015年底创立茶叶品牌“秦亚”。“秦亚”不仅改进了肯尼亚当地制茶工艺，而且也带动当地茶农致富，其茶叶收购价比当地茶商要高十几倍甚至几十倍。宋爱还以茶为媒，传播中国茶文化。她在内罗毕的3家门店均摆上功夫茶具，顾客们除了买茶，还可欣赏泡茶艺术。[③]

有些企业经过积累、逐渐发展壮大，如今已具有一定规模。南非华商徐长斌在约翰内斯堡市创办的非洲商贸城堪称南非的“批发市场”。2007年11月，商贸城四期竣工，商贸城成为南非最大的批发兼零售的中国商品城。之后，他又在南非建了两座中国商城，组成非洲商贸集团。[④] 2019年6月10日，非洲最大假发城——中非商城假发城在南非约翰内斯堡开张。假发城谋求成为南非乃至非洲最大的假发零售批发中心，以物美价廉吸引非洲顾客。

① 《美媒：中非直飞航班上的三类人》,《环球时报》2019年9月11日；张春旺、张秀明主编《世界侨情报告（2019）》，社会科学文献出版社，2019，第204页。

② 《美媒：什么才是真正适合非洲的中国经验》,《环球时报》2019年4月19日。

③ 《中肯的完美结合　当中国式制茶遇上肯尼亚茶叶》,《环球时报》2017年12月5日。

④ 《南非华商徐长斌：我在约堡建中国商城》,《人民日报》（海外版）2019年8月14日。

它经销近40家国内知名假发商品，所经营产品涵盖非洲市场上假发品牌90%以上。[①] 安哥拉中国城商品物美价廉，深受当地消费者欢迎，它不仅闻名于安哥拉，也闻名于其邻国。2019年9月18日，纳米比亚共和国总统根哥布夫妇在访问安哥拉期间，特地造访安哥拉中国城，希望纳米比亚有关方面能够学习安哥拉中国城的经验和做法。[②] 10月，安哥拉首届家具展销会在安哥拉中国城举行，安哥拉主流媒体进行了广泛而持续的报道。

近年来，华为、阿里巴巴等中国大型民营企业也纷纷前往非洲布局，无疑加强了中国民营企业的声势。可以预料，作为中国对非经济合作的两驾马车之一的民营企业必将在非洲获得进一步发展，其地位也理应获得相关国家有关部门的重视。

二　中资企业助推非洲数字经济发展的作用愈益显现

当前，包括非洲在内的世界范围内的第四次工业革命方兴未艾。未来几年，非洲有望利用数字技术改善经济，推动经济包容性增长。在这个过程中，在非中资企业发挥着非常重要的作用。

中资企业对非洲数字经济的推动，主要表现为如下四个方面。

1. 设施设备方面

首先是基础设施层面。非洲是一个19世纪、20世纪和21世纪的基础设施和技术同时存在的大陆。在非洲许多国家，最主要的关切是实现基本的互联互通，以一种适当、可靠和负担得起的成本使每个非洲国家与互联网相连的互联互通。华为是非洲电信基础设施建设的唯一主导企业，华为帮助非洲建设了70%的骨干网络基础设施，如加上中兴公司，非洲通信基础设施80%以上由中方融资建设。[③] 华为、中兴以相对低廉的价格为非洲各国建造

① 《非洲最大假发城在南非约翰内斯堡中非商城隆重开业》，《非洲时报》2019年6月11日。

② 《纳米比亚总统根哥布访问安哥拉中国城》，《南非华侨周报》2019年9月22日。

③ 《非洲知名专家学者一致盛赞中非科技创新合作》，《南非华侨周报》2019年12月9日；《利比里亚前官员：非洲国应继续“忠于”华为》，《环球时报》2019年5月29日。

了一流的互联互通基础设施。中资企业不仅为非洲内部互联互通提供通信设备，也为非洲链接外部世界提供服务，如华为海洋近期铺设了一条 PEACE 光缆（即巴基斯坦—东非快速光缆，巴基斯坦瓜达尔港至肯尼亚蒙巴萨的海底光缆）和一条长 3750 千米的巴西通往喀麦隆的海底光缆。[①]

其次是移动通信终端设备方面。TECNO 是总部位于深圳的手机制造商传音（控股）专门针对非洲打造的手机品牌。2018 年，传音手机销量超过 1 亿部，平均售价仅有 76 欧元，较为适合非洲民众的购买力。传音手机坚固耐用，拥有多种非洲语言的用户菜单，电池可以待机多天。传音手机价格低廉且性能优良，获得非洲民众的青睐，占据非洲手机市场近 50% 的份额，被评为 2018 年最受非洲民众欢迎的品牌之一。[②]

2. 电子商务方面

在非洲的电商企业中，不乏中国创业者的身影，中国电商在电商市场培育、数字支付和物流管理方面有成熟的经验可供非洲学习和借鉴。

在过去三年里，阿里巴巴在非洲发起了三个人才培养项目：互联网创业计划、非洲青年创业基金和全球电商人才计划，为非洲当地企业提供资金、技术和人才培训支持。2016 年 3 月，马云提出建立世界电子贸易平台（eWTP）的设想，目的是要打造数据、支付、物流、通关一体化的数字中枢，构建完整的电子贸易生态。2018 年，阿里巴巴与卢旺达签订谅解备忘录，与卢旺达共建 eWTP；2019 年，阿里巴巴又与埃塞俄比亚签约共建 eWTP，埃塞俄比亚成为 eWTP 在非洲落地的第二个国家。

Kilimall 和 Jumia 是非洲两家最大的电商企业。Kilimall 由中国创业者于 2014 年 7 月创立，是在肯尼亚运营的主要电商平台之一，目前有数千家供应商入驻，并在肯尼亚、乌干达、尼日利亚等国设有数百个线下网点，共有注册用户近 1000 万，日均订单数量超过 1 万单，在肯尼亚 B2C 电商市场中所占份额达 30% 左右。Kilimall 计划在未来 5 年内覆盖大部分非洲国家。

---

① 《印媒：中国已挤进由欧美控制的市场?》，《环球时报》2019 年 10 月 17 日。

② 《英媒：中国企业引领非洲的通信革命》，《环球时报》2019 年 10 月 11 日；《德媒：风靡非洲的传音手机在中国却无人知》，《环球时报》2019 年 10 月 30 日。

Jumia 于 2019 年 4 月登陆纽约证券交易所，估值超 10 亿美元，是首家赴美上市的非洲科技初创企业，被称为“非洲亚马逊”“非洲阿里巴巴”。Jumia 从理念到营销方式都与中国相关企业十分接近，其执行副总裁杰里米·杜特曾说过，Jumia 从中国先进的电子商务行业中学到很多东西。

3. 大数据服务方面

2019 年 2 月，华为云推出“Go Africa”计划，为在非和即将赴非的中资企业提供云服务。华为云是首个在非洲开通云服务的公有云厂家。本地数据中心将为客户提供更低的网络时延，支持海外终端用户就近高效访问企业应用前端，非常适合非洲特殊地缘应用。当前，华为云已服务在非中资企业超过 100 家。①

非洲普遍缺乏数据，遑论使用数据云技能。这种知识和技术转移在非洲相对发达的国家（如尼日利亚、埃及、南非、加纳、肯尼亚等）之间也许能够逐步实施。“Go Africa”计划目前仅为中资企业服务。中国云服务企业要在非洲市场大展身手，既面临着机遇，也面临着挑战。

4. 科技企业融资方面

2019 年 8 月，三只中国基金向位于拉各斯的出行服务公司 GONA 投入一笔数目不详的资金。11 月，尼日利亚金融科技公司 Palm Pay 在中国手机制造商传音牵头下筹资 4000 万美元，正式启动。按照计划，2020 年 Palm Pay 支付应用软件将被预装到成千上万部传音手机之中。同月，专注于非洲市场的初创公司、移动支付服务商 OPay 筹集 1.2 亿美元，其中大部分来自中国投资者。②

三　中资企业、中国科研机构共同推进中非农业合作向纵深发展

中国对非农业援助历史悠久，从派遣援非农业专家，到建立援非农业技

---

① 《携手共进，华为云推出“Go Africa”计划》，https://bbs.huaweicloud.com/blogs/107580。

② 《中国资本进军非洲金融科技领域》，《南华早报》2019 年 12 月 8 日。

术示范中心，方式不一而足。随着援助方式的改变，许多中国农业企业开始到非洲从事经营活动。非洲一些国家也希望通过支持中非农业合作、中国农业企业推动自身的农业发展。2019 年 9 月，安哥拉政府表示，该国莫希科、南隆达等地十分适宜种植水稻，希望中国大使馆引导更多的企业前往考察，投资兴业，安政府愿意在土地使用、税收、基础设施等方面提供更大的支持。① 万宝农业园是莫桑比克中非农业合作规模最大的粮食作物项目。截至目前，万宝农业园生产的大米完全在当地销售，当地政府、农户都欢迎万宝项目的投资，认为中国投资带来了就业、收入及技术。不过，由于当地土地关系不清引起的与莫桑比克农民的摩擦也确实存在。② 这些表明中资农业企业在非洲还面临着诸多自己不能控制的问题。

非洲劳动力丰富，拥有大量可供耕种的田地，其农业发展潜力巨大，中非农业合作前景广阔。2019 年，中非之间开展了多形式、多层次农业合作，在多方合作、农业技术合作等方面做出了有益探索。

2019 年 6 月 27 日，商务部中国国际经济技术交流中心、国家杂交水稻工程技术研究中心、非洲联盟、比尔及梅琳达·盖茨基金会等七方共同发起了《关于加强中非水稻领域南南和三方合作的倡议》，旨在利用各个合作伙伴的优势，加强中非在水稻种植领域的合作。多方合作既可以有效化解不实谣言，也可以利用各方优势和资源，共同推进非洲农业发展。③

6 月 28 日，安哥拉幸运人集团与湖南袁氏种业正式签约，将共同在非洲安哥拉建立中国杂交水稻生产育种基地，以促进安哥拉粮食产业的发展，为当地实现粮食自给自足助力。④

7 月 31 日，由江苏大学、环球广域传媒集团、德元机械（赞比亚）设备有限公司共同主办的第三届中非（赞比亚）农业合作发展论坛在卢萨卡

---

① 《安农业部长：安愿意在土地、税收、基础设施对农业投资提供支持》，《非洲华侨周报》2019 年 9 月 18 日。

② 《在莫桑比克“拓荒”的中国人》，https：//www. thepaper. cn/newsDetail_ forward_ 5056216。

③ 《在莫桑比克“拓荒”的中国人》，https：//www. thepaper. cn/newsDetail_ forward_ 5056216。

④ 《中国杂交水稻将在安哥拉建立生产育种基地》，《非洲华侨周报》2019 年 6 月 29 日。

举行。论坛旨在与赞比亚和非洲各国分享中国农业发展的成功经验，探讨中非、中赞农业合作的方向和方式。论坛设三个议题——“农业合作背景下的中非关系”“中赞农业发展道路的探索：经验与启发”“农业合作：发出更强音、发展更高效”。当地主流媒体《赞比亚时报》、《每日邮报》、《非洲华侨周报》、5FM 电台、Prime TV 等进行了现场报道。①

7 月 31 日，由江苏大学主办的第二届赞比亚农业机械化培训班在卢萨卡举办。在开幕式上，江苏大学与赞比亚大学签订 MOU（谅解备忘录），确定在联合培养和教师培训方面，以及在医学、农业机械、材料工程等多领域进行合作。江苏大学是国内最早设立农机专业、最早系统开展农机教育，培养了我国第一批农机高等人才的高校。在中国高校当中，江苏大学农机专业处于领先地位。②

9 月 6 日，黑龙江农业科学院安哥拉农业技术示范基地在江洲农业万博农场营地揭牌。黑龙江农业科学院院长李文华表示，将通过基地平台的建设和示范、展示，帮助安哥拉培养更多农业技术人才，提升农业生产能力，进而促进安哥拉农业多元化发展，拓展中安两国农业合作新的领域。2018 年，江洲农业从黑龙江农科院引进的龙薯系列马铃薯种源试种成功，2019 年在农场高效经济作物种植区进行大面积种植。在中安合作转型升级的大背景下，包括安哥拉中国总商会会员企业在内的越来越多中资企业涉足安哥拉农业开发。中企的农业设备设施和技术规模在安哥拉很有优势。中方技术适应性强，对于促进安哥拉农业现代化有着重大意义，对于当地农业经济发展有着较强的带动效应，中安双方农业领域合作空间巨大。③

四　中非文化交流更为深入非洲民间社会

首先，学习中文的重要性日益获得非洲社会的认可。

---

① 《第三届中非（赞比亚）农业合作发展论坛成功举办》，《非洲华侨周报》2019 年 8 月 1 日。

② 《中国江苏大学与赞比亚大学签订 MOU》，《非洲华侨周报》2019 年 8 月 2 日。

③ 《中安将在江洲农业共同打造“农业技术示范基地”》，《非洲华侨周报》2019 年 9 月 9 日。

语言是连接世界、促进交流、增进了解的重要工具和桥梁。“一带一路”建设带动了“汉语热”在非洲的持续升温，越来越多的非洲人认识到学习中文的重要性。尼日利亚两所孔子学院每年在学学生人数达2500多人，但招生规模远远无法满足需求。花两三年时间学习中文，就有机会在当地中资企业找到高薪工作，优秀的学生还会获得留学机会。在失业率超过23%的尼日利亚，这对年轻人很有吸引力。[①] 2019年10月15日，应奥斯卡里巴斯大学邀请，安哥拉内图大学孔子学院中方院长任兵会见奥大校长欧里科·贡古拉博士，贡古拉校长希望可以与孔院合作，开设汉语课程，并向教育主管部门申请，将汉语作为学分课程。内图孔院还收到了安哥拉天主教大学、安哥拉青年研究院等多所大学和机构的合作邀请，学习汉语的热情在安哥拉逐渐升温。[②] 12月2日，中国驻南非大使馆、驻德班总领馆、德班理工大学孔子学院与德班克莱尔伍德中学举行“中国角”暨汉语教学点揭牌仪式。奈杜校长希望学校师生们把握机遇，通过“中国角”更好地了解中国，争做两国友好的“使者”。[③]

更为重要的是，2019年非洲又有一国将汉语定为该国学校教育语言选修课程。据美国有线电视新闻网报道，2020年，肯尼亚将正式把汉语作为语言选修课程纳入该国学校教育体系。届时，会有更多的学生选择学习汉语。此前，早在2014年，汉语就已经成为南非学校的选修课程。2018年11月，乌干达宣布在35所中学增加汉语课。相关国家政府认为，学习包括汉语在内的外语，可便于年轻人了解外国，可为所在国年轻人就业、教育、经商提供机会。[④]

为了更好地推广汉语教育，非洲一些国家的孔子学院采取“汉语+”形式，创新教育内容和方法，以此吸引非洲学生参与。2019年8月20日，

---

① 《尼日利亚少年：学中文点亮我的“电力梦”》，https：//oversea. huanqiu. com/article/9CaKrnKolQu。

② 《安哥拉汉语学习悄然升温　多家机构欲开设汉语课程》，《非洲华侨周报》2019年10月16日。

③ 《德班克莱尔伍德中学开设“中国角”暨汉语教学点》，《非洲华侨周报》2019年12月4日。

④ 《美媒：非洲年轻人热衷学习普通话》，《环球时报》2019年6月13日。

南非西伊库莱尼职业技术大学坎普顿公园校区近200名学生参加了由中国文化和国际教育交流中心孔子课堂带来的“汉语+职业技能教育”项目的开班仪式。第一次“汉语+职业技能教育”开班开课受到了该校校领导的高度重视，“汉语+”课程进入该校的白天正式课程体系。据了解，在中国孔子学院总部的支持下，孔子学院将在7个职业技术大学开展“汉语+职业技能教育”教学工作，预计将有超过2000名南非职业大学学生受益。[①] 11月6日，由达累斯萨拉姆大学孔子学院和中国援坦桑尼亚农业技术示范中心共同举办的2019年坦桑尼亚农业技术培训班在莫罗戈罗省达卡瓦镇圆满结束。中国专家为学员们带来了“水稻育秧及移栽技术”“水稻管护与品种提纯技术”“玉米种植及管护技术”“果树修剪及管护技术”“蔬菜种植与管护技术”“小型农机技术”等讲座，学员们现场观摩了水稻田、芒果林、培育实验室等，体验了多种小型农机。[②]

其次，中国影视文化受众群体日渐扩展。

非洲大部分地区仍属于农村，电视电影的普及率很低，即便城市居民还有很多人没有进过电影院。2015年，中非合作论坛约翰内斯堡峰会提出“万村通”项目，旨在让非洲国家1万个村庄收看到卫星数字电视。2019年6月13日，赞比亚“万村通”项目竣工仪式在琼戈韦地区查因达小学举行。赞比亚是“万村通”首批30个落地国家之一，共有500个村庄被选中实施，惠及赞比亚全部10个省、1500个公共区域、1万户本地居民。项目实施单位四达时代集团仅用110天就完成了所有工程，2019年1月顺利通过中赞双方的联合验收。赞比亚成为“万村通”项目进展最顺利的国家之一。该项目还创造了众多就业机会，四达时代集团培训1100名当地人为项目提供后续技术支持和服务，以确保项目的长期稳定运行。“万村通”项目的成功实施，为赞比亚众多农村家庭开启了从外界学习知识和获取信息的窗口，

① 《中国中心孔子课堂“汉语+”为南非学生开拓就业新天地》，《非洲华侨周报》2019年8月25日。

② 《“汉语+农业技术培训”，以点带面服务当地农业发展》，《非洲华侨周报》2019年11月6日。

有力推动了赞比亚数字电视产业的发展，有助于缩小赞比亚与其他发达地区的信息鸿沟。[①] 2019 年 11 月 14 日，喀麦隆“万村通”项目竣工，该国 300 个村庄自此接入卫星数字电视信号。[②] “万村通”项目的承建商之一四达时代集团，2002 年开始将业务转向非洲。目前，四达时代集团提供非洲市场上价格最便宜的电视套餐服务，所提供的电视节目包括菲律宾、土耳其电视剧以及中国电视剧、功夫片，中国功夫片尤其受到欢迎。[③] “万村通”项目的另一家承建商泛非网络集团，也是中资企业，已在非洲 30 多个国家设有分部。

2018 年 3 月，由环球广域传媒集团主办的流动影院项目之“中国电影走进非洲”活动在南非约翰内斯堡举行揭幕礼。2019 年该项目继续在非洲多个国家展开，许多乡村的民众是第一次看电影，激动之情溢于言表。

自 2013 年开始，中国有关单位已开始参加非洲电视节，向包括非洲在内的世界各国推广中国的影视剧，并促进中非影视文化交流与合作。2019 年 11 月 20 日至 22 日，非洲电视节 DISCOP AFRICA 在南非约翰内斯堡举行，9 家中方参展单位组成中国联合展台，带来涵盖电视剧、纪录片、动漫、综艺节目等百余部参展作品，成为电视节上的亮点。相较以前，2019 年中国联合参展单位更加多元，中国参展单位期待在非洲电视节搭建的这一平台上，把更多的“中国故事”传播给世界，也把更多的“非洲故事”“世界故事”带回中国。[④]

值的指出的是，中资影视企业不仅致力于在非洲推广中国影视剧，还投资非洲本地传媒、影视企业。2019 年 12 月，华桦文化宣布与尼日利亚最大院线和电影制作、发行公司 Film One 及南非知名影视传媒集团 Empire Entertainment 签署首个中国与非洲国家之间的电影专项基金协议，创立西非

① 《中国援助的赞比亚“万村通”项目顺利竣工》，《非洲华侨周报》2019 年 6 月 14 日。

② 《中国援非“万村通”喀麦隆项目竣工》，http://www.xinhuanet.com/world/2019-11/15/c_1125236646.htm。

③ 《美媒：在非洲，中国用电视机扩大其软实力》，《环球时报》2019 年 7 月 25 日。

④ 《2019 年非洲电视节举办　把更多中国故事传遍非洲》，http://www.chinaqw.com/zhwh/2019/12-02/238410.shtml。

影视投资基金。该基金致力于投资西非电影，未来两年将重点投资 10 部西非电影。同时，中国与尼日利亚首部合拍片 *30 Days in China* 也将在此合作框架下正式启动拍摄。近 30 年，尼日利亚电影工业飞速发展，投资规模不断扩大，尼日利亚庞大的电影消费市场备受全球关注。2019 年初，法国 Canal Plus 收购了高产制片工作室 ROK，流媒体巨头 Netflix 每年从尼日利亚采购几十部影片。华桦文化此举既有效整合双方资源优势，为中非电影市场有机融合进行努力，也必将加速华桦文化国际化战略步伐。[①]

最后，中华文化的部分亚文化（如书法、武术、茶、刺绣、中医等）获得越来越多非洲人的喜爱和重视，或开始得到非洲人的认可。

五　非洲华侨华人居住地社会环境的一些趋势性变化更为鲜明

与 2019 年非洲侨情的变化一致，非洲华侨华人所处的社会环境的一些趋势性变化也更为鲜明。主要表现在两方面。

一是世界大国加强了在非洲的竞争，美国单独或与其盟国日本、澳大利亚联合印度加强在非洲的投资和力量的投射，而一些非洲国家内部也存在响应西方抗衡中国的势力，使得美国很容易找到力量投射的支点。2019 年 7 月，美国驻非洲部队与博茨瓦纳国防部队进行友好演练，同时邀请非洲多国军方代表在哈博罗内举行一场为期 4 天的非洲陆军峰会，美国有意将军事力量渗透至撒哈拉以南地区。[②] 中美贸易摩擦对非洲的经济造成较大的影响。据报道，受中美贸易摩擦影响，东部和南部非洲共同市场（COMESA）2019 年上半年跨境并购的交易额下降至 3000 亿美元左右，较上年同期减少 2000 多亿美元，降幅约 40%。[③] 与此同时，俄罗斯也强化了在非洲的介入程度。

① 《华桦文化成立首个中国—尼日利亚电影基金　推动电影国际合作无限可能》，《非洲华侨周报》2019 年 12 月 28 日。

② 《美军在博茨用力过猛，引邻国政党担忧》，《非洲华侨周报》2019 年 7 月 19 日。

③ 《中美贸易战影响东南非区域市场整合》，《非洲华侨周报》2019 年 9 月 13 日。

10 月 23 日，首届俄罗斯与非洲国家峰会在俄罗斯索契开幕。其间俄罗斯与非洲国家签署了总值 125 亿美元的订单。俄非还决定建立专门机制协调双方关系发展，峰会每三年举办一次。[①]

二是非洲一体化程度加深与非洲部分国家间矛盾加深同时并存。2019 年 5 月初，塞拉利昂向非洲联盟提交了非洲大陆自由贸易区（AfCFTA）协议批准书，这标志着 AfCFTA 协议将于 5 月 30 日正式生效。[②] 然而同年博茨瓦纳与南非、尼日利亚与南非的关系骤然紧张。[③] 此外，非洲一些国家政局不稳，出现了内乱的迹象，如 5 月 5 日，尼日利亚陆军公共关系部主任萨格尔·穆萨上校曾严厉指责，“一些不明来源的外国势力与当地土匪勾结，通过向恐怖主义活动提供支持，破坏国家的和平、稳定与民主进程”。[④] 5 月 14 日，美国国务院警告称津巴布韦可能发生内乱。[⑤]

这些无疑会对中非合作、对华侨华人生产生活产生影响，中国和在非华侨华人应时刻关注非洲局势，做好因应之道。国家有关方面应建立某种监测机制，并做好各种预防措施，提高应变处理能力和对外宣传能力。华侨华人也应紧跟形势的发展，根据国家有关部门的警示，在做好自身防范的前提下努力参与非洲一体化进程，发展自己的事业。

---

① 《俄与非签 170 亿订单　展示重返非洲信号》，《联合早报》2019 年 10 月 28 日。

② 《非洲大陆自由贸易区协议本月底正式生效》，《非洲华侨周报》2019 年 5 月 9 日。

③ 《博茨南非关系紧张，拉马福萨来收拾烂摊子》，《非洲华侨周报》2019 年 4 月 23 日；《非洲两个最大经济体敌意加剧，尼政府：报复性抵制只会适得其反》，《非洲华侨周报》2019 年 9 月 4 日。

④ 《尼日利亚军方：外国势力企图恶化国家安全局势》，《非洲华侨周报》2019 年 5 月 6 日。

⑤ 《美国国务院警告称津巴布韦可能发生内乱》，《非洲华侨周报》2019 年 5 月 16 日。

大洋洲篇

Oceania Report

B.10 大洋洲侨情分析

乔印伟*

摘　要： 大洋洲华侨华人主要集中在澳大利亚和新西兰。2019年，澳新两国移民政策收紧，中澳和中新关系陷入低点，访澳访新游客、赴澳新留学生等增速放缓。2019年，共有36712名中国人移民澳大利亚，22.9万名中国学生在澳留学。2019年是澳大利亚选举年，华人参政议政迈出可喜步伐。2019年，新西兰华人新增15700人，华人总数超过23万人；赴新西兰中国留学生人数持续减少。2019年，中新两国经贸往来与文化交流较为密切，华人参政活跃，华人社会充满活力。

关键词： 澳大利亚　新西兰　华侨华人　留学生　华人移民

* 乔印伟，中国华侨华人研究所副研究员，主要研究方向为华侨华人、华文教育。

大洋洲有25个国家和地区，各地社会经济发展水平差距显著。澳大利亚和新西兰经济发达，其他岛国经济比较落后。大洋洲华侨华人主要集中在澳大利亚和新西兰两个国家，两国约有150万名华侨华人，活跃于社会的各个领域。2019年，受中美贸易摩擦影响，澳大利亚和新西兰跟随美国，对中国采取围堵、打压政策，宣传“中国威胁论”等，使中澳、中新关系陷入低点。受此影响，中国对澳投资等持续下跌，访澳访新游客、赴澳赴新留学生等增速放缓。澳新两国移民政策持续收紧。2019年是澳大利亚选举年，参选政党积极争取华人社会支持，华裔廖婵娥成为澳大利亚历史上首位华人众议员，华人参政议政迈出了可喜的一步。

澳大利亚侨情

澳大利亚人口2554万人（2019年12月），华裔占总人口的5.6%。2019年是澳大利亚联邦大选年，在5月18日的选举中，自由党—国家党联盟（联盟党）赢得了77个席位，工党赢得了68个席位，其他小党派和独立议员赢得了余下的6个席位。[①] 莫里森8月在自由党内部选举中赢得总理资格后，公布将禁止华为参与澳大利亚的5G建设，中澳关系一直没有得到明显改善。自由党主张直接削减技术移民配额，提高入籍要求，削减新移民福利。由莫里森代表的自由党对待移民的态度，正式宣告未来三年澳大利亚移民政策的大体走向是继续收紧。

一　中澳关系

1972年中澳两国建交以来，两国在经贸合作等领域取得巨大发展。1972年中澳双边贸易额尚不足1亿美元，2018年中澳双边贸易额达到

---

① 黄真、阎新奇：《中国企业参与港口外交的“义”“利”分析》，《当代世界》2019年9月5日。

1431.3亿美元。[①] 1972年到澳大利亚旅游的中国游客不到500人次，1998年访澳中国人只有7.7万人次，2008年访澳中国人增长到35.3万人次。2017年至2018年度，赴澳旅游的中国游客达142万人次，消费超过110亿澳元。在教育领域，1972年时澳大利亚还没有中国留学生，到2018年，在澳中国留学生的人数已经达到18.7万人。然而，近年来澳大利亚对中国抱有根深蒂固的“鹰派”文化，如澳大利亚政府禁止华为参与其国内的5G通信建设，对中国在巴布亚新几内亚等南太平洋国家进行投资发表别有用心的污蔑论调，致使两国关系出现波折。受此影响，中国对澳投资持续下跌，赴澳旅游的中国游客增速放缓。

（一）中澳两国关系出现摩擦与波动，中国对澳投资等持续下跌

2019年4月13日，澳大利亚海军联合印度、马来西亚、越南、斯里兰卡、印尼、新加坡等多国海军力量举行“印太奋进—2019”的海上联合演习涉及南海海域。2019年，澳大利亚个别媒体和人士热衷炒作所谓“中国间谍案”、渲染所谓“中国渗透论”，给中澳两国关系蒙上阴影。在此氛围下，中国已经将铁矿石进口来源，从澳大利亚转移至加纳、南非等国；在铝土矿的进口方面，南非的昆巴公司正在逐渐取代澳大利亚的必和必拓公司。在投资领域，2018年，中国对澳投资跌至82亿澳元（62亿美元），同比下降36.6%；2019年，中国对澳投资暴跌到34亿澳元（23.9亿美元），骤降58.4%。[②] 据《2019年中国买家在澳住宅投资追踪报告》，中国买家对澳大利亚住宅物业的需求大幅下降。2018年初，中国买家对澳大利亚物业的询价量下降了20%。

（二）中国仍为澳大利亚最大客源国，但增速放缓

截至2019年3月，约有850万名国际游客赴澳旅游，其消费额高达443

① 朱琳慧：《2018年中国与澳大利亚双边贸易全景图》，https://www.qianzhan.com/analyst/detail/220/190726-8d9ce277.html。

② 《中国2019年在澳投资额骤降58.4%，创近13年以来最低》，https://www.nncj.com/a/49208。

亿澳元，创历史纪录。尽管中国赴澳游客多达 130 万人，仍是最大的客源国，但增速已经放缓。[①] 中国游客主要集中在澳大利亚维多利亚州，在该州的消费额超过在昆士兰州、南澳大利亚州和西澳大利亚州的总和。来自印度、日本、印尼的游客人数分别增长到 34.2 万人、43.7 万人和 18.6 万人。[②]

（三）南半球首届妈祖巡安庆典在悉尼举行

2019 年 6 月 30 日，南半球首届妈祖巡安活动在悉尼举行，以弘扬妈祖文化，促进心灵和谐，传承妈祖的“立德、行善、大爱”精神，促进中澳两国民间的交流、友谊与合作。上午 8 时 30 分，悉尼天后宫举行了起轿仪式，澳大利亚、中国、日本、越南、马来西亚、印度尼西亚、瓦努阿图等国的信众以及近 30 家当地艺术家团队，约 1000 人参加了活动。

二 移民概况

澳大利亚是一个移民国家，移民约占总人口的 30%。2002 年，约翰·霍华德（John Howard）执政时年净海外移民人数为 10 万人以上，2012 年工党执政时超过 20 万人。海外出生的人口中，出生于中国的居民有 65.07 万人，[③] 移居澳大利亚的中国移民人数，1971 年约为 1.76 万人，到了 2016 年上升到 50.9 万人，2018 年达 606450 人，成为澳大利亚第二大移民群体，仅次于英国移民，在 120 万名有中国血统的澳人中占 41%。大批中国移民的到来，促进了澳大利亚的多元文化。澳大利亚统计局（ABS）公布的数据显示，截止到 2016 年，说普通话的人数占到 2.5%，已成为澳大利亚使用最多的第二大语言。[④]

---

① 《澳媒：中国仍为澳最大客源国，市场潜力大》，http://www.stnn.cc/kzg/2019/0621/645974.shtml。

② 《澳媒：中国仍为澳最大客源国，市场潜力大》，http://www.stnn.cc/kzg/2019/0621/645974.shtml。

③ 《最新报告：澳大利亚 2018 年增加逾 4.4 万名中国移民》，http://m.haiwainet.cn/middle/3542250/2019/0625/content_31581161_1.html。

④ 《普通话已成澳洲第二大语言，现可用中文登陆社会福利系统!》，https://new.qq.com/omn/20190428/20190428A0GWOZ.html。

（一）2019年有36712名中国人移居澳大利亚，为第二大移民群体

澳大利亚内政部的永居签证和临时签证数据显示，2019 年，中国移民是澳大利亚第二大移民群体，共有 36712 人，少于 2018 年的 4.4 万人。第一大移民群体是印度移民，共有 53587 人。第三名和第四名分别是菲律宾移民和尼泊尔移民，分别为 13533 人和 11925 人。亚洲国家在澳大利亚移民中占主导地位，曾是移民主力军的英国已经呈现衰势。[①] 2018 年，澳大利亚增加了 40.4 万人，其中海外净移民增加了 24.85 万人，占 61.4%。海外净移民虽然低于 2008 年最高峰时期的 31.57 万人，但也高于过去 35 年的年平均 14.17 万人的水平。[②]

（二）华人赴澳大利亚养老成热潮

随着越来越多华人在澳定居，近 60% 的华人移民选择为父母办理赴澳签证。在澳大利亚，养老主要有养老院、养老村和家庭照顾三种方式。澳大利亚政府在养老方面也进行了大力的补贴。2016 年人口普查显示，在澳大利亚，出生于中国的 65 岁以上人口约有 4.6 万人。随着赴澳新华人移民的增多，帮父母办理签证赴澳养老成为一种趋势。要将父母带到澳大利亚养老，需要符合以下要求：澳大利亚公民；无不良背景信息；不拖欠联邦或公共卫生债务；达到最低家庭收入门槛等。[③]

（三）71.5万名移民找不到对口工作，中国移民受影响

来自非英语国家的合格移民中，有 70 多万人找不到对口工作。在非英

① 《数据显示：中国成 2019 年澳大利亚第二大移民来源国》，https：//oversea.huanqiu.com/article/9CaKrnKjtfQ。

② 《澳媒：中国仍为澳最大客源国，市场潜力大》，http：//www.stnn.cc/kzg/2019/0621/645974.shtml。

③ 《华人赴澳大利亚养老成热潮　如何在澳安享晚年?》，http：//www.chinanews.com/hr/2019/12－06/9026708.shtml。

语背景的移民中，只有60%的人从事与其技能水平相匹配的工作，收入较低的移民有三分之一专业不对口。来自中国、日本和韩国的移民这方面最为严重。研究表明，移民的就业参与率比在澳出生人口高17%。[①] 移民最多的就业部门是医疗保健和老年护理，其次是专业领域、科学和技术服务行业。研究还发现，移民员工所占份额每增加1%，便能将本地出生员工工资提升2.4%。

（四）边远地区移民增多，促进地方经济发展

在2018年的69万名国际学生中，只有3%的人在澳边远地区读书。政府希望整个国家都能分享国际学生带来的工作、商业和文化机会。2019年2月，澳联邦政府宣布了一项新移民计划，优先为愿意在边远地区定居的移民发放签证，但是如果他们在获得永久居留权之前离开这些地区，签证将被取消。这一政策逐渐收到了效果。7月至10月间，联邦政府已经发放了6350份边远地区签证，高于之前的2836份。其中包括3559个区域担保移民计划签证和2793个区域技术移民担保签证。3个月内，持技术签证到塔州的国际移民数量增加了1倍多，达到609人；有超过1000名移民获得了南澳的地区性签证，居全国之首，比2018年同期的619人有显著增长。10月28日，莫里森政府的新移民计划为除墨尔本、悉尼和布里斯班以外的地区提供2.5万个签证名额，居住在这些地区的国际毕业生将有资格申请更多的工作签证，并会得到优先处理。[②] 签证持有者成为社区中的“贡献者”，购买更多的商品和服务，创造更多的就业机会，推动边远地区的经济发展。

（五）签证与公民申请需等待多时

澳大利亚内政部2019年4月表示，澳大利亚75%的父母签证申请等候

---

① 《澳大利亚71.5万移民找不到对口工作　中国移民受影响》，http：//www.chinanews.com/hr/2019/11－01/8995418.shtml。

② 《为边远地区预留2.5万个名额　澳政府公布签证分配计划》，http：//www.mofcom.gov.cn/article/tongjiziliao/fuwzn/ckts/201910/20191002908940.shtml。

时间为14个月至21个月，75%的子女签证申请等候时间为10个月至12个月，而付费类父母永久签证（类别143）的平均等候时间为45个月，非付费类父母永久签证（类别103）的平均等候时间长达30年，“其他家人”签证申请的轮候时间更是长达56年之久。[①] 公民申请方面，来自中国、印度和英国等的数十万名移民正面临着等待多时才能获得澳公民身份的问题。为此，澳政府采取了一些措施，以加快审批进度。

（六）澳大利亚入籍考试失败率高引发质疑

在2018年的85267名澳大利亚入籍申请者群体中，有4807人未能通过考试。3381名参加入籍考试并最终获得通过的人中，有1213人前3次都未过关。相当高的入籍考试失败率，加上内政部审理入籍申请速度问题所招致的批评，引发了社会对入籍考试体系效率的质疑。澳大利亚民族社区理事会联盟表示，入籍考试无法准确衡量申请者对国家的忠诚度，需要重新评估其有效性。

三　留学移民

留学移民是澳大利亚移民的重要组成部分，国际教育是澳大利亚第三大出口产业。2018年在澳就读的海外留学生为486934人，为澳经济注入资金320亿澳元，较2017年增长了10%。中国从2001年开始，已连续19年成为澳大利亚国际学生最大生源国。在2017~2018年，来澳的中国留学生人数为112297人，同比增长7.8%。2019年，到澳留学的中国学生人数为22.9万人，中国虽然仍为澳大利亚国际学生最大来源国，但增幅明显放缓。中国留学澳大利亚的中小学生人数超过1万人。

① 《澳大利亚非付费家庭团聚签证轮候时间久　最长达56年》，http://www.chinanews.com/hr/2019/04-12/8807401.shtml。

（一）2019学年来澳中国学生人数为22.9万人，中国仍为澳大利亚国际学生最大来源国

2019 学年，来澳学习、工作和生活的国际学生共计约 81.2 万人，其中，来澳中国学生人数为 22.9 万人，排名第一位，排名第二位的是印度（12.2 万人）。中国和印度占来澳国际学生人数的主导地位，超过了排在其后的 12 个国家的总和。[①] 虽然中国仍为澳大利亚国际学生最大来源国，但增幅明显放缓。2018 年，赴澳中国留学生人数同比增长 8%，但远低于 2017 年 17% 的增长率。[②]

（二）中国留学生最喜欢新州

澳大利亚国际学生分布最多的地区是悉尼 CBD，约有 19.1 万人，其次是墨尔本的 CBD（16.8 万人）和布里斯班的 CBD（4.7 万人），悉尼的东部郊区（新南威尔士大学所在地）和阿德莱德 CBD 有国际学生 2.9 万人，墨尔本卡尔顿地区有 2.6 万人，黄金海岸的格里菲斯大学有 2.4 万人。不同国家的留学生青睐不同的地区。中国留学生喜欢新州，印度留学生更喜欢维州，巴西留学生喜欢昆州，尼泊尔留学生喜欢达尔文。截至 2018 年 10 月，在澳就读的中国留学生，在新南威尔士州（37%）、维多利亚州（34%）和昆士兰州（14%）分布最多。[③]

（三）会计专业在2018年热度有所下降

在澳大利亚，最受国际学生欢迎的研究领域为管理和商务（会计、金融、经济学），共占总人数的 35%，接下来是政治、全球化、性别研究等社会与文化领域，占总人数的 22%。教育和农业研究领域相对冷门，人数不

---

① 《2019 学年赴澳留学中国学生人数达 22.9 万》，https：//www.sohu.com/a/348406404_120147057。

② 《澳大利亚大学魅力减退　中国留学生增幅大幅放缓》，http：//www.chinaqw.com/hqhr/2019/03-06/216997.shtml。

③ 《澳大利亚留学：为什么这三个地区中国留学生最多?》，https：//www.eic.org.cn/news/detail/289281e103874c61839cd48e7f1ac667。

足3%。[①] 启德教育发布的《2019澳大利亚留学报告》显示，2018年赴澳本科留学生选择最多的十大专业中，电子电气工程、工程管理等理工科类专业进入榜单，会计专业从第二位下滑到第八位。此外，媒体与传播专业也进入了前十名。[②]

（四）临时毕业生签证申请创纪录，中国学生数排名第二

2018年6月~2019年6月，临时毕业生签证（485）申请数量达到创纪录的68917份，中国学生排名第二位（约占总人数的19.5%），仅次于印度（29.8%）。485类毕业生签证的激增，代表了积极的劳动力供应冲击，降低了澳大利亚年轻人的工资议价能力，对薪资构成下行压力，特别是对那些年龄在20~34岁之间的人，他们中的大多数（59%）从事低技能职业。不过，在持有学生签证和打工假期签证的工作人员中，从事低技能职业的人数更多（约75%）。[③]

澳大利亚临时毕业生签证被认为是世界上同类签证中最具吸引力的签证之一，因为它为国际学生提供了充分的工作权利，并允许他们在毕业后在澳停留2~4年。与临时技术短缺（TSS）签证不同，持有485类毕业生签证的人不需要具备任何技术职业清单上的工作资格。即使他们找不到工作，他们的签证仍然有效。2011年，吉拉德政府对学生签证计划进行了战略评估，并于2013年放宽了485类毕业生签证审批条件。[④]

（五）中小学生留学澳大利亚热度不减

根据澳大利亚国际教育协会（AAIE）数据，截至2018年10月，澳大

---

① 《澳大利亚国际学生数据出炉　中国仍为最大来源国》，http：//www.chinanews.com/hr/2019/10-18/8982849.shtml。

② 王艳：《启德教育发布〈2019澳大利亚留学报告〉》，经济参考网，2019年5月21日。

③ 《澳大利亚学生签证申请创纪录　中国学生数排名第二》，http：//www.chinanews.com/gj/2019/09-17/8958219.shtml。

④ 《澳大利亚学生签证申请创纪录　中国学生数排名第二》，http：//www.chinanews.com/gj/2019/09-17/8958219.shtml。

利亚国际中小学留学生人数为 26787 人，相较 2016 年（23208 人）与 2017 年（25740 人）的国际中小学留学生人数，分别增长了 15.4% 与 4.1%。在 2018 年 26787 名澳大利亚国际中小学留学生中，中国中小学留学生人数为 13672 人，占澳大利亚国际中小学留学生总人数的 51.0%，相较 2017 年（13550 人）增长了 0.9%。2018 年澳大利亚小学、中学与高中中国留学生人数分别为 760 人、3530 人与 9382 人。

四　华人参政

2019 年是澳大利亚选举年，参选的联盟党和工党都积极争取华人的支持，莫里森开通中国社交媒体微信的公众号，并前往悉尼唐人街拜访。自由党和工党两名华裔女候选人进行了澳大利亚历史上首次中文大选辩论，最终联盟党廖婵娥（Gladys Liu）胜出，成为澳大利亚历史上首位华人众议员，华人参政议政迈出了可喜的一步。

（一）澳总理开通微信公众号，拜访悉尼唐人街

2019 年 2 月 1 日，澳大利亚总理莫里森开通微信公众号，高度评价华人对澳大利亚的贡献。在澳大利亚政治竞选活动中，微信等社交媒体扮演着越来越重要的角色。目前，微信在澳大利亚有 150 万活跃用户。莫里森开通微信公众号，为 2019 年选举争取华人支持。在上一次的澳大利亚大选中，选举论战平台已经从传统报纸媒体转向移动新媒体。究其原因，一方面是澳大利亚华人积极参政，在特定选区发挥着重要作用；另一方面，竞争对手澳大利亚工党更早时候便开始利用微信与华人选民沟通。[①]

（二）澳大利亚历史上首次进行中文大选辩论

4 月 14 日，澳大利亚自由党候选人廖婵娥与在中国台湾出生的工党候

① 刘天亮：《澳总理开微信号争取华人支持》，《环球时报》2019 年 2 月 3 日。

选人兼前市长杨千慧（Jennifer Yang），首次以中文普通话举行了联邦大选辩论以争夺墨尔本 Chisholm 选区的议席。胜出的一方，将成为澳大利亚首位女性华裔众议员。Chisholm 选区华人众多，其中 19.7% 的居民在中国出生。在 2016 年大选时，Chisholm 区的自由党现任议员宾丝，曾使用微信与华裔选民沟通，最终胜出。这次参选的廖婵娥，曾协助当年宾丝发动竞选运动。①

（三）澳大利亚联盟党在大选中获胜，首位华人众议员诞生

5 月 18 日，在 2019 年澳大利亚联邦议会选举中，联盟党以较大的优势战胜了反对党工党，总理莫里森获得连任。分析人士认为，肖顿领导的工党在接收难民和增加税收等方面，政策较为激进，让中产阶级心有恐慌。自由党虽然对移民不够友善，但政策统一，对难民也比较严格。华人选区还诞生了澳大利亚历史上首位华人众议员廖婵娥，她以 1220 票领先工党候选人杨千慧，成为澳大利亚联邦下议院首位华裔女议员，华人参政议政迈出了可喜的一步。②

五　华人社会

不断增长的华人已成为澳大利亚现代多元文化的重要组成部分。2019 年 11 月 28 日，《百万则故事：澳洲华人 200 周年展》开幕，呈现了澳大利亚华人社区的历史变迁。澳大利亚华人在很多领域取得了非凡的成绩，2019 年，华裔教授大卫·黄获得澳大利亚总理科学奖。澳大利亚华人关心中国的繁荣稳定，8 月 15 日，澳大利亚 300 多个华人社团发表联合声明，呼吁尽快恢复香港的社会秩序。

① 《澳首次进行中文大选辩论　或选出首名华裔女众议员》，http://usa.fjsen.com/2019-04/16/content_22187268.htm。

② 《澳大利亚执政联盟党在大选中获胜　诞生首位华人众议员》，http://news.cri.cn/20190519/f5c01b57-2a8f-4ef9-9fbb-276b560baeb3.html。

（一）《百万则故事:澳洲华人200周年展》在墨尔本开幕

11 月 28 日，墨尔本澳华历史博物馆精心筹划的《百万则故事：澳洲华人 200 周年展》开幕，展示了中国移民个人、家庭和团体在澳大利亚迁移奋斗和定居的历史。中国驻墨尔本总领事馆领事吴萌指出，“在澳大利亚的多元社会中，华人活跃于各行各业，对当地社会及中华文化的海外传承做出了显著贡献。澳华历史博物馆是澳大利亚目前唯一一座专门保护、记录和呈现澳大利亚华人历史的博物馆，这一展览对所有华人甚至整个澳大利亚社会都有着重要意义”。①

（二）华裔教授大卫·黄获得澳大利亚总理科学奖

澳大利亚总理科学奖是澳大利亚科学界最负盛名的奖项，每年表彰在科学研究、科研创新、科学教育领域取得突出成就的科学家和教育工作者。2019 年，创新奖颁发给了墨尔本沃尔特及伊丽莎·霍尔研究所（Melbourne's Walter and Eliza Hall Institute）的四名科学家，以表彰他们对治疗白血病药物 venetoclax 的研究。华裔教授大卫·黄（David Huang，音译）和另外三人分享了 25 万澳元的奖金。②

（三）澳300余个华人社团声明呼吁香港尽快恢复社会秩序

8 月 15 日，澳大利亚 300 多个华人社团发表联合声明，表示关注中国香港事态的演化，关心香港同胞的安全，关切香港未来的发展，呼吁尽快恢复社会秩序。声明指出，香港是中国的一部分，反对任何外国势力插手干涉，反对所有分裂中国的行径，并呼吁所有国家和人士尊重国际法和每个国家的主权及领土完整。声明呼吁全球华人不分国籍地域，不分男女老

---

① 《〈百万则故事：澳洲华人 200 周年展〉墨尔本开幕》，http：//www.chinanews.com/hr/2019/11－29/9021064.shtml。

② 《华裔教授研究治疗白血病药　获澳大利亚总理科学奖》，http：//huaren.haiwainet.cn/n/2019/1018/c232657－31647619.html。

幼，共同发声支持香港特区政府、香港警察、香港民众维护社会安定团结的努力。①

六　移民政策

2017 年 4 月 18 日，澳大利亚宣布废除 457 雇主担保工作签证，澳大利亚的移民政策越来越严格，澳大利亚居民对人口增长的支持率也大幅下滑。2019 年前后，澳大利亚多州关闭投资移民通道。4 月，澳大利亚公布政府移民政策改革，削减年度永居移民配额，增加大部分签证类别申请费用。4 月开始推出的父母担保 5 年签证，被认为费用太高。澳大利亚移民政策在收缩的同时，也在进行微调，表现为在边远地区开放职业以招揽人才，公布新技术移民职业配额，启动全球人才独立计划，吸引高技能移民。

（一）仅 3 成澳人支持人口增长

澳大利亚国立大学的民意调查发现，仅有十分之三的澳人认为澳大利亚需要更多的人口。而在 2010 年的类似民调中，支持增加人口的澳人比例则有 45%。其中这 15 个百分点的降幅，主要是因为男性选民对人口增长支持度的大幅下跌。2010 年时，绝大多数男性选民支持打造“更大的澳大利亚”，而如今男性选民对此的支持率已降至 38.4%。与此同时，支持人口增长的女性选民比例也从 2010 年的 38.5% 滑落至 28.2%。调查还发现，25～34 岁澳人对增加澳大利亚人口的支持率最高，达到 41%。而45～54 岁年龄段人群的支持率最低，仅为 25%。另外，种族背景也影响了人们的选择。仅有四分之一在澳大利亚出生的人支持人口增长，比例几乎是生于非英语国家移民的一半。②

---

① 《澳 300 余华人社团发表联合声明吁尽快恢复香港社会秩序》，http://www.chinanews.com/ga/2019/08-15/8928093.shtml。

② 《调查显示：仅 3 成澳大利亚人支持人口增长》，https://www.sohu.com/a/289316278_100064791。

（二）多州关闭投资移民通道

2018 年 12 月 20 日，新州州长宣布关闭投资移民通道。2019 年 1 月 2 日，昆州政府关闭全部投资移民担保通道。1 月 4 日，维州关闭投资移民通道。1 月 7 日，西澳关闭投资移民通道。受影响的包括所有投资移民类别：188A 商业创新类移民、188B 商业投资类移民、188C 重大投资者签证、188E 创新企业家移民、132A 天才企业家移民、132B 风险投资家移民。

（三）财政预算案中永居移民配额减少3万个

4 月，澳大利亚公布财政预算案，进一步详述了政府的移民政策改革。联盟党此前宣布将削减澳大利亚年度永居移民配额，从 19 万个降至 16 万个，自 2019～2020 年度开始，历时 4 年。根据财政预算案中的分配，技术类签证为 108682 个配额，家庭类签证有 47732 个配额，子女类签证及特殊资格类签证共计 3586 个配额。①

（四）公布新技术移民职业配额，注册护士需求高

8 月，澳大利亚 2019～2020 年度的相关职业配额上限公布。该年度注册护士的职业配额为 17509 个，电工、木工、中学教师和软件程序员的配额均超过 8000 个。颇为热门的会计职业配额仅为 2746 个，而音乐专业人士、经济专家、制图师分别仅有 1000 个配额。移民根据技术移民职业清单（Skilled Occupations List）上所列的职业，申请参加澳大利亚技术移民计划。该清单上目前已列有逾 200 种职业，每年会由内政部（Department of Home Affairs）定期更新。这些移民职业设有配额上限，即每类职业每年所接受的移民意向申请量或所发出的邀请量都有限制。

① 《澳大利亚公布财政预算案　其中永居移民配额将减 3 万》，https：//www. sohu. com/a/306746759_ 120065419。

（五）启动全球人才独立计划，吸引高技能移民

澳大利亚联邦政府 2019 年 11 月 4 日正式启动“全球人才独立计划”项目，每年为 5000 人提供快速获得澳大利亚永久居留权的机会。5000 个名额包含在每年 16 万个的总移民配额中。该项目的目标是促进澳大利亚高增长行业的发展，高增长行业包括国防和太空、网络安全、大数据、数字和区块链、健康和医疗技术、机器人、媒体和电影等，这些行业的人才都是目标人才。①

新西兰侨情

2019 年，新西兰总人口为 494 万人，截至 2019 年 3 月华人比前一年新增 15700 人，华人总数超过 23 万人，赴新留学人数呈下降趋势。中新两国经贸往来与文化交流密切，华人积极融入当地社会，参政活跃，在很多方面崭露头角，华人社会充满活力。

一　中新关系

自 1972 年建交以来，中新两国经贸关系稳定、健康发展。中国是新西兰第一大贸易伙伴、出口市场和进口来源地。2018 年中新两国的双边贸易额为 168.6 亿美元，中国是新西兰第二大外国游客来源国和新西兰人第五大出国旅游目的地。② 然而，受中美贸易摩擦影响，新西兰将中国华为公司排除在 5G 宽带项目之外，支持美国立场，暗示中国“在南海制造紧张”，给中新关系抹上了阴影。2019 年 3 月 31 日至 4 月 1 日，新西兰总理杰辛达·阿德恩对中国进行正式访问，推进两国互信了解，有利于修复两国关系。

---

① 《澳大利亚启动全球人才独立计划　吸引高技能移民》，http：//www.chinanews.com/hr/2019/11-06/8999532.shtml。

② 《“领跑”中国同西方国家关系，新西兰总理何以自豪》，http：//opinion.haiwainet.cn/n/2019/0402/c353596-31528477.html。

（一）中国—新西兰旅游年，中国赴新西兰游客不升反降

过去几年中，新西兰的外国游客主要来自澳大利亚、中国、美国和英国，中国是新西兰第二大外国游客来源国，仅次于澳大利亚。在 2018 年 390 万人次外国游客中，中国游客占比超过 10%，达到 44.8 万人次，中国游客的消费额增长了 14%，达到 16.8 亿新西兰元，仅次于澳大利亚。2019 年是中国—新西兰旅游年，新西兰统计局 12 月 12 日披露称，和 2018 年同期相比，来自亚洲地区的游客已连续 9 个月下降。其中最明显的是来自中国的游客，同比减少了 4.19 万人次。① 导致这种状况的原因很多，一是中国经济增长放缓，二是中美贸易摩擦的影响，三是中国游客对新西兰旅游市场的满意度相比于美欧等偏低。

（二）《了解中国在新西兰投资》发布

8 月 15 日，《了解中国在新西兰投资》正式发布。该报告指出，来自中国的投资项目促进了当地经济发展，给当地民众带来了好处。中国是新西兰的第二大投资者，投资范围除农产品外，还涉及基础设施、公用事业、商业建筑和酒店等其他领域。来自中国的投资，平均分布在各主要中心和地区之间——52% 的投资集中在奥克兰与怀卡托，其余投资分布在全国各地。②

（三）新西兰海外买家禁令生效后，中国买家购房数量下降80%

新西兰的海外买家禁令《海外投资法修正案》（Overseas Investment Amendment Bill）于 2018 年 10 月 22 日生效，以限制不打算在新西兰居住的外国人购买现房。禁令生效后，海外买家在新西兰购买房屋的数量大幅度下降。2018 年第一季度，海外买家一共购买了 1083 套房屋，中国买家约占三

---

① 《新西兰统计局：游客数量增速放缓　中国游客减少》，http://travel.china.com.cn/txt/2019-12/18/content_75524074.html。

② 《新西兰中国关系促进委员会发布〈了解中国在新西兰投资〉投资报告》，http://www.chinaqw.com/hqhr/2019/08-17/229219.shtml。

分之一。2019 年同期，海外买家一共只购买了 204 套房屋，中国买家购买量下降了 80%。[①]

二 文化交流

中新两国建交以来，文化交流日益密切，政府和民间文化团体互访频繁。新西兰教育部数据显示，2017 年新西兰中小学学习汉语人数为 64874 人，较上一年的 56000 人有大幅增长。2019 年，中新两国文化交流活动比较活跃。

（一）“中国旅游文化周”在新西兰举办

2019 年 6 月 27 日至 29 日，“中国旅游文化周”活动——“中医药文化和健康旅游新西兰推介活动”在惠灵顿举行，活动以中医讲座、专家义诊、产品体验、健康旅游推介、养生理念普及等形式，与当地 800 多名市民进行了“零距离”的交流互动。[②] 新西兰政府早在 2010 年已将中医立法纳入议程，但该提案进展迟缓。此次以中医为主题的中国文化体验活动，对中医药文化在新西兰的普及推广意义深远。

（二）中医关怀活动在新西兰举办

8 月，由河南省人民政府侨务办公室主办，河南省各中医院与新西兰基督城中华协会、新西兰河南文化贸易促进会联合承办的大型中医药专家讲座及义诊活动在新西兰基督城拉开帷幕，来自河南省的五位中医专家现场为 100 余位华侨华人和外国民众进行了中医“望闻问切”和针灸推拿治疗，还表演了中医传统养生功“五禽戏”，活动得到了当地华侨华人、中资机构及

---

① 《新西兰海外买家禁令生效后　中国买家购房数量下降 80%》，http：//www. funxun. com/news/41/201958110616. html。

② 《新西兰“中国旅游文化周”　专家打造“暖心义诊”》，http：//www. chinaqw. com/zhwh/2019/06 – 30/225679. shtml。

外国民众的广泛关注与好评，并在基督城当地掀起了一股看中医、学养生的“中医热”。[①]

（三）新西兰举办历史上规模最大的中文周

9月23日至28日，新西兰中文周活动在新西兰多地举行。活动期间，青少年中文歌曲大赛、体验中国美食、学习中国功夫、中国书法工坊等多种丰富多彩的活动，吸引众多当地民众参与。[②] 新西兰中文周2014年开始举行，是新西兰继毛利语言周、太平洋岛国语言周后举办的又一个语言周。中文周慈善信托基金主席科赫兰表示，2019年的中文周是迄今为止规模最大的一次，举办的活动超过200场。

（四）新西兰举行中国元素武术锦标赛

11月9日，由新西兰国家武术协会和新西兰湖南总商会联合主办的“湘商杯”2019新西兰全国功夫武术锦标赛在奥克兰举行。新西兰全国各地260多位运动员组成的16支代表队参加了这一武林盛会。中华武术在新西兰有着较为广泛的群众基础，目前，新西兰各地中华武术的爱好者和习练者多达35000人，其中，本土人士占越来越大的比例。[③] 近年来，中华武术逐渐成为新西兰青少年喜爱的运动项目，中华武术从业余爱好发展成为体育竞技项目。

（五）新西兰华裔青少年在三亚、天津开启“寻根之旅”

12月，2019年“中国寻根之旅”冬令营海南三亚营开营仪式在三亚华侨学校举行，来自新西兰的40名华裔青少年开启为期10天的寻根之旅。活动期间，营员们探访三亚、保亭、琼海等地，学习中国历史、诗词、书法、

---

① 《河南省“中医关怀”团赴新西兰基督城义诊》，http：//www. rootinhenan. gov. cn/sitesources/ay/page_ pc/index. html。

② 《新西兰举办中文周活动》，http：//www. xinhuanet. com/world/2019 - 09/28/c_ 1125053370. htm。

③ 《新西兰举行中国元素武术锦标赛　260多位运动员参加》，http：//www. chinanews. com/hr/2019/11 - 12/9005219. shtml。

绘画、太极拳、古筝等课程，参观考察槟榔谷、中廖村、天涯海角、南海博物馆等地，领略源远流长的中华文化，感受海南人文风貌。

12 月，2019 年“中国寻根之旅”天津青少年科技中心营来到了天津职业技术师范大学工程实训中心，40 名来自新西兰的华裔青少年参观了数字制造技术实训室，了解了数控车床的运作方式。同学们积极上前、踊跃参与并亲手实践，感受其中的乐趣。在技术体验馆，营员们切身体验大学生科技创新作品，水下机器人、仿人机器人、武术擂台车、智能车和无人机等，吸引了众营员好奇的目光，让他们感悟到工匠精神的魅力。

三　移民概况

整个 20 世纪，自然出生是新西兰人口增长的主要动力。2000 年后，新西兰人口增长约有 44% 来自净移民；2010 年后，这个比例已经上升到 55%。2019 年，新西兰人约有五分之一（即超过 100 万人）是出生在海外的移民人口。华人移民新西兰始于 1865 年，1867 年华人增加到 1219 人，1945 年增长到 4940 人。1986 年，新西兰华人多达 19506 人；2001 年，新西兰华人超过 10 万人；2019 年，新西兰华人总数超过 23 万人。

（一）新西兰华人总数2019 年初达231387 人，新移民增加15700人

2019 年 9 月 23 日，新西兰 2018 年人口普查数据发布，新西兰人口总数达 470 万人。人口普查显示，第一大族裔为欧裔，人数有 3297864 人（占总人口的 70.2%），第二大族裔为毛利裔（775836 人），第三大族群为亚裔（707598 人）。亚裔里最大的族群是华人（231387），其次为印度人（221916）和菲律宾人（72612）。超过五分之一的亚裔在新西兰出生。[①] 截

① 《2018 人口普查：亚裔是第三大族裔，华人数量有这么多》，https：//www. chineseherald. co. nz/news/new – zealand/new – zealand – population – reflects – growing – diversity/。

至2019年3月，新西兰的净移民数量约为55400人，比前一年的50600人略微增加。移民来源最多的三个国家是澳大利亚（26300人，其中15800人为新西兰公民）、中国（15700人）和印度（11800人）。新西兰2016年移民高峰时，净移民达到6.4万人。[①]

（二）赴新西兰的中国留学生人数继续减少

中国是新西兰最重要的外国留学生来源国。2018年，在新西兰就读的大学生中，有18%来自海外，其中47%的留学生来自中国。2019年12月2日起，奥克兰大学开始接受中国考生的高考成绩，至此，新西兰八大名校本科录取已全部接受中国高考成绩直接申请。在2017年7月1日至2018年6月30日期间，共有8604名中国学生首次获得学生签证，前一年同期为10534人，同比下降20%。[②] 这是自2013年以来的首次下降。2019年新西兰的中国留学生人数较上年同期减少了1000多人。减少的原因，一方面是与贸易和电信设备的争议没有起到正面促进作用有关；另一方面，中国大学排名上升，不少中国学生选择留在中国读大学，这也削弱了新西兰大学的吸引力。

（三）被拒入境中国人增多，新西兰移民局吁警惕“黑中介”

2019年1月到9月期间，新西兰移民局在奥克兰机场拒绝了368名中国人入境，这一数字比往年有大幅度的提升。相比之下，2018年和2017年被禁止入境的中国人分别为222人和55人。有不少旅客被拒绝入境是因为受到“黑中介”的误导或者欺骗，签证申请存在问题。另一个原因是随着中国游客数量的增加，入境被拒人数相应增加。2014年，大约有24.3万人次中国游客前往新西兰，2018年中国游客人数增加到44.8万人次。[③]

---

① 《净移民仍处历史高位　但越来越多的新西兰公民在离开》，https://www.chineseherald.co.nz/news/education/migration-remains-at-high-levels/。

② 《新政致新西兰留学生数量下跌？移民部长：不背锅》，https://www.sohu.com/a/245869407_100031220。

③ 《被拒入境中国人增多　新西兰移民局吁警惕“黑中介”》，http://www.chinanews.com/hr/2019/09-23/8963405.shtml。

四 移民政策

近年来，新西兰移民政策进行了调整，对于移民申请者有了更加明确的要求。2019 年，新西兰居民签证数量配额最低，父母团聚签证要求增高，政府公布了重要技能短缺清单，更新了 ANZSCO 职业标准。

（一）新西兰最新居民签证数量配额21世纪以来最低

2019 年 2 月 19 日，新西兰居民计划（简称 NZRP）更新，将 2018 年 7 月 1 日至 2019 年 12 月 31 日的居民签证发放量定在 5 万到 6 万个之间。与以往相比，配额总数再次降低，发放比例稍有变化。在新计划中，商业/技术类居民签证配额为 51%；家庭类签证配额为 38%；国际人道主义类签证配额为 11%。2014 年 7 月 1 日至 2016 年 6 月 30 日，居民计划配额为 9 万至 10 万个。2016 年 7 月 1 日至 2018 年 6 月 30 日，居民计划配额为 8.5 万～9.5 万个。[①] 2019 年的居民签证数量是 21 世纪以来的最低配额。

（二）新西兰父母团聚签证要求增高，引起移民抗议

2019 年 10 月 7 日，新西兰政府宣布将从 2020 年开始重新接受父母团聚签证（Parent Category Visa）申请。此前的父母团聚签证申请是 2016 年国家党政府在任期间暂时中断的，此后这一签证项目一直没有恢复。2016 年以前，单个担保人只需每年收入在 6.5 万新元以上，即可申请父母中一人来新西兰永居。在 2016 年政府关闭该签证申请之后，约有 2000 人仍然递交了申请。而根据新政，单个担保人如果申请父母中一人来新，需要每年 10.6 万新元的收入，如果父母两人来新需要每年 15.9 万新元以上收入。两位担保

① 《新西兰公布“新西兰居民签证发放计划”，移民要趁早》，https：//www.sohu.com/a/297903219_783233。

人申请父母中一人来新，则需要每年 15.9 万新元以上收入。[①] 这一所谓的“亲富”移民政策，遭到了来自不同国家移民的抗议。抗议活动现场也出现了不少中国移民的身影。

（三）新西兰移民局公布重要技能短缺清单

2019 年 5 月 8 日，新西兰移民局公布了 2018/2019 年度重要技能短缺清单的年度审核结果。新清单有几个关键的变化点：以“偏远地区紧缺技能清单”（the Regional Skill Shortage List）取代了原来的“临时紧缺技能清单”（Immediate Skill Shortage List），同时把偏远地区的数量，从 6 个增加到 15 个；幼儿园教师、小学教师和中学教师，被加入到偏远地区紧缺技能清单中，并且是全部地区都紧缺；养老护士被加入长期紧缺技能清单；建筑助理被加入建筑紧缺技能清单中；木工被保留在建筑和基础设施紧缺技能清单中，未能进入长期紧缺技能清单；咖啡馆经理、钳工、木具械工未能进入临时紧缺技能清单，即现在的偏远地区紧缺技能清单；石匠不再在克赖斯特彻奇的建筑紧缺技能清单中，但依然在奥克兰和北地的建筑紧缺技能清单中。此次紧缺技能清单从 2018 年开始审核，于 2019 年 5 月 27 日开始实施。[②]

五　华人参政

早期的新西兰华人移民，主要是为了养家谋生。20 世纪末开始，新西兰华人开始有意识争取权益，融入主流社会。2000 年，新西兰开始有了华人国会议员和华人市长。近年来越来越多的华人热心政治捐赠和参政议政。2019 年，洪承琛宣布参选奥克兰市市长，有 8 名华人成功当选奥克兰市议员和地区议员。

---

① 《新西兰父母团聚签证将于 2020 年重启　新政要求增高》，http：//www.chinanews.com/hr/2019/10－07/8972677.shtml。

② 《新西兰移民局公布重要技能短缺清单　老师等职业入列》，http：//www.chinanews.com/hr/2019/05－08/8830987.shtml。

（一）新西兰教育改革咨询案引争议，华人集会签名反对

2019 年 3 月 17 日，上百名家长和教师聚集在奥克兰东区的鸽子山小学，反对 2018 年底推出的 Tomorrow's Schools Review 教育改革咨询案。咨询案也被称为“明日学校”咨询案，把目前校董会的权利转移到新的国有部门中，教育枢纽不再是由家长选举出的人来决策，而是由教育部任命的人负责。[①] 另外，校董会之前所拥有的权利，也全部收归教育枢纽所有。在聚会上，华人家长排队签名，表达反对这个咨询案。

（二）新西兰吉斯伯恩市华裔市长离任，获任命种族关系专员

7 月 11 日，即将离任的新西兰吉斯伯恩市（Gisborne）华裔市长 Meng Foon 被任命为新西兰种族关系专员，并将于 8 月 26 日履新，担负起领导新西兰人权委员会和促进种族关系健康发展的重任。Meng Foon 是迄今为止新西兰唯一能流利使用毛利语的市长，也是新西兰历史上任职时间最长的市长之一。自 2001 年担任吉斯伯恩市长以来，他曾获得多次连任。[②]

（三）奥克兰178年来历史上首位第一代华人移民参选市长

2019 年 9 月，洪承琛宣布参选奥克兰市市长，成为 178 年以来奥克兰历史上参选市长的首位第一代华人移民。洪承琛出生于中国福建，2003 年移民新西兰奥克兰，他先后在中国和新西兰分别获得中国（英美文学）和新西兰（翻译研究）双研究生学历。洪承琛在奥克兰市政局工作近 10 年，他最早提出海滨开发区概念，使奥克兰海滨开发区成为新西兰第一个大面积开发区。洪承琛引进的奥克兰柏悦酒店，是新西兰唯一的五星级酒店，是华人在新西兰公共基础设施方面投资最大的项目。

---

① 《外媒：新西兰教育改革咨询案引争议　华人集会签名反对》，https：//oversea. huanqiu. com/article/9CaKrnKjiU0。

② 《新西兰吉斯伯恩华裔市长将离任　获任命种族关系专员》，http：//www. chinanews. com/hr/2019/07 - 12/8892385. shtml。

（四）奥克兰地方选举，8名华人当选市议员和地区议员

10 月 13 日，2019 年地方选举投票初步计票结果公布，在参与奥克兰地方选举的 17 名华人中，有 8 人成功当选市议员和地区议员，堪称华社骄傲。2018 年，杨宗泽（Paul Young）赢得了奥克兰豪威克选区补选，成为奥克兰首位华人市议员。2019 年，他再次以第二名的票数（16595 票）成功连任豪威克选区市议员，并顺利成为马努考（Manukau）地方医管局成员。除杨宗泽外，多名华人在地区议员选举中成绩斐然。[①] 未来三年，8 位华人将大展宏图，传递奥克兰华社声音。

六　华人社会

新西兰华人移民活跃于当地社会的各个领域，并在商业、文化、教育、科技、建筑、服务等多个领域取得骄人成绩。新西兰华人积极融入当地主体社会，创办慈善组织，服务华人及亚裔人群；弘扬中华文化，彰显中国特色；面对敌意言行，积极应对维权。

（一）新西兰基督城华社举办乒乓球赛，庆祝中华人民共和国成立70周年

9 月 28 日，新西兰基督城华社在毕晓普戴尔（Bishopdale）基督教青年会（YMCA）体育馆举行大型乒乓球友谊赛。此次比赛是基督城历史上第一次全市范围内，由华人主办的大规模乒乓球比赛，共吸引了 23 支队伍参赛，其中有中国驻基督城总领馆、Selwyn 区政府、新中友协、中华协会以及其他华人社团和当地公司代表队。参赛选手涵盖不同年龄、不同肤色、不同语言，为了共同爱好，走到一起同台竞技，各显身手。[②]

---

① 《新西兰奥克兰地方选举　8 名华人当选市议员和地区议员》，http：//www. chinanews. com/hr/2019/10 – 15/8979172. shtml。

② 《新西兰基督城华社举办乒乓球赛　庆新中国成立 70 周年》，http：//www. chinaqw. com/hqhr/2019/10 – 01/233046. shtml。

（二）新西兰华人华社服务中心，20年服务超40万人次

新西兰天维网 11 月刊载文章，介绍了新西兰华人王玲娟的故事。20 世纪 90 年代，王玲娟创办了新西兰华人社区服务中心。从账户余额只有 120 新西兰元的社区服务小分队，发展成为资产及财政管理在新西兰慈善领域领先的大型慈善组织。20 年来，这个从车库里走出来的华人慈善组织，影响力已经遍布新西兰，王玲娟也因此荣获新西兰“女王服务勋章”，被许多人称为“平民英雄”。王玲娟属于最早一批移民到新西兰的华人。1998 年，王玲娟联系几个英语学习班的同学，以她家的车库为办公场所，以个人电话作为服务热线，靠报纸和口碑进行传播，去帮助有需要的新移民。20 年来，服务对象已经扩展到整个奥克兰华人，甚至还包括日本人、韩国人等亚裔群体，服务记录超过 40 万人次。

（三）新西兰公共汽车站现反华海报，政府回应不能容忍

12 月，在新西兰奥克兰市区一些汽车站出现“反华海报”。这些海报上印有中国和新西兰国旗，上面用英文写着“不要让他们偷走我们的国家”。海报张贴到了华人人口众多的 Dominion Rd 附近，民众看后纷纷表示愤慨，一些民众拍下照片并和媒体联系。奥克兰交通局表示谴责，称这类信息是冒犯性的，绝对不可接受，并且表示将尽快清除这批海报，尽全力追查。

美 洲 篇

Americas Reports

B.11
美国侨情分析

张焕萍 *

摘　要： 2019年，美国侨情主要有五方面特点。一是华侨华人社会内部极为复杂和多元，老一代移民凋零、多元化的新移民持续增长。二是华人参政有所突破，华人“草根阶层”参与公共事务的意识进一步觉醒。三是不少社团和华侨华人以不同方式从事反分裂活动，成为推动中国和平统一事业的巨大力量。四是美国政府对中美文化和科技交往肆意设限和打压，引起在美华侨华人的强烈不满。五是华侨华人对美国的贡献得到更多的认可和尊重。

关键词： 国际移民　华人社团　美国华裔日　中文学校

---

* 张焕萍，新闻传播学博士，中国华侨华人研究所副研究员，《华侨华人历史研究》杂志副主编，主要研究方向为国际传播、国际移民、华侨华人。

美国国内共有约550万名华侨华人。2019年，美国华侨华人社会最显著的特征是老一代移民凋零、多元化的新移民持续增长，同时，美国华侨华人社会内部的经济生态、华侨华人的生活方式在持续发生变化。2019年是中美两国建交40周年。在中美贸易摩擦升级、美国国内"中国威胁论"甚嚣尘上之际，在美华侨华人的生存环境也受到一定程度的影响。在移民政策方面，由于美国频繁变动各类留学、移民规定，许多政策都深刻地影响到在美华侨华人和希望移民美国、赴美留学的中国人。在参政方面，2019年最亮眼的一点是华裔杨安泽参选美国总统。这不仅让整个华人社会为之鼓舞，激发了华人的参政意识，也从一定程度上改变了华人群体"模范哑裔"的形象。在与祖（籍）国关系方面，由于美国在中国台湾、香港、新疆、西藏等问题上强加干涉，试图遏制中国发展，很多在美华侨华人强烈抗议，他们挺身而出，为维护中国和平统一发声。在社会融入方面，华侨华人为美国发展所做出的贡献进一步得到主流社会的认可和尊重。在人文交流方面，美国政府打压中美人员科技和文化交流，不少在美华人科学家因与中国科研机构的关系遭到解雇，中国学生和学者也越来越难以获得美国签证。2019年是太平洋铁路建成150周年。太平洋铁路华工的贡献获得肯定，加州华人迎来"美国华裔日"这个属于自己的节日，纽约参议院也通过"中国日"的决议案。这些对于华侨华人进一步融入这个多族裔的移民国家有着积极意义。在文教方面，美国华侨华人继续通过开办中文学校等各种方式传承和弘扬中华文化，但与此同时，我们也必须注意到中文学校正面临一些发展困境和挑战。

一　国际移民背景下的美国华侨华人

近年来，国际移民问题已经成为美国公众重要话题之一，该话题往往与政治议题纠缠在一起，并与美国经济、国家安全、美国全球竞争力等密切联系。美国公共事务研究中心的一项民意调查显示，移民问题是2019年美国人最关注的问题。近半数的美国人认为，2019年，移民问题是美国政府应该解决的首要问题；民主党和共和党对移民问题的关注度都比前一年有所提高。[①] 自20世纪70年代以来，美国一直是国际移民的主要目的国。国际移民组织发布的《2020年世界移民报告》显示，当前，美国国内共生活着5070万名国际移民，[②] 约占全球国际移民总数的五分之一，居世界第一位。美国的国际移民人口非常多元化，几乎世界上每个国家都有移民生活在美国。

（一）美国华人移民基本情况

一是数量庞大。美国一直是中国移民的首选目的地。据美国国际移民政策研究所发布的报告，当前美国华人数量约为550万人。他们要么有华人血统，要么出生在中国。

自1980年以来，美国的中国移民人口增长了近7倍，2018年达到近250万人，占外来移民人口总数的5.5%。1980年，中国移民尚不在美国十大移民群体中；而到了2018年，赴美的中国移民数量已经超过墨西哥移民数量，中国成为当年最大的移民来源国。同时，中国也是在美国外国学生的主要来源国，中国人在2018财年获得的美国雇主资助的H－1B临时签证数量仅次于印度人。[③]

二是2010年以后增速快。据统计，在所有的中国移民中，在2010年或之后抵达美国的占34%，在2000～2009年抵达美国的占24%，在2000年之前抵达美国的占42%。[④] 而对于整个移民群体而言，23%是在2010年之

---

① 《民调显示美国人2019年最关注移民问题》，中国侨网，http：//www.chinaqw.com/hqhr/2019/01－05/212445.shtml。

② IOM：*World Migration Report 2020*，http：//publications.iom.int/books/world－migration－report－2020.

③ International Migration Policy Institute，"Chinese Immigrants in the United States"，January 15，2020，https：//www.baidu.com/link？url＝5S6ob1rnxSvP－PYHmD1fdSBAa_mpEXyRfHqek29kWHUon678aQFEpSak0－iRv8FIdN0RD－Krr－92TeFBS2gRmThLTKIwtG3jilo8G9iFjSENwgMXA0GAXlUnpAPy－I－p&wd＝&eqid＝c15f737f003113e4000000035e5e09b4.

④ International Migration Policy Institute，"Frequently Requested Statistics on Immigrants and Immigration in the United States"，January 15，2020，https：//www.migrationpolicy.org/article/frequently－requested－statistics－immigrants－and－immigration－united－states.

后抵达美国的。换句话说，相对于其他族裔，华人移民更多是在2010年以后抵达美国的（见图1）。

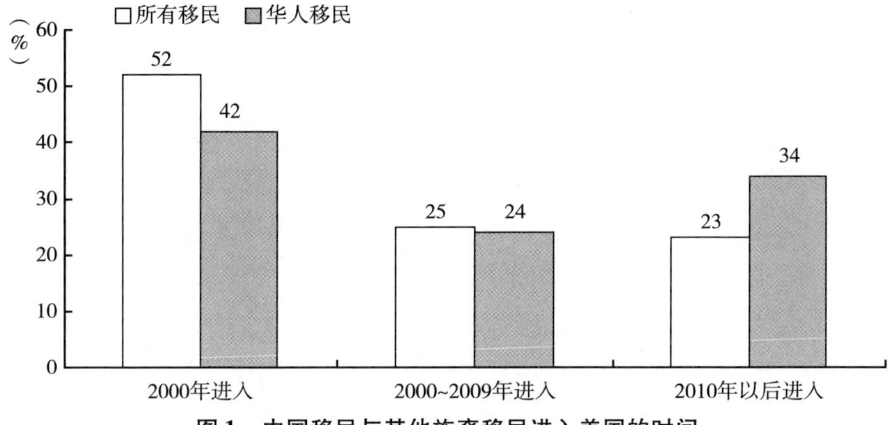

图1　中国移民与其他族裔移民进入美国的时间

资料来源：International Migration Policy Institute，“Chinese Immigrants in the United States”，January 15，2020。

三是半数华人移民居住在加利福尼亚和纽约。美国国际移民政策研究中心的报告称，美国大约一半的华人移民居住在两个州——加利福尼亚州和纽约州。2014～2018年华人移民最集中的四个县是加利福尼亚州的洛杉矶县、纽约皇后区县、国王县、纽约县；这四个县的华人移民人口占美国华人移民人口总数的四分之一。[①] 2019年12月，美国亚美联盟（Asian American Federation，AAF）发布了纽约州亚裔人口增长的最新调查报告。报告显示，在2017年，纽约州亚裔人口数量达到188万，占总人口的10%，占总移民人口的26%。其中，华裔居民是亚裔居民中最大的群体，在纽约州有近73.9万名华裔居民。[②] 据纽约市移民办公室2019年3月发布的第二份年度移

① International Migration Policy Institute，“Chinese Immigrants in the United States”，January 15，2020，https：//www. baidu. com/link？url = 5S6ob1rnxSvP – PYHmD1fdSBAa_ mpEXyRfHqek29kWHUon678aQFEpSak0 – iRv8FIdN0RD – Krr – 92TeFBS2gRmThLTKIwtG3jilo8G9iFjSENwgMXA0GAXlUnpAPy – I – p&wd = &eqid = c15f737f003113e4000000035e5e09b4.

② 《亚美联盟发布纽约州亚裔人口报告　华裔人数近74万》，中新网，http：//www.chinanews. com/hr/2019/12 – 12/9031436. shtml。

民状况报告，当前，中国是纽约市移民的第二大来源国，中文是该市第二大外语。该市前五大移民来源国是多米尼加、中国、牙买加、墨西哥和圭亚那，使用人数最多的五大外语依次是西班牙语、中文、俄语、孟加拉语和韩语。①

华人分布最为密集的几个大都市区情况见表 1。

表 1　2014～2018 年在美华人分布最集中的几个大都市区

都市区	华人移民数量（人）	占当地人口的比重（%）
纽约—纽瓦克—新泽西，纽约州—新泽西州—宾夕法尼亚州	478000	2.4
旧金山—奥克兰—海沃德，加利福尼亚州	264000	5.6
洛杉矶—长滩—阿纳海姆，加利福尼亚州	262000	2.0
圣何塞—桑尼维尔—圣克拉拉，加利福尼亚州	92000	4.6
波士顿—剑桥—牛顿，马萨诸塞州	90000	1.9
芝加哥—内伯威尔—埃尔金，伊利诺伊州—印第安纳州—威斯康辛州	72000	0.8
西雅图—塔科马—贝尔维尤，华盛顿州	65000	1.7
华盛顿—艾灵顿—亚历山大，华盛顿 DC—弗吉尼亚州—马里兰州—西弗吉尼亚州	59000	1.0
休斯敦—伍德兰德斯—苏格兰德斯，得克萨斯州	52000	0.8
费城—坎登—威尔明顿，宾夕法尼亚州—新泽西州—马里兰州	49000	0.8

资料来源：美国人口普查局，2014～2018 年 ACS。

四是华人移民受教育程度更高，而这与华人移民美国的渠道有关。美国国际移民政策研究中心的报告显示，与美国国内的其他移民群体相比，中国移民的受教育程度要高得多，尤其是在高等学位方面。2018 年，25 岁及以上的中国人中约 50% 的人拥有学士及以上学位，该比例远远高于美国整体移民和在美国出生的成年人（分别为 32% 和 33%）。值得注意的是，中国移民拥有研究生或专业学位的可能性是其他两个群体的两

① 《纽约移民状况报告：中国成该市第二大移民来源国》，中新网，http：//www.chinanews.com/hr/2019/03－21/8786102.shtml。

倍多（29%，而所有移民的这一比例为 14%，在美国出生的成年人这一比例为 12%）。华人移民高学历与中国移民进入美国的具体渠道有很大关系。近几十年来，许多中国移民要么是国际学院学生，要么是高技能 H－1B 临时工（通常需要大学学士学位）。这使得美国华人移民的受教育程度比其他移民群体更高。①

五是华人移民大多在文职劳动力市场。2018 年，年龄在 16 岁及以上的中国移民中，近 60% 进入了文职劳动力市场。半数以上的中国移民从事管理、商业、科学和艺术等职业，而在所有在外国出生的人中，这一比例为 33%，在美国本土出生的人中，这一比例为 40%。

六是半数以上华人移民加入美国国籍。相关报告称，2018 年，在美国的所有中国移民中，已有 53% 加入了美国国籍。这一比例略高于美国整体在外国出生人口的比例（51%）。②

七是存在一定数量的非法移民。根据美国国际移民政策研究中心的估计，尽管在美国的大多数中国移民是合法的，但 2016 年约有 36.2 万名来自中国的非法移民，占美国 1130 万名非法移民的 3% 左右。儿童抵美暂缓遣返计划（DACA）为那些在儿童时期就来到美国的符合条件的非法移民提供了暂时的暂缓遣返和工作授权。截至 2019 年 4 月 30 日，DACA 的受助人约为 66.9 万人，其中，有 780 人出生在中国。③

① International Migration Policy Institute，“Chinese Immigrants in the United States”，January 15，2020，https：//www. baidu. com/link？ url = 5S6ob1rnxSvP – PYHmD1fdSBAa_ mpEXyRfHqek29kWHUon678aQFEpSak0 – iRv8FIdN0RD – Krr – 92TeFBS2gRmThLTKIwtG3jilo8G9iFjSENwgMXA0GAXlUnpAPy – I – p&wd = &eqid = c15f737f003113e4000000035e5e09b4.

② International Migration Policy Institute，“Chinese Immigrants in the United States”，January 15，2020，https：//www. baidu. com/link？ url = 5S6ob1rnxSvP – PYHmD1fdSBAa_ mpEXyRfHqek29kWHUon678aQFEpSak0 – iRv8FIdN0RD – Krr – 92TeFBS2gRmThLTKIwtG3jilo8G9iFjSENwgMXA0GAXlUnpAPy – I – p&wd = &eqid = c15f737f003113e4000000035e5e09b4.

③ International Migration Policy Institute，“Chinese Immigrants in the United States”，January 15，2020，https：//www. baidu. com/link？ url = 5S6ob1rnxSvP – PYHmD1fdSBAa_ mpEXyRfHqek29kWHUon678aQFEpSak0 – iRv8FIdN0RD – Krr – 92TeFBS2gRmThLTKIwtG3jilo8G9iFjSENwgMXA0GAXlUnpAPy – I – p&wd = &eqid = c15f737f003113e4000000035e5e09b4.

（二）特朗普移民新政影响华人

特朗普上台后，在移民政策方面进行大刀阔斧的改革。2019 年，美国频繁变动各类留学、移民规定，使其国内移民、留学生均受到了不同程度的波及。从绿卡国别限制法到 EB－5 改革，学生签证、工作签证、特殊人才绿卡等审批申请都在发生变化，许多政策都深刻影响着在美华人和那些希望移民美国、赴美留学的中国人。

一是 S386/HR1044 法案（取消绿卡国别限制法）引起华人关注。S386 法案由美国参议员 Mike Lee 在 2019 年 2 月 7 日提出，该法案的众议院版本叫 HR1044（2019 年高技术移民公平法案）。S386 法案旨在取消职业移民和投资类移民绿卡申请国别配额。该法案的内容包括：取消职业移民的国家配额，移民获得绿卡的先后不再根据国籍，而是根据申请日期。新提案呼吁取消目前 7% 的国家限额，有三年的过渡期；每个国家家属移民的签证配额上限，从原来的 7% 增加到 15%；废除中国职业移民每年减少 1000 个配额的规定。2019 年 12 月 17 日公布的 S386 修正案增加了内容：预留 5.75 万个绿卡名额给除印度和中国以外的国家申请人使用，但是 9 年以后会过期。为等候绿卡排期的申请人提供临时身份。不过，目前该提案尚没有成为法律正式实施，各方都在努力推动。由于该法案涉及中国和印度两个人口大国的申请人未来十年的绿卡排期，因而受到华人群体的广泛关注。①

据报道，数以百万计合法移民早已受困于美国的职业移民申请程序，等待多年仍未取得美国绿卡，其中，又以中国和印度移民的情况最为严重。美国《华尔街日报》称，申请绿卡最多的外国人依次分别来自中国、印度和菲律宾。职业移民绿卡是美国国务院针对各国发放的居留证，每年只有 14 万个名额，且每国限额 7%。美国公民及移民服务局（USCIS）的

---

① 《美媒：美国这些移民政策改变着华人的生活》，中国侨网，https：//news. china. com/internationalgd/10000166/20200103/37601489_ all. html。

数据显示，目前，有高达 40 万人的移民申请表被积压，其中，亚太裔移民占九成。据称，印度裔移民占比 77.6%，超过 30 万人，成为移民申请被积压的最大族群，华裔移民则以 17%（6.7 万人）排第二位。此外，菲律宾移民和越南移民也榜上有名。据称，在所有绿卡申请者中，中国人等得最久。①

二是 EB－5 投资移民额度上涨、绿卡排期影响中国人投资移民热情。美国公民及移民服务局 7 月 23 日宣布将对 EB－5 投资移民做出重大改革。最低投资额度由此前的 100 万美元上调到 180 万美元，区域中心的投资额度则将从 50 万美元涨到 90 万美元。新规定已于 2019 年 11 月 21 日生效。不过，EB－5 投资移民对在中国出生的申请人而言，更大的障碍还是超过十年的绿卡排期问题。②

据报道，近两年来，通过美国 EB－5 投资移民项目申请绿卡的中国投资者数量显著下降，新的投资移民申请者主要是印度人和越南人。由于新投资者对 EB－5 项目的要求回报率显著提高，也使得 EB－5 项目的融资成本增加。美国媒体报道称，中国投资者经常不惜投资几乎零回报率的项目来换取一张绿卡；而随着印度人和越南人成为 EB－5 项目的新申请人，他们对投资移民项目的回报率要求远高于中国人。报道还称，虽然中国投资者仍然占投资移民项目申请总数的 30%，但可以说，中国人对投资移民美国的热情已经大大减弱。③

三是中国赴美留学人员签证受限，拒签率上升。受中美贸易摩擦影响，中国部分赴美留学人员的签证受到限制，比如，签证审查周期延长、有效期缩短、拒签率上升等情况。据称，中国留学生办理美国签证拒签率达到了 10 年来的最高值。其中，科技专业博士及研究生签证遇到更多的挑战。甚

① 《美国百万合法移民苦等绿卡　中国、印度移民情况最严重》，中国侨网，2019 年 9 月 10 日，http：//www.chinaqw.com/hqhr/2019/09－10/231252.shtml。

② 《美媒：美国这些移民政策改变着华人的生活》，中国侨网，https：//news.china.com/internationalgd/10000166/20200103/37601489_all.html。

③ 《世界日报：积案多　中国人申请美国投资移民热度减》，中国侨网，http：//www.chinaqw.com/hqhr/2019/06－27/225556.shtml。

至有留学生因不能成功续签，留学生涯不得不中断，其他如学者访美、旅游、赴美生子等拒签情况也有不同程度的上升。①

四是美国海关严查社交媒体。美国国务院于2019年5月31日更新了移民签证和非移民签证的申请表格。非移民想要申请美国签证，在填写DS160申请表时，美国使馆要求签证人提交过去五年的社交平台账户名称、电子邮箱、电话号码、出国记录等信息。新规针对的指定社交媒体平台有20多家，其中包括华人常用的社交平台如豆瓣、QQ空间、新浪微博、优酷等，也包括脸书、推特等国外流行社交平台。②

（三）中国连续第10年位列美国最大国际生来源国

2019年中国仍然是美国国际学生的最大来源国，这也是中国连续第10年位列美国最大国际生来源国。

根据2019年11月美国发布的2019年度《门户开放报告》，2018~2019学年，共计有369548名中国学生在美国就读于高校、研究所、非学位和选择性实践培训项目，③ 相比前一学年增加1.7%。其中，中国在美本科生数量为148880人，研究生数量为133396人。印度、韩国、沙特阿拉伯、加拿大等也是美国高校国际学生主要来源国。④

中国学生在美国学习的课程中，商业和管理课程居首位，其次是工程、数学和计算机科学课程。绝大多数中国学生是自费的，其余的学生则接受国

---

① 《教育部发布　2019年第1号留学预警》，中华人民共和国教育部，http：//jsj. moe. gov. cn/n2/2/12110/1294. shtml。

② 《美国实施新规定：签证申请须提交社交媒体账号》，澎湃新闻，http：//www. sanyarb. com. cn/content/2019 -06/02/content_ 440920. htm。

③ 这一数据与美国国际教育协会（Institute of International Education）的数据存在差异，据美国国际教育协会的数据，2018~2019学年，近37.7万名来自中国的学生被美国高等教育机构录取，占在美国留学生总数的三分之一。参见 Migration Policy Institute，“Chinese Immigrants in the United States”，January 15，2020，https：//www. migrationpolicy. org/article/chinese - immigrants - united - states。

④ 《中国连续第10年位列美国最大国际生源国》，人民网，http：//world. people. com. cn/n1/2019/1118/c1002 -31461097. html。

家资助完成海外学业。他们的学费可能高达数万美元。[①] 据美国商务部的数据，2018 年，国际学生为美国经济贡献了 447 亿美元，比前一年增长了 5.5%。其中，仅中国学生 2018 年给美国经济带来的贡献就达到了 149 亿美元。[②]

不过，加州作为全美范围内留学生最青睐的目的地，也是中国留学生最为集中的地区，其 2018 ~2019 学年入学统计数据出现十多年来的首次下滑，尤其是一些个别较小的加州学校，中国留学生数量呈断崖式下滑。有人质疑中国留学生增长放缓与特朗普政策有关，也有人认为学费高昂是主要问题。报告显示，整体上，加州约有 42% 的留学生来自中国。而留学生们在学费、住房、食品和其他物品上的支出促进了加州的经济发展。[③]

二　华人群体结构、生活方式出现变化

由于到达美国的时间和背景不同，美国华人社会内部极为复杂和多元，老一代移民凋零、多元化的新移民持续增长成为美国华人社会的显著特征。随着时代的发展，华人群体的人口结构、数量、分布都在发生变化。从来源地看，早期的美国华人移民主要来自广东珠江三角洲一带，而当代华人移民的来源地则非常多元化。20 世纪 80 年代之前，来自中国港台地区的移民占据主体。而 20 世纪 80 年代之后，来自中国大陆的移民很快占据优势，华人祖籍地构成已不再局限于广东珠三角一带，而是逐步扩大到福建、浙江、东北、上海、北京等地。[④] 美国华人的这种人口结构和趋势变化也给不同的产

① Statista：Number of College and University Students from China in the United States from Academic Year 2008/09 to 2018/19，2020 年 5 月 26 日，https：//www. statista. com/statistics/372900/number – of – chinese – students – that – study – in – the – us/#statisticContainer.

② 《中国连续第 10 年位列美国最大国际生源国》，人民网，http：//world. people. com. cn/n1/2019/1118/c1002 – 31461097. html。

③ 《十年来加州留学生数量首次下滑》，美国中文网，http：//www. uschinapress. com/2019/1120/1175627. shtml。

④ 李爱慧、潮龙起：《1965 年以来中国新移民潮与美国华人人口结构的变化》，《南方人口》2017 年第 1 期。

业经济及相关政策带来新的影响，华人自身的生活方式、就业方式也发生着变化。

（一）华人群体结构变化影响餐饮业生态

伴随着人口的多元化，华人群体内部在语言、教育和就业方面都存在一定程度的“两极分化”。这种人口变化，一方面可能对美国对华政策、商业运作产生影响，另一方面也对当地华人社会的经济生态产生一定的影响。

在 20 世纪 60 年代，旧金山的华人如果不懂广东台山话，甚至都很难找到工作，但在今天的唐人街和华人社区，普通话比广东话和闽南话更为常用。美国华人人口变化在社区经济方面的影响，最直接的体现就是餐饮业。一些老派华人餐馆正逐渐被一些新式中餐替代。旧金山大学商学院教授邝铁诚举例称，位于旧金山列治文区的 Geary 大道、Clement 街，曾经林立的中餐馆，已由粤式点心、港式茶餐厅等变为新移民喜欢的口味，如麻辣烫、重庆小面等。此外，中国留学生也在很大程度上改变了华人社区的餐饮消费生态。例如，近年来旧金山大学附近就出现了中国北方菜馆，以迎合中国留学生的口味。[①]

（二）新移民创业对准主流市场，1.5代移民成创业主力军

美国华人新移民的就业方式与老一代移民有所不同。新移民更喜欢自主创业、更倾向于对准主流市场。一名美国联邦小企业署（SBA）小区专员认为，近年来，华人创业的人数明显增加，行业更加多元。她表示，近几年，华人美容美甲服务业及餐饮业不再局限于服务华人区，而是向外发展。一些高科技业者及医疗业者在累积了一定经验之后，也开始自行创业；还有人积极从事电子商务；一些有门路的人自创品牌。纽约肯维培训公司总裁 Kent 周说，华人新移民不再像老移民那样喜欢稳定的工作，而是更喜欢创业，想

---

① 《华媒：华裔在美国结构改变　或影响餐饮业经济政策》，中国侨网，http：//www.chinaqw.com/hqhr/2019/05－07/222097.shtml。

要自由的工作。当前，华人创业在各行各业都有，但仍然以餐饮、医药、旅游、教育等和华人生活所需的服务业为主。由于华人往往更懂得节流，其创业的失败率比其他族裔要低。[①]

1.5 代移民成为华人创业主力军。美国《星岛日报》报道了一则华人移民后代成功创业的例子，受访人吴卡路认为，华人移民第一代往往比较辛苦，但是下一代就比较轻松。由于他们没有身份和养家的压力，可以放手创业。比如，其所在的公司三位主管都是 1.5 代华人移民，他们十几岁时随家人移民美国。[②]

比起第一代移民，华裔青年的创业选择更为多元化。由于华人根深蒂固的观念，加上许多第一代移民在美国曾经历辛苦，很多华人父母都希望第二代能够选择较为“传统”的行业。不少在旧金山湾区长大的 ABC（在美出生的华人），后来成为工程师、会计师、律师，或者进入金融业，职业稳定。但也有很多 ABC 选择了“非典型”的方向，比如，有人选择卖健康拉面，通过众筹资金研发泡面品牌，也有人专注前卫的电音，均获得成功。[③]

（三）美国华人“老而不退”现象盛行

当前，美国华人中“老而不休、老而不退”的现象非常普遍。媒体报道称，美国 65 岁及以上仍在工作的接近 1000 万人，占整个银发族总人口的五分之一。分析称，引致这一现象的原因，一是经济衰退、人力市场转变等因素，二是由于一部分老年人发挥自我价值、主动选择长留职场，或因养老金没存够、被动滞留职场。“老而不退”的华人移民主要分为两类，一类是自身英语水平不高的打工族；另一类是高学历的白领。根据美国联邦劳工统计局 2017 年的报告，年龄在 65～69 岁之间的人群中，32% 仍在工作；70～

① 《美国华人新移民创业对准主流市场　更喜欢自由的工作》，中国侨网，http://www.chinaqw.com/hqhr/2019/04-29/221570.shtml。

② 《美华裔青年把中国文化融入街舞　抱团做事业打造品牌》，中国侨网，http://www.chinaqw.com/hqhr/2019/04-29/221562.shtml。

③ 《美国华裔青年的多元选择　创业各有一片天》，中国侨网，http://www.chinaqw.com/hqhr/2019/12-02/238427.shtml。

74岁的人中，有19%仍在工作。这其中不少是华人。布鲁金斯研究院经济研究学者伯特里斯（Gary Burtless）称，越来越多的美国人延迟从职场退休，与社安金领取年龄的延后和雇主取消或削减退休金福利有关，这群人并非不愿退休，而是无法退休。①

（四）华人青年表现令人瞩目

在海外华人中，华人青年是最具活力、影响力和使命感的群体。2019年，美国华人青年的表现尤为令人瞩目。19位华人青年科学家获得美国斯隆研究奖，占比达到15%。19名青年科学家中，大多数曾在中国顶尖高校接受本科教育或硕士研究生教育，这项数据一定程度上表明中国顶尖高校的本科教育质量在国际上具有较强的竞争力。19位华人青年科学家中，来自北大的校友最多，共有9人，遥遥领先其他高校。特别是在化学领域，北大共有5名本科校友获奖，清华大学共有3名校友获奖。此外，华中科技大学、南京大学、中国海洋大学各有1名校友获奖。② 2019年度第十二届“全美十大华人杰出青年”的获奖者，分别在体育、文化艺术、学术研究、创新创业、教育服务、电影、公益等不同界别有令人瞩目的优异表现。③

三　华人参政多有斩获

2019年，美国华人在选举性政治参与和非选举性政治参与方面的收获都不少。在选举性政治参与方面：美国国会第六选区国会众议员孟昭文宣誓就职，开始了其在国会第六选区的第四个任期；新一届旧金山市议会宣誓就职，前旧金山华裔市议员马兆光的孪生弟弟马兆明当选旧金山市议员；华裔

① 《美国华人“老而不退”现象盛行　背后原因有哪些?》，中新网，http：//www. chinanews. com/hr/2019/02 -20/8759427. shtml。

② 《未来诺奖或出自他们！19位杰出华人青年科学家获2019年美国斯隆研究奖》，凤凰网，https：//feng. ifeng. com/c/7kXAirtaTM7。

③ 《“2019年度全美十大华人杰出青年”榜单公布》，中国侨网，http：//www. chinaqw. com/hqhr/2019/05 -05/221945. shtml。

议员郭正明被指定为加州橙县尔湾市副市长，成为尔湾市首位华裔副市长；华裔法官黄宏威、冯曙光分别就任旧金山高等法院首席法官和助理首席法官，开创全美法院两最高法官席位均由华裔担任的先河；2020 年总统候选人伊丽莎白·沃伦宣布由刘炜担任自己的竞选经理，刘炜成为首位美国主要总统候选人的华裔竞选经理……而其中，最引人瞩目的当属杨安泽参加 2020 年美国总统大选，继邝友良参选美国总统时隔 50 年后，美国政坛再次出现竞选总统的华人。这不仅让华人群体深受鼓舞，也引起美国主流社会的瞩目。在公共事务的参与方面，近年来，美国华人“草根阶层”，尤其是第一代中国新移民的参政意识逐渐觉醒。2019 年，他们在反对大麻合法化、反对在华埠修建监狱、章莹颖事件等问题上的表现均较为突出。

（一）杨安泽参选美国总统，改变华人“哑裔”形象

杨安泽竞选美国总统是一个鼓舞人心的事件。一名年轻的华裔在美国政坛崭露头角，成为历史上第二位参选美国总统的华人。1964 年，华人共和党议员邝友良成为华裔和亚裔中首位美国总统竞选人。而当时，美国华裔人口尚不足 24 万人。[①] 邝友良的壮举虽然有历史意义，但对华裔参政的影响是有限的。此后 50 年间，虽然华裔在美国社会不同领域都有不小的建树，华人社会地位也逐渐提高，但再未有华人竞选美国总统。以至于美国主流社会认为华人天生缺乏领导力和公益心，不适合从政。今天，美国的华裔人口与 50 年前已今非昔比。杨安泽敢于出头向美国主流社会展示领导者的远见和能力，激起华人和亚裔群体的参政热情。不少华人社团热心呼吁华人支持杨安泽为华人参政贡献力量，还有许多华人企业家慷慨解囊，为杨安泽捐赠大量竞选资金。

作为一名华裔、一位商人，杨安泽虽然在参加竞选前毫无政治经验，但他参选后快速跻身民主党参选人前十之中，成为民主党候选资格的有力竞争

① 李爱慧、潮龙起：《1965 年以来新中国移民潮与美国华人人口结构的变化》，《南方人口》2017 年第 1 期。

者之一。杨安泽参加民主党初选辩论，挤掉了多位资深政客。但每场辩论，媒体给他的着墨都不多。有支持者为其打抱不平，认为杨安泽并未被给予同等机会。无论结果如何，杨安泽参选有两点重要意义：一是让更多亚裔尤其是华裔意识到参与政治决策的重要性；二是让美国主流社会对华裔和整个亚裔的认知有所改变，即华人不再是对政治漠不关心的族群，不再是“模范哑裔”；再不会是一面受到美国社会的无视和挤压，一面又勤勤恳恳地充当模范的少数族裔。

（二）华人“草根阶层”的政治觉醒

普通华人，或者说华人“草根阶层”，参与公共事务的意识逐渐觉醒，是近年来较为明显的一个现象。从 2014 年的 SCA－5 提案，到因此延伸出的亚裔细分、教育平权等议题，美国华人“草根运动”迅速崛起，越来越多的普通华人，尤其是大陆新移民，参与到社会公共事务中来，奋力争取自己的权益。以中国大陆新移民为主体的华人社团，如橙县俱乐部、圣地亚哥亚裔平权会、硅谷华人协会、美国华人联合会、美华联盟、美国华裔联盟、犹他州华人联合会等组织相继成立。一些著名的亚裔组织，如 APAPA 和 80－20 等也吸引了很多中国大陆新移民。近年来，梁彼得案件以及陈霞芬、郗小星等事件，都成为促使中国大陆新移民政治参与的契机。

2019 年，美国华人在不少公共议题上的表现都较为突出。反对大麻合法化和限制在华人社区开设大麻店的运动就是其一。3 月初，美国一家大麻店拟在波士顿华埠附近开店，波士顿市府计划就此开店提案举办公听会之际，纽英仑中华公所秘书处提前就发信呼吁华人社区参与签署反对信。反对信称，该大麻店选址“非常不合适”，以及“肯定将会对邻近地区造成一个极坏的影响”。此举得到了不少华人的积极响应。

此外，华人还在加强枪支管理、特殊高中改革等方面，通过各种方式表达自己的态度。

2019 年发生了不少涉及华人的恶性案件，其中章莹颖案的判决更是吸引了华人的高度关注。经过两年多的司法拉锯战，凶手最终被绳之以法。虽然最终判决与众多华人的期待有差距，但正义还是得到了伸张。在章莹颖案件中，美国华人社团大力支持、华文媒体积极推动时间进展，华人表现得十分团结。面临暴力攻击事件频发，当地华人社团还积极开展自救活动。一些社团，如美国华商总会举行治安会议，就华人社区面临的暴力攻击问题举行治安会议，与会华人踊跃发言，呼吁华人守望相助。①

（三）社团积极推动华人参政

美国华人作为美国增长最快的移民群体之一，参政经验的逐渐积累，会让这个群体变得更有力。一直以来，华人社团在唤起华人参政意识，促进华人政治参与方面扮演着重要角色。近年来，华人社团在推动华人参政方面功不可没。可喜的是，它们在积累参政经验的同时，也在思考。如何建立“美国华人”的政治身份，如何让背景、价值观不同的华人为了族群权益而团结协作，如何增强下一代的政治参与意识等。

华人精英组织百人会于 2019 年 4 月 7 日发表声明，谴责美国当前针对华人的种族偏见，表示将继续致力于争取美国华裔的平等权利；同时，鼓励在美华人公开发声。百人会的声明称，在全美反对种族偏见氛围高涨的形势下，“一些在美华裔却被有针对性地当作潜在的叛徒、间谍和外国势力的代理人；作为一个非营利组织，百人会的双重使命是推动美中两国的建设性交往，以及为华裔美国人争取平等权利并融入社会；然而，即便在百人会庆祝其成立 30 周年之际，我们的小区依然持续遭到攻击”。百人会的声明称，这种基于种族和国籍的偏见“违反了我们共同的美国理想”，并呼吁立刻停止该行为。百人会认为，对于诸如“中国学生是间谍、美国的技术大量被中国剽窃”等不正确的、片面的“罪名”，除了要坚定立场外，还要积极地正面引导。百人会认为，华裔美国人在中美交流中可以发挥独特的桥梁作用，呼吁华人公开发出正确和公正的声音，反对歧视和不公正待遇，继续争

① 《美国华商总会举行治安会议　各界出谋划策》，中国新闻网，https：//baijiahao. baidu. com/s？ id = 1639541563936012789&wfr = spider&for = pc。

取华裔美国人平等的权利。①

纽约曼哈顿、皇后区、布鲁克林三区的数十位华人于2019年8月25日聚集在布鲁克林，举行华人参政“昨日、今日、明日”研讨会。大家畅所欲言，并呼吁推动更多年富力强的华裔年轻人积极参政。会议回顾了过去几年华人参政并积极维权的过程，从力挺华裔警官梁彼得运动到反对取消SHSAT（特殊高中入学考试）的抗议集会和游行，以及反对在曼哈顿华埠扩建监狱等活动，呼吁华人社区坚持不懈地推动华人参政议政。参会人员认为，历史说明，华人不仅要出来发声，更要推动和鼓励华人多出来竞选参政，不管代表哪个党派竞选，积累十分重要。有人提出华人参政的三个经验：一是要拓展政治参与感；二是树立“团结、参与、自救”的理念；三是扩展联谊，把华人社区的力量凝聚和发动起来。大家表示，现在是时候推动代表华人的力量出来参选；未来要推动和培养更多青年华人在议会争取更多权益。

美国新泽西华人联合总会2019年12月3日举行华人选举总结研讨会，部分在2019年选举中胜选的华裔、往届华裔政要和来自中文学校和华人社团的代表们齐聚一堂，探讨和分享选举的经验，共同商讨新泽西州华人参政议政的未来。会上大家总结出不少参政经验，例如：积极参与投票，支持华人候选人；注重解决民众现实问题；鼓励下一代参政；采取团队竞选策略，包括注重意见领袖、团结志愿者的力量；更多使用主流社交网站、加强网络宣传的重要性。还有人提出，华人社区应该统一发声，杜绝分裂现象；应该团结其他族裔，“我们两次选举胜利都是与印度裔合作，少数族裔联合起来才能获得成功”。②

不难看出，在政治觉醒的过程中，美国华人也逐渐意识到，在美国这样一个由多族裔移民组成的国家，要取得政治上的胜利，需要团结更多的族

---

① 《百人会声明：谴责对华人种族偏见，鼓励华人发声》，中国新闻网，http://www.chinanews.com/hr/2019/04-08/8802769.shtml。

② 《美国新泽西华人2019参选总结研讨会：团结是关键》，中国侨网，http://www.chinaqw.com/hqhr/2019/12-06/238892.shtml。

裔，不仅要代表华人的利益，还要代表整个少数族裔群体发声。应该说，这也是近年来美国华人参政方面的显著进步。

四　拥护中国和平统一

海外华侨华人一直都关心、支持中国的和平统一事业，并亲历其间。2019 年，美国在中国台湾、香港、新疆、西藏等问题上强加干涉，试图遏制中国发展。对此，不少美国华人社团和华侨华人纷纷站出来表示强烈抗议，坚决反对分裂势力，凝聚成一股推动中国和平统一事业的巨大力量。在新中国成立 70 周年之际，美国华侨华人一方面感受中国 70 年发生的翻天覆地的变化，一方面表达自己的美好祝愿。

（一）发出反暴力、反“港独”呼声

2019 年 6 月以来，一些极端激进分子以反对香港特区政府有关条例修订为借口，制造了一系列暴力事件，严重破坏香港的秩序和法治。对此，美国华侨华人通过多种方式，揭露暴力犯罪分子祸港真相。

2019 年 7 月 2 日，美国南加州华人“反独促统”论坛、美国华人华侨联谊会、世界越柬寮华人团体联合会等 15 个华侨华人社团在洛杉矶举行座谈会，谴责发生在中国香港的暴力冲击立法会等行为，呼吁尽快恢复香港的稳定、繁荣与发展，维护国家主权和统一。各社团负责人纷纷发言，强烈谴责暴力违法行为，表示在美华侨华人反对乱局，反对暴力，支持“一国两制”，希望香港社会稳定、经济繁荣、民众安居乐业。呼吁香港民众保持理智，反对暴力，继续以“一国两制”原则维护和治理香港，迎接更美好的未来。这 15 个华侨华人社团发表声明表示：第一，香港是法治社会，不应成为“避罪天堂”。第二，香港市民对有关条例表达意见诉求，应以“一国两制”为原则，遵守香港特区基本法，必须是理性的，以法律为依据。第三，香港是中国的一部分，香港事务是中国内部事务，坚决反对任何外国势力无理指责和干涉中国内部事务。第四，少数人代表不了香港绝大多数市民

的意见，以过激言行挑起事端否定不了“一国两制”的成功。海外华侨华人衷心希望香港同胞擦亮眼睛，珍惜“一国两制”，和海内外中华儿女一道，致力于香港繁荣昌盛，致力于推动中国和平统一，致力于中华民族伟大复兴事业。①

2019 年 8 月 25 日，数百名华侨华人在美国加利福尼亚州南部城市蒙特雷帕克集会，谴责乱港势力破坏“一国两制”和香港繁荣。与会代表先后登台发言，强烈谴责香港一小撮暴徒袭击警察、打砸公共设施、抢劫无辜路人和骚扰外国游客的行为，指出这些行为早已突破合法表达意见的底线，对社会稳定造成严重破坏，必须立即制止。某些幕后势力煽动暴力分子，目的是破坏中国的发展。“香港的稳定繁荣牵挂着我们每一个海外华侨华人的心，我们坚决反对任何分裂势力搞乱香港的图谋。”美国南加州华人联合总会会长邵闻说，香港发生的暴力活动公然挑战“一国两制”原则底线。对此，海外爱国爱港人士坚决反对。香港的繁荣稳定来之不易，任何政治诉求都必须在法治框架内解决，诉诸暴力、用极端方式甚至恐怖主义行径妄图“绑架”香港，从而达到不可告人的政治目的，这样的图谋绝对不会得逞。②

同年 8 月，美国旧金山、波士顿、纽约等地的华侨华人、留学生也通过多种形式谴责香港激进分子暴力乱港行径，表达拥护“一国两制”、爱港爱国的立场。例如，旧金山数百名华侨华人在中心联合广场高唱国歌；波士顿数百名华侨华人举办了声势浩大的结队游行；等等。③

（二）抗议美国在中国香港、新疆等问题上干涉中国内政

打着人权的幌子污蔑和抹黑中国已经成为美国政府的惯用伎俩。2019 年联大期间，美国举行所谓关于新疆问题的讨论会，诋毁中国新疆的反恐

---

① 《美国华人社团谴责暴力冲击香港立法会行为》，中国侨网，http：//www. chinaqw. com/hqhr/2019/07 -03/225941. shtml。

② 《美国华侨华人在加州集会谴责暴力乱港行径》，中国侨网，http：//www. chinaqw. com/hqhr/2019/08 -26/229882. shtml。

③ 《在美华侨华人和留学生发出反暴力、反“港独”呼声》，中国军网，http：//www. 81. cn/gjzx/2019 -08/21/content_ 9595955. htm。

工作和宗教政策；9 月 11 日，美国国会参议院通过了所谓的“维吾尔人权政策法案”；11 月，特朗普签署了所谓“香港人权与民主法案”；12 月初，美国国会众议院又通过所谓的“2019 年维吾尔人权政策法案”。在美华侨华人对此提出严正抗议，纷纷指责美国政府以人权为借口，粗暴干涉中国内政，严重践踏国际法和国际关系基本准则，是赤裸裸的霸权行径。2019 年 12 月 10 日，美东地区 200 多个华侨华人社团代表在纽约参加了座谈会，谴责美国出台涉港和涉疆法案。座谈会上，纽约中国和平统一促进会会长马粤说，涉港和涉疆法案严重歪曲事实、颠倒黑白，既无事实根据，也无道德基础；法案严重干涉中国内政，超出美国法律的管辖范围，毫无道理；法案不利于香港和新疆的稳定，并严重危害中美关系，给两国未来的合作带来消极影响。纽约中国和平统一促进会名誉会长花俊雄说，华侨华人坚决支持香港特区政府止暴制乱，支持新疆的去极端化措施，支持维护中国的主权和领土完整。①

（三）坚决反对台湾的分裂势力

2019 年，在中美贸易摩擦不断升级，中美军事冲突、合作、交锋相互交织的背景下，台湾问题再次被美国拿来挑战我国“一个中国”的底线。7 月，蔡英文“出访”台湾在加勒比的所谓“邦交国”，从美国“来回过境”四天。而在此之前，美国国务院还匆忙通过了高额的对台军售案。对于美国的包藏祸心以及蔡英文的居心叵测，美国的华侨华人表示强烈抗议，坚决反对美台之间的官方往来，指出台湾问题纯属中国内政，不容外来干涉。7 月 11 日，千余名美东华侨华人聚集在蔡英文入住酒店街对面举行大型抗议和示威活动，他们挥舞着五星红旗，高举“台独死路一条”等标语，并与少数支持蔡英文的人士起了冲突。7 月 12 日，蔡英文赴哥伦比亚大学参加活动时，场外有上百名华侨华人聚集抗议。美东华人社团联合总会主席梁冠军

① 《华侨华人：强烈谴责美国国会众议院通过涉疆法案》，中新网，http：//www. chinanews. com/hr/2019/12－05/9025613. shtml。

表示，蔡英文拒不承认一个中国，正在搞“台湾独立”“去中国化”，违背了两岸和平统一的意愿。美东地区的华侨华人对此不能视而不见。抗议活动组织者之一美国亚裔维权大联盟主席陈善庄说，蔡英文不认同“九二共识”，“‘台独’是死路一条，任何族裔都不想见到”。全美华人协会会长、全美中国和平统一促进会联合会副秘书长乔凤祥说，台湾问题是中国的内政。我们呼吁美国政府恪守一个中国原则，尊重中国的核心利益。各界侨胞将继续团结一致，共同反对各种形式的“台独”言行。① 还有华人社团通过当地媒体发生。例如，美东华人社团联合总会及其下属侨团在美国《侨报》发表整版声明说，蔡英文在中国台湾搞“去中国化”，全球华夏儿女对此义愤填膺，并发表声明称，台湾是中国不可分割的一部分，任何挟洋自重、破坏两岸关系的企图和行径，都只会自食恶果。②

（四）热烈庆祝新中国成立70周年

2019 年 9 月 16 日，南加州逾百个侨团齐聚一堂，在大洛杉矶地区华人聚居城市之一圣盖博市共同举行庆祝中华人民共和国成立 70 周年晚宴。中国驻洛杉矶总领事张平出席并为侨胞“点赞”。张平说，新中国取得的巨大成就，是全体中华儿女不懈奋斗的结果，其中包含广大海外华侨华人的努力和贡献。长期以来，华侨华人、中资企业员工以及留学人员热情关心、积极参与祖国建设的发展，坚定维护国家主权、民族团结和尊严，坚定支持祖国和平统一大业，积极致力于促进中美交流合作，在中美两国人民之间架起了沟通和友谊的桥梁。无论是中国的建设还是中美关系，都离不开在美侨胞、中资企业员工和留学人员的关心和支持。③

---

① 《不承认一中，对不起祖宗！蔡英文“过境”美国再遭抗议》，https：//baijiahao. baidu. com/s？ id = 1639628284386944153&wfr = spider&for = pc；《蔡英文过境美国　数百华侨华人酒店前示威》，http：//www. chinaqw. com/hqhr/2019/07 – 13/226548. shtml。

② 《美国华侨华人社团坚决反对蔡英文“过境”美国》，新华网，http：//www. xinhuanet. com/world/2019 – 07/18/c_ 1124771272. htm？ agt = 15438&ivk_ sa = 1023197a。

③ 《驻洛杉矶总领馆举办庆祝新中国成立 70 周年招待会》，海外网，http：//m. haiwainet. cn/middle/3542749/2019/0923/content_ 31633763_ 1. html。

五　推动中美科技、文化交流

随着中美贸易摩擦不断升级，中美之间文化和科技交流受到严重影响，由于美国渲染所谓“中国威胁论”，中国学者和学生赴美签证受限，美国华裔科学家身处的大环境不容乐观。2019 年，不少华裔科学家因与中国科研机构的关系遭美大学解雇；一些经常赴美交流的中国学者莫名被取消 10 年签证；还有一些科学家被迫改变科研方向、项目申请和学术规划；或被迫减少或终止了与中国正常和互惠的科技往来。越来越多的华裔科学家被质询、调查、停职甚至遭起诉。

（一）“中国威胁论”影响华裔科研人员生存发展

2019 年 4 月，美国 FBI 局长再次故技重施，污蔑中国“动员全社会偷窃美国”，称中国动员全社会力量“偷窃美国创新发明，通过情报机构、国企、研究生、学者等各种方式为中国政府工作”。此种消极舆论严重影响了中美之间正常的人文和科研交流。一段时间以来，美国部分大学选择关闭孔子学院、终止与中国公司合作协议。据美国一家主流媒体报道，因“担心”中国“窃取”美国研究成果，已经有美国研究机构在联邦当局的指导下，驱逐了部分华裔科研人员。有多名华人从美国 MD 安德森癌症中心退休、辞职或“被休假”。①

（二）华人社团维护在美华裔科学家权益

对此，一些华人社团积极与美国政府部门展开对话，并通过美国各大高校华裔学者发表声明，呼吁美国社会正视问题，维护华裔科学家的正当学术自由和公民权益。例如，美国华人联合会就华裔科学家和中美科技交流发表

① 《FBI 局长又泼脏水，污蔑“中国全社会偷窃”》，观察者网，https：//www. guancha. cn/internation/2019_ 04_ 28_ 499523. shtml。

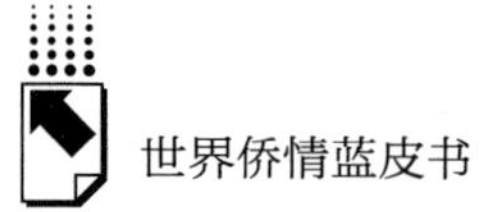

声明，呼吁美国高等教育界和科研界、美国公众，华裔科学工作者、华裔科学界、华人社区、中国政府、美国政府，共同维护美国华裔科学家的自由和权益。①

一些专业性华人社团更是发挥自身专业优势，维护华裔利益。比如，美国华裔血液和肿瘤专家网络（CAHON）、华人生物学者教授学会（CBIS）、美国华裔生物科学家协会（SCBA）这三个知名的华人科学家组织联合在权威杂志《科学》上发文，为在美华裔科学家鸣不平。文章表示，“在美国工作的华人学生和学者是对美国国家利益的威胁”等言论给华裔专业人士带来困惑、恐惧和沮丧，使其成为种族歧视和偏见伤害的对象。近几十年来，在多个案例中，美籍华裔科学家都被错误地指控成“间谍”，不仅对他们的职业生涯造成了破坏性影响，而且令整个美国华人科学界不寒而栗。而中国的学生和学者越来越难以获得美国签证，严重妨碍了他们到美国参加科学会议、探访和研究的机会。三大组织呼吁停止这种种族歧视行为，不要玷污守法的科学家，不要压制美国和其他国家学术界之间的科学合作和交流。②

六　华人贡献进一步赢得主流社会认可和尊重

在一定程度上，当代美国人对中国国力增长的认识一方面是基于媒体上呈现的信息，另一方面则直观地来自美国境内的华人群体。受过良好教育、勤奋而安静、重家庭观念——这些良好的品质为华人赢得了“模范少数族裔”的称号。但不幸的是，这种正面形象很容易被一系列种族主义刻板印象玷污，使得美国公众很难对美国华人对中美两国的贡献，尤其是对美国当地的贡献，形成一种客观的看法。不过，近年来，越来越多的国家开始正视华人移民历史及其意义，美国华人的历史贡献也逐渐赢得主流社会的认可和

---

① 《五点呼吁——美国华人联合会就华裔科学家和美中科技交流声明》，UCA 微信公众号，2019 年 4 月 22 日。

② 《种族歧视害科研　美三大华裔科学家组织联合发声》，观察者网，http：//www. chinaqw. com/hqhr/2019/03 －26/218658. shtml。

尊重。2019 年恰逢美国太平洋铁路竣工 150 周年，美国举办了多种纪念活动；加州更是迎来了首个“华裔美国人日”。

（一）太平洋铁路华工贡献获得肯定

2019 年是横跨美国大陆的首条铁路——太平洋铁路竣工 150 周年，美国举办了一系列纪念活动以承认和感谢华人劳工的贡献。例如，美国犹他州政府、联合太平洋铁路（Union Pacific Railroad）、多个华人社团组织在 5 月 8～10 日于多地举办系列活动。包括邀请华工后裔参与“接轨仪式重演”、历史学家带领重走华工修建铁路遗址、举办研讨会和音乐会等，约有 2 万人参加了各类活动。犹他州州长加里·赫伯特和美国交通部部长赵小兰也参与了多个活动并发表演讲。亚太裔文化月的机构主席郑可欣表示，50 年前，在铁路竣工 100 周年的纪念仪式上，被邀请致辞的华人最终没有机会上台发言。她表示，这次活动标志着华工后裔获得了期待已久的合法承认。5 月 6 日，芝加哥宣布 2019 年 5 月 10 日为“芝加哥华裔横贯大陆铁路日”。旧金山市议会也通过提案，将每年 5 月 10 日定为旧金山“铁路华工日”，以此来纪念参与兴建太平洋铁路的华裔劳工。①

（二）加州华人迎来“华裔美国人日”

2019 年，加利福尼亚州这个当年第一个通过《排华法案》的州，成为全美第一个拥有华裔自己节日的州。2019 年 10 月 22 日，美国旧金山湾区侨界举办活动，庆祝加州首个“华裔美国人日”的到来。加州“华裔美国人日”是专门为华裔美国人而设立的节日，由加州华裔议员陈立德提出，2019 年 8 月 22 日正式通过。该节日设置的初衷是用来强调华裔美国人对加州和美国的重要历史贡献。② 美国华人在异乡奋斗的历史，终

① 《美华裔庆祝太平洋铁路竣工 150 周年》，观察者网，https：//baijiahao. baidu. com/s？ id = 1632970885810507412&wfr = spider&for = pc。

② 《美国旧金山湾区侨界：庆祝加州首个“华裔美国人日”》，中国侨网，https：//oversea. huanqiu. com/article/9CaKrnKnpbT。

于通过纪念节日的方式得到了社会认可。华人争取到一个属于自己的节日，是集体参政重要性的又一明证。在南加州罗兰岗举行的庆祝“华裔美国人日”立法大游行中，有近 70 支队伍参加。活动不仅展示了“华裔美国人日”和社区节日的盛况，更是美国华人融入美国主流社会的新突破，在增强华人群体凝聚力的同时，也向美国主流社会展现出华人团结的力量。华人表示，希望通过支持者们的大力推进，能使得“华裔美国人日”成为全国性节日。

（三）纽约州参议院通过“中国日”决议案

当地时间 7 月 20 日，美国亚裔社团联合总会、美华总商会、美东深圳商会、约至孝笃亲公所、北京同乡会等侨团在纽约布鲁克林举行纽约州参议院通过“中国日”暨“华裔传统周”决议案庆祝活动。中国驻纽约总领事黄屏与纽约州参议员桑德斯、郭纳德，州众议院副议长奥提兹，众议员白彼得、寇顿、玛丽奥、冯特丝，纽约市主计长代表、纽约市议员崔马克、民主党地区领袖唐凤巧、保守党主席凯斯及百余名纽约侨界代表出席活动，共同庆祝这一促进中美友好的盛事。黄屏在致辞中表示“中国日”暨“华裔传统周”决议案受到中美两国民众的普遍欢迎，已成为两国人民跨越太平洋相互联系、交流，共同应对困难，推动两国关系发展的成功范例。决议案肯定了美国华人为美国发展所做的重要贡献，对美国华人的历史贡献给予了客观公正评价，对消除种族歧视、促进不同族裔和谐共处必将发挥积极重要作用。纽约州参议员、决议案主提案人桑德斯在致辞中表示，华裔为美国做出重要贡献，是美国社会的重要成员，理应得到尊重和重视。纽约州号称“帝国州”，在发展对华关系上应成为全美国的榜样。希望借此次通过决议案的机会，让纽约成为与中国友好合作的领跑者。①

---

① 《纽约侨界庆祝州参议院通过“中国日”决议案》，中华人民共和国驻纽约总领事馆，http：//newyork. china - consulate. org/chn/lgxw/t1682770. htm。

七　积极传承中华文化

一直以来，华侨华人都希望子女能继承和弘扬中华优秀文化传统，他们创办华文媒体、建立中文学校，庆祝中华民族的传统节日，让中华民族的文化基因代代相传。

（一）旧金山举行海外炎黄子孙拜祖大典

随着黄帝故里拜祖大典在海外的影响力越来越大，海外华人也掀起了“同拜黄帝”活动的热潮，进一步增强了民族认同感和凝聚力。美国当地时间3月31日，作为和黄帝故里拜祖大典一脉相承的美国“旧金山海外炎黄子孙拜祖大典”举行，数千名华侨华人共同参与并见证了这庄严的时刻。经过多年的成功举办，“黄帝故里拜祖大典”在海内外产生了巨大影响，成为广大中华儿女魂牵梦绕的精神寄托和心灵家园。“旧金山海外炎黄子孙拜祖大典”由海外炎黄文化传承基金会主办，美国华商总会协办，至今已连续举行四届，延续新郑黄帝故里拜祖大典“同根同祖同源、和平和睦和谐”的主题，共尊中华传统礼制，并把中华优秀传统文化与时代精神相结合，已成为海外华人标志性的文化名片。据称，第一届参加拜祖的有20多个社团，到第三届就有100多个社团，2019年参加的社团更多。[①]

（二）中文学校面临生源困境

美国的中文教育发展可以划分为四个阶段：1965年以前，在美华人开始创办汉语学堂；1965～1990年，在美华人创办的小型中文班纷纷发展成为中文学校；20世纪90年代，全美中文学校协会成立，中文学校进入蓬勃发展时期；2006年起，美国主流学校的中文沉浸式教学课程发展起来，至

---

① 《美国旧金山举行海外炎黄子孙拜祖大典》，大河网，2019年4月3日，http://newpaper.dahe.cn/hnrb/html/2019-04/03/content_329795.htm。

2017 年，全美已成立了近 250 所中文沉浸式学校。面对冲击，华侨华人创办的中文学校生源流失很多。

《华侨华人研究报告（2019）》认为，美国主流学校的中文教学存在着一系列问题：首先是专业的汉语教师匮乏，教师数量与沉浸式中文教学项目的发展速度严重不匹配；其次是缺乏课程标准，影响教学质量的提高；最后，中华文化在主流学校的汉语教学过程中缺失。《华侨华人研究报告（2019）》建议，想要摆脱生源困境，美国的中文学校可以尝试突出“语言 + 文化”的特色，开设太极、书法、中国画等中华文化课程；还可以将教学资源集中在低龄阶段，集中发展幼儿教育；另外，美国的中文学校应当建立连锁化经营模式，争取进入美国的主流教育体系。[①]

① 《华侨华人蓝皮书：美国华人中文学校面临生源困境》，中国侨网，http：//www.chinaqw.com/hqhr/2019/12-20/240520.shtml。

B.12
加拿大侨情分析

李斌斌*

摘　要： 2019年移民至加拿大的中国人数量保持稳定。中国赴加游客数量较2018年下降明显。虽然面临着大麻合法化、食品价格上涨、华人聚居区住房负担重、治安不靖等问题，但华社依然保持平稳发展。加拿大华侨华人维护香港繁荣稳定，坚定支持"一国两制"，庆祝中华人民共和国70华诞。华人积极参与第43届加拿大联邦大选，参选与当选人数均创历史新高。华侨华人社团持续推动西方社会关注南京大屠杀、纪念慰安妇等议题。多位华侨华人因贡献突出受到表彰。

关键词： 加拿大　华侨华人　华人社团

2019年，因华为孟晚舟女士2018年12月在加拿大被捕事件，中加两国关系进入低谷。根据加拿大统计局的数字，2019年来自中国的游客总数是57.1万人次，[①] 相较于往年下降明显，如2017年为68.2万人次，2018年因中加旅游年的举办游客超过70万人次。此外，加拿大一些媒体趁机炒作，对在加华侨华人造成了一定程度的负面影响。如6月15日，加拿大媒体《温哥华太阳报》发表署名文章，指称中国政府、中国驻温哥华总领馆利用华侨

---

* 李斌斌，中国华侨华人研究所助理研究员，《华侨华人历史研究》杂志编辑。

① 《赴加拿大中国游客减少　旅游机构开拓其他市场》，中国侨网，http：//www.chinaqw.com/hqly/2020/03－06/248163.shtml。

华人和华社作为“增加其国际影响力的工具”，并影射中国政府利用华人“干预”加拿大内政。对此，中国驻加拿大使领馆进行了有力批驳。虽然中加关系对双方交往和合作造成很大冲击，但加拿大华侨华人依然立足当地，融入主流，回馈社会，继续为加拿大的经济、社会、多元文化发展贡献力量。华侨华人社团组织守望相助、服务当地，成为联结中加友好的桥梁纽带。

一　2019年加拿大中国移民数量保持稳定

2019 年，加拿大的移民数量创下历史新高，共有 34.1 万名新移民来到加拿大。这是加拿大历史上第五次在一年内接收了超过 30 万名移民，其他几次分别是 1911 年、1912 年、1913 年、2018 年。这一数量也比加拿大 2019 ~2021 年移民计划设定的目标超出了 1 万名。

2019 年，共有 30260 名中国人成功移民加拿大，占加拿大新移民总数的 9%。在加拿大 2019 年新移民的前五个来源国中，中国位居第二名。印度居第一名，第三、第四、第五名分别是菲律宾、尼日利亚和美国。位于前十名的国家还有巴基斯坦、叙利亚、厄立特里亚、韩国和伊朗。具体见表 1。

表 1　2019 年加拿大十大新移民来源国

单位：人

序号	移民来源国	数量
1	印度	85585
2	中国	30260
3	菲律宾	27815
4	尼日利亚	12595
5	美国	10800
6	巴基斯坦	10790
7	叙利亚	10120
8	厄立特里亚	7025
9	韩国	6110
10	伊朗	6055

资料来源：“Canada broke another record by welcoming 341,000 immigrants in 2019”，加拿大移民通讯（CIC NEWS），https://www.cicnews.com/2020/02/canada - broke - another - record - by - welcoming - 341000 - immigrants - in - 2019 - 0213697.html#gs.x416h6。

2015年在加拿大的中国新移民人数为19535人，2016年为26855人，2017年突破3万人，达30280人，[①] 之后则趋于稳定，人数保持在3万多人。近三年来，移民加拿大的中国人数量增长不明显，可能的原因有两个：一是中国国内生活水平提高，公民出国定居的兴趣降低；二是英语水平的限制。据估计，中国人口中能讲英语的人不到10%，而印度则超过10%。[②] 这从2018年加拿大"快速通道"（Express Entry）项目上可以看出，2018年印度公民在该项目的移民人数中占据主导地位，收到了"邀请申请移民通知书"41675份，占46%；其次是中国公民，但只获得了6248份。[③]

中国人移民加拿大数量最高的年份是2005年（42500人），中国也成为当年加拿大最大的移民来源国。之后的几年里，加拿大中国移民数量都保持在前几位，2008年、2009年居于首位。

二 加拿大主要城市华人人口分布

根据加拿大统计局网站公布的2016年加拿大人口普查数据，加拿大现有华人1769195人。华人数量排名前十的大城市中，大多伦多地区是华人人口数量最多的地区，为700705人；大温哥华地区为499175人；其后依次是蒙特利尔（108775人）、卡尔加里（104620人）、埃德蒙顿（71950人）、渥太华（1300730人）、温尼伯（26815人）、汉密尔顿（17415人）、伦敦

① 《华媒：加拿大中国移民人数连续多年保持平稳增长》，中国新闻网，http://www.chinanews.com/hr/2018/09-30/8640684.shtml。

② "A quarter of Canada's immigrants arrived from India in 2019"，加拿大移民通讯（CIC NEWS），https://www.cicnews.com/2020/02/a-quarter-of-canadas-immigrants-arrived-from-india-in-2019-0213700.html#gs.ypkxz0。

③ "More than 92, 000 immigrants admitted to Canada through Express Entry in 2018, year-end report shows"，加拿大移民通讯（CIC NEWS），https://www.cicnews.com/2019/07/more-than-92000-immigrants-admitted-to-canada-through-express-entry-in-2018-new-report-shows-0712457.html#gs.ypj22y。

（12480 人）、温莎（9805 人）。①

从华人人口占城市总人口的比例来看，大温哥华地区（20.3%）和大多伦多地区（11.8%）依然排在前列。具体到城市，加拿大华人占比前五名的城市分别是列治文市、万锦市、本拿比市、列治文山市和温哥华市，如表 2 所示。

表 2　加拿大华人占比前五名的城市

城市	总人口(人)	华人人口(人)	华人占比(%)
列治文市(Richmond)	198309	107080	54.0
万锦市(Markham)	306233	152090	49.7
本拿比市(Burnaby)	232775	79775	34.3
列治文山市(Richmond Hill)	195022	58485	30.0
温哥华市(Vancouver)	631486	175200	27.7

资料来源：笔者根据相关资料整理。

列治文市又被称为里士满，是加拿大不列颠哥伦比亚省太平洋沿岸的一个城市。加拿大 2016 年的人口普查数据显示，列治文市总人口为 198309 人，亚裔人口为 147045 人，其中华人为 107080 人，男性 50125 人，女性 56955 人，② 华人占总人口的 54.0%，已成为加拿大华人占比最高的城市。该市的华人大部分是 20 世纪 90 年代后移民加拿大的中国新移民。在列治文，城市街道随处可见中文招牌，遍布中餐馆、华人超市、华人药店等，行人中也以华人面孔居多。华人占比第二位的万锦市则属于多伦多北部的约克

① “Data tables, 2016 Census”，加拿大统计局网站（Statistics Canada），https：//www12.statcan.gc.ca/census－recensement/2016/dp－pd/dt－td/Rp－eng.cfm？APATH＝3&DETAIL＝0&DIM＝0&FL＝A&FREE＝0&GC＝0&GID＝0&GK＝0&GRP＝1&LANG＝E&PID＝110528&PRID＝10&PTYPE＝109445&S＝0&SHOWALL＝0&SUB＝0&THEME＝120&Temporal＝2016&VID＝0&VNAMEE＝&VNAMEF＝。

② “Census Profile, 2016 Census”，加拿大统计局网站（Statistics Canada），https：//www12.statcan.gc.ca/census－recensement/2016/dp－pd/prof/details/page.cfm？Lang＝E&Geo1＝CSD&Code1＝5915015&Geo2＝PR&Code2＝59&SearchText＝Richmond&SearchType＝Begins&SearchPR＝01&B1＝All&GeoLevel＝PR&GeoCode＝5915015&TABID＝1&type＝0。

区，该市华人占比近一半。万锦市第二族裔东印度裔为33070人，占10%，远远落后于华人的比例。过去五年，万锦市华人增长迅猛，净增加3.4万人，[①]万锦市华人主要是来自广东、福建和香港的移民，因此这里讲粤语的人非常多。迁居这里的华人以经商为主。万锦市同加拿大其他华人众多的城市一样，遍布中餐馆和华人超市，在这里可以买到各种从中国进口的食品。本拿比市是大温哥华地区的行政中心，也是温哥华市连接菲莎河谷及卑诗省其他城市的枢纽。2019年7月28日，加拿大华人联合总会在本拿比市中央公园举办了2019年中华传统文化节暨第十一届温哥华泼水节开幕式，近2万名华侨华人及其他族裔民众参加了活动。10月31日，郑州市与本拿比市建立了友好城市关系，这将增进两座城市的交流合作。列治文山市是大多伦多地区主要的华人聚居区之一。列治文山市以其住房、教育、公共服务、多元文化、发展机会等吸引着各族群，近年来不少中国新移民涌入列治文山市，华人已成为当地最大族群。

三　中国为加拿大国际学生第二大来源国

（一）2019年有8.4万名中国人获得加拿大学习许可

长期以来，加拿大都是中国学生热门的留学目的国之一。2019年，加拿大向中国公民发放了8.4万份学习许可（Study Permit），占所有学习许可的21%，中国排在所有国家的第二位。印度获得了近14万份学习许可，占35%，仍然是加拿大第一大国际学生来源国。韩国以1.7万份居第三位，占4%。前十名的其他国家依次是法国、越南、巴西、伊朗、尼日利亚、美国和日本（见表3）。[②]

---

① 《万锦市46%是华裔！上海移民：这里的生活和家乡一样！》，微信公众号“加国无忧”。

② “Canada welcomed more than 400, 000 new international students in 2019”，加拿大移民通讯（CIC NEWS），https://www.cicnews.com/2020/02/canada-welcomed-more-than-400000-new-international-students-in-2019-0213724.html#gs.ypkxvp。

表 3　2015～2019 年加拿大签发给主要国家的学习许可数量

单位：份

国家＼年份	2015	2016	2017	2018	2019
全部	219065	264385	315260	355100	404165
印度	31925	52645	82990	107175	139740
中国	65865	76870	82750	85165	84170
韩国	14740	15935	16705	16880	17060
法国	11860	11825	13230	13440	14670
越南	2830	5320	9875	12385	11685
巴西	6350	7300	8865	10260	10270
伊朗	2340	2960	4680	7055	9795
尼日利亚	6325	6165	5955	6535	7585
美国	5660	6235	6945	6570	6805
日本	6040	6685	6530	6690	6685
菲律宾	1880	2895	2750	4080	6365

资料来源："Immigration，Refugees and Citizenship Canada"，加拿大移民通讯（CIC NEWS），https：//www. cicnews. com。

近年来，获得加拿大学习许可的中国留学生数量基本保持稳定。2017年，获得加拿大学习许可的印度学生数量超过了中国。据加拿大移民通讯分析，印度学生英语水平较高，有许多国际学生学习了加拿大教育机构提供的课程，这使得加拿大的印度学生人数在过去五年中增长了近三倍。而中国经济的增长正在鼓励更多学生留在国内。

（二）赴加拿大留学成移民快捷方式

加拿大现在是世界上仅次于美国、英国和澳大利亚的第四大国际学生目的国。加拿大国际教育局（Canadian Bureau for International Education）的一份报告指出，优质的教育质量、包容的社会氛围、良好的治安是国际学生选择来加拿大留学的三大原因。此外，加拿大还有一个优势就是其实行的学习、工作、移民一揽子计划。因此，虽然国际学生要支付比加拿大本地学生更加高昂的学费，但该国的留学生入学率仍然稳步增长。在加拿大留学的国际学生有资格在加拿大工作，可以在学习期间给自己提供经济支持。完成学业后，很大一部分国际学生能获得工作许可证，以便他们取得最多三年的加拿大工作签证。之后，他们还可以选择申请联邦政府及各省和地区提供的80多种移民计划。对于许多国际学生来说，在加拿大留学不仅是为了接受教育，更是移民加拿大的途径之一。

近年来赴加拿大留学的国际学生人数呈爆炸式增长，2019年安大略省22所公立英语专上学院联合进行的调查显示，近5年来，国际学生的入学率上升了155%。[①] 加拿大政府于2015年1月1日起实施“快速通道”项目后，中国人申请该项目的数量居高不下。

四　华人积极参与加拿大联邦大选，表现突出，创历史新高

（一）41名华人参与加拿大联邦大选，8人当选

2019年10月，加拿大第43届联邦议会选举拉开了帷幕。此次联邦大选共有338个选区，众议院共有338个席位，由各选区的选民投票选出本选区的众议院议员。加拿大华人表现非常积极，有41名华人以不同党派或独立参选人身份投身大选。联邦保守党的华裔候选人最多，有12人；其次为人民党，有11人；来自联邦自由党的有8人；来自联邦新民主党的有7人；来自绿党的有2人；另有1名华裔以独立候选人身份参选。[②] 从地区分布看，华人参选人大多集中于安大略省，有20人；其次是大温哥华地区；其他候选人则来自卡尔加里、埃德蒙顿、渥太华、滑铁卢、温莎等地区。[③] 此次参选华人仍以中国香港移民及其后裔居多。中国大陆移民背景者相较以往

① 《赴加拿大留学成移民快捷方式　国际生5年飙增逾7成》，中国新闻网，http://www.chinanews.com/hr/2019/09-27/8966889.shtml。

② 《华媒：41名华裔出战加拿大联邦大选　较上届人数多》，中国新闻网，http://www.chinanews.com/hr/2019/10-22/8986051.shtml。

③ 《众多华人参选人投身2019加拿大联邦大选》，中国新闻网，http://www.chinanews.com/hr/2019/10-20/8984410.shtml。

有增加趋势，同时亦可见到中国台湾移民背景的参选人。①

10 月 21 日，加拿大联邦大选初步计票结果显示，有 8 名华裔当选为联邦议会议员。其中 6 名是谋求连任的原众议员，包括自由党的陈圣源、叶嘉丽，以及 2018 年 7 月被加拿大总理特鲁多任命的加拿大小型企业及出口促进部部长伍凤仪，保守党的黄陈小萍、有一半华人血统的庄文浩，以及新民主党的关慧贞，新当选的两人是自由党的董晗鹏和保守党的赵锦荣。值得一提的是，2015 年当选的首位来自中国大陆第一代移民的自由党原众议员谭耕放弃了此次大选，而同样来自中国大陆的董晗鹏守住了原属谭耕的这一选区，成功当选，成为继谭耕之后第二位具有中国大陆背景的加拿大联邦国会议员。董晗鹏来自上海，13 岁随父母移民加拿大，毕业于多伦多大学，曾任安大略省省议员。特鲁多领导的自由党在大选中胜出，他宣布的新一届政府的内阁名单中，唯一一位华人部长是 2018 年被任命为小型企业及出口促进部部长的伍凤仪，此次她仍旧被委任为该部部长。

此次大选中，华人社团积极发挥作用，努力开展动员活动。如 9 月 29 日，由“多伦多华裔媒体工作者协会”与“加拿大华裔参政同盟”共同组织的“2019 联邦选举公开论坛”得到了众多参选人的积极响应与重视，各主要政党都有参选人赶来现场。② 此次论坛得到多位参选人的支持和众多民众的关注，为推动华人参政议政做出了努力。此外还有其他社团组织各种活动，组织候选人宣讲，呼吁华人选民积极投票，为提高华人的政治话语权而努力奔走。此次大选中，华人众多的大多伦多、大温哥华地区成为决定胜负的关键，华人选票成为自由党和保守党争夺的焦点。特鲁多也曾于 10 月 9 日前往万锦一家华人超市拉票。

---

① 《众多华人参选人投身 2019 加拿大联邦大选》，中国新闻网，http://www.chinanews.com/hr/2019/10-20/8984410.shtml。

② 《2019 联邦选举公开论坛，呼吁华人积极参与投票》，环球华语新闻中心，http://www.cgctv.com/2019/10/01/2019%e8%81%94%e9%82%a6%e9%80%89%e4%b8%be%e5%85%ac%e5%bc%80%e8%ae%ba%e5%9d%9b%ef%bc%8c%e5%91%bc%e5%90%81%e5%8d%8e%e4%ba%ba%e7%a7%af%e6%9e%81%e5%8f%82%e4%b8%8e%e6%8a%95%e7%a5%a8/。

（二）华人参选人数与当选人数均创历史新高

在2019年大选中，华人参选人数和当选人数均打破历史纪录。在2011年的联邦大选中，有23名华人候选人参选，共有7人成功当选，2015年的第42届联邦大选则有6名华人当选，其中一位是来自中国大陆的谭耕。以往华人参政以加拿大本土华人和来自中国香港、中国台湾地区的华人为主，谭耕作为加拿大国会中首位大陆第一代移民，他的当选开创了历史，被认为是华人在加拿大参政历史中的拐点，此次则有来自上海的董晗鹏成功当选。

目前加拿大华人人口为近180万人，占全国总人口的5.1%，按照这个比例，在众议院338个席位中，华人在国会中应该至少有19个席位，虽然这次大选有8人当选已经超过了历届当选人数，但仍然有很大的上升空间。近年来，加拿大华人社会的结构发生了很大变化，新移民中专业人才较多，华人群体的经济和社会地位上升明显，而且随着华人数量的增多，华人的重要性也得到了重视，加拿大华人的参政议政意识不断提升，华人的参政之路前景更加光明。

加拿大华人参与联邦大选的起点是1957年，郑天华律师当选为加拿大第一位华人众议员。1974～1993年，李侨栋、陈卓愉当选众议员。陈卓愉更是被任命为加拿大外交及国际贸易部亚太事务部部长，成为加拿大首位华人内阁成员。此后，华人积极参与联邦大选，当选众议员人数逐渐增多。

五　加拿大20个住房负担严重选区，4个位于华人聚居地区

2019年，加拿大国家住房伙伴联盟（Coalition of National Housing Partners）发布了年度可负担住房研究报告，该报告统计分析了全国338个联邦选区的可负担住房现状，重点关注多伦多、温哥华等大城市的住房紧张问题和新移民、原住民以及单亲家庭、贫困人口等社会弱势群体的住房危机。报告显示，加拿大全国20个租房支出占家庭收入超过50%的选区中有11个在安大略省，排名前5的选区中有4个位于华人聚居地区，依次为惠柳第、康

山、烈治文山和万锦于人村。在全国住房最拥挤的8个选区，即人均住房面积低于国家标准，多伦多占4个。在每年涌入多伦多、温哥华等大城市的新移民中，66%的人选择租房居住，其中超过1/3的新移民家庭的住房支出占到其家庭收入的一半。在安大略省，全省租户家庭中有一半其家庭收入的1/3用于支付房租，特别是在大多伦多地区，由于租金昂贵，许多低收入家庭已无力负担，有的被迫租住在地库，有的三代人挤在狭小的居住空间。此次报告没有对少数族裔人群的住房问题做专项统计，但是从主要由少数族裔人口组成的新移民人口类别的住房数据统计看，少数族裔人群的可负担住房问题更加严重。

加拿大华人的住房压力问题由来已久。2012年，加拿大卑诗大学（UBC）一项对温哥华、多伦多及蒙特利尔新移民的调查发现，有一半的移民租房或供房的支出，花去其收入的一半以上，更有15%的移民花去75%或更多的收入。而向来被认为经济能力强的中国移民，也背负着沉重的住房负担。在大温哥华地区有超过56%的中国移民，在住房上花去收入的31%～50%。在2019年联邦大选中，住房政策也成为关注焦点。各党派就这个问题提出了自己的政策建议，如自由党领袖特鲁多承诺，将为居住在多伦多和温哥华的首次购房者提供更多帮助。①

六　华人社团组织积极作为，各方面表现突出

据估计，加拿大华人社团组织有7000多个。在社团林立的环境下，如何通过社团推动华人社会良性发展，成为华人社会关注并致力解决的严肃问题。② 2019年，加拿大华侨华人社团在履行社会责任、弘扬中华文化、促进中加交往等方面做出了努力。

① 《加拿大20个住房负担严重选区　4个位于华人聚居地区》，中国新闻网，http：//www.chinanews.com/hr/2019/09-19/8959808.shtml。

② 丘进：《加拿大华侨华人社会内窥及省思——读黄学昆新作〈心归何方——媒体人眼中的加拿大华人社会〉》，《华侨华人历史研究》2019年第3期。

（一）纪念慰安妇协会成立

加拿大安大略省原议员黄素梅近年来致力于推动加拿大政府关注南京大屠杀，让西方了解二战真相。2017 年 10 月 26 日，她提出的将每年 12 月 13 日设立为“南京大屠杀纪念日”的动议在安大略省议会通过，安大略省也成为首个省议会通过这项动议的地区，这在西方国家中是绝无仅有的。黄素梅也因此当选为 2017 年全球华侨华人新闻人物。

之后，黄素梅等加拿大华人依然肩负历史使命和责任，致力于让西方人直面南京大屠杀真相而不断奔走努力。在多伦多华人团体联合总会的帮助下，黄素梅于 2019 年 7 月 1 日加拿大 152 周年国庆这一天，宣布成立“黄素梅纪念慰安妇协会”。在成立典礼上，黄素梅宣布要在安大略省设立慰安妇纪念雕像，并展示了这一雕像的微缩版，雕像为一位手持蒲公英的少女，以表达“像蒲公英种子一样，把史实和真相撒向世界各个角落”的蕴意。为筹措竖立雕像的资金，她向当地政府和社区等多渠道寻求支持。已有多伦多市议员表示愿协助她在多伦多士嘉堡地区为雕像选址。黄素梅的努力得到了以多伦多华联总会为代表的加东地区华人社团的一致高度赞扬和大力支持。

2019 年 12 月 13 日是南京大屠杀 30 万同胞遇难 82 周年纪念日，在多伦多列治文山市爱恩墓园内的南京大屠杀遇难者纪念碑前，多伦多华人团体联合总会和加拿大洪门民治党多伦多支部等华人社团发起了祭拜南京大屠杀遇难者的公祭仪式，近 200 人出席了祭拜仪式。这座纪念碑是世界上首座设立于海外的南京大屠杀遇难者纪念碑，由多伦多华人团体联合总会和加拿大洪门民治党多伦多支部发起，万余名华侨华人捐款建立，于 2018 年 12 月 9 日落成揭碑。[①]

多伦多华人团体联合总会（简称华联总会）成立于 1985 年，由 24 个团体发起建立，以服务华人社区，为促进加中两国的友好合作关系努力为宗

---

① 《多伦多华人举行“南京大屠杀遇难者祭拜仪式”》，人民日报海外网，http://canada.haiwainet.cn/n/2019/1214/c3542303-31682058.html。

旨。目前，华联总会已经发展为由 90 多个会员社团组成的大型协会，[①] 被认为是加拿大最大的华人社团组织。

（二）华联总会主办“盛世年轮——庆祝新中国成立70周年图片展”

2019 年 12 月 15 日，由多伦多华人团体联合总会与中国新闻社联合主办，加拿大云南总商会、加拿大闽商总会、加拿大安大略省大多伦多顺德总商会协办的“盛世年轮——庆祝新中国成立 70 周年图片展”在大多伦多中华文化中心揭幕。该图片展为期两天，同时还举行了线上展览，并制作了配套的图册《盛世年轮——新中国成长印记图鉴》，方便观众欣赏。

（三）华人社团联合发起“支持香港和平稳定”集会

2019 年 8 月 11 日，由多伦多华人团体联合总会、加拿大中国商会团体联盟、加拿大华人同乡会联合总会等多个华人社团联合发起，大多伦多地区华人社区“支持香港和平稳定”的自发群众集会在万锦市王府井购物中心广场举行。此次活动的主题为“支持稳定繁荣和平，中国香港明天会更好”，这是全球海外华人社团第一个自发举行支持香港和平稳定的集会。据不完全统计，大多伦多地区百余家华人社团的近千名华侨华人参加了集会。[②] 此次集会是在华联总会倡议下各侨社自发组织的，目的是希望在北美的华人能团结一致，步调一致，把被绝大多数人认可的只有和平解决香港问题，才能保证香港繁荣现状的信息传递到每个角落，不给少数别有用心者可乘之机。[③]

---

① 《多伦多华人团体联合总会简介》，多伦多华人团体联合总会网站，http：//ctcco. ca/jianjie. html。

② 《加拿大多伦多华人社区举行盛大和平集会：反对香港动乱　支持稳定繁荣和平》，中国日报网，http：//ex. chinadaily. com. cn/exchange/partners/82/rss/channel/cn/columns/j3u3t6/stories/WS5d522425a31099ab995d90f0. html。

③ 《支持稳定繁荣和平，中国香港明天会更好》，加拿大中文电视台，http：//canlives. com/news/index. php/%E6%96%B0%E9%97%BB%E8%B5%84%E8%AE%AF/623 -%E6%94%AF%E6%8C%81%E9%A6%99%E6%B8%AF%E7%A8%B3%E5%AE%9A%E7%B9%81%E8%8D%A3. html。

（四）加拿大华人联合总会推动设立“中华传统文化周”

2019 年 7 月 28 日，加拿大华人联合总会在本拿比市中央公园举办了 2019 年中华传统文化节暨第十一届温哥华泼水节开幕式。此次活动共有 40 多支表演队伍，吸引逾 2 万人到场。7 月上旬，加拿大不列颠哥伦比亚省省督珍妮特·奥斯汀（Janet Austin）签署公告，将 2019 年 7 月 22 日至 28 日定为该省“中华传统文化周”。公告表示，不列颠哥伦比亚省人民认可过去 200 多年来华人移民们给当地社会带来的丰富文化遗产，其中包含语言、族裔、宗教等多方面的文化传承。即使面对逆境，加拿大的华人仍助力社区和经济建设，他们的成就已深刻地融入该省的历史中。不列颠哥伦比亚省鼓励当地公民更多地了解加拿大华人移民史，了解华人对建设多元、和谐和繁荣的卑诗省所做出的贡献。这一活动将有助于在文化、经贸方面加强加拿大与中国之间的联系。①

加拿大华人联合总会成立于 2002 年，由普翔创立，现任会长为牛华，该会目前已有会员近两万名。加拿大华人联合总会作为加拿大本地最有影响力的社团之一，积极参与并发起许多社区活动，组织了众多在加拿大主流社会、华人社区具有影响力的大型活动。

七　华文媒体面临困局，谋求新发展

2019 年 10 月 12 日，第十届世界华文传媒论坛在石家庄开幕。本次论坛由国务院侨务办公室、河北省人民政府和中国新闻社共同主办，来自加拿大《明报》、加拿大视传媒等媒体的 53 位加拿大媒体人参加了此次论坛，与其他来自 60 多个国家的 400 多家华文媒体代表就华文媒体在新时代的发展进行研讨交流。加拿大有华文媒体近百家，集中于多伦多、温哥华、蒙特

---

① 《加拿大卑诗省设立“中华传统文化周”》，中国新闻网，http：//www. chinanews. com/hr/2019/07 - 11/8891485. shtml。

利尔等地。尤其大多伦多地区，华文媒体数量居于首位，有四五十家。近年来，由于互联网与新技术的加快发展，华文媒体生存压力增大，面临着转型发展的挑战，有很多老牌华文媒体或停刊休刊，或转型新媒体。加拿大华文媒体也不例外，面临着受众流失、市场萎缩，人员流动加剧、人才流失严重、存在恶性竞争、尚难抱团等问题。①

面对困局，加拿大华文媒体努力创新求变。以加拿大知名媒体《明报》为例，1993 年，《明报》进入加拿大，发展至今已成为加拿大重量级的华文媒体。目前《明报》在走纸媒和数字媒体并行发展之路，不仅在微信、脸书等社交网络开辟了平台，而且采编方式也变成以文、图加视频的方式，读者可通过手机扫码方式，观看该报在社交网络平台的视频，同时该报也开始制作自己的网络视频节目“明报五点半新闻直播”。

除了网络化，一些华文媒体也更加认识到内容为王，在内容方面进行了做精、做深的努力。如《加中时报》不仅设置对加议员及华人成功人士的专访栏目，近来更着眼华人社区，推出一系列较具深度的原创述评报道作为封面文章，引发当地华社热议；向来关注新移民奋斗历程的加拿大《星星生活周刊》，2019 年推出的“农场访谈系列”深度聚焦投身加拿大农业的华人群体，已刊发 10 余篇故事，文笔生动细腻，内容耐人寻味。②

在传播中华文化、讲好中国故事方面，加拿大视传媒表现亮眼，该媒体是一家新媒体，旗下除了传统的中文媒体，还有纯英文的媒体网站，面向华侨华人和加拿大主流社会。近年来，视传媒积极践行讲好“中国故事”，打造“中国故事中国年”文化品牌。2019 年 1 月 19 日，由加拿大中文媒体记者协会和加拿大视传媒 CCTVmedium 联合主办的 2019《中国故事中国年》加拿大华人华侨春晚在列治文山市剧场取得圆满成功。

---

① 余瑞冬：《加拿大华文媒体发展综述》，载《2019 世界华文媒体传媒年鉴》，中国新闻社，2019。

② 章新新：《融通世界、见证时代——华文媒体与“中国故事”》，第十届世界华文传媒论坛主旨报告。

B.13 中美洲侨情分析

李斌斌*

摘　要： 2019年，巴拿马华侨华人社团的表现得到了中巴两国的表彰，巴拿马华人工商总会获得第九届世界华侨华人社团联谊大会“华社之光”荣誉；江门五邑青年联合总会多人获颁巴拿马省政府杰出荣誉勋章及证书。此外，在世界华文媒体发展面临困境的情况下，巴拿马《拉美侨声》采取诸多措施求生存图发展。2019年，中华文化在哥斯达黎加的传播有新的表现，萨尔瓦多大学与西南科技大学共建了萨尔瓦多第一所孔子学院。

关键词： 中美洲　华侨华人社团　中华文化　华文媒体　孔子学院

巴拿马侨情

中巴两国自2017年建交以来，在多方面加强了交往与合作。目前，有40多家中资公司在巴拿马发展。据中国海关统计，2019年1~10月中巴贸易额为64.17亿美元，其中中方出口额为61.42亿美元，进口额为2.75亿美元，同比分别增长10.6%、6.9%和411.6%。3月31日至4月2日，巴拿马总统巴雷拉访问广东，这是自2017年巴拿马与中国建交以来，巴雷拉总统第三次访华。2019年，巴拿马人口为421.2万人，其中华裔占7%，在

* 李斌斌，中国华侨华人研究所助理研究员，《华侨华人历史研究》杂志编辑。

各族裔中排第四位。巴拿马华人中不少人来自广东，基本每个城市都有，其中江门五邑籍有7万多人。广东花山儒林村、狮岭旗新村等地被称为巴拿马村，这些村子在巴拿马的村民比留在村里的人还多。很多广东籍华人在巴拿马经商，从事零售、餐饮等行业，为巴拿马的发展做出了贡献。

（一）巴拿马华人工商总会获得“华社之光”荣誉

2019年5月29日，由国务院侨办、中国侨联联合主办的第九届世界华侨华人社团联谊大会在北京举行，会上有十家侨团被授予“华社之光”荣誉，巴拿马华人工商总会名列其中，其余九家分别是美东华人社团联合总会、圣保罗巴西华人协会、澳大利亚悉尼华星艺术团、马来西亚中华总商会、吉尔吉斯斯坦比什凯克华助中心、全日本华侨华人联合会、意大利中国总商会、葡萄牙中华总商会、南非开普敦华人警民合作中心。

6月30日，巴拿马华人工商总会进行了第十一届理监事会选举，选出了45位理监事，罗炳年全票当选并连任会长。选出了五位副会长：周健、钟锦明、高浩、钟春和、罗文添，监事长为钟伟庆。7月14日，巴拿马华人工商总会举行了第十一届理监事会就职典礼。该会成立于1999年底，由旅巴拿马侨胞自发组建，他们出钱出力，购买会馆作为办公场所。长期以来，该会团结当地侨胞，弘扬中华文化，为推动中国和巴拿马建交做出了积极努力。①

（二）江门五邑青年联合总会多人获颁巴拿马省政府杰出荣誉勋章及证书

2019年6月28日，巴拿马省省长德亚尼拉·莫加斯（Deyanira Murgas）女士向江门五邑青年联合总会获奖人士颁发杰出荣誉勋章及证书，巴拿马中华总会名誉会长黎焕欣、江门五邑青年联合总会创会会长温国伟一起参加了

---

① 《二十年如一日促进中巴关系——巴拿马华人工商总会第十一届就职典礼》，巴拿马中讯网，http：//china507. com/2019/07/17/noticia－2539/。

颁奖仪式，获得殊荣的人士包括：该会名誉会长张忠明，现任会长郑艺良，副会长殷国权、吴卓龙、吕品良，理事骆钦华，秘书长甘丽铭。郑艺良会长荣获维多利亚·洛伦佐（Victoriano Lorenzo）荣誉勋章。此次颁发的杰出荣誉勋章及证书是由有关单位提名，再经过巴拿马政府核实，主要表彰对巴拿马国家做出贡献的企业家或市民，表彰他们带动提升巴拿马经济，协助巴拿马发展教育等。在此之前，巴拿马省政府也授予多位华人侨胞荣誉勋章及证书。①

（三）巴拿马台州同乡会成立

2019 年 12 月 6 日，巴拿马台州同乡会举办成立典礼，使巴拿马华人侨界又喜添一个新社团。新社团的成立，旨在促进巴拿马与台州两地经济发展，加强台州籍在巴拿马同乡之间的相互交流和与当地政府的沟通联系，以会促商、联商强会、服务两地、共同发展，整合资源，充分发挥台州人在巴拿马经济发展中的作用。②

（四）巴拿马《拉美侨声》逆境中求生存

巴拿马现有《拉美快报》《新报》《拉美侨声》等华文报纸，其中《拉美侨声》是目前巴拿马仅存的一份每周 6 天发行的 16 大版的华文纸媒，也是巴拿马三份华文纸媒中唯一的日报。《拉美侨声》早年由老华侨创办、用刻板拓印发行，原名《海外侨报》，1998 年更名为《海外侨声》，2002 年 8 月改为《拉美侨声》。该报面向巴拿马全国 11 个省份的华人受众，为侨服务、为侨发声。近年来，该报在华文媒体转型发展的大趋势下，采取了诸多措施求生存、图发展。该报与中国新闻社紧密合作，中新社用“借船过海”的合作方式，向该报传送每天（每周 6 天）7 大版面的中国内容，此外还与

---

① 《巴拿马省政府向五邑青年颁发杰出荣誉勋章及证书》，http：//china507. com/2019/07/01/noticia - 2470/。

② 《巴拿马台州同乡会成立——华社又喜添新侨团》，http：//china507. com/2019/12/10/noticia - 3298/。

上海《新民晚报》合作，每周4个专版。与《南美侨报》抱团合作，联名为《南美侨报拉美侨声》。《南美侨报中美洲版》随同《拉美侨声》发行于巴拿马及其邻国哥斯达黎加，并考虑发展成中南美洲加勒比地区的媒体联盟。为了让当地民众了解真实的中国，促进华侨华人的融入，2012年《拉美侨声》创办了中西双语的《拉美侨声双月刊》，免费赠予订户和各公众场所，还探讨与当地主流媒体合作版面。

中美洲其他国家侨情

（一）哥斯达黎加侨情

2019年，哥斯达黎加在中华文化传播方面亮点颇多。7月30日，哥斯达黎加民族解放党副主席大卫·吉尔宗（David Gourzong）提出的有关“庆祝‘中国文化日’并将中国文化纳入教育和文化活动”的第20853号法案，得到了哥斯达黎加立法议会国际事务委员会的一致通过。此法案一旦生效，哥斯达黎加公共教育部（MEP）将在国内中小学校园中纳入中国元素，并在文化和青年部（MCJ）配合下对中国文化活动进行宣传。创立“中国文化日”旨在表彰中国移民为哥斯达黎加做出的贡献，巩固哥中两国间的关系，让哥斯达黎加民众了解中国文化。①

2019年，中国与哥斯达黎加互动频繁，举办了多个推广中国语言和文化交流、加深两国人民友谊的活动。8月9日，庆祝中华人民共和国成立70周年“魅力中国”文化周开幕式和“感知中国”文化知识竞赛启动仪式在哥斯达黎加儿童博物馆举行。本届文化周由中国驻哥使馆、中哥文教中心和哥科学与文化中心共同举办，是中国驻哥使馆庆祝新中国成立70周年的系列活动之一。文化周内容丰富，包括中国传统工艺品展、学说汉语、学习包饺子、试试中国剪纸、相约中国乐器等形式多样的现场文化体验，并举办文

① 哥斯达黎加华人网，http：//www. crchinos. com/qiaosheshanghui/。

化知识竞赛等配套活动。在哥华人社团也积极弘扬中华文化，服务侨胞，10月26日，哥斯达黎加柠檬中华会馆柠檬华文“汉语班”学校举行了开班典礼。

（二）萨尔瓦多侨情

2019年是中国与萨尔瓦多建交一周年。建交以来，两国各领域交流增多，2019年12月1日至6日，布克尔总统对华进行国事访问。2018年中萨贸易额为10.11亿美元。目前，中国是萨尔瓦多第二大进口来源国。萨尔瓦多有华人近千人，若算上中萨混血，可能超过3000人，祖籍多为广东。[①]萨尔瓦多也是中国公民组团出境旅游目的地之一。2019年11月18日，西南科技大学与萨尔瓦多大学共建孔子学院汉语体验课程正式开课，100余名萨大学生及当地民众参加。

（三）墨西哥侨情

墨西哥是中国公民出境旅游目的地，2018年起，中国成为墨西哥在亚洲地区第一大游客来源国。近年来，墨西哥中国移民数量增长迅速，墨西哥的中国移民数量从2009年到2013年增长了350%，大多数中国移民取得的是短期居留资格，而2012年获得永久居留资格的中国移民在2012年的中国移民中只占2%。[②] 根据墨西哥侨领提供的非官方数据，截至2015年底，墨西哥境内的华人移民总数应在5万至8万人。目前，华人移民主要分布在墨西哥西北部地区、墨西哥城、恰帕斯州等地，其中墨西哥城华人移民约有1万人。墨西哥城华人移民的来源地集中在广东、福建和浙江三省，广东人占据一多半，此外来自东北三省、河北、山东、湖南、北京等地的移民也占一

---

① 《环球时报记者手记：听萨尔瓦多人谈萨中建交》，http：//news. china. com. cn/live/2018 - 09/10/content_ 176868. htm。

② 〔墨〕塞尔希奥·马丁内斯·里维拉恩里克·杜塞尔·彼得斯：《墨西哥华人华侨社团的历史演变——以联邦区、墨西卡利市、塔帕丘拉市为例》，颜娟译，《世界近现代史研究》第12辑，社会科学文献出版社，2015。

定比例，同时亦不乏来自中国香港、中国台湾等地的移民。[①]

目前，墨西哥有60多个华侨华人社团组织，大多数社团是非正式的机构，活动范围有限，主要开展一些小规模的活动。有代表性的社团如墨西卡利中华会馆、中山会馆、伦坤公所、中华文化基金会、中国国际贸易促进委员会、墨西哥华人企业家商会、墨西哥中国人民友好协会等。面对墨西哥混乱的治安环境，为保护华侨华人的人身财产安全，2012年，墨西哥华人安全委员会成立，如今，华人安全委员会已有成员280多人，累计帮助在墨的华人处理了450余件刑事案件和200多件民事案件。[②]

在文化教育方面。墨西哥现有5所孔子学院，分别是墨西哥国立自治大学孔子学院、华夏中国文化学院孔子学院、新莱昂自治大学孔子学院、奇瓦瓦自治大学孔子学院、尤卡坦自治大学孔子学院。自2016年墨西哥东南部尤卡坦州首府梅里达市与中国成都结为国际友好城市以来，多批梅里达市政府官员赴华交流，开展中文学习培训。在尤卡坦州，学习中文的人数不断增多。一些当地大学将中文列入必修课，不少“侨二代”“侨三代”也日益重视学习中文。[③] 2019年，墨西哥侨胞联合四川省侨联“亲情中华·美丽四川”海外巡演团在墨西哥城起义者剧院举办了文艺晚会，艺术家们带来了舞蹈《民族欢歌》、女声独唱《芦花》、川剧绝活变脸等精彩节目。

---

① 许中波、王媛：《移民社会资本与双重行业结构——基于墨西哥华人访谈资料的扎根理论分析》，《华侨华人历史研究》2018年第3期。

② 《冯成康：守护华侨华人安全是比生命更重要的事情》，http://www.wzs.org.cn/zt/2019/201970q/news/201909/t20190906_304221.shtml。

③ 《墨西哥梅里达市兴起“中文热”》，http://chinese.people.com.cn/n1/2019/0510/c42309-31077718.html。

B.14
南美洲侨情分析

密素敏*

摘　要： 围绕中巴建交45周年暨“中国移民日”，巴西侨界举办了系列庆祝活动。阿根廷加大对华人超市的管控力度；受经济危机影响，阿根廷华商逐渐改变经营方式。秘鲁政界、商界、文化界及当地华侨华人社团举办华人抵达秘鲁170周年系列纪念活动。智利第一座唐人街在首都圣地亚哥正式开工建设；10月中下旬发生的暴乱致20余家华商被抢劫，损失惨重。委内瑞拉侨团多措并举，解决当地中文学校校舍不足及师资短缺问题，促进华文教育发展。

关键词： 中巴建交　中国移民日　唐人街　华文教育

巴西侨情

巴西与中国分别是南北半球最大的发展中国家，同为金砖国家，两国长期保持着友好合作关系。中国是巴西主要投资来源国之一，中资企业在巴西的投资除了传统的农业、采矿等领域，已扩大至电信、金融服务及电力等领域。巴西经济部发布的外国投资简报显示，截至2019年11月底，中国在巴

* 密素敏，博士，中国华侨华人研究所信息综合研究部主任、副研究员，主要从事华侨华人研究、国际移民研究等。

西电力部门的投资额已占总投资额的45%。①

2019年11月，中国国家主席习近平出席了在巴西首都巴西利亚举办的金砖国家领导人第十一次会晤，中巴双边关系继续升级。中巴关系的日渐增进带动了旅游业的发展。伊瓜苏大瀑布是世界上最宽的瀑布，近年来吸引了大批中国人。据统计，2019年上半年，有10721名中国游客前往该瀑布游览，比上年同期增长10%，呈现快速增长势头。② 同时，前往巴西工作的中国人也越来越多。据巴西司法和公共安全部公布的一项调查报告，2019年第二季度政府向外籍人员发放的工作许可数量达到7467个，以国籍划分，第二季度巴西政府向美国人发放的工作许可数量最多，达到899个，其次是中国人（749个）。③

2019年是中巴建交45周年暨巴西第二个“中国移民日”，巴西侨界举办了系列庆祝活动；为维护巴西侨社安全，在中国驻巴使领馆的支持下，当地侨团积极作为，与巴西警方密切合作，共同建立起安全机制；为打击涉侨犯罪，中国公安部派出工作组赴巴西了解侨社治安现状，与巴西警方密切协作，打击涉侨犯罪。

（一）习近平在圣保罗出席金砖国家领导人会晤，中巴双边关系升级

2019年，对于金砖合作机制而言是承上启下的一年。11月13日习近平主席在巴西首都巴西利亚同巴西总统波尔索纳罗会谈，双方签署多项双边合作文件。在举行的金砖国家领导人第十一次会晤中，金砖五国领导人围绕“经济增长打造创新未来”这一主题，就金砖国家合作及共同关心的重大国际问题深入交换意见，达成广泛共识。④

习近平主席出席金砖国家领导人会晤，振奋了巴西华侨华人的信心。华

---

① 《中国和巴西多维度经贸合作不断升级》，南美侨报网，2019年11月11日。

② 《巴西渐成中国游客“新宠”》，南美侨报网，2019年8月28日。

③ 《第二季度749名中国人获巴西工作许可》，南美侨报网，2019年10月22日。

④ 《金砖国家领导人会晤发表巴西利亚宣言》，南美侨报网，2019年11月15日。

侨华人希望习近平主席巴西之行能够进一步推动中巴政治、经贸、文化等各领域的合作与交流，提升中巴全面战略伙伴关系。[①]

（二）巴西侨界举办系列活动，庆祝中巴建交45周年暨“中国移民日”

2019 年 8 月 15 日是中国与巴西建交 45 周年，也是巴西国会立法的“中国移民日”，为此巴西侨界举办了丰富多彩的庆祝活动。

1. 中巴建交45周年研讨会

7 月 26 日，由中国驻巴西大使馆、巴西国际关系研究中心（CEBRI）主办的中巴建交 45 周年研讨会在里约举行。会上，双方回顾中巴建交 45 周年所取得的成就，畅谈对当前国际形势和中巴关系发展的展望。中国驻巴西大使杨万明表示，巴西是首个同中国建立战略伙伴关系的国家，30 多万名华人华侨扎根巴西，为促进当地经济社会发展做出积极贡献。巴西国际关系研究中心主席何塞・皮奥・博尔赫斯表示，自 2010 年来，中国逐渐在经贸、工业、能源等多领域成为巴西最大的贸易伙伴。研讨会上，中巴两国的拉美研究专家、企业家围绕中巴关系、金砖国家合作、科技创新等主题，探讨两国的贸易合作进程。当天，由巴西瓦加斯基金会法学院巴西—中国研究中心主任埃万德罗・卡瓦略和中国问题专家热娜伊娜・西尔韦拉主编的《巴西汉学家看中国》正式发行。

2. 举办圣保罗多城市中国文化日晚会

8 月 3 日晚，由巴西中国和平统一促进总会与塔图伊市政府联合主办，利美拉巴中文化协会、圣保罗华星艺术团协办的圣保罗多城市中国文化日晚会，在享有音乐之都盛誉的塔图伊市的拉美最著名剧院——波多果比沃剧院举行。圣保罗华星艺术团为晚会带来了具有浓郁中国气息的文艺表演。

3. 举行中巴建交45周年图片展和纪念封首发仪式

为了纪念中国和巴西建交 45 周年，8 月 14 日，中国驻巴西大使馆在巴

---

① 《习近平出席金砖峰会　巴西华侨华人期待》，南美侨报网，2019 年 11 月 11 日。

西国会大厦举行了中巴建交45周年图片展开幕式暨纪念封首发仪式。中国驻巴西大使杨万明、巴西联邦众议院巴中议员友好阵线主席皮纳托，以及华侨华人、中资机构代表和巴西友人等出席了活动。此次图片展共展出近百幅珍贵的照片，生动再现了中巴建交45周年以来所走过的非凡历程，记录了两国交往的美好瞬间。[①] 参观者表示，图片展浓缩再现了中巴建交以来的非凡历程，将激发更多两国人士投身中巴友好事业。

4. 举办“回望历程”文化展

为庆祝中国和巴西建交45周年暨“中国移民日”，在中国驻圣保罗总领馆和圣保罗州议会的大力支持下，巴西华人协会、圣保罗华助中心、圣保罗华星艺术团联合各侨社举办了系列庆祝活动。其中，在中巴建交纪念日8月15日当天，举办了“回望历程”文化展，展期4天。展览以45组历史照片回顾了中巴建交45年来的历史性时刻，从政治、经贸、文化、民生等视角展现了两国友好关系的发展历程。一批代表中国文化的工艺品也同时亮相展会。[②]

5. 巴西利亚侨社举办华侨华人座谈会

8月15日晚，巴西—中国交流协会和巴西利亚华人华侨协会召集当地华人华侨30余人，在中餐馆龙福宫聚会，庆祝中巴建交45周年，纪念“中国移民日”设立一周年。在巴西—中国交流协会王璟杨会长等侨领主持下，驻巴西大使馆熊利春参赞兼总领事以及使馆领侨处申远主任等出席了座谈会。与会人员分别从自身奋斗经历和创业历程出发，围绕巴西华侨华人发展历史、中巴关系发展对华侨华人带来的机遇与挑战、如何融入和回馈当地社会等议题展开研讨。

6. 巴西华人社团庆祝中巴建交45周年暨“中国移民日”系列活动

8月18日，巴西华人协会、圣保罗华助中心、圣保罗华星艺术团联合圣保罗全侨共同举办庆祝中巴建交45周年暨“中国移民日”系列活动。中

---

① 《中巴建交45周年图片展在巴西利亚开幕》，新华网，2019年8月15日。

② 《中巴建交45周年文化展亮相巴西圣保罗》，新华网，2019年8月16日。

国驻圣保罗总领馆总领事陈佩洁、当地政要、40 多个华人社团侨领、巴西慈善机构代表、中巴各界友好人士及华侨华人等近 1000 人出席庆祝活动，吸引了近 2000 名中巴民众参与。皮纳托是设立“中国移民日”的提案者，他表示，华人已经成功融入巴西社会，成为巴西多民族移民文化的重要组成部分，会以各种形式助推中巴友谊为方向继续工作。庆祝活动中，既有热闹的舞龙舞狮表演、绚烂的民族歌舞、精美的剪纸窗花、中国国画书法、技艺超群的中医针灸，还有活泼可爱的华人新生力量表演的各类精彩节目，让现场的巴西民众感受到了中华文化的魅力。①

（三）中巴加强警务交流与合作，共商打击涉侨犯罪

安全问题一直是圣保罗华人侨团面临的大问题。为维护巴西侨社安全，当地侨团做出了积极努力。在圣保罗总领馆的支持下，2018 年圣保罗华助中心成立了安全小组，开展了加强安全防护措施、建立安全机制、提高侨胞防范意识、与警方密切合作等护侨工作。2019 年 3 月 30 日，巴西华人文化交流协会全体理监事针对巴西里约的治安形势召开了“怎样维护好华商安全环境”的专门座谈会。座谈会上，巴西华人文化交流协会主席程普向介绍了当前在商贸区特别是在里约市中心商贸区发生的多次抢劫案，各位理监事从各自角度分析了当前的治安状态，提出许多建议，主要有以下几点。第一，希望侨胞在工作生活中，注意钱财不可外露。第二，保持中国人朴素持家、勤俭创业的优良传统，低调做事。第三，利用微信等网络平台及时互通信息。第四，自身做好安全保护措施。第五，遇到案情及时向总领馆反映，以尽快得到总领馆的支援。

中国政府高度关注和重视海外侨民的人身安全和权益保护。针对圣保罗华商屡屡发生被抢案件，中国公安部工作组 5 月 10 日与巴西华人协会等侨团举行座谈，了解侨社治安现状，掌握最新案件案情，与巴西警方密切协

① 《巴西华人社团庆祝中巴建交 45 周年暨中国移民节系列活动圆满落幕》，南美侨报网，2019 年 8 月 19 日。

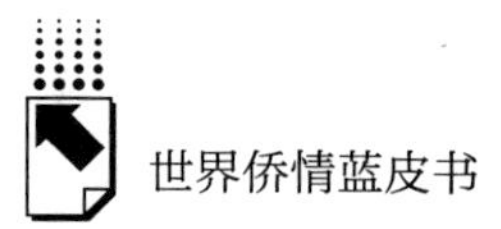

作，打击涉侨犯罪。公安部有关负责人听取了与会华人代表提出的问题和诉求，现场答复了有关属于刑侦总局管辖范围的问题，再次重审中国政府对涉侨犯罪问题的重视。座谈会上，侨团负责人及华侨代表介绍了圣保罗华人侨社的治安情况，近几年发生的绑架、诈骗等案件，提出了各种涉侨犯罪的问题与诉求。这是公安部工作组第四次到巴西，表明中国政府对涉侨犯罪问题的重视，也增加了侨胞的安全感。

（四）促进中巴合作交流，弘扬中华文化，侨团积极牵线搭桥

习近平总书记强调，广大海外侨胞有着赤忱的爱国情怀、雄厚的经济实力、丰富的智力资源、广泛的商业人脉，是实现中国梦的重要力量。[①] 广大海外侨胞要运用自身优势和条件，积极为住在国同中国各领域交流合作牵线搭桥。海外华人社团与当地政府联系密切，既能够为中巴政府间开展经贸交流与合作充当桥梁纽带，也可以借助自身影响力和优势，在当地肩负起弘扬中华文化的责任。

1. 协助坎市代表团赴广东开展经贸交流合作

坎皮纳斯隶属于圣保罗州，被誉为巴西的“硅谷”，是“金砖五国”的重要贸易城市，长期对华友好，在中巴关系中发挥着不可替代的作用。2013年，在巴西中国经济贸易促进会的率领下，该市 12 人的政企代表团访问广东东莞，并与东莞市缔结为友好城市。为加强与中国广东江门、台山等城市的经贸文化联系，加强与广东的经贸文化交流，2019 年 5 月 15 日，坎市政府邀请巴西广东同乡总会、巴中工商文化总会、巴西江门五邑青年联合会和坎市华人协会 4 个广东侨团代表与坎市政府官员进行合作交流座谈。巴西广东同乡总会是圣保罗侨界历史悠久的同乡会之一，长期以来，在推动广东省与圣保罗乃至巴西的交往方面做出了贡献。对此，有关负责人表示，愿发挥桥梁和纽带作用，帮助坎市政府与广东省政府加强联系，促进经贸文化交流活动。巴中工商文化总会的代表表示，愿意帮助坎市政府代表团与广东的企

① 《习近平谈治国理政》第一卷，外文出版社，2018，第 64 页。

业和文化单位进行对接。①

2. 促成圣保罗市议会通过“中秋日”法案

中秋节是中国人非常重视的传统节日，是中国文化的重要载体和表现方式。继圣保罗市议会通过 8 月 15 日为“中国移民日”后，2019 年 10 月，在中巴文化交流中心主席罗士豪的努力下，圣保罗市议会表决通过了“中秋日”法案。法案规定每年公历 9 月至 10 月的某一天，确定为圣保罗的“中秋日”。在这一天，中国侨民可以举办各种庆祝活动，来展示中国的传统文化，并以各种联谊形式与圣保罗市民一起欢度中国的阖家团圆日。圣保罗是华人主要居住地，有约 26 万名华人华侨在此生活与工作，他们为繁荣圣保罗的商业和回馈当地社会做出了重要贡献。该法案的通过，进一步提升了华侨华人在圣保罗的社会地位和影响力。②

阿根廷侨情

中国与阿根廷 1972 年建交以来，双边关系发展顺利，各领域互利合作日益深化。阿根廷是传统的移民国家，早在 1895 年就有中国人移民阿根廷的记录，迄今已有 120 余年历史。阿根廷的中国移民来自中国沿海及内陆十几个省份，日渐增多的福建人成为当前阿根廷中国移民的主体。据有关学者研究，2017 年，阿根廷的中国移民超过 18 万人，其中福建移民为 15 万 ~ 17 万人，主要是福清人。来自中国台湾地区的第二、第三代移民在阿根廷接受了良好的教育，接受专业训练，大多成为律师、会计师和医师等专业人士，日益融入阿根廷主流社会。中国大陆移民则主要从事零售、餐饮、进出口贸易等行业。③

① 《圣保罗四侨团与坎皮纳斯市政府交流座谈会》，南美侨报网，2019 年 5 月 16 日。

② 《罗士豪：圣保罗市议会通过“中秋日”法案》，南美侨报网，2019 年 12 月 6 日。

③ 李善龙、曾少聪：《阿根廷移民政策的演变——兼论阿根廷中国移民的历史与特征》，《华侨华人历史研究》2019 年第 2 期。

（一）加强移民管控，调整中国公民入境政策

2019 年 3 月，阿根廷政府宣布，所有欲在阿根廷居留的外国人，须提交 10 年无犯罪证明。从 3 月起，想申请永久居留权的外国移民，必须递交由当事人在过去三年内“居住时间超过一年所在国当局颁发的”无判刑及刑事起诉记录的证明，否则无法办理签证手续。①

近年来，中国人的出境游规模越来越大，吸引了南美国家的目光。为方便中国游客入境智利与阿根廷旅游，简化签证手续，根据两国协议，从 2019 年 1 月起，智利和阿根廷对中国公民签发带有“阿智旅游”标签的旅游签证，持有这种旅游签证的中国公民可以在 90 天内在智利与阿根廷之间多次出入境，但前提是必须首先进入签发国。

同时，阿根廷外交部对持有中国公务普通护照人员入境阿根廷的政策进行了调整，自 2019 年 5 月 27 日起，以公务活动为目的入境阿根廷且停留期不足 30 天者，可免签证入境，超过 30 天者，应提前到阿驻外使领馆办妥公务签证后入境；以非公务活动为目的入境阿根廷的中国公民，不享受此种待遇；中国各级政府或机构派出人员赴阿被视为执行公务活动，中国各类企业（包括国有企业和国有参股企业）或贸易机构派出人员赴阿被视为执行非公务活动。②

（二）阿根廷加大管控力度，华人转变经营方式

1. 违规经营现象依然存在，阿根廷加大对华人超市管控力度

阿根廷华人超市数量较多，但大多数规模较小，且采取家庭经营模式。个别华人店主由于不熟悉超市经营有关规定，或店内环境不符合当地的卫生标准，甚至有意规避税收而受到当地稽查部门的查封。例如，2019 年初，在阿根廷布宜诺斯艾利斯省（简称布省）圣文森特（San Vicente）地区，一

① 《阿根廷加强移民管控　外国移民须交 10 年无罪证明》，阿根廷华人网，2019 年 3 月 1 日。

② 《关于阿根廷政府调整对持中国公务普通护照人员入境政策的通知》，中国驻阿根廷大使馆网站，2019 年 5 月 27 日。

家华人店主接手经营的超市，因被发现存在产品过期、卫生问题等多项违规情况而被查封。[①] 2 月，在阿根廷布省罗德里格斯地区（General Rodríguez），在地区警备队联合市政食品卫生局的执法行动中，一家华人超市内被发现在仓库存放商品的地方有老鼠及猫的排泄物，商家违规将商品直接摆放在地面上，以及冷藏室缺乏制冷性等问题。为此，稽查人员查封了仓库及冷库，查扣了 400 多千克疑似已变质的商品（绝大部分为乳制品）。[②] 3 月，在阿根廷布省皮拉尔市（Pilar），市政府稽查人员以当地一家华人超市电力系统存在问题、将停车场作为存放货品的仓库，以及停车场没向客人开放等为由查封了该超市，并责令店主整改。[③] 8 月，在阿根廷科连特斯省，一名华人超市店主因在超市税务管控机上作假而被判刑 3 年，同时被处罚金 2 万比索，成为“恶意篡改记录罪”的阿根廷全国首例判决。[④]

在阿根廷布宜诺斯艾利斯市（简称布市），据税务人员的估计，当地的实际税务申报率仅有 50%。为打击逃税最严重的社区超市，当地政府宣布从 2019 年 4 月 1 日起，启用新的税务征收体系。在新的税收体系中，将由布市政府告知商家每月应缴的税款额度，而不是根据商家所提供的数据。从而掌握了税款征收标准的主动权，最大限度地保证税收收入。[⑤]

为经营方便，阿根廷华人超市大多采取家庭管理模式，必要时雇用亲戚或华人帮忙，较少雇用当地人，这是华人超市降低成本的一种选择，但也因此成为当地人规范管理华人超市的又一个理由。在阿根廷丘布特省里瓦达维亚海军准将城，随着华人超市数量的不断增加，华人超市申请落户当地的需求越来越大。为规范华人超市落户，当地监察部递交了一项针对大型超市的规范化议案。其中，要求华人超市不得与住家相连，雇用的员工中应有 70% 土生土长的当地人，所有面积超过 800 平方米的超市都应当开在工业区

① 《阿根廷一华人超市违规经营遭查封》，中国侨网，2019 年 1 月 23 日。
② 《阿根廷一华人超市因管理及卫生问题被查封》，中国侨网，2019 年 2 月 18 日。
③ 《阿根廷一华人超市违规经营遭查封》，中国侨网，2019 年 3 月 14 日。
④ 《华人超市店主篡改税务记录被判刑　成阿根廷首例》，阿根廷华人网，2019 年 8 月 8 日，
⑤ 《阿根廷将采用新的税收体系　打击超市逃税问题》，中国侨网，2019 年 2 月 20 日。

域，以避免影响周边已存在的小型商家。①

在阿根廷中小企业面临经营危机的常态下，一些具有实力的品牌也难以避免被波及，阿根廷本土超市在危机之下也将矛头指向华人超市。在马德普拉塔（Mar del Plata），Toledo 公司拥有 54 年历史、约 2000 名员工，经营范围涉及超市、家禽养殖场及猪肉生产等。负责人称公司拥有近 50 处不动产，具有坚实的基础，“近四五年来，在当地已开了 250 ~ 300 家华人超市了，在不公平的竞争环境下，我们无法对抗”。②

2. 受经济危机影响大，华商改变经营方式

在阿根廷生活着超过 18 万名华侨华人。超市零售、进出口贸易和餐饮是旅阿华人从事的三大传统行业。其中，阿根廷华人经营的自助超市超过 1. 1 万家，占阿根廷全国超市零售市场份额的 30% 以上。遍布大街小巷的华人超市为当地居民生活提供了便利，也为当地经济和社会发展做出了重要贡献。

受世界经济增长乏力和国内选举影响，2019 年阿根廷经济经历了剧烈动荡，出现了自 2002 年以来最严重的经济衰退。统计数据显示，到 2019 年 12 月初，本币比索年内累计贬值超过 58%，累计通胀率高达近 50%，严重影响了华人超市的经营。2019 年华人超市平均日营业额比上一年减少了近五成。阿根廷华人超市工会常务副会长郑为辉说：“阿根廷货币贬值和通货膨胀严重，对我们华人传统行业冲击是非常大的。对于超市业，通货膨胀高企，物价就会上涨，民众购买能力就降低。同时，经营费用和成本也上涨，比如房租、水电费都高了。所以这对我们的华人传统行业都造成了压力。”③

经济衰退导致各行各业的商家都遭受了不同程度的打击，销量显著下滑。感受最明显的当数华人超市和传统的社区小商店，因为在经济活动减少

① 《阿根廷丘布特省拟规定华人超市员工 70% 以上为本地人》，阿根廷华人网，2019 年 11 月 3 日。

② 《阿根廷本土超市面临危机　指责华人超市不公平竞争》，中国侨网，2019 年 2 月 20 日。

③ 《阿根廷华人传统行业受冲击　华商改变经营策略谋发展》，国际在线，2019 年 12 月 26 日。

的大背景下，许多顾客会优先考虑到大型连锁超市购物。作为缓解消费压力的一项措施，从2019年8月中旬开始，阿根廷政府取消了部分基础食品的增值税。阿根廷咨询公司Scanntech的一项调查显示，9月受增值税取消而出现某些商品销售量增长，如杂货类销售量增长了2.7%，但基础商品（如食品、饮料、清洁用品等）的销量下降，小型自助超市同比下降了15%，为2019年以来最大降幅。根据阿根廷国家统计局的数据，薪资购买力水平在2018年下降了12个百分点，不过据某些私人咨询公司的预计，对于较不富裕阶层来说，薪资购买力或下降了16个百分点。①

此外，经济动荡也直接影响到了旅阿华商的传统生计。为应对生存困境，旅阿华商积极改变经营策略，推动多元化发展。面对压力，许多华人超市开始改变经营策略，搞超市连锁经营，以降低进货和经营成本。同时也有一些人积极寻求多元化发展，比如由超市业主联合多个中阿商会组织和旅阿华人侨团组建“一带一路”阿根廷服务中心，致力于促进中阿企业和民间项目的对接，以寻求更多商机。

阿根廷经济动荡同样也冲击着旅阿华人另一大传统行业——进出口贸易。旅阿20余年的华商林航所经营的白城贸易集团过去主要从事进出口贸易。从几年前起，林航开始在创建自主品牌、实现网络销售、进行多领域投资和双向贸易等方面进行了尝试，并取得良好效果。林航预计，阿根廷经济回暖仍需要相当长的过程，华商进行多元化发展与转型势在必行，可以利用中阿经贸互补、在推动双向贸易上做文章，“贸易的双向化对对冲汇率变化的风险是有很大的帮助的。长期来说，华商在这边做的主要是进口，出口比较少。如果单纯地进口，受当地汇率变化的风险很大。如果能把阿根廷一些产品的对华出口做起来，不但能促进中国和阿根廷经济互补性，而且对巩固我们华商在阿根廷的经济地位、提高影响力、增强话语权将有很大的帮助”。

中国驻阿根廷大使馆领事部有关负责人介绍说，由于近两年阿根廷经济

① 《调查显示：阿根廷华人超市受经济危机影响严重》，中国侨网，2019年10月16日。

形势不佳，许多华商正突破原有的传统行业，积极推进多元化发展。越来越多的旅阿华人开始从事对华牛肉等农产品出口业、远洋海产品捕捞业和水产加工业，建立了多家由华商投资的牛肉加工厂、种植中国水果蔬菜的农场、木器加工厂和造纸厂等。2019 年 12 月 10 日，阿根廷总统阿尔贝托·费尔南德斯宣誓就职，包括旅阿华人在内的各界都对阿根廷经济未来发展充满期待。

（三）侨团力量持续壮大，积极服务侨社

经济危机下，阿根廷华商经营面临诸多挑战。华商只有加强团结，才能渡过难关，而成立华人商会组织是一种有效的方式。为此，2019 年，在阿根廷不同地区，相继成立了多个华人社团，包括妇女组织。

在 Quilmes 市，为促进当地经济发展，加强华侨华人与当地政府的沟通联系，更好地维护华侨华人权益，经当地政府批准，2019 年 11 月 8 日，阿中基尔梅斯华人超市商会正式成立。该商会以“联商强会、服务当地、贡献侨界、共谋发展”为宗旨，以加快阿根廷华人超市行业健康发展，促进 Quilmes 市当地超市业者与华人超市业者之间的友好合作、共同发展为己任，坚持为行业改革发展服务、为政府决策服务的方针，增加当地超市业者与华人超市业者合作与交流机会，充分发挥桥梁与纽带作用。在阿根廷 JOSE C PAZ 地区，成立了阿根廷 JOSE C PAZ 华人商会，以促进旅阿侨胞积极融入当地社会，齐心携手共同面对激烈的市场竞争，维护华侨华人合法权益。

在首都布宜诺斯艾利斯市，在阿根廷的女性华侨华人人数的日益增加，成立了阿根廷华侨华人妇联总会，以更好地团结在阿的女性华侨华人，争取和维护在阿华侨华人妇女的合法权益，促进在阿华侨华人妇女努力融入当地社会，提高华侨华人妇女在阿根廷社会的形象和地位。

（四）积极回馈当地社会，多位华人受表彰

2019 年，旅阿华侨华人继续发扬中华民族扶危济困、乐善好施的传统美德，以仁爱之心回馈当地社会，为阿根廷贫困民众送去关怀和温暖。7 月

13～20 日，阿根廷华人基金会铂烽一心慈善基金会联合阿根廷部分基金会、华人西游团春风国宾车队开展了“2019 华人爱心车队”山区贫困家庭送温暖活动。此次活动得到了阿根廷基督教协会等华人慈善组织的鼎力相助，广大旅阿华侨华人积极捐款捐物，奉献爱心。“2019 华人爱心车队”随队成员有华人牙科医生、华人中医针灸医生，他们自费购买药品和医疗器械，免费为山区居民进行医治。7 月 13 日，满载御寒物品、食品、药品、医疗器械、学习用品的阿根廷“2019 华人爱心车队”启程，前往阿根廷北部山区。爱心车队为山区居民送医送药，为当地 300 多名村民医治疾病。他们的爱心行为得到当地居民的欢迎和称赞。当地社区负责人表示，这是第一次有专业的医生来这里送医送药，他们真心感谢生活在阿根廷的华侨华人。

此次北上慈善活动历时 7 天，行程 5000 余千米，两次跨越海拔 5050 米的高峰，走进 20 余个偏远村庄，为近千人免费治疗疾病、免费送药。[①] 旅阿华人爱心车队不仅为当地居民解除病痛，更是与当地居民结下了深厚友谊，使他们对生活在阿根廷的华侨华人有了更加美好的印象。为表彰其积极回馈当地社会并为困难人群奉献爱心的善举，阿根廷科尔多瓦省拉斯佩尔迪赛斯市（Las Perdices）市长授予阿根廷铂烽一心慈善基金会执行主席、SEVEN 连锁超市董事长陈玉辉“慈善家”荣誉证书。

旅阿华侨华人为住在国的繁荣发展做出了积极贡献，其中广大旅阿华侨华人女性发挥的作用不容忽视，日益得到阿根廷社会的认可和赞誉。7 月 23 日，阿根廷侨团联合会、阿根廷国家移民局和布宜诺斯艾利斯市议会向来自中国、意大利、海地、秘鲁等 22 个国家旅阿侨团的 30 位杰出女性，颁发了阿根廷“移民巾帼奖”，以表彰她们为促进阿根廷多元文化的繁荣所做出的杰出贡献。旅阿侨胞、阿根廷妇女儿童联合会会长陈静和阿中文化交流使者都晓琳获此殊荣。[②]

10 月 23 日，阿根廷华文教育基金会会长刘芳勇、阿根廷华人进出口商

---

① 《阿华人爱心车队驶进贫困山区　送医送药送温暖》，阿根廷华人网，2019 年 7 月 18 日。

② 《两位华人荣获阿根廷“移民巾帼奖”》，阿根廷华人网，2019 年 7 月 23 日。

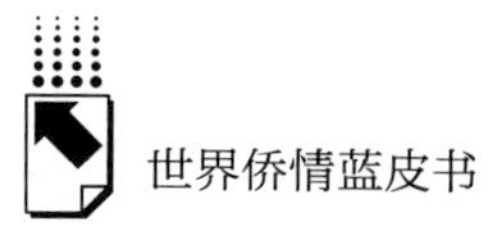

会会长薛文强、阿根廷 Misiones 省华人商会会长林国新三位华人荣获阿根廷国家移民局颁发的“最佳移民奖”。刘芳勇积极与当地高校进行友好合作，签署合作协议，促进中国文化在当地的传播。薛文强带领广大华商合法经营，依法纳税，为当地人提供就业岗位，为促进当地经济发展、社会和谐做出了积极贡献。林国新是第一位在著名景区伊瓜苏从事酒店业的华人，依靠良好的信誉赢得了市场，获得了各国游客的赞誉。他们用实际行动积极融入当地社会，树立了阿根廷华侨华人的良好形象。①

（五）参政意识提高，华人再创佳绩

阿根廷宪法规定，具有选举投票权的公民，包括具有居留权的外国人，都有义务参加选举投票，否则将会被罚款或受到办理相关事宜的限制。10月19日，部分旅阿华人在袁建平议员带领下走上街头，宣传参政议政的意义，呼吁旅阿同胞积极参政议政，行使手中的合法权益，为旅阿侨胞争取合法利益。据袁建平议员介绍，在上次的投票选举中，有投票选举权的华人只有20%参加投票，大多数人没有行使自己的投票权。他希望生活在阿根廷的华人积极参与到当地政治生活中，主动行使自己的选举权利，积极参加选举活动，显示华人的力量。②

在10月27日的选举中，华人陈源志参选所在的布宜诺斯艾利斯市13区新一届区政府领导工作团队成功，创造了阿根廷华人参政的可喜成绩。陈源志曾就读于布宜诺斯艾利斯大学法律系，在做进口中国商品生意的同时，积极为旅阿侨胞做实事，用自己学到的法律知识为侨胞解难题、争权益。陈源志表示，自己能够成为13区政府领导团队中的一员，得益于生活在阿根廷的华侨华人有力支持和帮助，愿做13区华人利益的代言人，为广大侨胞提供服务，为创造华人良好的生活环境和经营空间而努力。③

---

① 《三位华人荣获阿根廷国家移民局颁发“最佳移民奖”》，阿根廷华人网，2019年10月24日。

② 《旅阿华人走上街头，呼吁同胞参政议政　行使民主权利》，阿根廷华人网，2019年10月19日。

③ 《阿根廷华人当选布市13区政府代表　冀为华社服务》，中国侨网，2019年10月30日。

（六）融入主流社会，弘扬中华文化

1. 举办首届龙舟赛

2 月 3 日，首届阿根廷龙舟大赛在布宜诺斯艾利斯市马德罗港区鸣锣开赛，由旅阿各界侨团组成的 12 支代表队的近 300 名选手参加了此次比赛。中国驻阿根廷大使馆文化参赞甘萍表示，在拥有 20 万名华侨华人的阿根廷引进龙舟赛，在传播中国传统文化和民族精神方面起到了非常重要的作用，也有利于侨界形成积极向上的社会氛围和精神风貌。此次龙舟大赛是阿根廷也是南美洲历史上首次中华龙舟赛事，是中国驻阿根廷使馆、布市政府共同举办的 2019 年“欢乐春节”系列活动的重要部分。数十个旅阿华侨华人社团积极参与，为布市增添了欢乐的春节气氛，赢得了阿根廷社会的高度赞誉。①

2. 侨团参加布市移民节，展示中国文化

阿根廷是一个移民国家，每年 9 月，国家或各地方政府都会举办移民节，庆祝各国侨民从世界各地来到这里，将这里建成一个美丽的阿根廷。2019 年 9 月 15 日，布宜诺斯艾利斯市政府举办了 2019 年度阿根廷移民节。阿根廷妇女儿童联合会代表旅阿华人群体参加了庆典活动。来自 40 个国家的移民团体向市民展示本民族的文化、美食、歌舞等。阿根廷妇女儿童联合会会长陈静高举中国国旗走在华人代表团最前面。中国的舞龙舞狮、汉服展示吸引了现场市民，他们纷纷拍照留下这美好瞬间。中国文化深深吸引着阿根廷人民。每年的春节庙会、移民庆典等活动都是展示中国文化的舞台，中国文化在阿根廷得到了广泛传播和更好传承。②

3. 传播中国文化，华人受主流社会赞扬

旅阿华人林文正是阿根廷国家电台播音员，参与制作多档电视节目，积极宣传阿根廷与中国文化，他用流利的西班牙语为华人发声，为华人谋取正当权益。林文正在促进中阿两国文化交流、促进布市与中国的友好合作、宣

---

① 《阿根廷举办首届龙舟大赛》，国际在线，2019 年 2 月 4 日。

② 《移民的庆典：中国侨团参加布市移民节》，阿根廷华人网，2019 年 9 月 16 日。

传布市等方面做出了杰出贡献。11 月 29 日，林文正获得阿根廷布宜诺斯艾利斯市议会颁发的“文化杰出贡献奖”。①

秘鲁侨情

秘鲁是拉美国家中华人移民最早、同中华人民共和国建交最早、开展经贸往来最早的国家之一，有超过 200 万名华人居住在秘鲁。2019 年是华人抵达秘鲁 170 周年，1849 年 10 月 15 日，首批 75 名契约华工远涉重洋，抵达秘鲁卡亚俄港，开启了华侨华人在南美洲“山鹰之国”艰苦创业的历程。170 多年来，在两国人民的携手努力下，双方贸易、投资和产能合作蓬勃开展，各领域交流往来不断深化。据秘鲁外贸旅游部部长巴斯克斯介绍，中国与秘鲁签署自贸协定 10 周年以来，两国贸易额以每年 10% 的速度大幅增长，中国连续五年成为秘鲁第一大贸易伙伴和主要投资来源国。②

（一）举办中华人民共和国成立70周年庆祝活动

2019 年是中华人民共和国成立 70 周年，世界各地华侨华人举办了丰富多彩的庆祝活动。在秘鲁，中国驻秘鲁大使馆、秘鲁中资企业、秘鲁侨界于 9 月 20 日共同举办了庆祝中华人民共和国成立 70 周年歌咏比赛，以抒发对祖（籍）国真诚、浓烈的爱国情怀。演出在全场共同合唱《歌唱祖国》声中结束。三个小时的节目精彩纷呈，激情澎湃，引来现场观众阵阵热烈掌声。当天晚上，中国驻秘鲁大使馆、秘中文化中心联合举办《美丽中国》图片展开幕仪式。③

（二）中秘共同举办系列活动，纪念华人抵秘170周年

秘鲁华人安分守己，遵守当地法律，并且以捐赠等多种方式回报当地社

① 《助力华文媒体　传递华人正能量》，阿根廷华人网，2019 年 7 月 31 日。

② 《中国驻秘鲁使馆举办 2019 年春节招待会》，中国驻秘鲁大使馆网站，2019 年 1 月 24 日。

③ 《秘鲁侨界好戏连台　共庆新中国成立 70 周年》，中国侨网，2019 年 9 月 23 日。

会，在当地的社会地位较高，受到秘鲁社会的高度尊重。时值华人抵秘170周年，秘鲁政界、商界、文化界以及当地侨团举办了系列纪念活动。

10月15日，华人抵秘170周年纪念仪式在秘鲁外交部文化中心举行。广东省人大常委会副主任黄业斌、驻秘鲁使馆临时代办李昀、秘鲁副外长波马莱达、在秘华侨华人代表以及当地政界、商界、学界代表近百人出席活动。波马莱达表示，中秘两国传统友谊深厚，170年来，旅居秘鲁的华侨华人为秘鲁国家发展做出了卓越贡献，是两国人民深情厚谊的亲历者和传播者。文化相融、民心相通为双方架起了友谊和合作的桥梁，也为秘中关系全面深入发展提供了强大动力。随后，波马莱达代表秘鲁外交部为华人代表何莲香、吉叶墨、陈汉基和中华通惠总局颁发荣誉勋章，以表彰其为秘中友好做出的杰出贡献。此外，作为华人抵秘170周年系列纪念活动的组成部分，中秘双方还共同举办了新孔子公园揭幕仪式、文艺晚会等一系列丰富多彩的庆祝活动，在当地民众中引起广泛关注和强烈反响，中秘友好更加深入人心。①

除了在秘鲁举办纪念活动外，11月21日，秘鲁驻广州总领事馆、秘鲁中华通惠总局还与《广东华侨史》编委会等联合在中国广东省华侨博物馆举办了“秘华足迹——纪念华人抵达秘鲁170周年专题展”。展览分“岁月沧桑”“秘华剪影”“念祖爱乡”“华裔精英”“褒扬纪念”五个部分，共展出图片200多张、文物文献等实物资料近60件，充分展示了秘鲁华侨华人迁徙、发展和奉献的历史，对于促进中秘两国友好关系，具有重要意义。②

作为中国文化周系列活动之一，秘鲁天主教大学孔子学院于9月26日在秘鲁举办了“在秘中国移民历史之再认识”讲座，以纪念华人抵秘170周年。此类专题讲座不仅有助于秘鲁华裔系统地了解祖辈迁徙的历史，对自我身份认同进行更深刻的思考，同时也可帮助当地民众更好地理解中秘两国

① 《驻秘鲁使馆临时代办李昀出席秘外交部华人抵秘170周年纪念仪式》，中华人民共和国外交部网站，2019年10月18日。

② 《“秘华足迹——纪念华人抵达秘鲁170周年专题展”在穗开展》，中国新闻网，2019年11月21日。

深厚悠久的友谊，从而推动中秘两国在不同领域的交流与合作。

10 月 15 日，在纪念华人抵秘 170 周年之际，秘鲁文化部向秘华文化中心移交了 3 具早期华人遗骨，并按照当地天主教习俗举行了弥撒与下葬仪式。秘鲁文化部官员称，近年陆续在利马多地的古遗址中发现早期华人移民的遗骨，此次移交的 3 具遗骨经过考古专家鉴定已有 120 年历史，同时发现的还有瓷碗、衣物和西班牙文的身份证。秘华文化中心特别订制一块纪念牌，牌上写有："在这里，秘鲁的华人社团向 170 年前来到秘鲁的华人先辈们致敬，尽管他们从遥远的地方移民到这里，面临着许多困难，但他们用自己的辛勤劳动和智慧，成为了秘鲁社会中一个强大的华人社会。"①

（三）秘鲁中华通惠总局纪念重建六十周年

秘鲁中华通惠总局是秘鲁华侨华人的全国性总机构，1886 年成立，创始人为清廷驻秘鲁公使郑藻如。现存的总局大楼在 1959 年重建，楼高四层，当时秘鲁总统受邀主持了揭幕典礼。2019 年是秘鲁中华通惠总局大楼重建六十周年，10 月 8 日，通惠总局邀请为通惠总局大楼重建做出过突出贡献的先侨后代、秘鲁华侨华人代表进行座谈，缅怀先侨为社团、为侨民服务和无私奉献的精神。

座谈会上，中国驻秘鲁大使馆赵蔚茗领事称，通惠总局自成立以来，就为中国的发展及中秘两国的交流，以及在秘侨民的工作生活做出了重要贡献，相信通惠总局理监事将会把先侨的遗志继续传承下去。华人代表何莲香表示，经过 70 年的努力，中国变得越来越强大，海外华人感到骄傲和自豪，不能忘却先侨做出的贡献和努力。刘金良之孙在讲话中回顾了当年祖辈为了生存，组织起来维护自己的权益，经过多年的努力，侨社有了长足发展，现在中国走出了一条适合自身的正确发展道路，受到世界瞩目，我们现在更要团结起来，为中华民族的复兴而努力。

通惠总局主席戴汉基、陈金伦分别向刘金良、戴宗汉、戴贺廷、黄孟超

---

① 《秘鲁文化部向秘华文化中心移交早期华人遗骨》，中国侨网，2019 年 10 月 16 日。

等44 名华侨后人颁发奖牌，以表彰他们的先辈对通惠总局和侨社做出的突出贡献。[①]

智利侨情

智利移民局的数据显示，2017 年智利的华侨华人约为 1.8 万人。而据有关学者的调查研究，这一数字是 2.5 万人，包括加入智利国籍、没有加入智利国籍但取得了当地合法居留权，以及从别的国家刚刚迁移到智利还没有获得居留审批的人。[②] 其中，原籍广东、福建、浙江、江苏四个沿海省份的人占据了绝大多数。2000 年之前，智利华侨华人大概有三分之二是广东省籍，以江门地区鹤山人最多，来自福建、浙江、江苏的华侨华人大多是 2000 年之后来到智利的。从职业分布来看，广东籍的华侨华人主要从事餐饮业，智利 90% 的中餐馆由广东鹤山籍华侨华人经营。而来自福建、浙江、江苏的华侨华人主要从事贸易，约占 25% 。[③]

中国是智利的第一大贸易伙伴，随着中智关系的不断发展，两国之间的贸易往来越来越密切，智利人选择学习汉语的人数不断增加。圣托马斯大学孔子学院拉美中心外方院长 Roberto Lafonraine 指出，2019 年，有 5000 多名智利人报名学习汉语。[④] 而且，对选择经商的智利人来说，能说一口流利的中文，了解中国的文化，对于贸易的发展和运作也有很大的帮助。

2019 年，受倒卖中国籍移民签证案的影响，智利外交部收紧了对中国人的签证，拒签率提升；智利首都圣地亚哥唐人街建设项目的启动，标志着当地政府对智利华侨华人的认可；两家地缘性侨团智利福建莆田同乡联合总会、智利贵州商会相继成立，进一步壮大了侨社力量；圣地亚哥 10 月中下旬爆发的骚乱导致当地华商受到不同程度的冲击，损失严重。

---

① 《秘鲁通惠总局重建六十周年　华侨华人缅怀先侨》，中国侨网，2019 年 10 月 10 日。

② 莫光木：《智利华人华侨的职业与行业研究》，《拉丁美洲研究》2019 年第 1 期。

③ 莫光木：《智利华人华侨的职业与行业研究》，《拉丁美洲研究》2019 年第 1 期。

④ 《智利学习汉语学生多达5000 多人　今年增长可达30%》，智利中文网，2019 年6 月26 日。

（一）智利外交部“一刀切”致中国人赴智利拒签率高

2018 年 7 月智利发生 32 名中国公民卷入高价倒卖签证案后，2019 年 5 月，智利国际调查局人口贩卖组又查出史上最大贩卖中国人签证案，智利多名地方政府官员和 381 名中国人牵涉其中，智利驻中国大使馆也受到牵连。此案经智利各大媒体曝光后，引起广泛关注。

据悉，倒卖签证行为主要是利用当地政府官员的职务之便，给前往智利的中国人出具邀请函，并伪造材料，让这些人变成商人身份，然后获得智利驻中国领事馆的商务旅游签证。入境智利后，再变更身份或到其他国家。据当地媒体报道，381 名中国人就是以这种方式进入智利的，其中，有些人已取得居留证，有些人正在申请居留，还有些人办理了阿根廷签证，已进入阿根廷境内。

2019 年初，智利皮涅拉政府公布了移民法改革，规定“禁止持旅游签证来智利的人申请转换其他居留签证”,[①] 意味着不允许在当地改变身份。但智利部分地方政府还处于模棱两可的状态，给许多持旅游签证入境的新华侨保留了一席余地。随着倒卖签证负面新闻的爆出，智利外交部进一步收紧了对中国人的签证，拒签率极高。无论商务旅游，还是正规合法的劳工签，基本实行“一刀切”做法，就连之前最容易获签的探亲签证也常常被拒绝。

（二）圣地亚哥唐人街建设项目正式动工开建

圣地亚哥是智利华侨华人的主要聚居地，有关学者调查显示，大约有 75% 的华侨华人居住在圣地亚哥。[②] 长期以来，虽然在圣地亚哥形成了华人聚居区，集中分布着大量的华人商铺，但尚未建有唐人街。为弘扬中华文化、改善华商经营与治安环境，提高华人形象，在圣地亚哥市政府的配合推

① 《皮涅拉政府公布移民法改革　尽快规范智利移民现状》，智利中文网，2019 年 1 月 17 日。

② 莫光木：《智利华侨华人历史与现状探析》，《华侨华人历史研究》2018 年第 1 期。

动及中国驻智利大使馆的大力支持下，经两年多的努力，智利中国文化发展委员会与圣地亚哥市政府于2019年7月22日正式签署协议，共同在首都圣地亚哥火车站华人集聚商贸批发区建立唐人街。

据悉，路面修建改造、四座传统艺术牌坊和中国文化打造等总投资约2700万元人民币（约合27亿比索），其中智利方投资7亿比索，中方投资20亿比索（约合2000万元人民币）。其中，计划由智利各大侨团承担0.5亿比索（约合50万元人民币），从侨界募捐5亿比索（约合500万元人民币）。[①] 在当地政府、华侨华人的大力支持下，圣地亚哥唐人街建设项目于8月19日举行了动工启动仪式。

（三）新的地缘性侨团相继成立

如前所述，智利华侨华人的来源地主要是广东、浙江，主要从事餐饮、批发零售、进出口贸易等行业，因此，为团结一心维护华商权益，当地华侨华人达到一定规模后往往会成立地缘性商会组织。福建是仅次于广东、浙江的智利华侨华人的第三大来源地，除了已成立智利福建总商会、福建同乡联合总会外，2019年9月22日，在圣地亚哥又成立了智利莆田同乡联合总会，旨在维护广大在智莆田侨胞的合法权益，积极推动中智两国文化的交流与合作，传承和弘扬中华民族文化，团结服务侨胞，引导侨胞融入当地社会，为促进中智两国人民的友谊做出贡献。此外，贵州籍侨胞也成立了自己的商会组织——智利贵州商会，致力于促进贵州籍华商发展、中智文化交流和贵州少数民族文化传播。

（四）圣地亚哥暴力活动致华商损失惨重

2019年10月中下旬，智利首都圣地亚哥公交系统票价上涨引发了一系列抗议活动，并伴随打砸抢烧等暴力活动。在圣地亚哥，有20多家华商百货公司和游戏机店遭到不同程度的洗劫，很多当地大超市、大卖场被洗劫一

---

① 《智利“唐人街”项目组举行侨团说明会》，智利中文网，2019年8月26日。

空，甚至遭到纵火。

智利丽水籍侨民是智利第二大中国移民群体，总共约有1400家贸易公司，有6000多名丽水籍侨商，其中20%在首都批发区从事进出口贸易，70%遍布智利各大小城市从事百货零售行业。[①] 10月18日智利发生暴乱后，丽水籍侨胞损失最严重。据智华新闻社协侨部统计，截至2019年底，有27家侨胞的店铺遭到不同程度的洗劫。其中丽水青田侨胞20家，温州籍侨胞5家，安徽籍侨胞1家，福建莆田籍侨胞1家，直接经济损失总计达7340万元人民币。[②]

由于智利局势不稳定，加之在此次暴乱中受损严重，当地华商生意一落千丈，有的甚至难以维持经营。对此，智利政府、中国驻智利大使馆以及当地侨团纷纷伸出援手，为受损华商解决善后问题。

智利有关政府部门面向在骚乱中严重受损的中小企业推出了一系列帮扶政策，如每家受损企业可以向智利经济部申请到约100万比索的补贴费，但请律师需要受损商户每月支付高额的律师费等，因此有华商认为这些政策“无多大意义”。在骚乱爆发时，中国驻智利大使馆第一时间联系智外交部领事与移民事务总司和警察部门，要求其密切关注中国侨民安全。在了解了华商受损过程与损失情况后，使馆希望智方积极为其申办理赔等事宜提供协助和支持，帮助受损华商渡过难关，尽快恢复正常经营。针对圣地亚哥的局部骚乱，旅智各侨团和侨领同使馆领侨处保持密切联系，帮助遇险侨胞报警并积极提供必要协助。

委内瑞拉侨情

中国与委内瑞拉于1974年建交，为纪念中委两国建交45周年，中国驻

① 《智利暴乱 侨胞的安危牵动丽水市委书记胡海峰的心》，智利中文网，2019年12月22日。

② 《大使徐步：智利暴乱中侨胞受损这么大 政府要负主要责任》，智利中文网，2019年12月22日。

委内瑞拉大使馆与委方共同举办了丰富多彩的系列庆祝活动。据有关学者研究，中国人移居委内瑞拉始于1875年，当时移居委内瑞拉的华人很少。改革开放前，委内瑞拉华侨华人数量仍然很少，只有数千人。到20世纪80年代初，当地华侨华人约有1.2万人，其中80%左右已加入委内瑞拉国籍。[①]委内瑞拉华侨华人以赤子之心拥护祖国统一，支持华文教育事业，弘扬中华文化。同时，他们积极融入当地社会，开展慈善捐赠活动，而面对经济危机，华商经济难免受到冲击。

（一）华人社团举办爱国护港大会，彰显赤子之心

2019年6月开始，中国香港地区陆续发生暴乱事件，引起国内外广泛关注，海外华侨华人纷纷发声，强烈谴责香港非法示威者的违法暴力行为。8月25日，委内瑞拉江门五邑青年联合会在加拉加斯举行爱国护港大会，来自委全国各地300多名代表出席。中国驻委内瑞拉大使李宝荣出席大会并发表讲话。委青联合会总会长李国忠及创会会长梁国锐分别在会上致辞，代表旅委侨胞向香港“病人”喊话：“爱我中华、爱我香港、反对暴力、维护法治”，全体代表共同唱响《中华人民共和国国歌》《歌唱祖国》《中国人》等歌曲，气氛热烈，彰显旅委侨胞炽热的爱国护港之心。

李宝荣表示，“广大旅委侨胞对香港抱有特殊感情，对这些日子在香港发生的持续暴力冲击事件感到十分痛心和极大愤慨。大家炽热的爱国爱港情怀令人感动。今天我们在这里声援香港，向一切暴力行径大声说‘不’，向一切乱港势力坚决说‘不’。我们坚信，在中央政府、特区政府和所有中华儿女的共同努力下，香港必将重回法治、稳定、繁荣的轨道上来，‘东方之珠’将继续闪耀光彩”。

与会代表纷纷表示，坚决拥护祖国统一和“一国两制”，反对暴乱行

① 徐珊珊：《委内瑞拉华人社团现状、特色及发展前景——以综合性会馆、商业社团、文化社团为例》，《前沿》2013年第20期。

为，反对外来干涉，希望香港克服任何艰难险阻，平息目前危机，还给祖国和世界一个健康祥和、稳定繁荣的“东方明珠”。①

（二）多措并举，促进华文教育发展

创立和办好中文学校，是在当地推广华文教育的重要途径和基本方式。委内瑞拉的中文学校主要由当地实力较为雄厚的综合性侨团中华会馆创办，校舍和资金等主要依赖中华会馆。2016 年以来，委内瑞拉经济持续走下坡路，许多华人陆续离开，坚守在委的很多商人举步维艰，无力供养回国读书的孩子及赡养老人，很多家庭只好将孩子接回委内瑞拉。为此，周末在中华会馆读书的孩子越来越多，已经创办多年的会馆校舍严重不足，时任主席郑永生先生为了让更多的华裔孩子有书读，立即提出倡议扩建校舍。

当得知会馆校舍不足后，委内瑞拉拉腊（LARA）高升集团主席、拉省中华会馆副主席冯卓森拿出两万美元支持兴建教学楼。拉腊省中华会馆基于他为拉省中文教育事业做出的贡献，任命其为中文学校“校监”，并以冯卓森先生之名命名教学楼为“冯卓森教学楼”，这是委内瑞拉第一幢以华人命名的教学楼。2019 年 7 月 28 日，委内瑞拉拉腊省中华会馆举行了“冯卓森教学楼”揭幕仪式。学生们纷纷表示，他们很喜欢会馆中文学校的学习氛围，很开心可以在中文学校学习中华文化，他们再也不用担心回去祖（籍）国有语言障碍了，他们一定努力学习，长大后用实际行动回报那些无私奉献的人和回报社会。②

冯卓森一直热心公益事业，不管是在中国还是在委内瑞拉，不管是在汶川还是在他的家乡恩平，每有公益活动他总慷慨解囊。冯卓森表示，委内瑞拉是他的第二故乡，他的家在 LARA 州，捐资兴建学校是为了让华裔有更好的未来。旅委华侨华人大多来自广东恩平，恩平方言成了旅委华侨华人日常交流语言，出生在委内瑞拉的第二代、第三代大多能听懂恩平方言，但会写

---

① 《香港“病了”，旅委侨胞隔着半个地球向“病人”喊话　表达他们炽热的爱国护港之心！》，委内瑞拉华人资讯，2019 年 8 月 26 日。

② 《委内瑞拉第一幢以华人命名的教学楼》，委内瑞拉华人资讯，2019 年 7 月 29 日。

会说的不多。为了弘扬中华民族优秀的传统文化，培养旅委华侨华人的后人，提高旅委华裔青少年的文化素质，一定要重视语言文化教育，不忘根本，不忘国语。

除了校舍不足，师资短缺是中华会馆中文学校面临的又一个难题。为此，瓦伦西亚及拉腊两省的中华会馆中文学校先后向中国驻委内瑞拉大使馆提出支教申请，希望由中国政府派遣中文教师来支教。为帮助当地华裔子弟学习中文、提升他们对中华文化的关注与兴趣，在中国驻委内瑞拉大使馆的大力支持和积极协调下，中国政府有关部门通过层层考核筛选，最终选派5名中文教师赴委支教，于2019年9月7日抵达委内瑞拉。赴委外派教师将通过教授华裔子弟中文语言，弘扬中华优秀传统文化，展示中华文明风采，激励中华民族自信心，以提高中华文化在委内瑞拉的影响力。有学生家长表示，衷心感谢中国政府及中国驻委内瑞拉大使馆对华裔子弟的关注，委内瑞拉的学子在祖（籍）国的关怀之下一定健康茁壮成长。[①]

（三）侨团热心慈善事业，回馈当地社会

2019年12月以来，委内瑞拉全国各地不约而同地掀起了多种多样的爱心活动，到孤儿院看望儿童，到养老院献爱心，慰问当地困难民众等。委内瑞拉华侨华人积极承担社会责任，热心参与慈善公益事业，与当地民众一起团结合作，谱写爱的赞歌。例如，12月22日，委内瑞拉亚拉奎省（Yaracuy）中华会馆、江门五邑青年亚拉奎分会联合开展了向当地老人院及孤儿院献爱心活动，亚拉奎侨胞近百户商家也积极参与捐物捐款。

亚拉奎省中华会馆主席梁焕年表示，组织当地侨胞参与公益慈善活动，以实际行动给困难民众送去爱心，旨在提倡侨胞尽绵薄之力救济困苦的老弱病残群体，形成和谐温暖的社会氛围，弘扬中华民族大爱无疆精神。亚拉奎省中华会馆副主席、江门五邑青年亚拉奎分会会长吴超华希望通过活动，带动更多的年轻一代积极参与慈善活动，勇于承担社会责任，创造和谐文明的

① 《中国支教老师抵达委内瑞拉》，委内瑞拉华人资讯，2019年9月8日。

社会环境。亚拉奎省政府官员表示，华侨华人一向友好奋进，积极搭建中委两国间友谊的桥梁，对历次华侨华人献爱心活动表示衷心感谢。① 当地侨团的慈善捐赠活动树立了华侨华人的良好形象，彰显了委内瑞拉华侨华人博施济众、大爱有恒的精神。

（四）委内瑞拉骚乱致华商受牵连

2019 年 3 月 7～12 日，委内瑞拉出现全国范围的大规模停电，事故导致该国 23 个州中至少有 20 州断电，交通系统和包括供水在内的公用事业也受影响。停电还导致暴乱的发生，大批暴徒洗劫了商店和超市，而以开超市为主业的华人首当其冲。

3 月 10～11 日，在委内瑞拉马拉开波市，暴徒把当地的商铺和超市洗劫一空，甚至货架也被抬走。据被抢侨胞反映，有车辆载来哄抢暴徒，一家又一家地洗劫，西方人的商店同样不能幸免，甚至著名连锁品牌商店、购物中心也被洗劫一空。

此次哄抢事件造成当地商家损失惨重，初步估计涉及金额超过 1000 万美元，手段之恶劣，令人震惊，当地军警也无法及时制止事件发生。据不完全统计，3 月 10 日、11 日和 12 日马拉开波被哄抢及恶性破坏的商店且已经在当地会馆登记侨胞店铺有 32 间，其中被完全抢光的有 27 间，万幸的是大多侨胞商、住分开，不在商铺居住，未造成人员伤亡。②

委内瑞拉全国华侨华人联合总会及时指导侨胞处理哄抢后续工作，并建议侨胞和当地邻居搞好邻里关系、装置防盗报警系统、配备正规公司保安等。

---

① 《爱心如阳光　在亚拉奎撒播》，委内瑞拉华人资讯，2019 年 12 月 23 日。

② 《马拉开波商人经历了史上最恐怖的洗劫战，场面令人触目惊心》，委内瑞拉华人资讯，2019 年 3 月 17 日。

皮 书

智库报告的主要形式
同一主题智库报告的聚合

皮书定义

皮书是对中国与世界发展状况和热点问题进行年度监测，以专业的角度、专家的视野和实证研究方法，针对某一领域或区域现状与发展态势展开分析和预测，具备前沿性、原创性、实证性、连续性、时效性等特点的公开出版物，由一系列权威研究报告组成。

皮书作者

皮书系列报告作者以国内外一流研究机构、知名高校等重点智库的研究人员为主，多为相关领域一流专家学者，他们的观点代表了当下学界对中国与世界的现实和未来最高水平的解读与分析。截至 2020 年，皮书研创机构有近千家，报告作者累计超过 7 万人。

皮书荣誉

皮书系列已成为社会科学文献出版社的著名图书品牌和中国社会科学院的知名学术品牌。2016 年皮书系列正式列入“十三五”国家重点出版规划项目；2013~2020 年，重点皮书列入中国社会科学院承担的国家哲学社会科学创新工程项目。

中国皮书网

（网址：www.pishu.cn）

发布皮书研创资讯，传播皮书精彩内容
引领皮书出版潮流，打造皮书服务平台

栏目设置

◆ **关于皮书**

何谓皮书、皮书分类、皮书大事记、
皮书荣誉、皮书出版第一人、皮书编辑部

◆ **最新资讯**

通知公告、新闻动态、媒体聚焦、
网站专题、视频直播、下载专区

◆ **皮书研创**

皮书规范、皮书选题、皮书出版、
皮书研究、研创团队

◆ **皮书评奖评价**

指标体系、皮书评价、皮书评奖

◆ **互动专区**

皮书说、社科数托邦、皮书微博、留言板

所获荣誉

◆ 2008 年、2011 年、2014 年，中国皮书网均在全国新闻出版业网站荣誉评选中获得“最具商业价值网站”称号；

◆ 2012 年，获得“出版业网站百强”称号。

网库合一

2014年，中国皮书网与皮书数据库端口合一，实现资源共享。

S 基本子库
UB DATABASE

中国社会发展数据库（下设 12 个子库）

整合国内外中国社会发展研究成果，汇聚独家统计数据、深度分析报告，涉及社会、人口、政治、教育、法律等 12 个领域，为了解中国社会发展动态、跟踪社会核心热点、分析社会发展趋势提供一站式资源搜索和数据服务。

中国经济发展数据库（下设 12 个子库）

围绕国内外中国经济发展主题研究报告、学术资讯、基础数据等资料构建，内容涵盖宏观经济、农业经济、工业经济、产业经济等 12 个重点经济领域，为实时掌控经济运行态势、把握经济发展规律、洞察经济形势、进行经济决策提供参考和依据。

中国行业发展数据库（下设 17 个子库）

以中国国民经济行业分类为依据，覆盖金融业、旅游、医疗卫生、交通运输、能源矿产等 100 多个行业，跟踪分析国民经济相关行业市场运行状况和政策导向，汇集行业发展前沿资讯，为投资、从业及各种经济决策提供理论基础和实践指导。

中国区域发展数据库（下设 6 个子库）

对中国特定区域内的经济、社会、文化等领域现状与发展情况进行深度分析和预测，研究层级至县及县以下行政区，涉及地区、区域经济体、城市、农村等不同维度，为地方经济社会宏观态势研究、发展经验研究、案例分析提供数据服务。

中国文化传媒数据库（下设 18 个子库）

汇聚文化传媒领域专家观点、热点资讯，梳理国内外中国文化发展相关学术研究成果、一手统计数据，涵盖文化产业、新闻传播、电影娱乐、文学艺术、群众文化等 18 个重点研究领域。为文化传媒研究提供相关数据、研究报告和综合分析服务。

世界经济与国际关系数据库（下设 6 个子库）

立足“皮书系列”世界经济、国际关系相关学术资源，整合世界经济、国际政治、世界文化与科技、全球性问题、国际组织与国际法、区域研究 6 大领域研究成果，为世界经济与国际关系研究提供全方位数据分析，为决策和形势研判提供参考。

法律声明

“皮书系列”（含蓝皮书、绿皮书、黄皮书）之品牌由社会科学文献出版社最早使用并持续至今，现已被中国图书市场所熟知。“皮书系列”的相关商标已在中华人民共和国国家工商行政管理总局商标局注册，如LOGO（ ）、皮书、Pishu、经济蓝皮书、社会蓝皮书等。“皮书系列”图书的注册商标专用权及封面设计、版式设计的著作权均为社会科学文献出版社所有。未经社会科学文献出版社书面授权许可，任何使用与“皮书系列”图书注册商标、封面设计、版式设计相同或者近似的文字、图形或其组合的行为均系侵权行为。

经作者授权，本书的专有出版权及信息网络传播权等为社会科学文献出版社享有。未经社会科学文献出版社书面授权许可，任何就本书内容的复制、发行或以数字形式进行网络传播的行为均系侵权行为。

社会科学文献出版社将通过法律途径追究上述侵权行为的法律责任，维护自身合法权益。

欢迎社会各界人士对侵犯社会科学文献出版社上述权利的侵权行为进行举报。电话：010-59367121，电子邮箱：fawubu@ssap.cn。

社会科学文献出版社